Redécouvrir la démo-économie

pour gérer le peuplement de la planète et pour refonder l'Aide

Collection « Questions économiques »
Dirigée par Xavier Richet

Croissance, décroissance, crises, chômage, inégalités, innovation, mondialisation, démondialisation, post-capitalisme… Jamais les « questions économiques » n'ont été aussi nombreuses et aussi complexes à appréhender.

Le pari de la collection « Questions économiques » est d'offrir un espace de réflexion et de débat à tous ceux, chercheurs, militants ou praticiens, qui osent penser autrement, exprimer des idées neuves et ouvrir de nouvelles pistes à la réflexion collective.

Déjà parus

Julien Grandjean, *Le choix en démocratie. Les apports des précurseurs de l'école de Virginie*, 2022.
Anaïs Boutru, *La légitimité d'une alliance stratégique. Le cas d'une alliance dans le secteur de la grande distribution française*, 2022.
Mengya Xu, *Les stratégies d'expansion des firmes transnationales. Le cas des entreprises françaises en Chine*, 2021.
Thierry Hance, *Vers une économie verte et bienveillante*, 2021.
Nicolas Huchet, *La nouvelle Europe bancaire et financière*, 2020.
Cécile Bastidon, Azzedine Ghoufrane, Ahmed Silem (dir.), *Zone de libre-échange continentale et intégration régionale en Afrique*, 2020.
Mohammed Benlahcen Tlemçani, Zineddine Khelfaoui, Sofiane Tahi (dir.), *Capital humain et dynamiques économiques*, 2020.

Jean-Marie Cour

Redécouvrir la démo-économie

pour gérer le peuplement de la planète et pour refonder l'Aide

Les dessins qui illustrent cet essai sont des auteurs suivants,
qui ont bien voulu m'accorder gracieusement
le droit de les reproduire, ce dont je les remercie très chaleureusement :
Michel (Michel Saintillan), Samson (Pierre Samson)
et Serguei (Sergio Goizauskas).

© L'Harmattan, 2022
5-7, rue de l'École-Polytechnique – 75005 Paris
www.editions-harmattan.fr
ISBN : 978-2-14-026892-2
EAN : 9782140268922

Résumé

La planète est en voie de peuplement

Entre 1950 et 2050, la population mondiale totale aura quadruplé et la population urbaine aura décuplé : ce processus de peuplement de la planète est l'événement le plus exceptionnel de toute l'histoire de l'humanité. A la vague de croissance démographique qui atteint aujourd'hui son maximum au rythme de 80 millions de nouveaux habitants par an, succède une seconde vague d'intensité comparable en nombre de migrants internes qui doivent s'installer quelque part, c'est-à-dire pour l'essentiel dans les pays en voie de peuplement, dont la population totale croît **et** qui sont engagés dans un processus de *colonisation* de leur espace.

Le premier devoir de l'humanité est d'accueillir tous ses nouveaux résidents

Le temps nécessaire à leur insertion dans l'économie locale dépend du capital physique de peuplement dont dispose chaque localité et qui permet à tout nouveau résident de s'installer et de contribuer à la vie en société. Dans les pays en voie de peuplement, le cout relatif des investissements de peuplement qui sont indispensables à cet accueil des nouveaux résidents est plus de cent fois plus élevé que dans les autres pays, d'où la proposition de mutualiser cette forme d'accumulation initiale de capital public de peuplement et de la considérer comme un bien public mondial.

La théorie économique orthodoxe qui oublie les fondamentaux est inévitablement incomplète

L'économie réelle de tout territoire est avant tout faite par les personnes, considérées à la fois en tant qu'individus et qu'être sociaux qui interagissent au sein de ce territoire, et pour les servir tous. Dans les pays en voie de peuplement, cette économie réelle a aujourd'hui nécessairement deux composantes :
- l'économie dite *moderne,* qui s'inspire de la théorie économique dite *orthodoxe*, dont le paradigme est à la fois *désincarné* (le capital humain des fonctions de production n'a rien à voir avec la population elle-même), *démostatique* (la population et sa répartition sont considérées comme une donnée), *u-topique* (ignorant de la dimension spatiale et des relations de voisinage,) et *uchronique*, c'est-à-dire indifférent au temps, aux dynamiques et à l'histoire ;
- et l'économie dite *populaire*, dont dépend une fraction souvent majoritaire des résidents de ces pays en voie de peuplement, qui obéit à un paradigme diamétralement opposé au précédent, basé sur les fondamentaux qui sont le peuplement, l'espace et les interactions entre peuplement et économie.

L'économie populaire est une économie de demande de biens et services essentiels...

...sans lesquels les personnes et la vie en société seraient condamnées à disparaître. Dans chaque localité, cette demande dépend en structure et en prix du lieu de résidence, du contexte socio-économique et de la dynamique de peuplement. A cette demande correspond une offre équivalente selon des modalités qui dépendent des relations de voisinage entre demande et offre, de la densité de peuplement, de l'environnement physique et institutionnel, et de la disponibilité en capital public de peuplement.

En modifiant le comportement de chaque homo economicus, la dynamique de peuplement constitue une source de croissance endogène de la productivité des économies locales, qui ne dépend que de la restructuration du peuplement et du contexte géo-socio-économique dans lequel se déroule le peuplement. Cette économie populaire se diversifie à mesure que s'étend l'aire d'influence du marché qui, de micro-local, devient urbano-rural, puis régional, elle est présente sur la totalité du territoire, elle n'est pas dépendante du reste du monde, et elle est donc *a priori* plus résiliente que l'économie moderne.

Comment estimer la contribution de cette économie populaire à l'économie réelle des pays en voie de peuplement ?

Faute de mesure directe, puisque, selon le dogme en vigueur, cette économie populaire n'est pas censée exister, on peut retenir comme ordre de grandeur du PIB populaire la différence entre les résultats des enquêtes périodiques sur les revenus et les dépenses des ménages et le PIB tel qu'il est officiellement mesuré. Ces enquêtes obligent les comptables nationaux à des réévaluations périodiques de ce PIB, qui sont considérables : au Nigeria, les quatre dernières révisions du PIB intervenues depuis 2005 ont eu pour effet cumulé une multiplication par sept du PIB de 2020 tel qu'il aurait été estimé sans ces quatre révisions.

Ces réévaluations périodiques rendent impossible toute mesure des taux de croissance de cet agrégat sur des périodes de plus d'un an et par conséquent toute utilisation rationnelle des modèles habituels de croissance de la théorie économique orthodoxe.

Un impératif : refonder l'économie du développement

Plutôt que de se contenter comme on l'a toujours fait de réviser de temps à autre les indicateurs comme le PIB, la seule solution raisonnable est de refonder l'économie du développement sur un tout autre paradigme que celui de la théorie économique orthodoxe et d'oublier tout ce qui en dérive, comme tous les objectifs de lutte contre l'exode rural, contre l'urbanisation sans industrialisation, contre les migrations ou même cotre la pauvreté telle quelle est aujourd'hui pratiquée.

Les défis du peuplement ont été à tel point refoulés au cours du demi-siècle passé qu'il est urgent de mettre fin à cette anomalie et de comprendre que, si le monde a aujourd'hui besoin de ce qu'on appelle l'Aide publique au développement, ce n'est pas pour inciter les pays en voie de peuplement à nous ressembler, mais pour prêter attention à leur économie populaire, que l'économie moderne ignore.

Recentrer l'Aide sur la gestion du peuplement de la planète, qui est LE défi majeur...

La première mission des nouvelles institutions de partenariat entre les pays riches et déjà peuplés et les pays en voie de peuplement sera de gérer les transferts indispensables au financement des investissements de peuplement et de contribuer ainsi à la gestion du peuplement de la planète par l'aménagement, l'équipement et la gouvernance des territoires : toutes tâches qui exigent que ces nouvelles institutions adhèrent au paradigme de l'économie populaire. Aujourd'hui, 90 pays rassemblant les trois quarts de la population mondiale totale doivent bénéficier de transferts nets définitifs pour financer la fraction du coût de ces investissements de peuplement qu'ils ne peuvent autofinancer : ces pays sont le cœur de cible des institutions d'Aide, dont ils doivent recevoir en moyenne l'équivalent de 3,6 % de leur PIB, et dont la contrepartie doit être apportée soit par les 90 autres pays, à concurrence de 0,8 % de leur PIB, soit par création de monnaie centrale programmée en fonction des besoins du peuplement.

Ces institutions de partenariat ont aussi pour vocation d'accompagner l'économie réelle de chaque territoire, dont les deux composantes populaire et moderne sont condamnées à coexister : leur seconde mission sera d'assurer l'interface entre ces deux composantes en apportant leur concours à une douzaine de thématiques précisées dans la cinquième partie de cet essai, et leur troisième mission sera de convaincre tous les intervenants, au Nord comme au Sud, de la nécessité de revenir aux fondamentaux qui sont la population, l'espace et les interactions entre peuplement et économie, et donc de se préparer à la révolution paradigmatique annoncée.

...et revenir enfin aux fondamentaux oubliés depuis la révolution industrielle.

Outre le retour au bon sens en matière de partenariat Nord-Sud, cette proposition de refondation de l'Aide a le mérite de prendre conscience de l'extraordinaire étroitesse et du caractère irréel (déconnecté du réel) du cadre conceptuel de la théorie économique orthodoxe et de la nécessité de réécrire son paradigme. Après quoi il restera à refermer la longue parenthèse introduite dans l'histoire de l'humanité par la révolution industrielle et par la théorisation aveugle de l'économie, et pour faire évoluer en conséquence notre propre modèle de comportement de pays dits *développés*.

Présentation de la thèse et des objectifs de cet essai

Le demi-siècle de fréquentation des pays dits *en développement* m'a conduit à exprimer périodiquement toute une série de questions jamais éclaircies concernant les raisons et les modalités de l'*Aide* que les pays dits *développés* se devraient d'apporter à ces pays pour leur permettre de s'engager dans la voie du *développement*.

Qu'est-ce d'abord qu'un pays développé ? Ce pays serait-il dans un état d'organisation de son espace et de maîtrise de ses déséquilibres internes tel que ses habitants et ses activités pourraient librement se mouvoir pour répondre aux sollicitations diverses et saisir les opportunités, et serait-il ainsi arrivé au bout du processus de *développement économique et social,* qui aurait donc une fin ?

Ces pays développés auraient-ils le devoir de montrer aux autres, qui seraient encore dans un état *sous-développé*, l'exemple à suivre ? Pourtant, la récente prise de conscience de la finitude des ressources que la planète peut nous apporter et des effets potentiellement dévastateurs de l'activité humaine sur l'environnement ne nous montre-t-elle pas que ce modèle de comportement des pays *développés* est condamné à disparaitre et qu'il est donc hors de question de l'imposer à l'ensemble de la planète ?

Mais alors, en quoi devrait consister l'*Aide au développement ?* Cette *Aide* ne serait-elle qu'une forme officialisée de ce qu'on appelle la compassion ou la charité, normalisée et encadrée par un ensemble d'*Objectifs de Développement Durable* qui auraient une portée universelle ?

Oublions pour un temps ces concepts de *développement* et de *sous-développement* tels qu'ils sont aujourd'hui entendus et qui ne nous aident guère à comprendre les raisons et les modalités de cette *Aide*, et partons plutôt des quelques constats suivants, qui paraissent peu contestables, avant de redéfinir éventuellement ces concepts.

Entre 1950 et 2050, la population mondiale totale aura quadruplé, de 2.5 à 10 milliards d'habitants, et la population agglomérée dans des espaces qui sont de cent à mille fois plus denses que le reste du monde habité aura décuplé : ce processus de peuplement de la planète est l'événement le plus exceptionnel de toute l'histoire de l'humanité, et le plus lourd de conséquences dans toutes sortes de domaines.

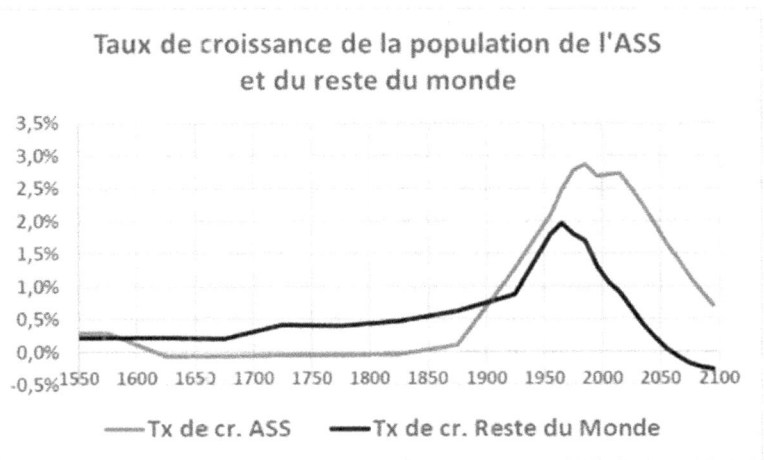

La question importante est moins de savoir s'il y aura un jour 9 ou 10 milliards d'habitants et 6 ou 7 milliards d'urbains sur terre, que de se demander comment affronter enfin ce processus de peuplement, au lieu de tout faire pour l'ignorer, car la croissance démographique de chaque pays dépend moins des politiques de maitrise de la fécondité que de ce qu'il advient de ses nouveaux habitants, et de la façon dont l'humanité s'y prend pour qu'ils deviennent des membres à part entière de leur communauté et non des *inutiles*.

Alors que, à l'époque de la révolution industrielle, il a fallu un siècle et demi, soit cinq générations, pour que la population de l'Europe double, c'est aujourd'hui en un quart de siècle, soit en moins d'une génération, qu'un tel événement se produit dans les pays qui sont encore en voie de peuplement : les acteurs et les sociétés de ces pays ont six fois moins de temps que n'en avaient les européens du 19e siècle pour gérer ce doublement de leur population totale. Et c'est à une multiplication de leur population totale par plus de vingt que les régions du monde en voie de peuplement sont confrontées sur ce même laps de temps d'un siècle et demi soit entre 1900 et 2050 : un tel multiplicateur attire l'attention sur l'évidente nécessité de migrations intrarégionales dans les régions du monde comme l'Afrique Sub-Saharienne qui sont balkanisées.

A la grande vague de croissance de la population totale de la planète qui atteint aujourd'hui son maximum au rythme de 80 millions de nouveaux habitants par an, succède logiquement et une trentaine d'années plus tard une seconde vague d'intensité comparable en nombre de nouveaux résidents par an qui, du fait de l'urbanisation et des migrations de toute nature, doivent s'installer quelque part.

Dans chaque localité, le temps nécessaire à l'accueil de ces nouveaux résidents et à leur insertion dans l'économie locale dépend de la qualité et de l'équipement des sites qui sont mis à leur disposition et qui leur permettent de s'installer et de contribuer, comme les autres habitants déjà installés, à l'activité économique de leurs congénères et à la vie en société.

Pour l'ensemble du monde, le flux annuel de tous ces investissements publics de peuplement indispensables à l'accueil des nouveaux résidents constitue la première forme d'accumulation de capital fixe de peuplement de l'humanité. En proportion du PIB de chaque pays, le cout de ces investissements de peuplement varie de presque rien dans les pays riches et déjà peuplés à plus de 20% du PIB dans les pays dont la transition démographique est la moins avancée. Ce constat sur les énormes disparités de cout relatif des investissements de peuplement conduit à proposer de mutualiser ces dépenses d'investissement à l'échelle de l'ensemble de la planète, et de considérer que la première raison d'être de l'Aide au développement doit être de gérer les transferts de ressources indispensables à la réalisation de ces investissements là où la planète se peuple et de contribuer ainsi l'aménagement du territoire et à la gestion du processus de peuplement de la planète .

Pour analyser ce processus de peuplement et ses implications en matière de développement, commençons par classer **tous** les pays de la planète selon le degré d'avancement de leur transition démographique, depuis les pays qui sont en voie de peuplement plus ou moins tardif (en abrégé les pays du Sud) jusqu'aux pays déjà peuplés et aux pays en voie de dépeuplement (en abrégé les pays du Nord), et précisons ce qu'il faut entendre par *pays en voie de peuplement* (PVP) : c'est un pays (ou un territoire quelconque) dont la population totale croît **et** qui est donc engagé dans un processus de *colonisation* de son espace de souveraineté, ce mot *colonisation* étant entendu au sens de l'aménagement, de l'équipement, de la gouvernance des diverses parties de cet espace dans lesquelles la population et les activités doivent trouver place et s'épanouir le mieux possible, sous contraintes internes et externes diverses. Puis demandons-nous si les concepts et les outils qui ont été forgés au cours des siècles passés sont ou non à même de nous aider à analyser les implications de ce processus de peuplement.

En tout temps et à toute échelle spatiale, donc aussi à l'échelle locale, l'activité économique, au sens de la création et de la répartition des biens et des services, est avant tout faite par les hommes, considérés à la fois en tant qu'individus et qu'être sociaux qui interagissent au sein de territoires, et dans le seul but de les servir tous.

J'appelle économie réelle d'un territoire cette économie qui est au service de l'intégralité de sa population. Toute théorie économique qui ignorerait une fraction de la population de ces territoires et qui admettrait la possibilité de l'homme inutile doit être considérée comme incomplète : et c'est hélas le cas de l'*économie du développement*, dont il a fallu se doter dans les années 1950 pour concevoir et gérer l'aide au développement du *tiers monde*. Cette dernière n'est en effet rien d'autre qu'une transposition sans état d'âme de la théorie économique dite *orthodoxe*, qui avait été initialement conçue pour accompagner l'explosion de la production permise par la révolution industrielle, et dont elle reprend le paradigme originel qui est à la fois :

- ***désincarné*** : le capital humain des *fonctions de production* n'a à peu près rien à voir avec la population elle-même, dans toute sa diversité de localisation, de comportement individuel et d'interaction,

- ***démostatique*** : les chroniques de PIB et autres indicateurs sur toute la période de 1960 à l'année courante qui sont présentées dans les bases de données macro-économiques et sectorielles officielles reposent toutes sur l'hypothèse aberrante que la structure du peuplement telle qu'elle est aujourd'hui connue est identiquement applicable à toutes les années passées ;

- ***u-topique***, c'est-à-dire ignorant du lieu, des relations de voisinage, de la dimension spatiale, du territoire, de la géographie et des écosystèmes,

- et ***uchronique***, c'est-à-dire indifférent au temps, à l'histoire, aux processus et aux dynamiques : tout dans ce monde étrange de l'économie dite orthodoxe est censé être en équilibre et destiné à y retourner après une perturbation éventuelle, le temps nécessaire à ce retour à l'équilibre étant celui du retour à l'absence de temps.

Quelles que soient par ailleurs les performances enregistrées jusqu'ici par l'économie capitaliste de marché qui est aujourd'hui le système économique dominant et que j'appelle en abrégé *l'économie moderne*, il ne fallait pas être grand clerc pour se rendre compte qu'il était hors de question de garder ce paradigme pour concevoir et gérer l'Aide aux PVP dont la population totale croît et qui sont engagés dans ce processus de *colonisation* de leur territoire. En réduisant la population à un simple homo économicus indifférencié obéissant à un ensemble de mécanismes hors sol, cette théorie économique orthodoxe et l'ersatz d'économie du développement qui en dérive ne peuvent rendre compte de ce qui se passe dans l'économie réelle d'un territoire quelconque puisqu'elles ignorent les interactions entre économie et peuplement au sein de ce territoire, et elles ne peuvent prétendre servir l'intégralité de la population puisqu'elles sont sans attache territoriale, de sorte que certains de ces territoires ne sont pas encore atteints par la modernité et qu'une fraction souvent majoritaire de la population des PVP ne doit sa survie qu'au fait qu'elle obéit à un système économique différent, que j'appelle *l'économie populaire*.

Comment réagir face à cette erreur manifeste de paradigme de l'économie du développement ?

Plutôt que de continuer comme on le fait depuis des décennies à réviser de temps à autre et massivement les indicateurs dont on se dote pour mesurer le développement comme le PIB, la production alimentaire ou la Formation Brute de Capital Fixe par habitant quand l'écart entre les comptes officiels et la réalité observable devient trop manifeste, la seule solution raisonnable est de poser la plume, d'oublier au moins pour un temps le dogme officiel et toutes les diversions et complications introduites au fil du temps pour noyer le poisson, comme par exemple la multiplication sans fin des Objectifs et des sous-objectifs de Développement Durable, dont aucun ne fait ni ne pourra jamais faire allusion à la question du processus de peuplement de la planète, qui est pourtant l'un des tout premiers défis auxquels sont confrontés les pays que l'on entend aider.

L'essai sur l'économie du peuplement propose donc de réserver l'usage de tous ces ODD aux seuls pays du Nord, qui les ont à juste titre mais tardivement inscrits dans le marbre et qu'ils doivent s'imposer à eux-mêmes, et de mettre **tous** ces ODD entre parenthèses pour les pays du Sud en raison du cadre de pensée ou paradigme désincarné, démostatique, u-topique et uchronique dont ils dérivent, et dont on a donc de bonnes raisons de penser qu'il faut se méfier.

Quelles sont les raisons d'être de l'Aide et à quoi doit-elle servir ?

Dans le monde et à toutes époques, il n'y a certes pas que les défis du peuplement qui doivent figurer dans l'agenda des relations Nord-Sud. Mais ces derniers ont été à tel point refoulés au cours du demi-siècle passé que la priorité est aujourd'hui de mettre fin à cette anomalie et de rattraper le retard ainsi accumulé dans ce domaine essentiel.

Si le monde a aujourd'hui besoin de ce qu'on appelle l'Aide publique autre qu'humanitaire, c'est d'abord et avant tout pour prêter attention à cette économie populaire que l'économie moderne ignore.

Cet essai montre que rares sont les PVP actuels qui peuvent assumer seuls le cout total des investissements initiaux de peuplement (IIFL) qui sont indispensables à l'épanouissement de leur économie populaire, et sans lesquels les risques associés à ce qu'on appelle les crises migratoires ne peuvent que croître. La toute première mission des nouvelles institutions de partenariat entre les pays du Nord, riches et déjà peuplés, et les pays et régions en voie de peuplement du Sud sera de gérer les transferts indispensables au financement de ces IIFL, et de contribuer ainsi à la gestion du peuplement de la planète par l'aménagement, l'équipement et la gouvernance des pays en voie de peuplement : toutes tâches qui exigent que ces nouvelles institutions de partenariat adhèrent effectivement au paradigme de l'économie populaire, et ce quoi qu'il leur en coute.

Mais ces institutions de partenariat ont aussi pour vocation d'apporter leur appui à l'économie **réelle** de chaque territoire où elles interviennent, alors que les deux composantes populaire et moderne de cette économie réelle sont condamnées à coexister au sein des mêmes espaces : la seconde mission de ces institutions sera donc d'assurer l'interface entre ces deux composantes, et ce à toutes échelles spatiales.

La troisième mission de ces institutions sera enfin de convaincre tous les intervenants, au Nord comme au Sud, de la nécessité de revenir aux fondamentaux qui sont la population, l'espace et les interactions entre processus de peuplement et économie, et donc de se préparer à la révolution paradigmatique annoncée.

Cet essai propose donc de libérer les institutions et les agences d'Aide actuelles du carcan imposé par le dogme de l'économie dite *orthodoxe,* pour leur permettre d'élargir leur perspective, leur champ de compétence et leur efficacité, de réhumaniser, de relocaliser et de redynamiser leur action, de retrouver le sens et l'importance de l'aménagement du territoire et d'accompagner les restructurations spatiales et sociales impliquées par le processus de peuplement : en un mot, cet essai propose de refonder le concept et la pratique de ce qu'on appelle l'Aide.

Outre le retour au bon sens en matière de partenariat entre le Nord déjà peuplé et le Sud en voie de peuplement, cette proposition de refondation de l'Aide au développement a aussi le mérite d'attirer l'attention sur l'incomplétude de la théorie de l'économie orthodoxe, sur la dualité de l'économie réelle, qui est aussi présente dans les pays du Nord, et sur la nécessité de faire converger les paradigmes respectifs des deux composantes de cette économie réelle.

Il restera alors à profiter de ce retour aux fondamentaux pour refermer la longue parenthèse introduite dans l'histoire de l'humanité par la révolution industrielle et la théorisation aveugle de l'économie et par leurs avatars successifs, et pour faire évoluer en conséquence notre propre modèle de comportement de pays dits *développés*.

Aperçu du plan

Outre cette présentation de la thèse, cet essai comprend 28 chapitres répartis en cinq parties dont voici le contenu, ainsi que cinq annexes.

La première partie est intitulée : *Les Pays en Voie de Peuplement et les nouveaux résidents de chaque territoire*. Elle est consacrée à l'identification et à la localisation des quelque 80 millions de *nouveaux habitants* qui apparaissent chaque année dans le monde par croissance naturelle nette et d'un nombre aujourd'hui équivalent de *migrants nets* qui doivent être accueillis dans chaque territoire élémentaire considéré (district ou localité) du fait des migrations internes et internationales résultant du processus d'urbanisation et des autres formes de redistribution spatiale de la population, soit au total quelque 160 millions de *nouveaux résidents* par an qui doivent pouvoir s'installer quelque part.

Le chapitre 1 introduit pour ce faire une nouvelle classification évolutive des pays du monde en cinq catégories selon le degré d'avancement de leur transition démographique à la date considérée, dont les deux premières comprennent les *Pays en Voie de Peuplement*. C'est dans ces *PVP*, qui sont pour la plupart à faibles revenus, que doivent être accueillis la majorité des nouveaux habitants et une proportion croissante des migrants internes nets de l'ensemble du monde. Cet essai montre que la population de chaque localité des pays en voie de peuplement est constituée de résidents, par naissance ou par migration, dont le comportement dépend de la capacité de cette localité à les accueillir et à les assimiler et de leur ancienneté relative dans cette localité.

Le chapitre 2 présente quelques exemples contrastés de gestion par les pays de leur processus de peuplement et leurs conséquences.

Enfin, le chapitre 3 introduit la notion d'*Investissement public Initial de Fonction Locale (IIFL)*, qui est l'investissement public nécessaire à l'accueil de chaque nouveau résident en tout lieu. C'est de la qualité et de la disponibilité du stock d'IIFL ainsi accumulé dans chaque territoire élémentaire que dépendent à la fois la capacité des nouveaux résidents à contribuer, comme les autres habitants déjà installés, à l'activité économique de leurs congénères et à la vie en société, et le temps nécessaire à leur insertion dans l'économie locale.

La deuxième partie est intitulée : *Economie orthodoxe et économie populaire : deux paradigmes.* Le rappel des fondements du concept d'*oïkonomia* des philosophes de la Grèce classique qui est présenté dans le chapitre 4 aide d'abord à prendre conscience de l'extraordinaire étroitesse et du caractère irréel (détaché du réel) du paradigme sous-jacent à la théorie économique orthodoxe.

Le chapitre 5 intitulé *La dualité de l'économie réelle et le paradigme démo-économique et spatial* explique ensuite pourquoi certains des nouveaux résidents de chaque territoire sont contraints à vivre dans un système économique différent de celui du reste de la population. Puis il décrit le paradigme démo-économique spatialisé sur lequel repose cette autre économie, que j'appelle *populaire.* Enfin il analyse les relations d'échange et d'interdépendance qui s'établissent entre les deux composantes de l'économie réelle que sont cette économie populaire, qui est par essence une économie de demande de biens et services essentiels et d'interaction entre proches, et l'économie *moderne*, qui obéit à la théorie économique orthodoxe (conforme à la doxa), qui est fondamentalement une économie d'offre.

La troisième partie est intitulée : *De nouveaux systèmes d'information pour affronter les défis du peuplement.* Le chapitre 6 montre que les systèmes d'information économique existants, qui sont conçus pour l'économie moderne, sont structurellement incapables de rendre compte de l'économie populaire et donc de l'économie réelle des Pays en Voie de Peuplement. Tant que la théorie économique orthodoxe restera prisonnière de son paradigme désincarné, u-topique et ignorant des processus et du temps, il est hors de question d'attendre des chroniques de comptes nationaux qui sont présentées dans ces systèmes d'information officiels qu'elles fournissent la moindre information pertinente sur les performances effectives de l'économie réelle des Pays en Voie de Peuplement.

Le chapitre 7 propose ensuite une première voie d'amélioration des indicateurs officiels de cette économie réelle par la prise en compte d'une partie de la *croissance endogène* qui résulte de la restructuration spatiale et socioéconomique de la population.

Enfin le chapitre 8 présente une variété d'outils permettant d'identifier les diverses catégories *d'homo economicus* de chaque territoire élémentaire et d'évaluer leurs contributions respectives à l'économie réelle, et donc de construire par approximations successives des images humanisées, spatialisées et dynamiques de cette économie réelle qui peuvent être interprétées sur le temps long pour mettre en évidence les dynamiques démo-économiques passées et pour construire des *images du futur* qui sont chargées de sens et qui aident à bâtir des stratégies minimisant les risques maxima, comme ceux relatifs à la gestion de la mobilité et des migrations.

La quatrième partie est intitulée : E*xercices passés de prospective et d'aménagement des territoires*. Elle présente sept exemples d'images du futur et de stratégies de développement qui s'inspirent toutes de ce paradigme démo-économique spatialisé.

Les deux premiers concernent des pays non africains, l'Iran (chapitre 9) et le Vietnam (chapitre 10), Les cinq autres sont relatifs à diverses régions ou espaces particuliers d'Afrique Sub-Saharienne, sous-continent qui accueille aujourd'hui plus du tiers du nombre total des nouveaux résidents de l'ensemble de la planète : ce sont les Images à Long Terme de l'ASS (ILTA, chapitre 11, et Annexe 1) et de l'Afrique de l'Ouest (WALTPS, chapitre 12), le Programme ECOLOC de Relance du Développement local des *RUCHES*, petites régions constituées chacune d'une ville moyenne et de son hinterland rural (chapitre 13), le schéma d'aménagement de la zone littorale d'Afrique de l'Ouest (SDAL, chapitre 14), et enfin la proposition de stratégie de la région du Sahel (chapitre 15).

Le dernier chapitre 16 de cette Quatrième partie attire l'attention sur les réticences toujours aussi obstinées des institutions en charge de *l'Aide au Développement* à l'égard de ces exercices de prospective territoriale. Je montre à quel point ces réticences, qui s'expliquent par la remise en cause du paradigme actuel sur lequel repose l'*Aide* telle qu'elle est aujourd'hui conçue et pratiquée, sont irrationnelles et couteuses pour toutes les parties.

La cinquième partie est intitulée : *Douze propositions pour gérer le peuplement de la planète avec le souci du long terme et pour refonder l'Aide au développement*. Les douze derniers chapitres de cet essai résument ainsi ce que je considère comme les priorités d'action pour gérer le peuplement, pour refonder la coopération entre le Nord, déjà peuplé, et le Sud, encore en voie de peuplement, pour rendre le modèle de développement des pays du Nord plus compatible avec les nouveaux défis auxquels l'humanité est confrontée, pour une nouvelle approche de la gouvernance planétaire et de ce qu'on appelle aujourd'hui *l'Aide au développement*, et pour une réhumanisation de la recherche économique.

Chacune de ces propositions traite d'une problématique que le paradigme alternatif proposé incite à considérer comme importante et qu'il faut aborder autrement qu'on ne le fait actuellement dans le cadre de l'Economie Capitaliste de Marché en Voie de Globalisation (ECMVG). Ces douze problématiques sont autant de façons de rendre compte de la complexité de l'économie réelle, et sont donc complémentaires et interdépendantes. Elles peuvent être regroupées en quatre familles de trois, selon le domaine sur lequel est mis l'accent : plutôt sur la prospective et sur le temps long dans la première famille (chapitres 17 à 19) ; sur la gestion du changement structurel dans la seconde (chapitres 20 à 22) ; sur les implications socio-économiques et financières dans la troisième (chapitres 23 à 25) ; enfin sur les questions de gouvernance planétaire, de partenariat entre le Nord et le Sud, et de réhumanisation de la Recherche économique dans la dernière famille (chapitres 26 à 28).

Voici la liste de ces douze problématiques avec, pour certaines, de brèves indications sur les propositions :

1- Remédier à la désincarnation, à l'u-topie et à l'uchronie des systèmes d'information, des modèles et des comptes économiques actuels (chapitre 17) : parce que les systèmes d'information économique existants sont l'une des principales causes de la perte de confiance dans l'avenir des responsables des Pays en Voie de Peuplement, des institutions partenaires et des opinions publiques, il faut commencer par débarrasser ces systèmes de toutes les chroniques de comptes qui sont dépourvues de sens. En attendant mieux, et à titre de préalable indispensable au retour à la stratégie, l'essai montre comment reconstruire, à partir de la seule information aujourd'hui disponible, des chroniques de comptes démo-économiques spatialisés de l'économie réelle de tout territoire, du niveau national au niveau de chaque entité territoriale élémentaire, qui tiennent un tant soit peu compte des interactions entre peuplement et économie.

2- Renouer avec la prospective et avec l'approche stratégique (chapitre 18) : il faut en finir avec la multiplication des objectifs, sous-objectifs et cibles du *développement durable* et redécouvrir les vertus de la prospective et de l'approche stratégique pour gérer le peuplement, aménager les territoires et gérer l'économie réelle en conséquence. S'il est un domaine où la prospective est relativement simple et peu risquée, c'est bien celui du peuplement et de ses implications. Le meilleur moyen de prendre conscience des impératifs de ce peuplement, à commencer par la mobilité, et de réfléchir à des stratégies minimisant le maximum des risques encourus à long terme et d'agir en conséquence est de de se doter d'une vision de la répartition future de la population, de l'organisation de l'espace et de l'aménagement des territoires, des activités et de l'économie réelle à diverses échelles spatiales, du niveau régional au niveau local des zones constituées chacune d'une ville et de son hinterland rural.

3- Reconnaître que, dans les PVP, l'économie populaire et le marché intérieur sont la principale source d'apprentissage de l'économie de marché et de croissance économique durable (chapitre 19) : simple question de bon sens, qui sauterait aux yeux si on se donnait la peine de cartographier l'économie réelle des pays en voie de peuplement. De telles cartes, que la technologie disponible permet de construire à n'importe quelle échelle et de réviser en continu, révèleraient l'extrême concentration spatiale de l'activité économique moderne. Cette dernière n'est effectivement présente que sur quelques fractions du territoire national et régional, alors que c'est dans tout l'espace restant que se développe et se structure l'essentiel de l'économie de marché, et dans lequel l'objectif essentiel des politiques publiques devrait être de promouvoir et de protéger l'économie populaire, qui est pour l'essentiel une économie de demande de biens et services essentiels, et d'organiser ces marchés plutôt que de se préoccuper de la croissance de la production proprement dite.

4. Faire de l'urbanisation la première condition de la sécurité alimentaire à long terme : ce chapitre 20 est principalement consacré aux mécanismes régissant l'évolution du marché alimentaire, qui est de loin la plus importante composante du marché intérieur des pays en voie de peuplement.

5. Comprendre l'économie urbaine (chapitre 21).

6. Gérer le processus de croissance urbaine et produire la ville (chapitre 22). En un siècle, (1950-2050), la population urbaine des Pays en Voie de Peuplement de l'ensemble du monde aura été multipliée par 80. En 2020, la plupart des 400 millions d'habitants des villes de ces pays sont des nouveaux résidents d'ancienneté moyenne inférieure à 15 ans, et qui dépendent majoritairement de l'économie populaire : les villes de ces pays sont et resteront pour la plupart de création récente, elles doivent être conçues en tenant le plus grand compte du processus de peuplement et de l'aménagement des territoires, et construites avec le concours de l'économie populaire et pour la servir.

7. Gérer l'économie au niveau local des petites villes et de leur hinterland rural (chapitre 23). Cette composante locale de toute stratégie de développement était abordée en détail dans le Programme de relance des économies locales en Afrique de l'Ouest, dit Programme ECOLOC. Les principales leçons qui ont pu être tirées de la dizaine de cas concrets de petites régions centrées sur des villes secondaires et incluant leur hinterland rural avant l'abandon de ce programme sont l'existence bien réelle mais à l'état d'embryons à développer de ces *RUCHES*, l'insuffisance manifeste du capital public de fonction locale, et l'absence criante de toute information pertinente et utilisable sur les réalités locales, obligeant les gouvernements et les acteurs locaux à agir à l'aveuglette.

8- Programmer et financer les investissements de peuplement à la hauteur des besoins, comme il se doit pour les autres biens publics mondiaux, et équiper les territoires (chapitre 24). Il n'y aura développement durable que si nous savons consentir les efforts nécessaires pour faciliter, ou tout au moins pour ne pas gêner l'installation de la population au sein des régions du monde en voie de peuplement. Au-delà des Investissements Initiaux de Fonction Locale que je considère comme faisant partie des biens publics mondiaux et auxquels le chapitre 3 est consacré, se pose plus généralement la question des besoins des autres investissements de peuplement, qui sont à la fois un moteur et une implication des dynamiques de peuplement des Pays en Voie de Peuplement, et des modalités de financement, de réalisation, et de gestion de de ces investissements. La prospérité et la stabilité du monde au cours de ce siècle dépendront en grande partie de la manière dont ces investissements de peuplement auront pu être réalisés.

9- Repenser la lutte contre les inégalités et contre la pauvreté (chapitre 25). Inégalités et pauvreté sont des concepts relatifs et étroitement interdépendants et qui doivent être abordés conjointement, comme les deux faces d'un même problème. Il ne peut y avoir de résultat tangible en matière de lutte contre la pauvreté sans remise en cause du paradigme de l'économie capitaliste de marché en voie de globalisation, qui s'avère incapable de maîtriser les disparités de niveau de vie moyens entre pays, qui sont aujourd'hui de l'ordre de 100 à 1, et des disparités entre les niveaux de revenu des hyper-élites mondialisées et du reste de la population qui sont complètement hors de contrôle.

Sur cette question des disparités, je propose comme première mesure d'instaurer une nouvelle forme d'impôt sur le revenu dans lequel, contrairement au cas de l'actuel Impôt sur le Revenu des Personnes Physiques (IRPP), la progressivité de l'impôt ne s'arrête plus là où elle est le plus nécessaire. Ce nouvel IRPP supprime toutes les tranches actuelles, et il implique un taux de prélèvement unique, d'une extrémité à l'autre de la distribution des revenus. Si vous voulez savoir comment et pourquoi un tel impôt est néanmoins parfaitement équitable, lisez l'Annexe 2, en complément de ce chapitre 25.

Quant à la lutte contre la pauvreté dans les pays en voie de peuplement, je dis qu'elle devrait d'abord et avant tout s'appliquer à la pauvreté des gouvernements locaux et non des personnes, car c'est l'insuffisance manifeste de la dépense publique locale et par conséquent du capital public de fonction locale qui constitue l'un des principaux freins à l'activité locale et qui se traduit par ce qu'on appelle la pauvreté des personnes.

10. Reconnaitre que le monde a besoin d'une gouvernance planétaire, qui dispose de moyens propres pour affronter les nouveaux défis (chapitre 26). Je choisis ce terme de gouvernance planétaire, car c'est bien de la planète qu'il s'agit. La responsabilité première de cette gouvernance planétaire est de prendre en charge le temps long à l'échelle des générations et d'être garante de la survie à long terme du *Système Terre*. Les principales missions auxquelles cette gouvernance planétaire est appelée à concourir sont le respect de l'environnement et de la nature, la prévention contre les risques de crises d'ampleur régionale et mondiale et si nécessaire la gestion de ces crises. Pour faire face aux dangers mortels qui menacent ce *Système Terre*, l'Institution en charge de cette gouvernance de la planète et de tout l'espace dans lequel elle se meut doit pouvoir disposer de sources propres de financement à la hauteur des missions qui lui incombent, d'où la proposition de redéfinir la souveraineté des Etats-nations et de faire évoluer le paradigme et le mode opératoire du FMI.

11- Refonder l'économie du développement et redéfinir les missions des Partenariats d'Aide au développement (chapitre 27). Ces nouvelles Institutions de partenariat, qui sont conçues comme des Institutions au service de la gouvernance planétaire, sont d'autant plus précieuses qu'elles sont en contact direct avec le terrain. Elles auront comme principale responsabilité d'assurer l'interface entre ces deux hémisphères Nord et Sud pour que chacun assume ses propres devoirs en vue d'un progrès commun, et de veiller à ce que tous les acteurs qui sont impliqués dans le développement remettent les fondamentaux qui sont la population, l'espace et le temps long au cœur de leurs préoccupations.

12- Repenser la recherche économique pour mieux répondre aux enjeux du peuplement (chapitre 28 et Annexes 3 et 4) : voici quelques thèmes et sous-thèmes de recherche qui devraient figurer en bonne place dans les agendas des centres de recherche sur l'économie du développement pour combler le vide actuel en matière de réflexion sur les implications du peuplement :

- réinventer la démo-économie *(démo- avant éco-)* ;
- la dualité de l'économie réelle, qui concerne en fait tous les pays du monde, reconstruction des systèmes d'information, et outils nécessaires ;
- étude de l'évolution de concepts comme celui des biens et services prioritaires et des facteurs dont dépend cette évolution ;
- interactions entre peuplement et économie, et croissance endogène ;
- comment humaniser la finance et la monnaie, comme évoqué à propos des monnaies locales et de l'impôt sur le revenu ;
- outils et moyens dont doit disposer la gouvernance planétaire pour faire face à ses responsabilités, dont celle de la prise en charge du temps long, ce qui pose la question d'une autre approche et d'un autre usage de la technique de l'actualisation.

En guise de conclusion, cet essai formule dix commandements qui s'adressent aux responsables et aux membres du personnel des institutions impliquées dans le développement, aux pays partenaires, et à leurs conseillers et maîtres à penser, pour les aider à se préparer à l'inévitable révolution paradigmatique annoncée dans cet essai.

Voici enfin la liste des annexes :

Annexe 1 : Extraits de mes échanges avec René Dumont, auteur du livre *Pour l'Afrique j'accuse,* à propos de l'étude ILTA.

Annexe 2 : Comment déterminer l'impôt sur le revenu de façon logique et équitable.

Annexe 3 : Evaluation des contributions de la Banque Mondiale à la recherche sur l'économie du développement au cours des trois dernières décennies.

Annexe 4 : Prise en compte du long terme : une autre approche de l'actualisation dans le calcul économique.

Annexe 5 : L'économie du développement : aide-mémoire extrait de l'article de Wikipédia

Première partie :
Les pays en voie de peuplement
et les nouveaux résidents de chaque territoire

Chapitre 1
Dernières nouvelles de notre planète en voie de peuplement

Introduction : la planète est en voie de peuplement

Le quadruplement de la population mondiale en un siècle, de 2.5 milliards d'habitants en 1950 à 10 ou 11 milliards en 2050 selon les hypothèses, est l'événement majeur dont nous sommes à la fois les témoins et les acteurs. C'est un événement si exceptionnel dans l'histoire de l'humanité que certains chercheurs le considèrent comme annonciateur de l'entrée de notre planète dans une nouvelle ère géo biologique appelée l'anthropocène. Pour caractériser notre époque, je préfère donc parler de planète en voie de peuplement plutôt qu'en voie de développement, concept dont je soulignerai les ambiguïtés.

Pourquoi et dans quels lieux apparaissent les nouveaux habitants ? La croissance démographique de telle ou telle région du monde est-elle la conséquence ou la cause de la faiblesse relative des revenus de ses habitants ou de la dynamique économique de cette région ? Puisqu'il semble établi que le rythme de la transition démographique ne dépend pas que des progrès de la médecine, de la vaccination, des politiques démographiques, et des facteurs culturels, l'autre facteur essentiel et sans doute prépondérant est le processus de peuplement, au sens de la restructuration spatiale et socio-économique de la population, dont il sera beaucoup question dans cet essai, et donc en particulier des migrations entre pays et au sein de chaque pays, entre zones agro climatiques et entre zones à faible densité et à forte densité de population.

La croissance proprement dite de la population et le processus de restructuration de la population qui accompagne cette croissance ne se déroulent pas au même rythme dans tous les pays, dont la transition démographique est plus ou moins tardive. Le classement de tous les pays du monde en fonction du degré d'avancement relatif de leur transition démographique à la date considérée permet d'introduire la notion de Pays en Voie de Peuplement (les PVP), concept qui est plus concret et plus facile à suivre dans le temps que celui de Pays en Voie de Développement (PVD) auquel on est habitué depuis 1949 (Point IV du discours d'investiture du Président Truman).

Les historiens du prochain siècle se demanderont sans doute comment leurs aïeux s'y sont pris pour oublier à quel point le cadre physique offert et la liberté de mouvement permise aux individus influencent le comportement, les besoins et les compétences de chaque nouvel *homo economicus*, *l'aner oïkonomikos* de la Grèce classique, ses rapports à ses voisins proches et lointains, ainsi que le rythme de la transition démographique elle-même.

En remettant en évidence le processus de peuplement et la dimension territoriale de l'économie qui en résulte, ce premier chapitre nous aide à concevoir un autre paradigme de l'économie et de la finance qui corresponde mieux aux besoins actuels de notre planète en voie de peuplement que celui en vigueur : cet autre paradigme sera présenté dans le cinquième chapitre.

Toutes les données de ce chapitre concernant le passé et les perspectives de la population mondiale, sauf celles concernant l'identification des Pays en voie de Peuplement et des nouveaux résidents de chaque territoire, sont tirées de la dernière édition des bases de données de la Division de la Population des Nations Unies (UNPD).

Le passé récent : 1950-2020

Répartition régionale de la population mondiale et migrations internationales

La répartition de la population totale entre les régions du monde a considérablement changé depuis 1950 : noter le doublement du poids relatif du continent africain et le mouvement inverse de l'Europe et des pays à haut revenu.

Population (millions d'hab.)	1950	2020	% du Monde 1950	% du Monde 2020	Taux de croissance 1950-2020	Multiplicateur 2020/1950
Afrique	230	1340	9%	17%	2,6%	6
dont ASS	*180*	*1090*	*7%*	*14%*	*2,6%*	*6*
Amérique Latine	170	650	7%	8%	2,0%	4
Asie sauf Chine	850	3200	34%	41%	1,9%	4
Chine	550	1440	22%	18%	1,4%	3
Amérique du Nord	170	370	7%	5%	1,1%	2
Europe	550	750	22%	10%	0,4%	1
Monde	2540	7790	10%	100%	1,6%	3

La croissance ou décroissance de la population de chaque entité territoriale est la somme de deux termes : la croissance naturelle de cette entité et le flux migratoire net de cette entité avec le reste du monde. Le tableau suivant montre l'incidence des flux migratoires nets cumulés de tous les pays de chaque grande région du monde sur la période 1950-2020 : l'Amérique du Nord, l'Europe et l'Océanie, qui sont les trois grandes régions d'immigration nette, ont accueilli – en net de leurs migrations internes- quelque 115 millions de personnes en provenance d'Asie, d'Amérique Latine et d'Afrique, qui sont les trois régions d'émigration nette, soit l'équivalent de 10 % de leur population actuelle, et moins de 2 millions de personnes par an. Les migrations nettes cumulées entre pays de chaque région du monde n'ont donc qu'une incidence du second ordre sur l'évolution contemporaine de la répartition de la population mondiale par grande région. Cette question des migrations internationales est reprise plus en détail dans le cas de l'ASS dans le chapitre 11.

Solde migratoire net cumulé sur la période 1950-2020 des grandes régions du monde en millions de personnes et en % de la population régionale de 2020

Région	Total (millions)	% de la population régionle	Détail pour l'Afrique	Total (millions)	% de la population régionle
Africa	-28	-2%	Eastern Africa	-11	-3%
Asia	-44	-1%	Middle Africa	1	1%
Europe	43	6%	Southern Africa	5	7%
Latin America and the Caribbean	-43	-7%	Western Africa	-8	-2%
Northern America	64	17%	Sub-Saharan Afric	-14	-1%
Oceania	8	18%	Northern Africa	-14	-6%
Total Monde	0		Total Afrique	-28	-2%

Un nouveau classement des pays selon leur transition démographique

Les quelque 80 millions de nouveaux habitants qui peuplent chaque année la planète sont le solde entre la croissance naturelle des entités territoriales en voie de peuplement (nette des migrations) et la décroissance naturelle de celles qui sont en voie de dépeuplement (nette des migrations).

A toute date, les pays de la planète peuvent être classés en quatre (plus une) catégories selon le degré d'avancement **relatif** (par rapport à la moyenne mondiale) de leur transition démographique, représenté ici par la valeur, à chaque date, du rapport entre leur taux de croissance naturelle (hors migrations) et le taux moyen de croissance à cette même date de l'ensemble des pays du monde dont la croissance naturelle est positive (donc compte non tenu des pays en voie de dépeuplement naturel). Ce classement est donc dépendant de l'année considérée et indépendant de l'incidence des migrations internationales. Outre le fait qu'il repose sur une donnée objective et naturelle, ce classement de tous les pays du monde a pour avantage d'aider à réfléchir aux interdépendances entre cette donnée naturelle et les autres variables démo-économiques comme le niveau d'urbanisation et le niveau de revenu. Le voici :

- pays en voie de peuplement à transition tardive, dont le taux de croissance naturelle est supérieur à 1.7 fois le taux moyen mondial de croissance naturelle des pays à croissance naturelle positive : ce sont les PVP tardifs ;

- autres pays en voie de peuplement, dont le taux de croissance naturelle est supérieur à 1.4 fois cette même moyenne : ce sont les PVP autres ;
- tous les autres pays dont le taux de croissance naturelle est positif et qui ne sont pas classés par la Banque Mondiale comme pays à haut revenu : ce sont les pays avancés ;
- les pays en voie de dépeuplement (PVdP), dont le taux de croissance naturelle est négatif ;
- enfin les quelques pays qui sont à la fois en voie de peuplement et à haut revenu, qui constituent la catégorie particulière des pays d'immigration.

La somme des PVP tardifs et des PVP autres correspond à ce qui est appelé simplement les **PVP**, pays en voie de peuplement.

Les deux multiples du taux moyen mondial qui sont introduits dans la définition des PVP peuvent être interprétés comme traduisant un décalage temporel de l'ordre du siècle entre les trajectoires d'évolution à long terme des taux de croissance de ces pays et celles du reste du monde.

Les deux tableaux suivants montrent l'évolution par catégorie du nombre des 178 pays du monde qui sont ici retenus sur un total de 220 (donc sans les micro-pays et quelques autres pays insuffisamment documentés pour les besoins de cette étude comme la Corée du Nord) puis des 44 pays de l'ASS retenus (sauf entre autres le Nord Soudan). Exemple : en 1950, il n'y avait que 9 pays du monde appartenant à la catégorie des pays en voie de dépeuplement, ils sont aujourd'hui quatre fois plus nombreux. Rappel : dans tout cet essai, font partie de la catégorie des pays en voie de dépeuplement à la date considérée, tous les pays dont le taux de croissance naturelle (compte non tenu des migrations) est négatif.

Evolution du nombre de pays appartenant à chaque catégorie					
Monde	1950	1980	2000	2020	2050
PVP tardifs	19	31	20	12	1
PVP autres	30	46	22	23	2
pays avancés	96	78	106	108	105
pays d'immigration	24	10	5	0	0
pays en dépeuplement	9	13	25	35	70
Total	178	178	178	178	178
dont PVP	*49*	*77*	*42*	*35*	*3*

Evolution du nombre de pays appartenant à chaque catégorie					
ASS	1950	1980	2000	2020	2050
PVP tardifs	1	20	16	12	1
PVP autres	11	18	15	19	2
pays avancés	31	5	13	13	39
pays d'immigration	1	1	0	0	0
pays en dépeuplement	0	0	0	0	2
Total	44	44	44	44	44
dont PVP	12	38	31	31	3
PVP ASS en % du total mondial	24%	49%	74%	89%	100%

Ces deux tableaux et tous ceux du même type qui suivront et dont le fond est incolore reflètent cette évolution dans le temps et par catégorie de la variable considérée (ici le nombre de pays), cependant que les tableaux dont le fond est grisé reflètent l'évolution dans le temps de cette variable concernant les pays qui appartiennent en 2020 à chacune de ces catégories, l'année 2020 étant ainsi prise comme référence.

Ainsi, le tableau suivant montre que, en ASS, c'est dans les pays qui sont aujourd'hui classés dans la catégorie transition démographique tardive que le nombre moyen d'habitants par km² a augmenté dans le passé et devrait continuer à augmenter au taux le plus fort, avec un nouveau doublement de la densité d'ici 2050 selon l'hypothèse moyenne de l'UNPD : à cette date, cette densité devrait atteindre près de 1000 habitants par km² au Burundi et au Rwanda, qui sont par ailleurs les champions du monde de la ruralité : de telles perspectives attirent l'attention sur la nécessité d'une forte croissance des migrations intrarégionales dans cette région du monde qui a été balkanisée en une cinquantaine de pays dont un grand nombre sont enclavés. Hors d'Afrique, et mis à part les micro-Etats, c'est le Bangladesh qui est le plus densément peuplé du monde avec 1300 aujourd'hui et 1500 habitants par km² prévus en 2050, soit le quintuple de celle prévue au Japon.

Densité moyenne de peuplement (habitants /km²)						
ASS	1950	1975	2000	2020	2025	2050
PVP tardifs	5	10	20	37	43	80
PVP autres	11	20	40	68	77	129
pays avancés	8	15	29	43	47	66
Moyenne ASS	8	14	29	49	56	95
Moyenne monde	*20*	*32*	*48*	*61*	*64*	*75*

Transition démographique et niveau de revenu par habitant

Les tableaux suivants montrent la corrélation étroite entre le degré d'avancement de la transition démographique et la valeur du Produit Intérieur Brut par habitant de chaque pays, exprimé en dollars constants de 2015, et tel que rapporté dans la dernière édition d'octobre 2021 des *World Development Indicators* (WDI) de la Banque Mondiale. On verra dans la suite de cet essai que cet indicateur du PIB par habitant ne reflète au mieux que la fraction dite moderne de l'activité et des revenus des pays et qu'il néglige l'essentiel de la fraction dite *informelle* et ou non monétarisée de l'économie réelle : je ne me réfère ici et pour l'instant à cet indicateur PIB officiel par habitant que faute de mieux, de sorte que les écarts de niveau de vie réel par habitant sont un peu plus faibles que ce qu'indiquent les tableaux suivants.

PIB par habitant (en dollars 2015 constants)					
Monde	1960	1980	2000	2020	taux de crois. 1980-2020
PVP tardifs	740	810	620	940	0,4%
PVP autres	880	1350	1170	1690	0,6%
pays avancés	3470	5130	7160	10590	1,8%
pays en dépeuplement	5110	11670	18200	22890	1,7%
Moyenne	3620	5880	7920	10570	1,5%
PVP / Moyenne	0,23	0,20	0,12	0,13	

Le point à retenir ici est le taux de croissance très faible, de l'ordre du quart de la moyenne, du PIB moyen par habitant de la douzaine de pays du monde, qui sont tous en ASS, et qui appartiennent en 2020 à la classe des pays en voie de peuplement à transition démographique tardive, où vivent aujourd'hui près de 400 millions d'habitants soit un tiers de la population totale d'ASS. Ce constat, qui n'est pourtant pas difficile à faire, suffit à mettre en évidence l'étrangeté du choix des dix-sept Objectifs pour le Développement Durable et des 169 sous-objectifs associés, décrétés en 2015 par l'ONU, et dont aucun ne fait allusion au fait que la planète est en voie de peuplement.

A noter aussi, concernant l'ASS, la très faible croissance du PIB moyen par habitant, tel que reflété dans les bases de données officielles, et le niveau relatif faible et décroissant de ce PIB officiel par habitant par comparaison avec le reste du monde (tableau suivant).

PIB par habitant (en dollars 2015 constants)

ASS	1960	1980	2000	2020	taux de crois. 1980-2020
PVP tardifs	740	810	620	940	0,4%
PVP autres	930	1320	990	1590	0,5%
pays avancés	2000	2790	2550	2950	0,1%
Moyenne	1070	1450	1170	1590	0,2%
PVP/moyenne	0,79	0,78	0,73	0,84	
Moyenne ASS / Monde	30%	25%	15%	15%	

Comparaison entre ce mode de classement et celui par niveau de revenu utilisé par le PNUD

Voici la matrice de correspondance entre ces deux modes de classement des 178 pays du monde pris en compte dans cette étude pour l'année 2020, avec rappel des niveaux moyens de PIB par habitant (en dollars constants de 2015) pour cette même année 2020 : la quasi-totalité des pays constituant le groupe des pays à bas revenu de la Banque Mondiale sont des pays en voie de peuplement, et les pays classés à haut revenu sont des pays avancés dans leur transition démographique ou déjà en voie de dépeuplement.

Les seuls pays à bas revenu mais dont la transition démographique est avancée qui apparaissent en première ligne sont le Yémen et la Sierra Leone. En quatrième colonne, 17 des 23 pays en voie de dépeuplement (PVdP) et à haut revenu sont Européens.

Le Monde en 2020 : nombre de pays classés par niveau de revenu (lignes) et selon le peuplement (colonnes)

	PVP		Autres		Tous états de peuplement	PIB en $ / habitant	% de la pop totale
	Tardifs	Autres	Avancés	PVdP			
bas revenu	9	11	2	0	22	700	7%
moyen bas revenu	3	10	36	1	50	2200	41%
moyen haut revenu	0	2	35	11	48	5300	36%
haut revenu	0	0	35	23	58	40900	16%
Tous niveaux	12	23	108	35	178	10500	100%
PIB en $ 2015 par habitant	940	1700	10500	22900	10500		
% de la population en 2020	5%	8%	77%	10%	100%		

Pays en voie de peuplement et migrations internationales

Il convient de noter la très faible incidence des flux migratoires nets des pays en voie de peuplement, et plus particulièrement de ceux des PVP tardifs : ces pays, dont le PIB moyen habitant est le plus faible, ont des taux d'émigration nette encore plus faibles que ceux des autres PVP : le taux d'émigration (rapporté à la population actuelle totale) est trois fois plus faible, et le total cumulé du nombre net d'émigrants venant des PVP tardifs et dont certains se sont par exemple installés en Europe est onze fois plus faible que celui des émigrants venant des autres PVP, aux erreurs près d'enregistrement des migrations rapportées par la Division de la Population de l'ONU (en abrégé UNPD).

Monde	Incidence sur la population finale des migrations cumulées de 1950 à :		
	1980	2000	2020
PVP tardifs	0%	-1%	-1%
PVP autres	-2%	-2%	-3%
pays avancés	1%	1%	2%
pays d'immigration	23%	22%	35%
pays en dépeuplement	-1%	0%	3%
PVP	-1%	-2%	-3%
Autres pays	1%	1%	3%

ASS	Incidence sur la population finale des migrations cumulées de 1950 à :		
	1980	2000	2020
PVP tardifs	0%	-1%	-1%
PVP autres	-4%	-2%	-3%
pays avancés	2%	4%	9%
Moyenne	-1%	-1%	-1%
PVP	-1%	-2%	-2%
Autres pays	2%	4%	9%

Monde	Total des migrations par période (en millions)			
Période	1950-1980	1980-2000	2000-2020	Total 1950-2020
PVP tardifs	0	-5	-3	-8
PVP autres	-21	-23	-44	-88
pays avancés	21	19	20	60
pays d'immigration	4	4	15	23
pays en dépeuplement	-4	8	19	23

Le futur : 2020-2050 et au-delà

Remarque préliminaire

De tous les agrégats et variables auxquels on se réfère habituellement pour décrire et analyser le passé et le présent et imaginer le futur de la planète, la variable population totale, à l'échelle mondiale et même régionale, est de très loin celle qui est la plus fiable, et qui se prête le mieux aux analyses rétrospectives et aux réflexions prospectives à l'échelle de temps d'une génération, qui est le temps du *développement*. Depuis les années 1960, la Division de la Population (UNPD) des Nations Unies fait à cet égard un travail remarquable qu'il convient de saluer, tant en matière d'archivage des données de population passées que de construction de variantes d'évolution à long terme, tout au moins pour l'ensemble du monde et pour la répartition par grande région pour lesquels tous les flux migratoires se compensent à peu près. Lecture du tableau : les projections à vingt ans de la population mondiale qui ont été publiées en 2000 par la Division de la Population encadraient la population réelle constatée en 2020 dans la fourchette de 98.7 % dans la variante haute à 102.8 % dans la variante moyenne.

Population mondiale constatée en % de la prévision des variantes moyenne (en gras) et haute (en italique grisé) des révisions successives

Année	1995	2000	2005	2015	2020
Révision 1992	99,7%	98,6%	97,8%	97,0%	96,8%
	99,3%	*97,5%*	*95,8%*	*93,1%*	*91,7%*
Révision 1996		100,9%	100,8%	101,3%	101,6%
		100,3%	*99,4%*	*97,7%*	*96,7%*
Révision 2000			101,6%	102,4%	102,8%
			100,9%	*99,5%*	*98,7%*
Révision 2004				102,2%	102,9%
				100,0%	*99,0%*
Révision 2008				101,1%	101,6%
				100,1%	*99,3%*
Révision 2012				100,8%	101,0%
				99,8%	*98,7%*
Révision 2015					100,5%
					99,6%

La question des projections de population pays par pays, qui dépendent fortement des hypothèses faites en matière de migrations entre pays et entre entités territoriales plus petites et qui font intervenir bien d'autres considérations délicates, tant d'ordre géographique que géopolitique et sociale, est reprise en détail plus loin

Evolution future de la population mondiale et régionale

La Division de la Population des Nations Unies propose aujourd'hui trois variantes d'évolution de la population mondiale et par pays aux horizons 2050 et 2100. Ces variantes qui se différencient principalement par le rythme de baisse de la fécondité dans les pays en transition démographique, conduisent à des populations totales de 9 à 11 milliards d'habitants en 2050.

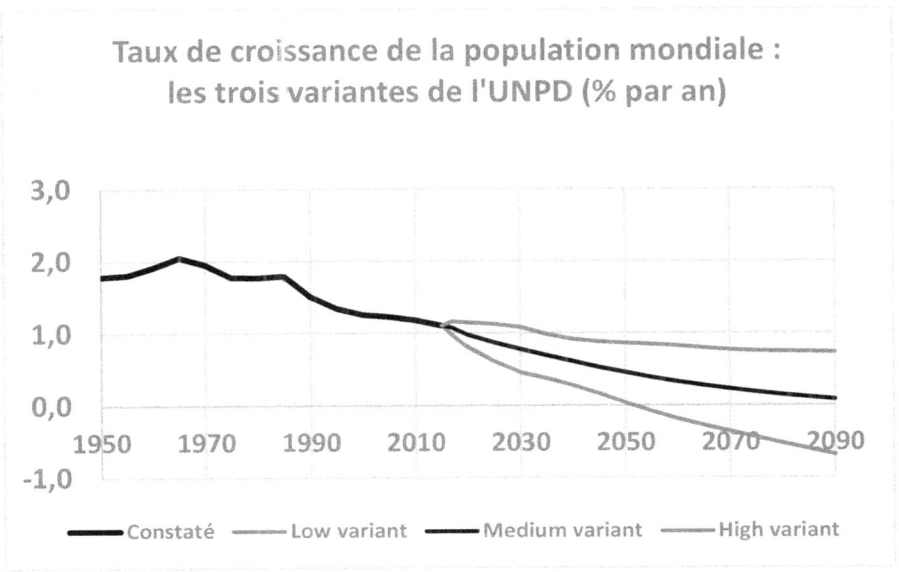

En écartant (provisoirement ?) la variante basse des projections de l'UNPD qui implique une décroissance généralisée de la population dès 2050 et qui ne devrait pouvoir se produire qu'en cas de catastrophe majeure, on peut donc retenir dans le cadre de cet essai que le seuil des 9 milliards d'habitants sera probablement atteint entre 2033 et 2037, et que celui des 10 milliards le sera entre 2044 et 2060.

Au-delà de l'horizon 2060 auquel devrait être atteint le pic de population de quelque 10 milliards d'habitants de la variante moyenne, commencerait pour l'humanité une ère nouvelle, celle de la **décroissance généralisée** de la population mondiale, qui n'est ici qu'évoquée. Pour aborder cette nouvelle ère, un autre paradigme que celui qui est proposé dans cet essai pour l'étude du processus de peuplement de la planète sera nécessaire. Il sera temps d'ici une décennie de se mettre à réfléchir à ce nouveau paradigme, afin de se préparer à gérer ce dépeuplement de la planète, pour ne pas faire preuve de la même négligence ni commettre les mêmes erreurs que nos ainés.

Je ne fais que citer les projections de l'UNPD à l'horizon très long terme de 2100. A l'échelle de chaque pays, ces projections conduisent à des populations totales manifestement incompatibles avec les contraintes géographiques et n'ont donc d'autre intérêt qu'en tant que lanceurs d'alerte.

A l'horizon d'une génération soit 2050 où ces projections démographiques ont un sens, le monde doit donc se préparer à accueillir, à héberger et à intégrer quelque 2 milliards d'habitants nouveaux dans l'hypothèse moyenne, voire 3 milliards dans l'hypothèse haute.

La prise de conscience récente de la finitude de la planète et du stock de ressources exploitables nous incite à œuvrer pour que la réalité se rapproche autant que possible de la variante moyenne des Nations Unies, conduisant à quelque 9,7 milliards en 2050 et à un pic de population à plus long terme inférieur à 11 milliards d'habitants.

Dans l'hypothèse moyenne de l'UNPD, voici comment devraient évoluer le nombre de pays classés selon le degré d'avancement relatif (par rapport à la moyenne mondiale) de leur transition démographique à chaque date considérée et la répartition de la population mondiale entre ces catégories. Je reprends ici copie du premier tableau déjà présenté par anticipation pour le futur :

Evolution du nombre de pays appartenant à chaque catégorie					
Monde	2010	2020	2030	2040	2050
PVP tardifs	17	12	3	2	1
PVP autres	23	23	18	8	2
pays avancés	113	108	112	113	105
pays d'immigration	2	0	0	0	0
pays en dépeuplement	23	35	45	55	70
Total	178	178	178	178	178
dont PVP	*40*	*35*	*21*	*10*	*3*

Le fait le plus remarquable de l'évolution au cours de ce siècle 1950-2050 aura été la forte croissance du nombre des pays en voie de dépeuplement, annonciatrice de bouleversements géopolitiques mondiaux : en 2050, près de la moitié du nombre total de pays de la planète seront dans cette situation, dont 40 dans la seule région Europe, qui sera alors proche du déclin démographique naturel généralisé.

Nombre de pays en voie de dépeuplement						
	1950	1970	1990	2010	2030	2050
Monde	9	11	21	23	45	70
% du nombre total de pays	5%	6%	12%	13%	25%	39%
Europe seule	4	6	15	17	29	39
en % des pays d'Europe	10%	13%	36%	40%	69%	93%
en % du total mondial	*44%*	*55%*	*71%*	*74%*	*64%*	*56%*

Le graphique suivant retrace l'évolution du nombre total de nouveaux habitants que la planète a dû accueillir chaque année de 1950 à 2020, soit environ 80 millions d'habitants par an depuis 1980, et qu'elle devra accueillir d'ici 2050 dans l'hypothèse moyenne de l'UNPD.

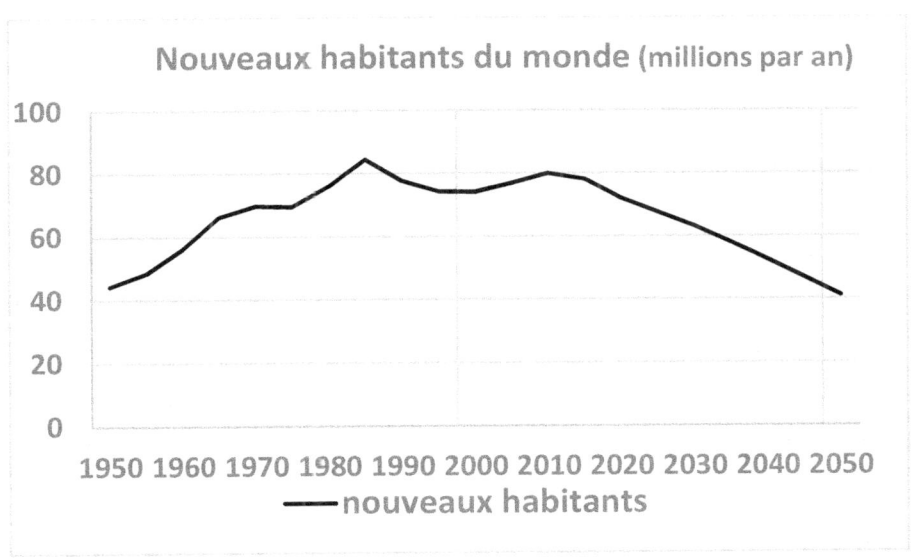

Aux migrations internationales près, les nouveaux habitants prévus d'ici 2050 n'apparaitront évidemment que dans les pays qui seront encore en voie de peuplement, et dont le nombre est appelé à décroitre progressivement.

Le tableau suivant montre que la fraction du nombre total des nouveaux habitants de la planète qui apparaissent dans la seule région de l'Afrique Sub-Saharienne a quintuplé de 8% en 1950 à 39% aujourd'hui, et que cette proportion devrait encore plus que doubler d'ici 2050.

Répartition du nombre de nouveaux habitants par an						
ASS	1950	1980	2020	2030	2040	2050
PVP tardifs	31%	29%	40%	42%	43%	45%
PVP autres	47%	51%	49%	48%	48%	48%
pays avancés	22%	21%	11%	10%	8%	7%
dont PVP	78%	79%	89%	90%	92%	93%
Nombre total (millions)	4	11	28	32	35	36
Part de l'ASS	8%	14%	39%	51%	67%	89%

Répartition de la population par région du monde et taux de croissance

D'ici 2050, le continent africain devrait continuer à avoir des taux moyens de croissance sur trente ans de la population de plus de 2% par an. L'Afrique Sub-Saharienne, de loin la plus importante région du monde en voie de peuplement, a vu sa population sextupler entre 1950 et 2020, et cette population devrait encore doubler d'ici 2050, cependant que l'Europe serait alors la seule région en voie de dépeuplement, avec une perte nette d'une quarantaine de millions d'habitants.

Répartition de la population par région et taux de croissance

Population (millions d'hab.)	1950	2020	2050	2100	Multiplicateur 2050/1950	Taux de crois. 2020-1950
Afrique Sub-Saharienne	180	1090	2120	3780	12	2,2%
Afrique du Nord	50	250	370	500	8	1,4%
Amérique Latine	170	650	760	680	5	0,5%
Asie sauf Chine	850	3200	3890	3650	5	0,6%
Chine	550	1440	1400	1060	3	-0,1%
Amérique du Nord	170	370	430	490	2	0,5%
Europe	550	750	710	630	1	-0,2%
Monde	2540	7790	9740	10880	4	0,7%

Processus de développement et gestion du peuplement

Les politiques démographiques stricto sensu qui visent notamment à accélérer la baisse de la fécondité peuvent contribuer à réduire la croissance démographique des pays en voie de peuplement, mais elles ne sont qu'un adjuvant. Dans ces pays, le rythme de la transition démographique dépend en effet avant tout des conditions d'accueil et d'installation des nouveaux résidents dans chaque localité, et des facilités offertes aux migrations régionales et internes, qui se traduisent par ce qu'on appelle le *développement*. Retenir comme je le fais ici l'hypothèse de la variante moyenne de la croissance démographique future de la planète équivaut à faire le pari d'une relance effective de ce qu'on appelle aujourd'hui le *développement*, concept que cet essai propose de remplacer provisoirement par celui plus concret de gestion du processus de peuplement de la planète, dont le fondement théorique est l'*économie du peuplement*, avant de revenir à la fin de cet essai à ce même vocable de développement, mais dont le sens aura été enrichi par la prise en compte explicite des fondamentaux que sont la population, l'espace et les interactions entre peuplement et économie.

Processus de peuplement et migrations internationales

Les données des tableaux précédents qui montrent comment devrait évoluer la répartition de la population mondiale par grande région sont plausibles et utiles parce que, à cette échelle, la grande majorité des flux migratoires entre pays sont intrarégionaux. Mais on ne peut pas en dire autant des projections à moyen et à long termes des flux migratoires nets entre l'ensemble des pays en voie de peuplement et les autres pays du monde, ni a fortiori de chaque pays avec le reste du monde, dont résulte la projection de la population totale de chacun d'entre eux.

Les deux tableaux suivants, basés pour le passé sur les statistiques rassemblées par la Division de la Population des Nations Unies, mettent en évidence l'étonnante faiblesse des flux migratoires entre les pays en voie de peuplement et les pays peuplés. Dans les pays aujourd'hui classés PVP tardifs, le total cumulé sur la période 1950-2020 des flux migratoires nets de ces pays n'a eu pour conséquence que de réduire de 1 % la population actuelle de ces pays par rapport à ce qu'elle serait en l'absence de toute migration. Et l'hypothèse faite par l'UNPD pour le futur, que je rappelle dans ces tableaux, revient à admettre qu'il en sera de même en 2050, après un siècle ! On ne peut imaginer hypothèse plus conservatrice, ni plus irréaliste. Je reviendrai en détail sur cette question des migrations internationales et entre Pays en Voie de Peuplement et les autres pays dans la deuxième partie de cet essai.

Monde	Incidence sur la population finale des migrations cumulées de 1950 à :			
	1980	2000	2020	2050
PVP tardifs	0%	-2%	-1%	-1%
PVP autres	-2%	-3%	-3%	-3%
pays avancés	1%	2%	2%	2%
pays d'immigration	23%	29%	35%	33%
pays en dépeuplement	-1%	1%	3%	4%
Total	0%	0%	0%	0%

Urbanisation et autres migrations internes

Les migrations entre Etats-nations et entre grandes régions, dont j'ai souligné la faiblesse apparente et le peu d'attention qui leur est consacrée, ne sont qu'une petite fraction des flux migratoires entre entités territoriales plus petites comme les districts ou les communes, entre milieu rural et milieu urbain, entre zones enclavées, hors marché, et pôles de croissance. Ces flux migratoires internes, qui sont également mal connus et souvent mal compris, doivent être appréhendés, interprétés, prévus dans la mesure où ils sont de nature structurelle et non conjoncturelle. Je montrerai qu'ils doivent être facilités pour limiter les risques de violence (cf. les conflits récurrents entre éleveurs et agriculteurs au Sahel) et donc accompagnés et gérés dans toutes leurs implications.

Le processus d'agglomération

L'urbanisation est l'une des manifestations les plus spectaculaires de la transformation de *l'aner oïkonomikos* de la Grèce classique ou de *l'homo economicus* des Romains, des relations sociales et de la redistribution de la population mondiale à toutes échelles spatiales. L'idée selon laquelle, en ASS par exemple, la croissance urbaine sans industrialisation et le prétendu *exode rural* seraient la conséquence de mauvaises politiques (*le biais urbain*) et nuiraient à la sécurité alimentaire de cette région montre à quel point ce processus d'urbanisation et ses implications sont encore aujourd'hui mal compris. On ne saurait sous-estimer les conséquences de cette incompréhension des relations entre le processus de peuplement et ce qu'on appelle le *développement*.

Je retiens ici comme définition de l'agrégat population urbaine U la somme de la population de toutes les agglomérations qui à la date considérée ont au moins 5000 habitants, et ce quel que soit leur statut administratif. Le nombre des agglomérations qui sont incluses dans cet agrégat population urbaine est presque toujours croissant. La population rurale R est le solde : R = P-U, et le niveau d'urbanisation à la date considérée est le ratio U/P.

Entre 1800 et 2050, la population urbaine de la planète sera passée de quelque 90 millions à 6.7 milliards d'habitants soit une multiplication par plus de 70. La population rurale a quant à elle quadruplé entre 1800 et 2020, date à laquelle elle atteint son maximum, de 3,4 milliards d'habitants. Par la suite, la population rurale décroîtra, et retrouvera en 2050 son niveau de 1990, soit environ 3 milliards, mais dans un contexte de rapport de taille entre urbains et ruraux et donc de marché radicalement différent : entre 1950 et 2050, le nombre d'urbains par habitant rural aura plus que quintuplé, de 0.4 à 2.2.

Monde (millions d'hab.)	1950	2020	2050	Multiplicateur 2050/1950
Population totale	2540	7800	9740	4
Population urbaine	750	4380	6680	9
Population rurale	1790	3420	3060	2
Niveau d'urbanisation	30%	56%	69%	
Ratio Population urbaine / Population rurale	0,4	1,3	2,2	5

ASS (millions d'habitants)	1950	1980	2020	2050	Multiplicateur 2050/1950
Population totale	180	370	1090	2120	12
Population urbaine	20	80	460	1260	63
Population rurale	160	290	630	860	5
Niveau d'urbanisation	11%	23%	42%	59%	
Ratio population urbaine / population rurale	0,1	0,3	0,7	1,5	12

Les pays qualifiés aujourd'hui de développés n'auront eu la majorité de la population urbaine de la planète que pendant la période 1870-1970 : c'est la période pendant laquelle les pays industrialisés ont dominé le monde. Les pays dits *en développement* comptent déjà plus de deux fois plus d'urbains que les pays *développés*, et ils en auront sans doute cinq fois plus en 2050.

Pourquoi cette urbanisation ? A toutes les échelles, de la planète aux régions, et pour chaque pays, comment s'explique la corrélation apparente entre l'évolution dans le temps long des niveaux d'urbanisation, du degré d'avancement de la transition démographique, du niveau de développement tel que défini par le PNUD, et du niveau de revenu par habitant déterminé par la Banque Mondiale ? Questions que le paradigme présenté dans le chapitre 5 permettra d'aborder, puisqu'il est conçu pour cela.

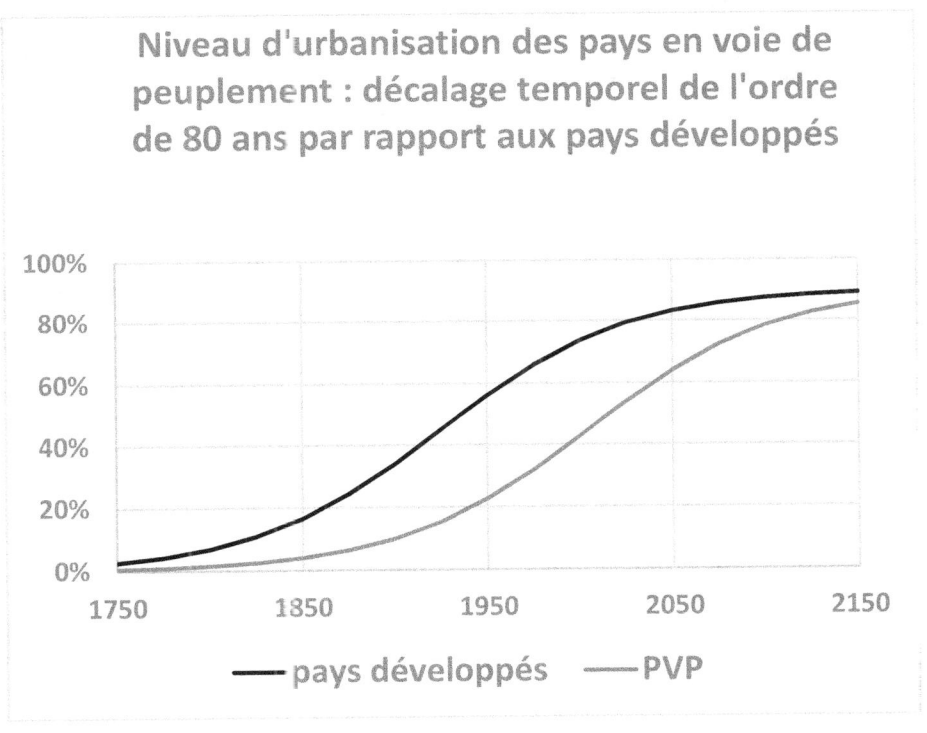

Niveau d'urbanisation : Monde et ASS				
Monde	1950	1980	2020	2050
Ensemble du monde				
PVP tardifs	8%	18%	38%	57%
PVP autres	9%	23%	42%	60%
pays avancés	27%	35%	56%	70%
pays en dépeuplement	47%	67%	76%	85%
Moyenne Monde	30%	39%	56%	69%
Moyenne ASS	11%	23%	42%	59%
Population urbaine de l'ASS en % du total mondial	3%	5%	11%	19%

Autre question à ce sujet : pourquoi le processus d'urbanisation est-il si tardif et si lent dans certains pays et certaines régions d'ASS comme le Burundi, le Rwanda et l'Uganda de la région des Grands Lacs en Afrique de l'Est ?

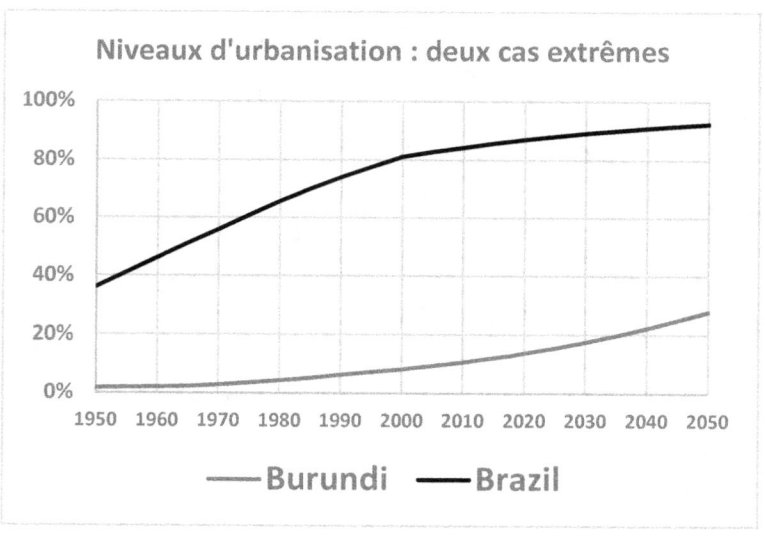

Pour réfléchir aux stratégies de développement, il est de la plus haute importance de comprendre les raisons de ces corrélations apparentes, ne serait-ce que pour éviter le piège des idées toutes faites sur les méfaits de la croissance urbaine galopante, de l'exode rural et de ses conséquences sur la sécurité alimentaire, et pour éviter la tentation de freiner la croissance urbaine, considérée surtout comme une source de problèmes, sans avoir réfléchi aux implications d'une telle politique.

Implications du processus d'agglomération

La croissance du ratio U/R de la population urbaine à la population rurale est un bon indicateur du changement structurel résultant de l'évolution du poids respectif des villes et territoires densément peuplés et des territoires ruraux dont la densité est de cent fois à mille fois plus faible.

Les points d'interrogation des trois dernières lignes du tableau suivant signifient que, pendant très longtemps, et parfois jusqu'à aujourd'hui, on peut trouver dans la littérature tout et son contraire sur les implications économiques, sociales et financières de ce processus de restructuration du peuplement, faute notamment de données les plus élémentaires concernant par exemple l'incidence de cette restructuration du peuplement sur la structure de l'emploi par secteur et sur la demande et l'offre de biens et services.

Monde (millions d'hab.)	1950	2020	2050	Multiplicateur 2050/1950
Population totale	2540	7800	9740	4
Population urbaine	750	4380	6680	9
Population rurale	1790	3420	3060	2
Niveau d'urbanisation	30%	56%	69%	
Ratio Population urbaine / Population rurale	0,4	1,3	2,2	5
Population agricole	?	?	?	?
Pop non agricole	?	?	?	?
Ratio Pop non agricole / Pop agricole	?	?	?	?

Pour se mettre en état de comprendre en quoi le processus d'agglomération d'une partie de la population modifie le comportement de *l'aner oïkonomikos* en tant qu'être social et en tant que producteur et que consommateur, la première condition est de disposer d'un cadre conceptuel, d'un paradigme qui accorde de l'importance au peuplement, à l'espace et aux relations de voisinage. Parce qu'il est conçu pour cela, cet autre paradigme permettra, comme on le verra, de remplacer les points d'interrogation précédents par des estimations fondées à ce stade sur les seules données de peuplement et interprétables grâce aux outils démo-économiques et spatiaux ad hoc qui seront présentés au chapitre 8.

Autres migrations intérieures

Bien que ce soit techniquement possible, grâce notamment aux progrès de la télédétection et de la cartographie, il n'existe pas encore de recueil systématique de données démographiques, économiques, socioéconomiques et financières par entité territoriale infra nationale, ce qui n'est pas sans conséquences sur nombre de politiques publiques, à commencer par celles relatives à la décentralisation et au développement local.

Je note à cette occasion que les progrès fantastiques en matière de production puis de traitement, de diffusion et d'archivage d'images obtenues à toutes échelles et dans tous les spectres possibles grâce à la photographie aérienne, puis à la télédétection par satellite n'ont guère incité les économistes à se réintéresser enfin à la géographie et à la dimension spatiale des processus économiques : nouvelle confirmation que tout est question de paradigme.

C'est pratiquement à la main, sans recours à l'informatique, qu'ont été fabriquées les cartes physiques et démo-économiques hors texte de l'étude d'une Image à Long Terme de l'Afrique au sud du Sahara (ILTA) de 1983. Si ces cartes n'avaient pas été aussitôt mises au rebut par les destinataires de cette étude, elles auraient permis, à qui l'aurait bien voulu, de se poser nombre de questions fondamentales sur les opportunités et contraintes du développement de cette région du monde en voie de peuplement. En effaçant toute trace de cette étude ILTA, c'est un véritable *autodafé* que la Commission du Développement de l'Union Européenne a infligé à cette étude ILTA qui lui était pourtant destinée : voir le chapitre 11.

Aujourd'hui encore, hélas, alors que toutes les images et télémesures de ce qui se passe sur la planète à l'échelle du pixel d'un hectare sont instantanément disponibles, les seuls indicateurs à l'échelle infranationale qui sont indispensables pour réfléchir doivent être piochés dans des rapports, atlas et études centrées sur telle ou telle problématique, concernant par exemple l'environnement, ou, concernant l'Afrique, dans des études plus anciennes comme l'étude ILTA (Une Image à Long Terme de l'Afrique au Sud du Sahara) et l'étude WALTPS (*West Africa Long Term Perspective Study*) qui sont présentées dans les chapitres 11 et 12 de la quatrième partie.

La carte suivante qui est extraite de cette étude WALTPS montre l'état du peuplement du Golfe de Guinée en 1990, de la Côte d'Ivoire à l'ouest au Nigéria et au Cameroun occidental à l'Est, avec toutes les villes de plus de 50 000 habitants et les zones de densité de population rurale forte, supérieure à 50 habitants par km^2 : on notera que les taches de forte densité de peuplement rural, qui dominent dans l'hinterland des réseaux urbains, sont aussi et de ce fait de plus en plus transnationales.

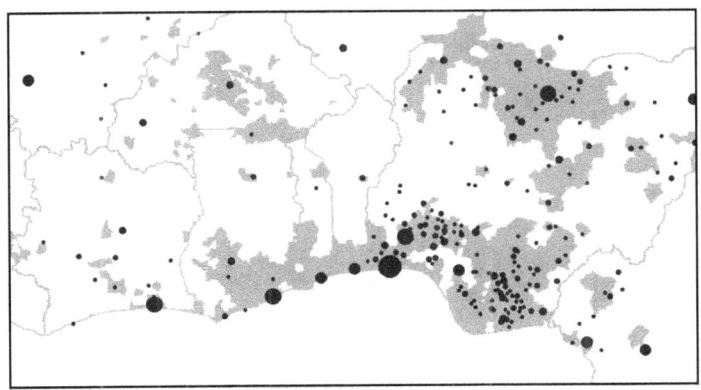

Décompte des nouveaux résidents par naissance nette et par migration interne

Au-delà de la croissance naturelle analysée précédemment, chaque pays est confronté à la nécessité de faciliter l'accueil sur son territoire du nombre de migrants internes qui doivent s'installer dans tel ou tel lieu et devenir ainsi *les nouveaux résidents*. En me basant sur les conclusions de diverses études relatives à l'Afrique, au Moyen Orient (Iran, *Amayesh E Sarzamin*, chapitre 9), au Vietnam (chapitre 10) et à l'Amérique Latine (Chili, Mexique), je considère comme acceptable d'admettre que, dans chaque pays ou région du monde, le nombre total de migrants internes qui résultent d'autres facteurs que l'urbanisation est d'un ordre de grandeur équivalent.

D'où le tableau suivant qui présente l'évolution passée et prévue du nombre total de migrants internes en millions par an de l'ensemble du monde, dont l'ASS :

Nombre de migrants (urbanisation et migrations intérieures) millions par an						
	1950	1980	2000	2020	2050	ratio 2050/1950
Monde	22	39	67	78	87	4
dont ASS	*1*	*3*	*6*	*12*	*25*	*22*
Part de l'ASS	5%	8%	9%	16%	29%	
Nouveaux résidents (migrants et nouveaux habitants) millions par an						
	1950	1980	2000	2020	2050	ratio 2050/1950
Monde	66	115	141	151	129	2
dont ASS	*5*	*14*	*23*	*40*	*62*	*13*
Part de l'ASS	7%	12%	16%	27%	48%	

Nombre total de nouveaux résidents par habitant					
	1950	1980	2000	2020	2050
Monde	2,7%	2,6%	2,3%	2,0%	1,4%
ASS	2,6%	3,8%	3,5%	3,6%	2,9%

Les deux graphiques suivants montrent le décalage d'une trentaine d'années entre la vague de croissance démographique proprement dite et celle de la restructuration spatiale du peuplement, qui est à la fois le moteur et la conséquence de la densification, de la division du travail entre espaces denses et espaces diffus et du développement de l'économie de marché.

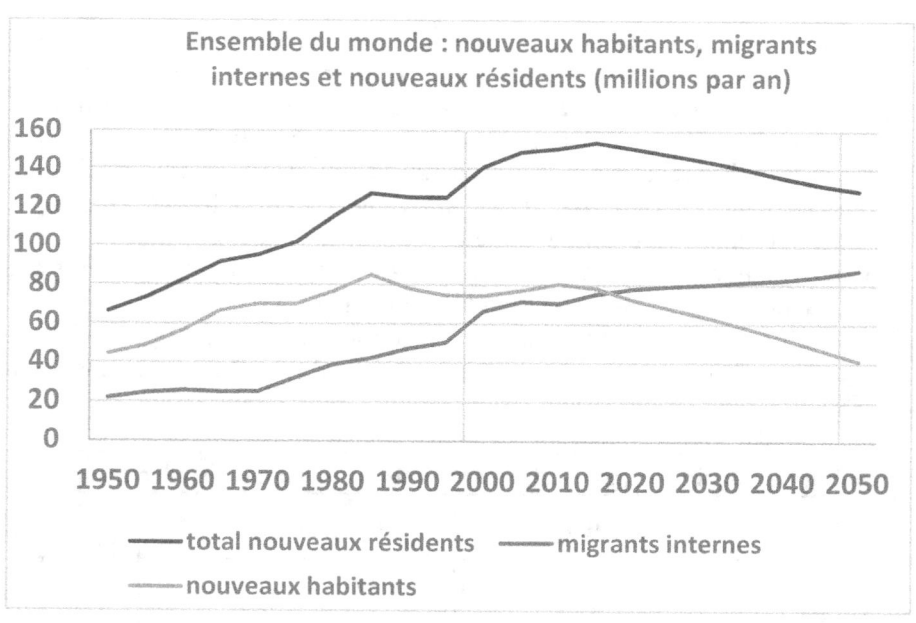

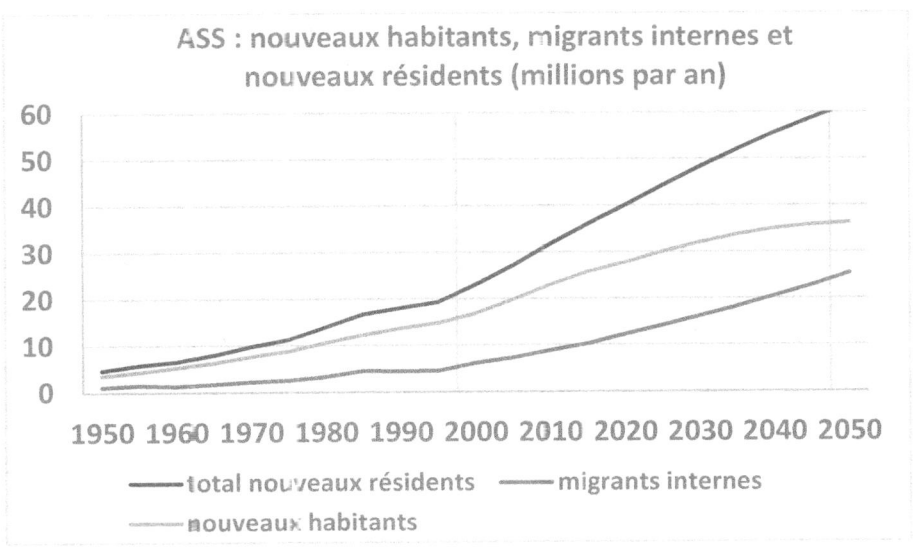

Deux constats sur ce dernier graphique :
- le net ralentissement dans la croissance constatée du nombre de migrants internes dans la période 1975-1995, qui est la conséquence des politiques dites d'*ajustement structurel* (un comble ! ou un oxymore ?) et de la lutte contre le prétendu biais urbain, dont les pays en voie de peuplement ont été victimes à cette époque ;
- et le fait que le nombre total des nouveaux résidents de l'ASS (comme celui des autres régions du monde en voie de peuplement) continuera à croitre bien au-delà de 2050.

Enfin, pour l'étude à venir de l'insertion de ces nouveaux résidents dans la vie économique de chaque pays, il convient de considérer l'évolution dans le temps des cohortes de nouveaux adultes : dans tout lieu, la cohorte des nouveaux adultes de l'année n est constituée de la somme du nombre des résidents de ce lieu qui sont nés l'année n-20 et du total cumulé du nombre des migrants des années passées qui étaient arrivés dans ce lieu assez jeunes pour atteindre l'âge de 20 ans lors de cette année n, et des migrants majeurs de l'année n.

Conclusion : processus de peuplement, repérage des nouveaux résidents, et besoins d'investissement de peuplement

Pendant la période 1950-2050 au cours de laquelle la population de la planète aura quadruplé, à la grande vague de croissance démographique de la période qui atteint aujourd'hui son maximum, succède très logiquement et une trentaine d'années plus tard une seconde vague d'intensité comparable en nombre de nouveaux résidents qui, du fait des migrations internes, auront dû s'installer quelque part. Cette seconde vague atteindra son maximum, au rythme de quelque 80 millions de migrants internes par an, aux environs de 2050. Ce sont évidemment les Pays en Voie de Peuplement (PVP) qui reçoivent la majorité des nouveaux résidents de la planète.

Ce premier chapitre a aussi attiré l'attention sur l'étonnante faiblesse des flux migratoires entre les pays en voie de peuplement et les pays peuplés, tels qu'ils sont enregistrés pour le passé puis projetés d'ici 2050 par l'UNPD. L'idée selon laquelle le décuplement de la population mondiale en un siècle (1950-2050) pourrait durablement s'accommoder de migrations infimes entre ces Etats-nations mérite réflexion : si politiquement sensible que soit ce sujet des migrations internationales, il ne semble pas raisonnable de glisser sous le tapis cette question qui fâche (voir le prochain chapitre), d'où l'importance de la prospective, aujourd'hui trop oubliée.

Le tout premier des besoins essentiels de ces nouveaux résidents est de disposer d'un cadre de vie leur permettant d'installer leur maisonnée : je montrerai dans le chapitre 3 comment répondre, mieux que par le passé, aux besoins d'Investissement Public Initial de Fonction Locale (les IIFL) qui doivent être réalisés à temps pour accueillir les nouveaux résidents et qui doivent être localisés là où la planète se peuple, par croissance démographique et par migration interne.

L'accent ainsi mis sur ce que j'appelle les IIFL, qui n'existent pas en comptabilité nationale, est la première étape en vue de réhumaniser et de relocaliser le concept d'économie, dont cet essai démontre et affirme qu'il est aujourd'hui désincarné, démostatique et u-topique, et de revenir ainsi aux sources du mot économie, qui vient du grec *oïkonomia*, qui, comme le rappelle le chapitre 4, était, aussi et avant tout, l'art d'organiser et d'aménager les lieux de vie.

Chapitre 2
Exemples contrastés de gestion du peuplement

Introduction

Les Etats-nations qui sont les entités territoriales de base prises en compte dans le suivi des migrations ont des caractéristiques extrêmement diverses, en matière de taille, de localisation géographique, de nature de leurs institutions, et de relations de voisinage avec le reste de la région ou du monde. Pour apprécier l'importance réelle des flux migratoires entre ces Etats, la mobilité apparente des diverses régions du monde telle qu'elle est présentée dans les annuaires internationaux sans tenir compte de la taille des entités considérées n'a pas grand sens, car les migrations nettes entre pays d'une région sont d'autant plus importantes que les pays en question sont petits, ce qui est le cas par exemple en Afrique.

Comme rappelé précédemment, qu'on le veuille ou non, le décuplement de la population mondiale en un siècle (1950-2050) implique des migrations entre les Etats-nations et des migrations internes d'une tout autre ampleur que celles admises et projetées par la Division de la Population de l'ONU (UNPD). Voici par exemple le message envoyé en 1977 par Sadruddin Aga Khan, Haut-Commissaire aux Nations Unies pour les Réfugiés, à son successeur : *dans les pays en voie de développement, il faut arrêter d'urgence l'exode rural, condition pour lutter contre la famine et pour freiner les migrations internationales.* Et voici ce qu'il écrivait en 1980 dans son rapport au Secrétaire Général des Nations Unies intitulé : *Il faut arrêter l'exode* :

L'exode des muscles est tout aussi néfaste que l'exode des cerveaux. La baisse de la productivité des terres, le manque croissant de main d'œuvre et le fait que ceux qui restent sont contraints de consacrer de plus en plus de temps aux activités de survie affaiblissent encore la productivité agricole et l'activité économique globale... Dans certains pays comme le Mali et le Burkina Faso, la désertification a obligé un sixième de la population à migrer vers le Sénégal et la Côte d'Ivoire. Les effets multiplicateurs de l'exode dépassent largement les limites de la région concernée... La région d'accueil connait elle aussi des problèmes humanitaires. L'arrivée des migrants pèse lourdement sur les services mal équipés de la région et intensifie leur marginalisation. Un grand nombre de gens quittent la campagne pour la ville, venant augmenter la population des bidonvilles déjà difficiles à contrôler.

Quand on sait avec quelles difficultés les gouvernements africains et la communauté internationale gèrent les migrations actuelles, on peut s'inquiéter de l'impact qu'auront des déplacements plus importants... La meilleure façon d'éviter d'autres migrations est forcément d'épauler les populations dans leur région d'origine. Il faut les aider à accroître la productivité, à atteindre une plus grande autosuffisance, à augmenter leur niveau de vie, à améliorer la qualité de vie dans les campagnes avant qu'elles soient tentées ou forcées de s'exiler vers les zones urbaines et au-delà.

Pour réfléchir à cet épineux problème des migrations internes et internationales, voici quelques exemples concrets montrant la diversité des approches en matière de gestion du peuplement, avec pour chacun de ces exemples une évocation des conséquences de ces approches.

Une Région du monde en voie de peuplement : les Etats-Unis d'Amérique

Voici d'abord un extrait de l'essai intitulé *Observations concerning the Increase of Mankind and the peopling of Countries* écrit en 1751 par Benjamin Franklin. Dans cet essai, il décrit tous les avantages que le Gouvernement Britannique pourrait tirer d'une politique volontariste de peuplement de ses colonies d'Amérique dont la population devrait à son avis doubler tous les 25 ans, par transmigration de la population des régions d'Europe surpeuplées :

In a century, the greatest number of Englishmen will be on this Side of the Water (in America) *thereby increasing the power of England. As Englishmen, they would share language, manners, and religion with their countrymen in England, thus extending English civilization and English rule substantially. The land in America is underutilized and available for the expansion of farming. This enables the population to establish households at an earlier age and support larger families than what is possible in Europe, where the limit to population expansion is reached and where the crowding interferes with each other's means of subsistence. Labor will be more valued in self-owned farming given the availability of land in America. No man continues long a laborer for others but gets a plantation of his own. Growth in the colonies should increase demand for British manufacturing, making protectionism unwise.*

Cet essai de Benjamin Franklin a incité Thomas Jefferson, candidat à l'élection présidentielle de 1800, à écrire le livre intitulé *On the Peopling of the United States,* dont il s'est servi pour remporter cette élection.

Et voici le résultat de cette politique de peuplement des USA : *From 1900 to 2000, the population more than doubled in the Northeast (21 million to 54 million) and in the Midwest (26 million to 64 million). The South's population during this period quadrupled from 25 million to 100 million, while the West's population was more than fifteen times larger in 2000, increasing from 4 million in 1900 to 63 million at the end of the century. One of the most significant demographic trends of the 20th century has been the steady shifting of the population west and south. In 1900, California's population was about the same as the population of Kansas (1.5 million) but, over the next 10 decades, California increased by 32.4 million while Kansas grew by an additional 1.2 million people.*

Le tableau suivant donne quelques exemples de changements intervenus en un siècle dans le classement des Etats selon leur population : du 21ième au 1er rang pour la Californie, du 10ième au 30ième rang pour l'Iowa.

States Ranked by Population Size: 1900, 1950, and 2000

Year	1900	1950	2000
Fast growth			
Arizona	48	38	20
California	21	2	1
Florida	33	20	4
Texas	6	6	2
Washington	34	23	15
Slow growth			
Illinois	3	4	5
Iowa	10	22	30
Massachussets	7	9	13
Missouri	5	11	17
Pennsylvania	2	3	6

De tels bouleversements dans la hiérarchie des Etats de l'Union ne s'expliquent pas seulement par l'immigration nette en provenance du reste du monde, mais aussi et surtout par les migrations internes. La population et les activités répondent sans délai aux opportunités et aux forces du marché, elles se déplacent librement au sein de l'Union, avec des taux de migration interne nette allant de -5% à +5% par an en longue période, sans drame.

Ces mouvements sont de toute évidence facilités par la politique d'infrastructure et d'équipement du territoire suivie avec une belle constance par le Gouvernement Fédéral, et ce depuis plus de deux siècles.

L'idée de comparer la situation en ASS (47 pays, 500 millions d'habitants) à celle des Etats-Unis (50 Etats, 300 millions d'habitants) peut paraitre a priori farfelue. Il n'est pourtant pas inutile de se souvenir que cette région du monde a toujours été et reste encore aujourd'hui l'une de celles où l'aménagement du territoire a été le plus volontariste et le plus clairement exprimé dans les réseaux d'infrastructures et dans la création ex nihilo à chaque carrefour des grands axes routiers de ces agglomérations à partir desquelles s'est structurée la mise en valeur des territoires. Bien que fort éloigné du contexte africain, le cas des Etats-Unis d'Amérique mérite donc d'être médité.

La Chine et l'Inde offrent deux autres exemples intéressants de gestion du peuplement à l'échelle de sous-continents. Dans un cas comme dans l'autre, l'unité de gouvernement, dont l'ASS ne dispose malheureusement pas, joue un rôle important. Mais ce facteur ne doit pas masquer l'importance de la prospective à l'échelle macro régionale et des politiques d'aménagement et d'équipement du territoire que les institutions régionales africaines auraient pu et dû mettre en tête de leurs agendas.

L'Ethiopie : freinage de l'urbanisation et aggravation de la pauvreté rurale et de l'insécurité alimentaire

Voici d'abord quelques extraits du document de Stratégie de réduction de la pauvreté (PRSP) que chaque pays devait rédiger pour bénéficier des concours de l'IDA de la Banque Mondiale. Le PRSP d'Ethiopie qui date de 2002 était intitulé *Strategy Paper for Promoting Development and Poverty Reduction*. Ce rapport de plus de 300 pages n'aborde les questions urbaines que tout à la fin, à propos de la lutte contre le HIV.

Population: *The major objectives of the population policy have been closing the gap between high population growth and low economic productivity through planned reduction of population growth and reducing the rate of rural to urban migration.*

Urbanisation: *Increasing urbanisation presents a major issue of concern given that a process of rapid urbanisation is taking place not only in Addis Ababa but also within secondary cities across the country. Owing to the continuous rural-urban migration, there is an increasingly and heavy burden on the existing sanitation facilities. The effects of natural population growth, growing rural-urban migration with concomitant urban problems associated with poor management, lack of infrastructure, inadequate service delivery is typical dimension of urban poverty.*

Urban economy: *Secondary cities in Ethiopia are developed mainly as a result of being chosen as regional or zonal administration seats rather than their own internal economic dynamism. Whenever there is a change in administration set up, these urban centers die quickly, as a result .. Commonly, there is little internal economic dynamism that makes these areas self-sufficient, growing and able to absorb migrant labour from rural areas. To the contrary, most urban towns located in remote areas are likely to be markets, highly dependent on their surrounding rural economies* (!!). *The middle class, i.e., virtuous and industrious entrepreneurs, is noticeably missing in Ethiopia. In a typical urban area, those in the relatively high-income group are very few in number and comprise successful businesspersons and/or those with substantial physical assets such as land and house. Broadly, civil servants and traders can be categorized as middle income. At the bottom of the income ladder are those in the informal sector and those who earn their living from sale of their labor, which is typically* *unskilled. At the foot of the ladder are the destitute including homeless, street children, and orphans.*

Urban-rural linkages: *As it stands now, the existing demand base of urban areas could not serve as a foundation for rapid and sustainable agricultural development. This leads to the need for exploring and exploiting available opportunities in the international markets.*

Rural poverty: *Although poverty has declined modestly in rural areas (by 4.4 percent), it still has remained to be a rural phenomenon as the rural areas harbour the bulk of the poor in Ethiopia. By 1995 rural areas accounted for over 86 percent of the total population while their contribution to poverty stood at 90 percent (i.e. more than the share in population).*

Urban poverty: *The poverty situation in urban areas is aggravated due to the fact that the economic base of these areas is trade and service rather than production as such* (!!).

PRSP Conclusions: *Rural areas are still centers of mass poverty, requiring continued priority action. Making smallholder agriculture an important source of growth for a least-developed country such as Ethiopia clearly maximises the inclusiveness of the growth process as it captures the rural population.*

Voici ce que j'ai écrit juste avant la publication de ce PRSP pour tenter d'en infléchir le contenu :

L'Ethiopie, pays à 85 % rural, supporte aujourd'hui les conséquences de trois décennies de politiques anti-urbaines. La population du pays est passée de 25 à 60 millions d'habitants entre 1960 et 2000, dont seulement 15% d'urbains très concentrés sur Addis Abeba (3 millions d'habitants). La prise de pouvoir par les militaires et le régime socialiste en 1974 s'est traduite par des nationalisations en masse des entreprises et des logements destinés à la location, par une « villagisation » forcée et par un freinage de l'urbanisation encore sensible aujourd'hui du fait de l'orientation très agraire de la stratégie de développement (ADLI : Agricultural Development Led Industrialisation). Au cours des décennies passées, la population rurale a ainsi plus que doublé, alors que l'espace cultivables est saturé : les forêts sont grignotées, l'érosion gagne, les jeunes encombrent les exploitations trop petites.

Si l'urbanisation ne retrouve pas un rythme plus soutenu, il y aura en Ethiopie plus de 80 millions de ruraux dans 20 ans, contre 50 millions aujourd'hui, et la superficie moyenne des exploitations agricoles décroîtra de 40%. Une telle évolution est absolument incompatible avec le progrès nécessaire de l'agriculture dans ce pays dont la sécurité alimentaire est loin d'être assurée. La réduction de la croissance démographique n'est pas une réponse en rapport avec l'urgence. Seule une urbanisation rapide, comparable à celle enregistrée dans les années 60-70 (une croissance de la population urbaine au taux de 6 ou 7% par an) est capable de plafonner le peuplement rural autour de 65 millions de personnes tout en offrant aux agriculteurs restants un débouché significatif.

Une réponse durable aux problèmes posés par la croissance démographique ne réside donc pas dans la recherche de solutions au maintien des populations sur place, dans une économie de subsistance de plus en plus fragile. Migrations et urbanisation sont nécessairement au cœur de toute stratégie efficace de développement rural et agricole et de lutte contre la pauvreté.

Deux images 2025 du peuplement et de l'économie éthiopienne correspondant à des niveaux respectifs d'urbanisation de 20% dans le scénario tendanciel et de 40 % dans le scénario de reprise de la croissance urbaine à un rythme comparable à celui des années 1960-1975, c'est-à-dire avant l'instauration du régime socialiste et des politiques de contrôle des migrations, ont été esquissées à l'aide des modèles démo-économiques : en voici les principales conclusions.

The average per capita GDP is about US$ 470, or three times the level of 1997 in the 40% scenario, and more than 60% than in the 20% scenario. In urban areas, despite the larger development of the informal sector, the average per capita GDP is also higher, by 7%. More interestingly, the rural GDP is 9% higher although the rural population is 25 % lower, and the primary sector value added is 46 % higher although the primary population is 9% lower. Since both scenarios use the same assumptions concerning the growth of exports of primary products to the rest of the world, the higher level of activity in the sector is only explained by the domestic market.

J'ajoute aujourd'hui que l'instauration de ce régime socialiste n'était pas la seule cause de cette attitude anti-urbaine du gouvernement éthiopien : celle-ci n'était pas pour déplaire aux instances internationales, comme le rappellent les extraits précédents des discours du Haut-Commissaire aux Nations Unies pour les Réfugiés.

Le Vietnam, transmigrations et freinage de la croissance des métropoles

Les longues années de guerre d'indépendance de ce pays ont entraîné de profonds bouleversements dans la distribution spatiale de la population. Schématiquement, ces mouvements se sont traduits par un regroupement forcé des populations villageoises dans les bourgs et les villes dans le sud, et, à l'inverse, par une dispersion de la population des villes en milieu rural dans le nord.

Après la réunification en 1975, le Gouvernement a mis en place un ensemble de mesures visant à la fois :
- à maîtriser la croissance de la population de Ho Chi Minh Ville (HCMC) (+0.3 % par an entre 1979 et 1989, soit un septième de la croissance naturelle de 2.3 %) et de Hanoi (+1.7 % par an pendant cette même décennie) ;
- à remédier au surpeuplement rural et à la pauvreté de certaines zones comme le delta du fleuve rouge par la transmigration de plus de 5 millions de

personnes vers les *Nouvelles Zones Economiques (NEZ)* des hauts plateaux centraux et du delta du Mékong ;
- et, plus généralement, à contrôler aussi strictement que possible les mouvements de population et à freiner l'exode rural. L'instrument privilégié de ce contrôle des flux était le certificat de résidence délivré par les autorités locales, sans lequel l'accès aux emplois, aux services publics et aux subventions était officiellement impossible, notamment en milieu urbain.

Le graphique ci-après qui retrace l'évolution comparée du niveau d'urbanisation (selon les définitions officielles) au Vietnam et en Chine de 1960 à 1998 montre que la période de freinage délibéré du processus d'urbanisation a été beaucoup plus longue au Vietnam qu'en Chine, où la division du travail entre l'agriculture et les autres secteurs est aujourd'hui beaucoup plus avancée, sans pour autant nuire à la sécurité alimentaire nationale.

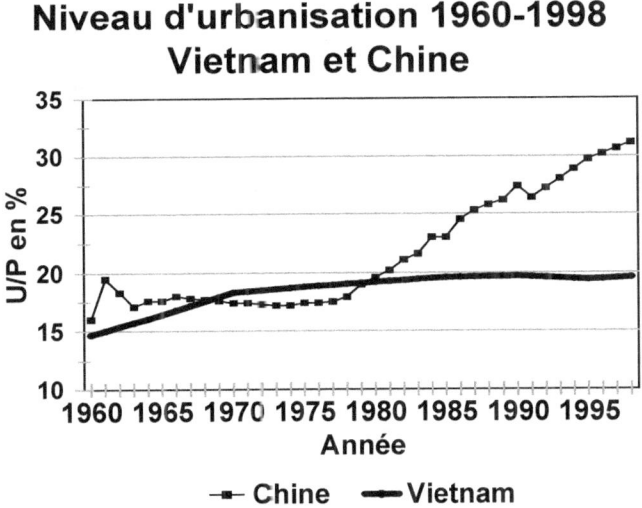

Le freinage de l'urbanisation mis en œuvre dans les décennies 1970 et 1980 s'est traduit notamment par un fort surpeuplement rural dans certaines régions, par une baisse continue de la taille des exploitations familiales, par une pression croissante sur les terres et l'environnement, par des tensions sociales dans les zones de colonisation, et par le sous-développement du marché intérieur et la pauvreté rurale.

Les conséquences de l'abandon du passeport intérieur auquel le gouvernement vietnamien s'est progressivement résigné à la suite de l'instauration de la *Politique du Renouveau* (*Doi Moi*) en 1986 et la stratégie de relance de l'urbanisation et ses conséquences économiques et sociales sont présentées dans le chapitre 10 qui est consacré à ce pays.

Le Burundi, champion du monde des pays non urbanisés

Le Rwanda et le Burundi, pays jumeaux issus du démantèlement de l'ex Ruanda-Urundi de l'empire colonial allemand après la première guerre mondiale, sont parmi les pays les plus densément peuplés et les moins urbanisés de la planète. Contrairement à ce qui s'est passé au Rwanda après le génocide, il n'y a toujours aucun signe de relance de la croissance urbaine au Burundi. Voici par exemple ce qu'écrivait en 2010 le journal burundais Afrique Info à propos de *l'explosion urbaine* de Bujumbura : *L'urbanisation rapide de Bujumbura entraîne une dégradation du cadre de vie urbain.*

Le Burundi qui est aujourd'hui peuplé de 12 millions d'habitants a la particularité d'être le champion du monde de la ruralité, avec un niveau d'urbanisation de 1.7% en 1950, et de 13.7% seulement aujourd'hui. Selon l'hypothèse moyenne de l'UNPD qui table sur la poursuite d'un taux d'émigration nette quasi nul, ce pays enclavé de 26 000 km² et qui resterait vice-champion du monde de la ruralité derrière la Papouasie aurait en 2050 une population totale de 26 millions d'habitants (et de 51 millions dans l'hypothèse moyenne à l'horizon 2100 soit une densité moyenne de 2000 habitants par km²!) dont 15 millions d'agriculteurs. Conséquence : la surface cultivable par agriculteur, après avoir été divisée par quatre depuis les années 1950, continuerait à décroitre de 2% par an et serait inférieure à un dixième d'hectare en 2050 !

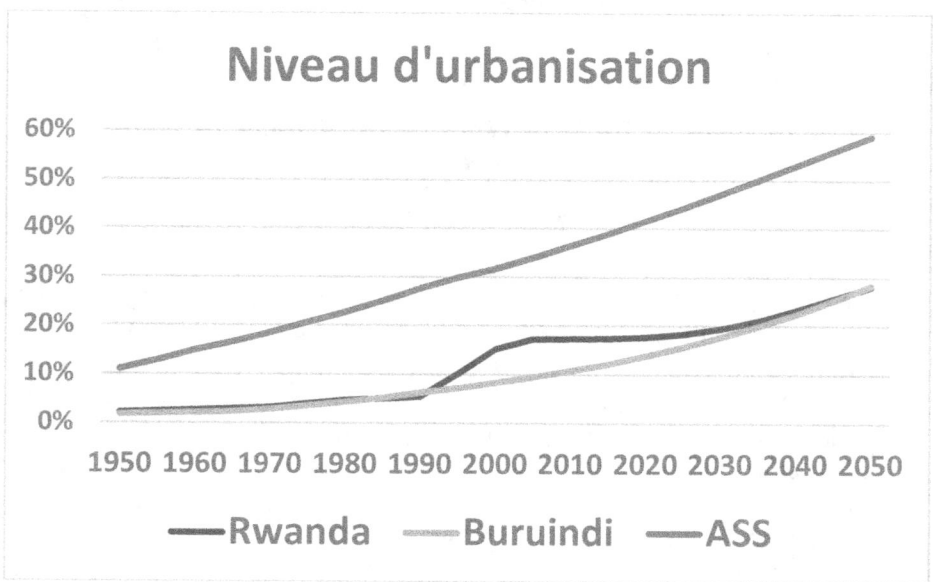

Chapitre 3
Processus de peuplement et besoins d'investissement public initial de fonction locale

Introduction

Dans ce chapitre, j'introduis la notion d'investissement public initial de fonction Locale, en abrégé IIFL. L'unité d'IIIFL est l'investissement public nécessaire à l'accueil de chaque nouveau résident, tel que défini dans le chapitre 1, et permettant de mettre ce nouveau résident en condition de contribuer, comme les autres habitants déjà installés, à l'activité économique de ses congénères et à la vie en société. L'attention est attirée dans ce chapitre sur les énormes disparités entre les pays en matière de capacité de financement de cette forme d'investissement de peuplement. Ce constat amène à proposer de mutualiser ces dépenses d'investissement public initial de peuplement, et à les considérer comme un bien public mondial, nécessité par le processus de peuplement qui obéit à une logique planétaire.

Pourquoi cet OVNI appelé IIFL ?

Comme son nom l'indique, la comptabilité nationale est nationale : elle ignore le lieu où se déroulent les faits décrits au sein de l'espace national et n'a donc rien à nous dire de ce qui se passe au plan local. Et, qui plus est, la population y est considérée comme une donnée : dans ces conditions, la notion même d'investissement initial de fonction locale perd tout sens.

Pour qu'un phénomène quelconque commence à exister et qu'il soit par conséquent étudié, il faut d'abord le nommer : *au commencement était le verbe*. J'appelle donc unité d'Investissement public Initial de Fonction Locale (IIFL) le montant minimal des dépenses publiques en capital nécessaire à l'accueil en un lieu donné d'une personne supplémentaire, s'installant dans ce lieu, par naissance nette des décès ou par migration en provenance du reste du pays ou du monde : c'est le tout premier des besoins essentiels des nouveaux résidents qu'on ne saurait négliger, tant il est vrai que l'économie, en tant que discipline d'essence humaine, est faite par toutes les personnes et les collectivités humaines, et pour les servir toutes.

Mais pourquoi s'inquiéter du sort de ce nouveau-né ou de ce villageois qui décide de tenter sa chance en ville, alors que l'un comme l'autre devrait pouvoir prendre place dans le milieu existant, et pourquoi inventer cette nouvelle pendule des IIFL, penseront certains ? Tant que la proportion des nouveaux venus par rapport à la population déjà installée dans telle ou telle localité est faible, c'est en effet ainsi que les choses peuvent se passer. Mais tel n'est plus le cas dans les PVP, où ces nouveaux résidents installés depuis moins d'une génération sont parfois majoritaires : par exemple, dans une ville dont la population croit au taux de 6% par an et décuple donc en 40 ans, l'ancienneté moyenne de ses nouveaux résidents n'est que de 13 ans, et la moitié de la population totale finale a une ancienneté inférieure à 9 ans. Et l'ancienneté moyenne des habitants de toutes les extensions urbaines intervenues de 1980 à 2020 est de 17 ans pour l'ensemble du monde, et de 14 ans pour l'ensemble de l'Afrique Sub-Saharienne.

Cette *immaturité relative* des extensions urbaines et des agglomérations nouvelles par rapport aux anciens quartiers et aux anciennes villes est bien mise en évidence par l'examen des images satellites, et le degré d'intégration de ces nouveaux quartiers dans le tissu urbain préexistant peut même être quantifié grâce à la mesure de l'albedo ou pouvoir réfléchissant des toitures. Les nouveaux résidents s'installent pour la plupart dans des villages, des bourgs ou des villes de toute taille, de sorte que la taille et le nombre de ces lieux habités sont en augmentation permanente : par exemple, au Vietnam, le nombre d'agglomérations de plus de 5000 habitants était de 200 en 1960, il est aujourd'hui de 900. La plupart de ces agglomérations nouvelles existent depuis moins d'une génération : tout ce qui était nécessaire à leur apparition puis à leur développement, grâce en partie à l'accumulation ex nihilo en ces lieux des IIFL, doit avoir été fait en temps voulu, au fur et à mesure de l'évolution des besoins engendrés par la croissance de ces agglomérations.

IIFL et intégration des nouveaux résidents à l'économie locale

L'investissement public initial de fonction locale permet à tout nouveau résident d'être accueilli, puis de s'installer, de construire ou de louer à un investisseur privé l'unité résidentielle dont il a besoin, surtout d'interagir et d'échanger avec ses pairs. La qualité et l'efficacité de ces investissements résidentiels privés à venir dépend en tout premier lieu des règles du jeu fixées en matière gestion foncière et d'occupation ordonnée de l'espace considéré et de la disponibilité et de la qualité de ce capital public de fonction locale.

Que se passe-t-il si les édiles, que les Grecs de l'époque de Xénophon appelaient les *strategoi politikoi*, ou autorités chargées de la gouvernance de la ville, négligent le besoin de ces IIFL ou comptent sur leurs successeurs pour s'en occuper ? Les deux photographies de *bidonvilles* prises à Paris en 1930 et à Douala en 2000 répondent à cette question. Cette négligence initiale a durablement influencé le comportement individuel et collectif des nouveaux résidents et freiné leur capacité d'insertion dans le tissu urbain préexistant. Ce rythme d'insertion des nouveaux quartiers dans le tissu urbain est un paramètre fondamental de la gestion du peuplement.

Paris : la Zone, avant le périphérique, vers 1930	Douala : proche banlieue, vers 2000

Comme le montrera le chapitre 5, la coexistence en tout lieu de ces deux populations d'anciens et de nouveaux résidents est l'une des manifestations et des causes de la dualité de l'économie réelle des pays en voie de peuplement. Négliger ces implications du processus de peuplement est un bel exemple des conséquences du caractère démostatique du paradigme actuel de l'économie.

Quel contenu pour ces IIFL ?

De quels biens et services publics, que l'on appelle aujourd'hui les *communs,* doit être constitué ce capital public initial de fonction locale ? Cela dépend évidemment des circonstances, mais les biens publics en question ont à l'évidence un fort contenu de transformation de l'état existant des territoires pour les rendre aptes à l'occupation humaine prévue, avec ce qu'il faut d'essartage, de drainage, de terrassements, de travaux en dur, de bornage, de réserve d'emprises pour la viabilité et les équipements à venir, en bref d'aménagement et d'équipement progressif de chaque territoire et de son insertion dans le contexte local. Les planificateurs, les aménageurs du territoire, les urbanistes, les ingénieurs spécialistes de la voirie et des réseaux divers, les gouvernements locaux peuvent préciser ce contenu et en décrire le calendrier de mise en œuvre souhaitable. Mais peu importe le détail à ce stade du raisonnement. A tout le moins, la première tranche de cet IIFL qui doit précéder la demande effective doit mettre à la disposition des nouveaux résidents une surface de terrain suffisante et apte à recevoir les investissements résidentiels : sol libre et constructible, mis hors d'eau et drainé, réseau viaire d'accès, possibilités de raccordement progressif aux réseaux, etc.

Tous les pays ne sont pas égaux en matière d'IIFL

Depuis les années 1950 et l'invention de l'*Aide au Développement,* on l'a vu, le nombre total de nouveaux résidents à accueillir chaque année quelque part dans le monde du fait de la croissance naturelle, des migrations internationales et des migrations internes a approximativement doublé, de 80 à 160 millions. L'un des graphiques du chapitre 1 met en évidence le décalage d'une quarantaine d'années entre la vague de peuplement proprement dite, résultant de la croissance démographique, et celle de ses conséquences en termes de restructuration spatiale de ce peuplement, qui est à la fois le moteur et la conséquence du développement de l'économie de marché.

Ce processus d'évolution du nombre des nouveaux résidents se déroule à des rythmes très différents dans les pays en voie de peuplement et dans les pays déjà peuplés. Voici quelques exemples concrets. Chaque année, l'Angola doit accueillir 1 400 000 nouveaux résidents, soit l'équivalent de 4.3 % de la population actuelle du pays, la France doit en accueillir 570 000, soit l'équivalent de 0.9% de sa population, et la Corée 250 000, soit l'équivalent de 0.5% de sa population actuelle. L'effort à consentir par chaque pays pour faire face à ce besoin d'IIFL est donc intrinsèquement (compte non tenu de sa richesse) beaucoup plus important dans un pays comme l'Angola qu'en Corée, dans un rapport de 4.3% à 0.5%, soit un facteur 9. Ces écarts relatifs sont structurels, totalement indépendants à la fois du revenu des pays et de ce que l'on considère comme raisonnable d'inclure dans l'unité d'IIFL pour l'accueil d'un nouveau résident aussi bien en Afrique qu'en Europe ou qu'en Asie.

Rapportés aux PIB par habitant, ces écarts entre pays et ente régions sont encore plus impressionnants : entre l'Angola et la Corée dont les PIB respectifs sont de 3200 $ et 32 000 $ par habitant en 2020 (en dollars 2015), le besoin de financement de ces IIFL supposés de même contenu et de même qualité serait donc 90 fois plus lourd en Angola qu'en Corée, et ces deux pays choisis au hasard ne sont pas des cas extrêmes en la matière. Le deuxième tableau suivant montre que, en proportion du PIB le cout total des IIFL, qui a été calibré à 1% constant en moyenne mondiale, est passé en ASS de 3% du PIB en 1960 à 11% de ce PIB en 2020, ce qui est considérable !

Cout annuel des IIFL en fonction du PIB : ensemble du Monde

Monde	1960	1980	1990	2000	2010	2020
PVP tardifs	4,1%	8,3%	11,4%	18,3%	15,3%	19,9%
PVP autres	3,6%	5,4%	7,3%	8,9%	8,2%	10,0%
pays avancés	0,9%	1,1%	1,2%	1,2%	1,1%	1,1%
pays en dépeuplement	0,7%	0,3%	0,2%	0,2%	0,1%	0,1%
Moyenne monde	1%	1%	1%	1%	1%	1%
PVP	4%	6%	8%	11%	10%	12%

Cout annuel des IIFL en fonction du PIB : ASS

ASS	1960	1980	1990	2000	2010	2020
PVP tardifs	4%	8%	11%	18%	15%	20%
PVP autres	3%	5%	9%	10%	9%	11%
pays avancés	2%	2%	4%	4%	3%	5%
Moyenne ASS	3%	5%	7%	9%	8%	11%
Cout total des IIFL de l'ASS en % du total mondial	7%	10%	12%	14%	18%	22%

Reste à se demander si, en parité de pouvoir d'achat, on peut se contenter dans les pays pauvres de presque rien par rapport à ce qu'il faut faire dans les pays riches. Sur ce point évidemment important, voici ce que je peux dire. Dans un pays dont le PIB est de 400 dollars par habitant, le mètre linéaire de voie urbaine et le mètre carré de bâtiment public ne coûtent évidemment pas cinquante fois moins cher que dans un pays dit *développé* dont le PIB est de l'ordre de 20 000 dollars par habitant, et ces écarts de prix relatifs ne seraient guère différents si les prix étaient exprimés en parité de pouvoir d'achat. Un réseau d'eau potable peut être moins étendu, il peut distribuer moins d'eau par habitant mais sa réalisation et sa gestion relèvent de techniques sophistiquées, difficilement simplifiables et donc proportionnellement très coûteuses dans les pays dits *en voie de développement*.

Les Agences *d'Aide au développement* se basent sur les normes que nous nous imposons à nous-mêmes en termes de niveau de service, de qualité de l'eau potable, de charge à l'essieu, etc. Ces normes sont sans rapport avec la capacité des économies des pays concernés par cette *Aide* ni avec ce qui se faisait dans nos propres pays quand nous avions le niveau de vie actuel des pays en question.

Plus un pays est en voie de peuplement, plus il a besoin d'unités d'IIFL par habitant, alors que son niveau de richesse mesuré par le PIB par habitant est généralement faible. Donc, plus il est probable qu'il soit tenté de se passer de ces IIFL ou de les remettre à plus tard, alors que c'est de ces IIFL que dépendent en premier lieu le comportement de ses nouveaux résidents et le rythme auquel ils peuvent s'intégrer à la vie économique locale : l'insuffisance des IIFL handicape gravement la croissance économique future, le rythme de la transition démographique et la capacité des collectivités locales à accroître leurs dépenses pour dynamiser leurs économies locales. Ainsi par exemple, une commune africaine moyenne dispose aujourd'hui d'un montant de ressources propres par habitant de l'ordre du millième de celui d'une commune française de population comparable, où l'essentiel existe déjà depuis longtemps.

Comment remédier à ces disparités ?

Que faire face à ce constat inquiétant ? Le premier élément de réponse est de se souvenir que, de même que pour la transition démographique et pour les mêmes raisons, le processus de peuplement de la planète est un enjeu planétaire, de la responsabilité de l'ensemble du monde, et non des seuls pays où ce peuplement se produit.

D'où la question : aujourd'hui, quelle enveloppe de ressources l'humanité dans son ensemble est-elle prête à affecter chaque année au financement des besoins mondiaux d'IIFL ? Et comment le faire ? Par création monétaire d'un montant total annuel équivalent à une fraction x du PIB mondial, sous forme d'émission par le FMI de Droits de Tirage Spéciaux alloués à chaque pays au prorata de la fraction de leurs besoins d'IIFL qu'ils sont dans l'incapacité d'autofinancer ? Ou via la création d'un Fond mondial exclusivement chargé de redistribuer le montant de ressources nécessaire au financement de ces IIFL, Fond auquel chaque pays, du plus pauvre au plus riche, serait appelé à contribuer à hauteur d'une même fraction x de son propre PIB, et qui serait géré de façon que les transferts reçus par les pays dans lesquels le cout relatif de ces IIFL dépasse leur contribution à ce Fond soient définitifs, non remboursables et non comptabilisés dans l'Aide à but compassionnel ou géopolitique ?

Depuis les années 1960 et l'invention de *l'Aide au développement*, la réponse à cette question a été et reste aujourd'hui $x = 0$: le total mondial de ressources mutualisées spécifiquement et intégralement affectées au financement des IIFL nécessaires pour accompagner le peuplement de la planète a toujours été nul. Ce financement des IIFL a toujours été laissé à l'initiative de chaque pays, les Agences *d'Aide* et autres bailleurs de fonds se contentant d'apporter, ici ou là, et de temps en temps, un complément de ressources éventuel sous forme de *dons* ou de prêts remboursables en fonction de la conjoncture et des derniers thèmes et mots clef à la mode, sans aucune garantie de persévérance.

L'hypothèse $x=0$ conduit à la situation que l'on sait : désincitation à l'investissement résidentiel privé, anémie de l'économie populaire, semi-abandon des périphéries urbaines, lenteur de l'intégration des nouveaux quartiers dans le tissu urbain, insécurité, frein à toutes les formes de migrations indispensables et aggravation de leur cout, enfer des camps de réfugiés, …

La seule réponse acceptable pour mettre un terme à l'accumulation des déficits d'investissements publics territorialisés et de leurs conséquences est : $x>0$. Le choix de cette valeur de x est une affaire de culture et de société, et non une simple question d'ordre financier ou économique : dans quel monde voulons-nous vivre ?

Pour 2020, dernière année dont le PIB mondial est connu, je propose par exemple de fixer x à 1 % de ce PIB, soit, dans les deux solutions évoquées, sous forme de création chaque année d'un montant de DTS équivalant à 1% du PIB mondial, ou de prélèvement de 1% du PIB de chaque pays pour alimenter le Fond en question. Cette valeur de $x = 1\%$ représente en 2020 environ 5000 dollars par résident nouveau (nouvel habitant ou migrant interne). Toutes les localités du monde disposeraient de cette somme par nouveau résident, à charge pour elles de réaliser effectivement et en temps voulu cet investissement d'accueil. Ce cout de l'unité d'IIFL par personne nouvelle varierait dans le temps au même taux que le PIB mondial par habitant mesuré en dollars constants : il aurait donc été dans ce cas de 2200 dollars (en dollars de 2015) en 1980.

Pourquoi cette valeur de $x = 1\%$ du PIB mondial ? Parce que c'est une valeur du même ordre que ce que le monde consacre aujourd'hui aux tentatives d'endiguement de l'insécurité qui est en partie la conséquence des négligences passées, et parce que c'est un chiffre rond, facile à retenir : cette valeur pourrait aussi ben être $x = 0,87 \%$ ou $x = 0,49 \%$, mais sûrement pas $x < 0,10 \%$!

Le tableau précédent qui a été construit dans cette hypothèse où $x = 1\%$ donne pour les années 1960 à 2020 le cout de ces IIFL en proportion du PIB de chaque catégorie de pays pour l'ensemble du monde. On notera que, dans les pays qui sont aujourd'hui classés PVP tardifs, qui sont tous en ASS, le cout relatif de ces IIFL croit de 4% à 20% du PIB de ces pays, ce qui est énorme.

La faible croissance de la part de l'ASS dans le cout total mondial de ces IIFL entre 1990 et 2000 est la conséquence du freinage de l'urbanisation et des migrations internes imputable aux politiques qualifiées d'*ajustement structurel* mentionnées précédemment, expression qui est un bel exemple de contresens : dans les PVP, la première forme, la plus fondamentale, d'ajustement doit en effet concerner la structure du peuplement, qui doit constamment s'adapter au contexte de façon à rester soutenable.

Le fait de mutualiser une fraction de l'ordre de 1% du PIB mondial pour soutenir ce qui est le principal moteur de l'économie mondiale qui est sa population, prise dans son intégralité et non réduite à sa *force de travail*, ne devrait pas rencontrer beaucoup d'opposition si la raison de ce prélèvement est bien expliquée. Les arguments souvent invoqués pour continuer à ne rien faire, tels que l'idée selon laquelle tout nouveau venu peut simplement s'insérer dans le tissu existant, ou le prétendu manque de budget ou de source accessible pour le financement de ces IIFL, ou encore le risque de double emploi avec d'autres postes de la nomenclature budgétaire, sont en effet aisément réfutables : il suffit pour cela de constater l'état des lieux, de Calais à Tamanrasset et d'Antananarivo à Madras ou à Lesbos, dont le lamentable camp de réfugié a été ravagé par le feu (*un camp décent ??*). Et chacun sait depuis longtemps que la réhabilitation des *bidonvilles* peut couter cent fois plus cher que ce qu'il aurait fallu faire à l'origine pour en éviter la prolifération, et qu'une telle opération a souvent pour résultat l'expulsion de fait des précédents résidents et qu'elle est toujours socialement et politiquement couteuse.

Conclusion : l'accueil des nouveaux résidents, première forme d'accumulation de capital public de l'humanité

Affecter chaque année comme proposé ici l'équivalent de 1% du PIB mondial au financement des IIFL à l'exclusion de toute autre cible particulière ne serait pas trop cher payer par comparaison avec les sommes dépensées en pure perte pour lutter aujourd'hui contre soixante années de négligence coupable, que chacun s'ingénie à dissimuler sous un nombre invraisemblable d'initiatives, d'Objectifs du Millénaire pour le Développement ou d'Objectifs pour le Développement Durable assortis de 244 indicateurs de suivi spécifiques, ou des 1437 indicateurs des WDI de la Banque Mondiale, qui sont tout aussi démostatiques que le paradigme dont ils dérivent.

L'attention accordée dans ce chapitre à cette forme d'investissement public de peuplement qui est appelée IIFL aide à prendre conscience de la nécessité de réhumaniser, de relocaliser et de réinscrire dans le territoire la conception et la gestion de l'économie. Et les leçons que l'on pourra tirer de la mise en œuvre de ces IIFL en matière de gestion du peuplement, qui est l'un des grands enjeux d'importance planétaire, aideront à se préparer à faire face, le moment venu, aux conséquences annoncées du changement climatique et à la submersion probable des zones côtières densément peuplées de certaines régions du monde.

**Deuxième partie
Economie orthodoxe
et économie populaire : deux paradigmes**

Chapitre 4
Que reste-t-il du concept initial d'*Oïkonomia* dans le paradigme de l'économie moderne ?

Edgar Morin : la vraie nouveauté naît toujours dans le retour aux sources.

Le mot économie vient du grec *oïkonomia*, c'est bien connu, de même que le mot politique vient de *polis*, la ville, ou que le mot stratège vient de *stratégos*, magistrat élu, ce qui est moins connu. Le monde a beaucoup changé depuis la Grèce antique, qui était l'un des tout premiers foyers de civilisation *moderne*, c'est-à-dire tournée vers l'avenir. Il n'est donc pas superflu de chercher à comprendre ce que les Grecs entendaient par *oïkonomikos* (l'économiste), *aner politikos*, le politicien, et *strategos politikos*, celui des dix magistrats élus qui était en charge de la ville, et il n'est pas non plus superflu de bien identifier les responsabilités qui étaient assumées par chacun de ces personnages.

Voici donc pour commencer un bref rappel de ce que, vingt-deux siècles avant Adam Smith, les Grecs savaient et comprenaient de la *nature et des causes de la richesse des Nations*. Loin de conduire à la conclusion habituelle qu'il ne s'agit là que de simples discours sans réel contenu, ce rappel du passé aidera, par comparaison avec la situation actuelle, à prendre conscience de l'étroitesse et de l'irréalisme du cadre conceptuel de l'économie moderne, qui est le titre de la deuxième partie de ce chapitre.

Un peu d'histoire : qu'est-ce que l'*Oïkonomia* de la Grèce classique et pourquoi s'y référer aujourd'hui ?

Prenant la suite de l'empire perse des achéménides fondé par Cyrus le Grand au 6ième siècle avant JC, la civilisation grecque s'est étendue dans la foulée des expéditions d'Alexandre (336-323), d'abord dans la partie occidentale de l'Asie Mineure, puis dans d'autres régions du bassin méditerranéen, jusqu'en Espagne à l'ouest et en Afghanistan vers l'Orient. Cette civilisation de culture grecque s'est épanouie durant l'époque classique (480-323 av. J.-C.) et l'époque hellénistique (323-31 av. J.-C.) qui s'est achevée avec les conquêtes de l'empire romain.

Selon Aristote, l'homme n'est pas fait pour vivre seul, il cherche à s'associer et à interagir. L'une des premières missions de chaque collectivité, tribu ou ethnie, est donc de concevoir et de gérer le cadre de vie commun de la population qui s'agglomère et de faciliter les interactions entre ses propres membres, ainsi qu'entre cette collectivité et les autres entités territoriales voisines. La p*olis* ou cité est l'expression, l'inscription sur le territoire, de l'organisation de la société, et la politique est avant tout l'art de bien gérer les affaires de la *polis,* en tant qu'entité et que pôle structurant d'un espace plus vaste.

Dans tous les territoires conquis, Alexandre a ainsi fondé des cités grecques, en reproduisant les mêmes institutions que celles qui avaient été instaurées à Athènes, mais jouissant d'une certaine autonomie de gouvernement par ses généraux qui se comportaient comme des aristocrates occidentaux à l'égard de leur souverain. Graduellement, cependant, à mesure que les territoires conquis s'étendaient, Alexandre et ses successeurs se sont efforcés de promouvoir une coexistence amicale entre les Grecs et les autorités locales des territoires conquis de l'ancien empire achéménide, en respectant notamment les cultes locaux : cette coexistence amicale et pacifique est par la suite devenue impossible avec l'impérialisme des religions monothéistes qui, prétendant détenir LA vérité, ont eu comme principal effet de diviser les peuples au lieu de les relier (en latin *religare*). Je note au passage que le même danger menace sans doute à terme le système capitaliste de marché en voie de globalisation (SCMVG) qui rejette toute pensée non conforme au dogme et qui tend ainsi à se comporter comme une nouvelle religion monothéiste.

A l'image de la capitale Athènes qui comptait quelque 250 000 habitants, les cités-État typiques de l'empire grec avaient une population de l'ordre de 100 000 personnes, réparties en trois strates, comme suit :

- les citoyens proprement dits, hommes adultes, de père citoyen et de mère fille de citoyen, ayant accompli leur service militaire, qui formaient environ 15 % de la population, et qui avec leurs épouses et enfants comptaient pour la moitié de cette population de la cité. En cas de faute grave, les citoyens pouvaient être ostracisés et perdre leurs droits ;
- les personnes d'origine étrangère et dont les plus fidèles aux institutions étaient en voie d'assimilation : littéralement les *meta-oikoi,* ou *métèques,* sans connotation négative, qui formaient environ 15% de la population totale ;
- et les barbares, étrangers qui ne parlaient pas grec, prisonniers de guerre, et leurs descendants, qui formaient les 35% restants, et qui étaient appelés *dmos* (littéralement qui ont été conquis), que les Romains appelleront les *servi*, puis leurs successeurs les *sklavinoi* (ou slaves des Balkans), et enfin les *slaves* ou esclaves d'aujourd'hui.

La Grèce classique dont les citoyens participaient aux débats politiques et votaient les lois applicables dans la cité offre le premier exemple connu d'institutions républicaines. En contrepartie d'obligations bien spécifiées, le gouvernement de la cité offrait aux citoyens toute une série de services publics et prenait par exemple en charge les frais de nourriture des citoyens invalides et des orphelins dont les pères avaient succombé au cours d'opérations militaires ou sur les flottes de l'État. *Cette institution, dit Platon, fait un honneur infini à nos mœurs ; elle rendra notre nom immortel : elle est plus glorieuse que la plus belle des victoires, et plus sage que la plus sage des lois.*

Les citoyens occupaient les hautes fonctions de l'administration, des armées, des flottes marchandes, et ils étaient responsables des cultes, de l'enseignement et de la justice. A titre privé, ils dirigeaient leurs domaines, pratiquaient l'architecture, les beaux-arts, les lettres, la philosophie et autres activités considérées comme nobles. Mais ils ne s'impliquaient que marginalement dans la production de biens ou dans le commerce.

Ces activités de production de biens et de services marchands étaient principalement confiées aux métèques, qui assuraient aussi la gestion des domaines et autres éléments du patrimoine des citoyens. Les métèques étaient des étrangers qui avaient choisi de se fixer en Attique et de tenter de s'intégrer à la communauté des citoyens. Comme ces derniers, ils étaient astreints aux charges militaires, mais ils servaient comme *hoplites* (fantassins lourdement armés) : la cavalerie, arme noble, leur était interdite. Les métèques avaient le droit de résider sur le territoire de la cité, de s'y livrer à leurs activités professionnelles, et ils étaient assurés d'une protection juridique au même titre que les citoyens, en contrepartie d'une taxe de résidence, le *metoikon*.

Enfin, la troisième strate des *dmos* formait la classe laborieuse, dont les meilleurs éléments pouvaient être affranchis et rejoindre la strate des métèques.

Avant la révolution industrielle, outre les énergies éolienne et hydraulique mobilisées par les voiles et les moulins, la principale source d'énergie utilisée dans la production de biens était l'énergie musculaire, d'origine animale et surtout d'origine humaine : cette dernière produisait par personne et par an une quantité d'énergie mécanique utilisable équivalant à celle fournie par un dixième de tonne de pétrole, ou quelque 200 kWh, soit de l'ordre du millième de l'énergie mécanique actuellement mobilisée par habitant. Ce besoin d'énergie musculaire, qui était le principal facteur limitant de la production des biens essentiels, contribue à expliquer l'importance du recours à l'esclavage dans les sociétés les plus avancées de l'époque de la Grèce classique, dans lesquelles le processus d'agglomération avait pour conséquence une division croissante du travail. Ce recours à l'esclavage, source de force de travail à faible prix de revient, perdurera en fait pendant plus de trois siècles après la révolution industrielle et la mécanisation.

Que sait-on de la façon dont l'économie, en tant que discipline ou pratique, était conçue par les Grecs ?

De nombreux *Oïkonomikoi*, ouvrages qui traitent de la doctrine économique, ont été écrits aux 6^{ie}, 5^{ie} et 4^{ie} siècles avant J.C. Je commente ici celui qui a été écrit par Xénophon, sous la forme d'un dialogue, fictif et savoureux, entre Socrate, philosophe, et le citoyen Critobule, propriétaire d'un domaine.

Voici pour commencer, et pour donner envie d'en lire davantage, un court extrait du début du premier chapitre de cet ouvrage, qui expose clairement les problèmes posés par l'invention de cette nouvelle discipline et par celle du concept de valeur : problèmes sur lesquels on n'a guère progressé depuis.

Dis-moi, Critobule, l'économie a-t-elle un nom de science comme la médecine, la métallurgie et l'architecture ?
- Je le crois, dit Critobule.
- Oui, mais de même que nous pouvons déterminer l'objet de chacun de ces arts, pouvons-nous dire aussi ce que l'économie a pour objet ?
- Je crois, dit Critobule, qu'il est d'un bon oikonomos de bien gouverner sa maison.
- Et la maison d'un autre, dit Socrate, si on l'en chargeait, ne pourrait-il pas, en le voulant, la gouverner aussi bien que la sienne ? Celui qui sait l'architecture peut aussi bien travailler pour un autre que pour lui : il en est de même de l'économie.
- Je le crois, Socrate.
- Ainsi, reprit Socrate, celui qui, connaissant la science économique, se trouverait sans bien, pourrait comme gouverneur de maison, ainsi que le faiseur de maisons, recevoir un salaire ?
- Oui, par Zeus, dit Critobule, et même un salaire plus considérable, s'il pouvait, en administrant la maison, remplir tous ses devoirs et en augmenter la prospérité.
- Une maison, qu'est-ce donc, selon nous ? Est-ce la même chose qu'une habitation, ou bien tout ce qu'on possède en dehors de l'habitation fait-il partie de la maison ?
- Je le crois, dit Critobule ; et, quand même on n'aurait aucun bien dans la ville où l'on réside, tout ce qu'on possède fait partie de la maison.
- Si quelqu'un achetant un cheval, sans savoir le mener, tombe et se fait mal, ce cheval ne sera donc pas une valeur ?
- Non, puisqu'une valeur est un bien.
- Ainsi, à ton avis, ce qui est utile est une valeur, et ce qui est nuisible une non-valeur.
- C'est cela.
- Ainsi une flûte pour un homme qui sait bien jouer de la flûte est une valeur, tandis que pour celui qui ne sait pas, elle ne lui sert pas plus que de vils cailloux, à moins qu'il ne la vende.

- *Oh ! alors, si nous vendons la flûte, elle devient une valeur ; mais si nous ne la vendons pas et que nous la gardons, c'est une non-valeur pour qui n'en sait point tirer parti.*
- *Nous sommes conséquents, Socrate, dans notre raisonnement ; puisqu'il a été dit que ce qui est utile est une valeur, par suite une flûte non vendue n'est pas une valeur, attendu qu'elle est inutile, au lieu que, vendue, c'en est une... Mais si quelqu'un emploie son argent à l'achat d'une maîtresse qui dérange sa santé, son âme et sa maison, dira-t-on que l'argent lui soit utile ?*
- *Pas du tout ; à moins que nous n'appelions valeur la jusquiame, qui rend fous ceux qui en mangent. Que l'argent donc, si l'on ne sait pas s'en servir, Critobule, soit rejeté bien loin comme une chose qui n'est nullement une valeur.*

Dans cet ouvrage intitulé *Oïkonomikos*, Xénophon décrit cette discipline *oïkonomia* comme l'art (*nomos*) de gérer la maisonnée ou domaine (*oïkos*) pour en assurer la prospérité. Le bon *oïkonomos* (l'économiste) est celui qui administre bien l'*oïkos* qui est le sien ou dont il a la charge.

Mais Socrate fait observer que la richesse privée n'est que le prélude et la conséquence de l'enrichissement commun, enrichissement au sens large, à la fois matériel, social et culturel : l'*oïkonomia* est un savoir à finalité à la fois privée et civique, il relève de la politique. Le politicien, *aner politikos*, est celui des dix *strategoi* (les magistrats élus par les citoyens) qui est responsable de la bonne gestion de cette cité ou territoire : ce *strategos* veille en bon *oïkonomos* à ce que chacun des citoyens puisse y installer sa maisonnée et s'y épanouir, à la fois en tant que personne et que membre de la communauté à laquelle il appartient.

A l'époque de la Grèce antique, cette fonction de *stratégos politikos*, à la fois économiste comme on l'entend aujourd'hui (donc au sens u-topique) et administrateur du territoire, celui qui sait ce qui doit être fait pour permettre aux citoyens de vivre ensemble sur ce territoire et qui est le garant de l'avenir du territoire, était donc considérée comme essentielle.

Cinq siècles plus tard, chez les romains polythéistes, l'équivalent du *stratégos politikos* grec était le *pontifex*, celui qui fait le pont non seulement au sens figuré entre les dieux et les hommes mais aussi au sens propre, par l'urbanisme, par la construction et l'infrastructure : la responsabilité première du *pontifex* était donc non seulement le salut des âmes, mais aussi le bienêtre ou bienvivre de la cité et des citoyens, par tous les moyens, et pas seulement par le maintien de bonnes relations entre la cité et ses dieux.

Dans ce même souci de retour aux sources, il vaut la peine de rappeler d'où viennent le concept de *catallactique*, introduit par Friedrich Hayek pour désigner la science des échanges, qui étudie les phénomènes du marché, c'est-à-dire la détermination des rapports d'échange mutuels des biens et des services négociés sur le marché, et le concept de *catallaxie*, qui désigne l'ordre spontané produit par le marché à travers les actes des gens qui se conforment aux règles en vigueur. Pour que ces concepts clef de l'économie de marché prennent racine et s'installent durablement, il faut en effet commencer par les nommer, si possible en puisant dans la réserve de mots tombés en désuétude, pour éviter toute confusion avec d'autres concepts. Mais je note que le verbe *katallássein* du grec ancien signifiait non seulement échanger, mais aussi *recevoir dans la communauté* : l'oubli de cet autre sens, plus collectif, n'est probablement pas fortuit.

Que sait-on de l'importance accordée par les Grecs à la dépense publique ?

L'édification, l'administration de la cité, la fourniture aux citoyens et aux métèques des services publics, du minimum vital, la défense, la conduire de la guerre, le paiement des rançons éventuelles en cas de défaite, le financement des importations nettes et l'exercice des autres fonctions régaliennes posaient le redoutable problème des ressources financières de la cité. Cette question est abordée par Xénophon dans son important *Traité des moyens d'accroître la fortune publique* (*Poroi hè peri prosodon*) aujourd'hui appelé Traité des revenus, dont on peut trouver sur internet l'original en grec et deux excellentes traductions .

Voici un premier extrait de ce Traité, qui illustre clairement cette idée que l'économie moderne a perdue de vue, et selon laquelle il n'y a en définitive de richesse que d'hommes.

Tous les avantages dont jouit notre nation (l'Attique), du fait de sa situation géographique et des richesses de son sol et de ses mers, ne doivent pas nous faire oublier ceux qui résultent de notre propre population et de celle de nos proches voisins les métèques (metoikoi). Car nous avons en eux une de nos meilleures sources de revenus, puisqu'ils se nourrissant eux-mêmes et, ne recevant aucun salaire de l'Etat, ils payent encore une taxe de résidence. Pour leur témoigner notre intérêt, je crois qu'il suffirait de supprimer toutes les mesures qui, sans rien rapporter à l'Etat, semblent être des marques de mépris. En faisant participer les métèques à toutes les charges honorables, nous accroitrions leur attachement, et nous rendrions notre pays plus fort et plus grand.

Comme nous avons, à l'intérieur des murs, beaucoup d'emplacements vides de maisons, si la ville concédait à quiconque y ferait bâtir le droit de propriété, quand il en paraîtrait digne, je suis sûr que beaucoup plus d'étrangers, et des meilleurs, désireraient une habitation à Athènes. Enfin, si nous avions des patrons de métèques comme nous avons des patrons d'orphelins, et si l'on accordait une récompense à ceux qui réuniraient le plus de métèques, ce serait un moyen sûr de se concilier leur sympathie ; et, selon toute apparence, tous ceux qui n'auraient point ailleurs le droit de cité voudraient devenir métèques à Athènes, et augmenteraient ainsi les revenus.

Notre pays est celui qui offre aux commerçants le plus d'agréments et de profits : il a pour les vaisseaux les plus belles et les plus sûres relâches. Si on proposait au tribunal de commerce une prime proportionnée à l'expédition équitable et prompte des affaires contentieuses, de manière à ce qu'on ne fût pas retenu en voulant mettre à la voile, cette mesure attirerait des marchands plus nombreux et plus empressés. Ce serait aussi une chose belle et honorable d'assigner des places d'honneur aux marchands et aux pilotes, et d'accorder même le droit d'hospitalité à ceux qui paraîtraient utiles à l'État par l'importance de leurs vaisseaux et de leurs cargaisons. Grâce à ces distinctions, ce ne serait pas seulement pour le profit, mais pour l'honneur, qu'ils se hâteraient de visiter des amis. Et alors, plus il irait et viendrait d'étrangers, plus il y aurait évidemment d'importation et d'exportation, d'achats, de ventes, de salaires et de tributs. Or, cette augmentation de revenu n'entraînerait aucune dépense ; elle demanderait quelques décrets philanthropiques, et de la bienveillance.

Il serait honorable de construire pour les armateurs des hôtelleries autour des ports. Il serait bien aussi de donner aux négociants des emplacements convenables pour l'achat et la vente et de faire pour ceux qui viennent chez nous des hôtelleries publiques. Si en outre on bâtissait pour les marchands des halles au Pirée et en ville, ce seraient à la fois des ornements pour la ville et une grosse source de revenus.

Mais peut-être s'imagine-t-on que la guerre est plus profitable aux finances de l'État que la paix ? Je ne vois pas de meilleur moyen de trancher la question que de considérer les conséquences que la paix et la guerre ont eues pour l'État dans le passé. Or on trouvera qu'autrefois, pendant la paix, il rentrait beaucoup d'argent dans le trésor, et que, pendant la guerre, tout a été entièrement dépensé ; on verra de même, si l'on jette un coup d'œil sur le présent, que la guerre a tari beaucoup de sources de revenus, et que ceux qui subsistaient ont été complètement dépensés pour des objets divers, tandis que depuis le rétablissement de la paix sur mer, les revenus se sont accrus et que les citoyens peuvent en disposer à leur gré.

Mais, me demandera-t-on, si l'on fait tort à notre pays, prétends-tu que nous devions garder la paix même avec l'offenseur ? Non, je ne le prétends pas ; mais je dis que nous le châtierons bien plus vite, si nous ne faisons tort à personne, car alors il n'aura pas d'allié.

Quelle autre source de revenus pour accroître la fortune publique Xénophon propose-t-il dans ce Traité ? L'ouverture de nouvelles mines d'argent qui abondent en Attique, qui semblent inépuisables, dont la production d'argent métal ne risque pas d'être excédentaire. L'ouverture de ces nouvelles mines requiert des chefs d'exploitation compétents : ce sont les métèques, et de nombreux ouvriers mineurs : les esclaves. Le projet de Xénophon implique l'acquisition par la Cité de nouveaux esclaves dont le prix d'achat est financé par ceux des citoyens qui sont intéressés par les perspectives de revenus qu'ils tireront de cette avance faite à la Cité, qu'on appellerait aujourd'hui souscription au capital. Le *stratégos politikos* se chargera alors de mettre le nombre nécessaire d'esclaves à la disposition de chacun des métèques qui auront été sélectionnés comme responsables des nouvelles mines, avec syndication des risques par la gestion centralisée par la cité de ce capital d'esclaves.

Voici à ce sujet un autre extrait de ce Traité des revenus :

Les mines d'argent, exploitées comme il faut, donneraient, je crois, d'immenses richesses. Aucun placement ne rapportera autant aux citoyens que l'argent qu'ils auront avancé pour la constitution du capital (ou avance, selon le traducteur). Le souscripteur de dix mines, touchant trois oboles par jour, en retire près de vingt pour cent, autant que pour un prêt à la grosse aventure, comme mettre en mer des trières, alors qu'on ne sait pas si l'expédition tournera bien ou mal.

Le montage ainsi imaginé par Xénophon pour l'exploitation des mines d'argent sous forme d'économie mixte repose toujours sur le même principe qu'il n'y a de vraie richesse que d'hommes. En langage moderne, la fonction de production s'écrirait $Q = f(PNP1, PNP2, K)$: PNP1 pour la force de travail mise à disposition par les esclaves, PNP2 pour la force de travail *moderne* des métèques dirigeants, et K pour le *capital* ou avance de fonds nécessaire pour l'achat du stock de main d'œuvre et qui doit être rémunéré : dans cette fonction de production de type Cobb Douglas, il n'est pas encore question, et pour cause, de technologie ni de machines.

Deux cas de pratiques récentes qui s'inscrivent dans la continuité des concepts hérités de la civilisation grecque

a) L'Iran et l'Amayesh e Sarzamin

Le chapitre 9 consacré à l'Iran montre que ce pays offre un bel exemple de fidélité à ce concept initial d'*oïkonomia* que les Iraniens appellent en persan *Amayesh e Sarzamin*, littéralement l'aménagement du territoire. Le Gouvernement impérial voyait dans cet *Amayesh e Sarzamin* la fondation sur laquelle peut se construire ce que nous appelons aujourd'hui le *développement durable et inclusif* : c'était pour le Shah l'un des principaux outils de bonne gouvernance, de la responsabilité de l'Etat stratège. Après la révolution, le nouveau gouvernement a rapidement compris qu'il avait tout intérêt à conserver cet *Amayesh e Sarzamin* : l'institution qui avait été instaurée par l'ancien régime pour gérer cet *Amayesh e Sarzamin* existe toujours, et la mise en œuvre des politiques et programmes qui avaient été conçus dans cet esprit se poursuit, en dépit de l'embargo imposé à ce pays. Cet exemple iranien montre qu'on peut encore concevoir dans le monde contemporain une économie politique et un mode de gouvernance économique qui s'inspirent de l'héritage de la Grèce antique.

b) Naissance et développement de la cité de Butembo en République Démocratique du Congo

Voici un autre exemple encore plus récent du rôle du *strategos* dans la gestion du territoire, exemple d'autant plus intéressant qu'il se déroule encore aujourd'hui et en un lieu a priori inattendu, à la frontière orientale de la République Démocratique du Congo, à 3000 km de la capitale par la route, au cœur d'une région abandonnée de longue date par le pouvoir central à tous les trafics et à l'insécurité. Je raconte ma rencontre en 1991 avec Monseigneur Kataliko, chef et évêque autoproclamé de l'ethnie Nandé du Nord Kivu, qui avait entrepris dans les années 1980 de doter ses concitoyens d'une ville : à partir d'un village situé au cœur d'un territoire rural densément peuplé et parsemé de petits hameaux, cet authentique *strategos* ou *pontifex* a créé la ville de Butembo, restée longtemps ignorée des cartes et atlas et sans statut officiel, et qui compte aujourd'hui près d'un million d'habitants !

Cette ville a été conçue et réalisée en se souvenant de l'héritage laissé par les administrateurs de l'ancienne puissance coloniale et qui avaient eu la bonne idée de partir sans emporter leurs instruments d'arpentage et qui ont ainsi permis que subsiste le bon usage de l'angle droit dans la conception des quartiers résidentiels. Sous l'autorité de ce *strategos*, cette ville de Butembo a été planifiée et construite sans aucune aide extérieure par et pour les citoyens de cette ethnie Nandé, habiles commerçants au long cours. Le financement des intrants indispensables et d'origine importée a été assuré par les exportations informelles vers les pays arabes de l'or extrait de mines dont cette ethnie est propriétaire, et les dépenses courantes de la cité ont été financées par les revenus des péages et droits d'octroi imposés aux entrées de la cité. La ville de Butembo, où je n'ai malheureusement pas pu retourner récemment, doit la prospérité de son économie locale et son pouvoir d'attraction sur toute la région du Nord Kivu à la sécurité relative qui y règne et à l'implication directe de ses citoyens et de ses opérateurs économiques dans la gestion de la cité. On peut aujourd'hui prendre connaissance avec force détails de ce qui se passe à Butembo en consultant le site internet de ce village devenu capitale régionale autoproclamée.

Que penser aujourd'hui de ces réflexions vieilles de vingt-deux siècles sur les problèmes de financement de la dépense publique ?

Ce que proposait Xénophon dans le traité des Revenus et dans l'*Oïkonomika* pour développer de nouvelles ressources de financement de la dépense publique consistait à instaurer une forme d'économie mixte pour l'exploitation d'une ressource naturelle propriété de l'Etat, en l'occurrence des mines d'argent. Une telle solution imaginée au 3ième siècle avant JC est assez semblable à celle qui a été appliquée dix-huit siècles plus tard par l'administration coloniale, avec la concession à des grands colons des terres destinées à la plantation de canne à sucre aux Antilles et qui impliquait, comme du temps des Grecs, la légitimation du recours massif à l'esclavage, sans lequel cette activité n'aurait pu se développer.

Après la révolution industrielle, les perspectives offertes par la technologie et les machines rendant le recours à la main d'œuvre servile moins nécessaire, l'esclavage a encore mis plusieurs siècles avant de disparaitre, donnant naissance à de nouveaux programmes d'exploitation des ressources naturelles comme les concessions à des entreprises pétrolières des gisements de pétrole du moyen orient au 19e siècle.

Le *code de l'indigénat* promulgué en 1881 par le gouvernement français et appliqué dans l'ensemble de son empire colonial distinguait deux catégories de citoyens : les Français de souche métropolitaine et les sujets français, c'est-à-dire les indigènes. Ces derniers étaient privés de leur liberté et de leurs droits politiques. Ils ne conservaient au plan civil que leur statut personnel, d'origine religieuse ou coutumière, leurs terres pouvaient être confisquées. Comme les travailleurs immigrés, ils étaient assujettis aux travaux forcés, à l'interdiction de circuler la nuit, aux réquisitions, aux impôts de capitation et ils étaient lourdement condamnés en cas d'infractions à une à une longue liste d'interdits destinés à faire régner le bon ordre colonial : réunion sans autorisation, départ du territoire de la commune sans permis de voyage, acte irrespectueux, propos offensant vis-à-vis d'un agent de l'autorité, etc. Ce code a été officiellement aboli en 1946 mais il a en fait perduré en Algérie jusqu'en 1962.

Dans les Emirats du Golfe arabo-persique, les techniciens étrangers recrutés pour l'exploitation de la manne pétrolière et les ouvriers empruntés aux pays voisins et payés au lance pierre sont l'équivalent des métèques et des *dmoi* des grecs. Les conditions de travail qui leurs sont imposées sont en fait une forme moderne d'esclavage. La communauté internationale a exigé en 2019 l'abolition du *kafala*, système de parrainage et d'adoption spécifique au droit musulman. Mais un tel système qui offre un accès quasi illimité à une main d'œuvre docile et bon marché ne disparait pas facilement, et des milliers de migrants sont toujours détenus au Qatar à cause de ce système, ou même en Europe où certains migrants sans papiers sont aujourd'hui payés au lance pierre pour la récolte des fruits et légumes destinés à l'industrie agroalimentaire : *Gnosè phusin peri pantos omoien* écrivait Platon : *Tu connaitras que la Nature est en tout semblable à elle-même*, y compris la nature humaine.

Ce rappel du passé aide à prendre conscience de l'étroitesse et du caractère irréel (déconnecté du réel) du cadre conceptuel de l'économie moderne

Toutes les écoles de pensée qui ont conduit après la révolution industrielle à la science économique moderne, des mercantilistes aux classiques, aux néoclassiques et aux grandes synthèse modernes, en passant par le marginalisme, le libéralisme, le marxisme et l'économie capitaliste de marché en voie de globalisation (en abrégé ECMVG), procèdent à des nuances près d'un même objectif : maximiser la production de biens et de services et répartir les fruits de cette production entre un ensemble d'acteurs qui sont censés maximiser une fonction d'utilité ou de profit et qui sont coordonnés par un ensemble d'institutions et de marchés qui par nature (par *la main invisible*) s'équilibrent, ce qu'ils font sauf incident ou perturbation majeure. Grâce à cette main invisible, la crise qui résulte de cette perturbation ne peut être que temporaire et suivie du retour à l'équilibre : *la crise économique = le scénario comique ?*

De la préoccupation concernant non seulement la création de valeur mais aussi et avant tout la cité et le territoire, lieux de vie et d'interaction des citoyens et placés sous l'autorité du *strategos politikos*, qui caractérisait l'*oïkonomia* de la Grèce classique, on est donc passé après la révolution industrielle à une tout autre approche centrée sur la production de biens et de services par divers secteurs d'activité qui interagissent au sein de *matrices input-output* (les TEI), mais dont la localisation au sein de la Nation, territoire beaucoup plus vaste que la cité, n'est pas spécifiée, et dominée par le souci du respect des équilibres entre les revenus et les dépenses de chaque acteur, revenus et dépenses qui sont enregistrés en partie double au sein de *matrices de comptabilité sociale* (les MCS), mais qui ne sont pas davantage localisés.

Alors que l'*oïkonomia* des Grecs se déroulait dans un espace structuré par la présence de cités soigneusement planifiées interagissant entre elles et avec leurs périphéries, l'espace physique dans lequel se déroule l'activité économique et les relations de voisinage entre acteurs sont à peu près complètement absents du paradigme de l'économie moderne.

Cet *oubli* de l'espace dans le paradigme de la nouvelle économie est d'autant plus surprenant que cette nouvelle économie a été conçue après la révolution copernicienne et après qu'Isaac Newton ait, avec sa nouvelle mécanique, développé les outils permettant d'aborder les questions d'action à distance entre objets au sein de l'espace. Alors, pourquoi ni Adam Smith, qui admirait Isaac Newton et dont il a présenté la nouvelle mécanique dans son Histoire universelle de l'astronomie, ni aucun des autres pères fondateurs de la nouvelle économie n'ont-ils jamais tenté de remédier à cette *u-topie* de la théorie économique naissante ?

La raison est sans doute simple : l'équilibre général, que le recours au langage mathématique permet de calculer, est beaucoup plus facile à modéliser et à interpréter et donc à prendre comme élément clé du dogme de cette nouvelle économie quand on fait abstraction de la dimension spatiale du monde réel. Et tant pis si, dans ce *wonderland* où règnent la marchandise et la finance, la théorie ainsi élaborée perd de plus en plus contact avec le monde réel.

La théorie économique est-elle vraiment désincarnée, u-topique, uchronique, démostatique et anhistorique ?

Voici maintenant une justification détaillée de ces qualificatifs que j'utilise depuis de nombreuses années pour caractériser le paradigme de l'économie moderne.

- La théorie économique actuelle est-elle vraiment désincarnée, c'est-à-dire qu'elle ignore tout ou presque du facteur population ? Il suffit pour s'en convaincre de lire la table des matières de n'importe quel manuel d'économie : si le mot population est mentionné dans la liste des mots clefs, des modèles et des indicateurs qui sont décrits dans ces manuels, c'est en tant que dénominateur pour calculer des ratios par tête, comme le PIB par habitant, ou la consommation par habitant.

Les fonctions de production des modèles économiques habituels relient le flux de production pendant une période donnée, Y, aux stocks des facteurs de production qui sont mobilisés pendant cette période : ces facteurs étaient la force de travail L et le capital K dans les fonctions de production de Cobb-Douglas $Y = f(L, K)$, ce sont dans les modèles contemporains les quatre formes de capital qui sont mobilisées dans ce processus de production : le capital naturel (comme la terre), le capital technique (bâtiments, machine, technologie), le capital humain, et le capital social, autrement dit les institutions. Le capital humain est constitué d'un ensemble d'individus aptes (formés), actifs et effectivement employés, qui sont équivalents à un seul agent représentatif de l'ensemble et qui agit exactement comme le ferait un agent individuel : c'est *l'homo economicus*, qui se comporte rationnellement, mais pas raisonnablement, en maximisant une fonction-objectif (cout-avantage) sous contrainte d'équilibre des marchés.

Ce *capital humain* ainsi défini n'a à peu près rien à voir avec la population elle-même, dans toute sa diversité de localisation, de comportement individuel et d'interaction, de mode de vie, et d'évolution dans le temps. La population réelle, telle qu'elle est à l'instant considéré, qu'elle soit formée ou non, active ou non, employée ou non, n'est pas en tant que telle un facteur de production. La variation dans le temps de la population proprement dite, et non celle de la force de travail, n'a pas d'incidence directe sur la production, cette variable population ne saurait donc avoir de *productivité marginale*.

Cette désincarnation des modèles explique pourquoi des variables comme la population agricole et la population dite *informelle* sont restées si longtemps complètement absentes des annuaires internationaux comme les *World Development Indicators* (WDI) de la Banque Mondiale. Ce n'est en effet que depuis 2005 que les WDI publient sans commentaire les données d'emploi agricole provenant d'un modèle de l'Organisation Internationale du Travail. Ce modèle, dont la structure n'est pas révélée, repose sans doute sur l'hypothèse vraisemblable mais un peu courte selon laquelle l'emploi dans l'agriculture serait une fraction de la force de travail totale de toute agglomération qui décroitrait avec la population totale de cette entité.

Les proportions de l'emploi agricole dans l'emploi total qui sont mentionnées dans les éditions récentes des WDI pour certains pays sont grossièrement compatibles avec les ratios moyens de population agricole par rapport à la population totale des pays annoncés dans l'étude ILTA (voir chapitre 11) et calculés dans l'étude WALTPS (chapitre 12) par agrégation des ratios locaux fournis par des modèles spatialisés, comme le modèle des tensions de marché (chapitre 8). Mais, outre que ces ratios moyens nationaux sont beaucoup moins exploitables que les ratios locaux pour l'étude des processus, les variations dans le temps des ratios moyens publiés dans les WDI pour certains pays sont manifestement erronées, comme par exemple pour le Burkina Faso, où la division par deux de la fraction primaire de l'emploi total entre 1990 et 2010, puis encore par deux entre 2010 et 2020, est évidemment incompatible avec le rythme de l'urbanisation de ce pays, et que pour le Burundi où ce ratio serait resté constant à 92% depuis un demi-siècle, sans que personne ne semble s'en inquiéter.

Quant à la population qui est appelée *informelle* et à la contribution de cette strate à l'économie nationale, elles restent toutes deux officiellement inconnues. Les auteurs des études et rapports qui traitent de la question du *secteur informel* en sont réduits à faire de simples hypothèses, qui conduisent à des disparités entre pays de la productivité informelle moyenne, ou production par habitant informel, et à des variations dans le temps de ces productivités que rien ne semble justifier.

- **La théorie économique est-elle u-topique**, c'est-à-dire ignorante de la géographie, du territoire, de l'espace, des relations de voisinage ?

Petite précision : que faut-il entendre par u-topie ? Et de quel espace s'agit-il dans cet essai ? Le mot *topos* en grec ancien signifie à la fois le lieu, une fraction de territoire superficiel, à deux dimensions, et une portion de l'espace ou du monde réel au sens où on l'entend en physique, l'espace tridimensionnel dans lequel nous sommes immergés, et que les philosophes grecs appelaient aussi *choros,* mot que l'on retrouve par exemple dans chorégraphie, un art tridimensionnel. Les espaces habités et dans lesquels les activités se déroulent sont des volumes : un appartement de 100 mètres carrés est en fait un volume de 280 mètres cubes. Si pour cet appartement, il faut acquitter une taxe foncière de x Euros par an, cette taxe doit être considérée comme s'appliquant au volume occupé et non à sa surface. De même, toute l'activité humaine dont nous mesurons la densité superficielle, par exemple en Euros de valeur ajoutée par km^2, se déroule en fait dans un volume, dont la troisième dimension ou l'épaisseur n'est pas toujours négligeable.

A quoi bon cette précision, pourquoi couper ainsi les cheveux en trois ou en quatre ? Parce que la technologie évolue, parce que l'on sait maintenant forer à 10 km de profondeur, faire voler des aéronefs, envoyer des satellites. Toutes les disciplines comme l'économie, la finance, le droit foncier, la propriété ou la fiscalité, toutes les notions comme la souveraineté des Etats-nations devront être revues en conséquence : voir le chapitre 26 où je propose d'instaurer une nouvelle forme de gouvernance de la Planète et le chapitre28 qui est consacré à la réforme de la Recherche. En attendant, le concept d'espace auquel se réfère cet essai est surtout à prendre au sens superficiel.

Pourquoi cette utopie de la théorie économique orthodoxe

Voici ce qu'osait affirmer à ce sujet le très respecté Paul Krugman en 1995 dans *Development, Geography, and Economic Theory* : *How does the mainstream economics cope with spatial issues ? By ignoring them. Economics take place in a wonderland of no spatial dimensions. . The location of production is an obvious feature of the economic world. Economists can often be remarkably obtuse, failing to see things that are right in front of them.*

Cette u-topie que dénonçait ainsi Paul Krugman est d'abord une conséquence logique de l'absence de toute attention portée à la population et à son évolution : le processus de peuplement est en effet la principale variable explicative et la plus aisément accessible de la localisation et de la restructuration de toute forme d'activité économique.

L'économie moderne repose sur des lois et des concepts rigoureusement définis mais u-topiques, détachés du monde réel, à l'image du château de ce tableau de Magritte, qui a toute l'apparence d'un vrai château-fort reposant sur une fondation solide, (le paradigme), mais qui flotte comme le fait cette fondation au-dessus du monde réel qui est donc probablement inhabité (désincarné).

- **Désincarnée et u-topique, la théorie économique est-elle aussi uchronique**, c'est-à-dire indifférente au temps, à l'histoire, aux processus et aux dynamiques ? C'est à première vue difficile à admettre, s'agissant d'une discipline qui s'intéresse tant à la croissance et se sert tant de l'actualisation, mais c'est un fait, et qui découle très logiquement de ce qui précède : dans le monde imaginaire des diverses écoles de pensée de la théorie économique, tout est censé être en équilibre et destiné à retourner à l'équilibre après une perturbation éventuelle : le temps qui intervient dans ces variantes de la théorie économique est celui qui est nécessaire pour le retour à l'équilibre, c'est-à-dire du retour à l'absence de temps.

Autre conséquence de ce paradigme u-topique et uchronique : la théorie économique admet comme évidente et obligatoire l'hypothèse de l'équilibre général sur tous les marchés et celle des rendements d'échelle constants (constant return). Ces présupposés sont incompatibles avec toute prise en compte des disparités et des déséquilibres dynamiques entre lieux au sein d'un espace donné, et donc avec toute analyse sérieuse des processus de transformation spatiale, pourtant aisément observables à l'œil nu : sans remise en cause de ces présupposés et donc sans changement radical de paradigme, il ne peut y avoir de géographie économique autre que sous forme de simples images statiques, atemporelles, et désincarnées. Il n'est donc pas surprenant que la plupart des économistes qui sont fidèles au dogme de l'économie dite orthodoxe aient horreur de la démographie, qui est une source intarissable de déséquilibre structurel.

Comment remédier à cette uchronie, libérer la pensée de l'obsession de l'équilibre et de la préoccupation pour le court terme ? Comment retrouver le sens de la prospective, du temps long à l'échelle des générations ? Il faut pour ce faire *désactualiser* la pensée, au double sens d'oublier pour un temps les commodités de l'actualisation qui fait disparaitre la variable temps, et de se préoccuper aussi et avant tout de la trajectoire, du lointain passé au présent et à l'avenir, au-delà de l'horizon annuel des budgets et de l'horizon à quelques années des mandats officiels, et ne pas se laisser leurrer par les chroniques d'indicateurs macro-économiques des annuaires internationaux, dont je montre dans le chapitre 6 qu'elles sont structurellement dépourvues de sens et ininterprétables .

La quasi-stagnation du PIB moyen par habitant de l'ASS sur les quatre décennies 1980-2020 ne prouve qu'une chose, c'est que cet indicateur PIB tel qu'il est aujourd'hui mesuré est incapable de rendre compte du fait pourtant évident que cette vaste région n'a plus grand chose à voir aujourd'hui avec ce qu'elle était il y a une quarantaine d'années : l'ASS a aujourd'hui six fois plus d'habitants agglomérés qu'en 1980, chaque agriculteur a en moyenne trois fois plus de clients régionaux auxquels il vend effectivement et en moyenne six fois plus de denrées alimentaires, et, en dépit du sous-investissement massif en matière d'infrastructures et d'équipements publics, cette région dispose aujourd'hui d'un capital par habitant de constructions et de réseaux de toutes sortes plus important, et ce capital physique, même s'il est en partie qualifié d'informel, est à la fois plus concentré et au service de territoires aménagés plus vastes.

Pour redonner confiance aux africains dans leur propre avenir et dans l'avenir de leur territoire, les premières choses à faire sont de supprimer ces chroniques officielles d'indicateurs comme le PIB qui sont des artefacts, et de remettre en évidence tous ces changements structurels qu'il est si facile de masquer en ne prêtant attention qu'à la conjoncture et qu'aux problèmes, bien réels, auxquels ce continent doit faire face.

- Enfin, cette théorie économique qui est à la fois désincarnée, u-topique et u-chronique, est aussi et par conséquent démostatique et anhistorique. Pour faire bref, je me contente ici de citer quelques-unes des affirmations qui dérivent de cette conception démostatique et anhistorique du développement, que l'on entend souvent, et que le simple bon sens suffit à récuser :

- avant la révolution industrielle dont l'économie moderne est issue, il n'y avait sur terre que des sociétés primitives ignorantes des lois naturelles et donc rebelles à toute formalisation et à toute tentative de rationalisation ;

- alors que, pour les pays non encore développés, le développement est censé être un processus, ce processus a une fin puisque les pays dits développés sont développés, arrivés (mais on ne sait où ?). Il suffit pour les pays en développement d'imiter et de rejoindre le peloton de leurs voisins développés pour atteindre ainsi cet état de nirvana ;

- la population au sens large (et non restreinte à la force de travail dûment qualifiée) peut être à tout moment considérée comme une donnée immobile et non comme une variable essentielle, puisqu'elle n'intervient dans les modèles que comme dénominateur pour le calcul de ratios par tête. Cette population n'a ni voisins avec qui interagir, ni passé ;

- cette population au sens large ne peut pas se former par elle-même, par échange avec ses proches dont on ignore tout. Il faut donc la former à l'aide de programmes de formation exogènes. Cette formation, autrement appelée investissement dans le capital humain, permet de convertir ceux qui en bénéficient en diverses catégories d'agents économiques dont on attend qu'ils se comportent en agents rationnels et tous semblables, poursuivant les mêmes buts, téléguidés et coordonnés par les institutions et les marchés ;

- dans les pays les moins avancés qui n'ont pas encore accès à l'industrialisation, la poursuite de l'urbanisation ne peut être que la conséquence de politiques inappropriées. Quel curieux oubli de la première raison d'être des agglomérations, qui n'avait pas échappé à Aristote !

- l'hypertrophie du secteur informel de ces pays les moins avancés est une anomalie condamnée à disparaitre rapidement.

Conclusion

Le paradigme de l'économie dite orthodoxe est aux antipodes de ce qu'il devrait être pour aborder les problèmes auxquels sont confrontés les PVP, et c'est cette économie qui devrait être qualifiée d'hétérodoxe.

A en juger par la complexité croissante des outils d'analyse, des modèles et du langage employés dans les manuels et les articles traitant d'économétrie, de macro-économie, de microéconomie et de finance, ce paradigme de l'ECMVG s'est révélé très fécond : il se prête à merveille à la quantification, à la modélisation et au développement de variantes, dont certaines conduisent à, ou sont compatibles avec, des performances pratiques remarquables.

Mais la substantielle amélioration de la plupart des indicateurs de qualité de la vie dont a bénéficié une fraction croissante de la population mondiale depuis la révolution industrielle est d'abord et avant tout à mettre au crédit du progrès scientifique et technique, de la maitrise de l'énergie, de la mécanisation qui s'est substituée à la force musculaire, des économies d'échelle et des rendements croissants.

Cette révolution qui a permis une forte croissance et diversification de la production de biens et de services finaux et intermédiaires avait certes besoin d'une nouvelle théorie pour gérer les nouvelles modalités des rapports entre l'offre devenue foisonnante et de plus en plus diverse et la demande de ces biens et des facteurs de production dont le capital, qu'il devenait impératif de stimuler, voire de créer de toutes pièces. Qu'elle ait été le catalyseur de cette révolution du monde de la marchandise ou qu'elle en ait simplement bénéficié, l'ECMVG a de fait pu s'étendre et s'imposer à une fraction croissante de la planète en raison de la faillite (accidentelle ?) de son concurrent l'économie socialiste.

Contrairement aux pays dits *développés,* la plupart des pays du Sud sont encore et pour plusieurs décennies des pays en voie de peuplement, dans lesquels les questions d'aménagement des territoires, de redistribution spatiale de la population, d'accueil des nouveaux résidents, d'équipement et de gouvernance des lieux de vie sont encore prioritaires, comme ils l'étaient du temps de la Grèce classique et de l'Empire romain.

Suffira-t-il de quelques ajustements à la marge de la théorie économique moderne et de l'ajout de quelques objectifs complémentaires pour concevoir une nouvelle variante de cette ECMVG qui convienne à l'ensemble du monde et à toutes les phases du processus de peuplement, puis un jour peut-être proche de dépeuplement généralisé ? La réponse à cette question est clairement négative, car le diable du paradigme de l'économie moderne ne se cache pas dans les détails, mais dans l'oubli de trois dimensions essentielles du **processus** de développement qui sont l'homme, le territoire et le temps long.

Cette affirmation de l'incompatibilité entre le paradigme de la théorie économique actuelle et ce que l'on appelle le *développement,* en tant que processus dynamique et source de déséquilibres moteurs, ne doit pas être considérée comme un simple pinaillage : c'est en effet ce constat qui a conduit à la décision d'entreprendre en leur temps les deux études ILTA et WALTPS et le programme de Relance de l'Economie Locale en Afrique (ECOLOC). Et c'est l'affichage explicite du paradigme démo-économique alternatif sur lequel reposent ces exercices de prospective qui a été la cause première de leur rejet sans discussion de la part des institutions en charge de l'Aide Publique au Développement qui en étaient destinataires, rejet qui est allé jusqu'à l'autodafé perpétré en 1983 par la Direction Générale du Développement de la Commission Européenne à l'encontre de l'étude ILTA. C'est parce que rien n'est encore réglé sur ces questions de fond que je crois nécessaire de revenir dans toute la Quatrième partie sur ces histoires anciennes, pour en tirer les leçons et des propositions pour une réforme en profondeur de l'Aide et des institutions qui en ont la charge (voir chapitre 16).

Le fait que la théorie économique orthodoxe se soit en apparence considérablement complexifiée, que l'économie capitaliste de marché en voie de globalisation, système aujourd'hui dominant, ait permis de répondre à un nombre croissant d'objectifs et de contraintes de développement, et que la plupart des indicateurs de développement humain semblent continuer à progresser ne doit pas faire oublier l'étroitesse et le caractère irréel (déconnecté du réel) du cadre conceptuel de cette économie moderne, par comparaison avec celui du concept initial d'*oïkonomia* de nos lointains prédécesseurs de la Grèce antique.

Alors, pourquoi revenir aujourd'hui sur cette histoire ancienne, et en quoi ce regard en arrière peut-il nous aider à mieux faire face aux défis d'aujourd'hui ? A priori pas grand-chose, au moins pour les pays du Nord, où le processus de peuplement est à peu près terminé, et dans une optique de court terme. Les territoires de ces pays dits développés sont équipés, et les *nouveaux résidents* ne représentent plus qu'une faible fraction de la population des établissements humains existants, de sorte que, sauf exception, l'accueil de ces nouveaux résidents n'est plus un problème majeur pour les nouveaux *strategoi*, et ne redeviendra une priorité que lorsque la montée annoncée du niveau de mers obligera à se préoccuper de la réinstallation des populations côtières.

Mais ce système capitaliste de marché, dont on peut considérer qu'il a été bon pour les pays du Nord déjà peuplés considérés en eux-mêmes, sans tenir compte des conséquences éventuelles pour le reste de la planète, ne peut sans grave déconvenue être conservé en l'état ni a fortiori être imposé sans précaution à l'ensemble de la planète : affirmation d'autant plus irréfutable que, selon ses propres défenseurs, ce système serait inévitablement en voie de globalisation, stade ultime de l'u-topie, au double sens de la délocalisation et du *n'importe où*.

Outre les questions de sauvegarde de la biodiversité, de protection de l'environnement et de maitrise du changement climatique qui sont aujourd'hui au cœur des agendas internationaux, l'autre défi majeur auquel l'humanité tout entière est aujourd'hui confrontée est de faire en sorte que le processus de peuplement et de transformation démo, éco, socio-éco, spatiale, et par conséquent institutionnelle des pays du Sud se déroule avec le maximum de capacité d'anticipation, de clairvoyance et de concertation, alors que nous attend pour la prochaine génération un autre défi qui est celui du dépeuplement généralisé de la planète.

Que rien de sérieux n'ait jusqu'à présent été tenté pour remédier à l'u-topie, à l'uchronie et au caractère démostatique de la théorie économique et des systèmes d'information et outils d'analyse qui ont été développés dans le cadre de cette théorie est pour le moins surprenant. Se contenter comme on le fait de multiplier les initiatives au gré de la conjoncture pour espérer tendre vers un *développement durable*, tout en négligeant les fondements que sont la population et l'espace, c'est à peu près comme tenter de construire un édifice sur du sable, en oubliant les fondations.

De tous les rapports sur le *développement* dans le monde que la Banque Mondiale, leader en matière de recherche sur le *développement*, publie chaque année depuis 1978, le seul où ait été abordée la question de la dimension spatiale de l'économie (mais en oubliant le peuplement et la dynamique !) est celui de 2009, intitulé *Repenser la géographie économique* (en anglais : *Reshaping Economic Geography)*. Mais ce rapport, dont on aurait pu espérer qu'il ouvre la voie à la révolution copernicienne qui consiste à remettre le peuplement et l'espace au centre d'un nouveau paradigme, est passé complètement à côté de cet objectif : plus de dix ans après la publication de ce rapport, les bases de données existantes sont toujours dépourvues de tout agrégat ou indicateur permettant de comprendre ce qui se passe à une échelle infranationale.

Comble de l'irresponsabilité : cette utopie persistante de tous les systèmes d'information n'empêche pas les institutions de *développement* de promouvoir les politiques de décentralisation. Comment peut-on alors, de bonne foi, se plaindre du manque de compétence des gouvernements locaux issus de cette décentralisation, alors qu'ils sont privés de toute information sur les besoins, les contraintes et les potentialités du territoire dont ils ont la charge ?

Au moins pour les pays du Sud, c'est donc à une remise en cause du paradigme et à une refonte radicale des systèmes d'information économique que cet essai invite, et ce, quoi qu'il semble a priori en couter, car rien ne sera plus couteux que le maintien du statu quo pour ces pays en voie de peuplement.

La dernière partie de cet essai montrera que les pays du Nord, pays étrangement qualifiés de *développés*, pourraient avec profit s'inspirer des recommandations de cet essai pour revoir leur propre modèle de comportement dans des domaines comme l'acceptation de la dualité de leurs propres économies, leur conception du *développement inclusif* dans un monde marqué par la raréfaction du travail et par la confrontation entre le Nord et le Sud, leur capacité d'adaptation à l'émergence de nouveaux enjeux planétaires comme le réchauffement climatique, les pandémies, la lutte contre les nouveaux poisons potentiellement mortels (voir chapitre 26), l'entrée dans une nouvelle ère bio-géologique appelée anthropocène, et plus simplement leur capacité de prise en compte de l'incertitude sur l'avenir.

Comme tout paradigme, celui dont procède le système économique actuel est condamné à évoluer en fonction du contexte. Les évolutions nécessaires sont d'autant plus radicales qu'elles sont différées dans le temps. Alors, pourquoi ce refus obstiné de tout dialogue entre les thuriféraires du dogme actuel et les mécréants qualifiés au mieux d'hétérodoxes ? Pour paraphraser Raymond Devos, *est-ce un tort, pour ces mécréants d'avoir raison contre toutes sortes de personnes qui ont toutes les raisons de penser qu'elles n'ont pas tort ?*

Par l'attention portée à la question du paradigme sous-jacent à toute théorie économique, et par cette invitation à remonter le temps jusqu'à l'origine du concept d'économie qui nous vient de la Grèce classique, cet essai nous invite à nous demander s'il ne conviendrait pas de renverser les termes du débat entre économistes *main stream* et ceux qui en sont exclus : parce qu'elle n'a pas retenu grand-chose des enseignements des pays fondateurs de la civilisation occidentale, c'est en effet l'économie moderne, dont le paradigme apparait par comparaison si étroit et si déshumanisé, qu'il conviendrait d'appeler hétérodoxe, au sens étymologique : qui suit une autre voie que la voie normale.

La suite de cet essai amènera à nous demander où nous conduit cette ECMVG, à quel modèle de civilisation, quand le cout du transport à longue distance de tous les biens et services et de l'information, à force de baisser, sera devenu négligeable, et quand les chaines de valeur mondiales auront été complètement fragmentées. Les pays de la planète seront-ils enfin *développés*, arrivés dans ce *wonderland of no spatial dimension* dénoncé par Paul Krugman ? Si la chute continue des prix de transport à longue distance et la fragmentation à l'extrême des chaines de valeur, au lieu de constituer un avantage pour l'humanité prise dans son ensemble, finissent par apparaitre comme une malédiction, comme l'a été pour l'Espagne l'effondrement du cout relatif des importations après le pillage des trésors Incas, ne faudra-t-il pas se résigner à changer de paradigme ?

Chapitre 5
La dualité de l'économie réelle et le paradigme démo-économique et spatial

Introduction

Le chapitre 1 a permis de compter le nombre de nouveaux résidents de chaque pays et de chaque région du monde résultant de la croissance naturelle puis des migrations internes à chacun de ces pays, en prenant soin de répartir ces nouveaux résidents en quatre classes selon le degré d'avancement relatif de leur transition démographique. Dans les Pays en voie de peuplement (PVP), le nombre de ces nouveaux résidents qui apparaissent chaque année dépasse aujourd'hui 4% de la population déjà présente dans les PVP les moins avancés et qui sont aussi les plus pauvres, ce qui est considérable.

La singularité du processus de peuplement dont la planète est l'objet depuis les années 1950 commande de mettre ce facteur peuplement, variable spatiale et multidimensionnelle, au cœur des réflexions sur ce qu'on appelle le *développement*, ce qui n'est manifestement pas le cas aujourd'hui, comme expliqué dans le chapitre précédent. On ne peut donc plus se contenter des concepts, des croyances et des institutions imaginés au 18ième siècle par les fondateurs de la théorie économique, dont les successeurs se sont empressés d'oublier purement et simplement Malthus. Si ce dernier avait eu le tort de sous-estimer l'importance du progrès technique et donc d'exagérer les dangers supposés du surpeuplement, rien n'empêchait ses successeurs de prolonger sa réflexion, qui, d'éco-démographique, aurait pu donner naissance à une école de pensée démo-économique.

Gérer et non se contenter de subir le processus de peuplement de la planète constitue aujourd'hui un objectif d'autant plus important que ce processus se déroule principalement dans les pays les moins à même de faire face aux investissements nécessaires, qu'il n'y a plus ou presque plus de territoires vierges à conquérir, et que déverser son trop-plein éventuel d'habitants chez ses voisins est devenu paradoxalement plus compliqué depuis que tout ou presque, des biens et services à l'information, peut circuler librement sur notre planète, à l'exception des personnes.

Ce chapitre va tenter de répondre aux questions suivantes :
- Pourquoi ces nouveaux résidents sont-ils contraints à vivre dans un autre système économique que le reste de la population ?
- Sur quel paradigme repose cette autre économie, que j'appelle populaire ?

- Quelles relations d'échange et d'interdépendance s'établissent entre l'économie de ces cohortes successives de nouveaux résidents, qui est par essence une économie de demande de biens et services essentiels et d'interaction entre proches, et l'économie dominante, qui fonctionne selon une autre logique ?

Ancienneté relative des nouveaux résidents

Les cohortes de nouveaux résidents qui se sont installés en un lieu donné au cours des décennies passées forment un groupe de personnes dont l'ancienneté moyenne par rapport au reste de la population dépend du taux de croissance de la population de ce lieu. Par exemple, en ASS, l'ancienneté moyenne du groupe des nouveaux résidents qui sont apparus au cours des 40 années de 1980 à 2020 est de l'ordre de 17 ans, dont un tiers ont une ancienneté inférieure à 5 ans. Le graphique suivant montre comment varie (en ordonnée) la proportion de nouveaux résidents d'une agglomération d'ancienneté au plus égale à diverses valeurs (5, 10, 20 ou 30 ans) en fonction du taux de croissance (en abscisse) de la population totale de cette agglomération.

Par exemple, pour un taux de croissance moyen de 5% par an (cas usuel), 20% de la population de cette agglomération sont des nouveaux résidents de moins de 5 ans d'ancienneté, et 80 % sont des nouveaux résidents de moins de 30 ans d'ancienneté.

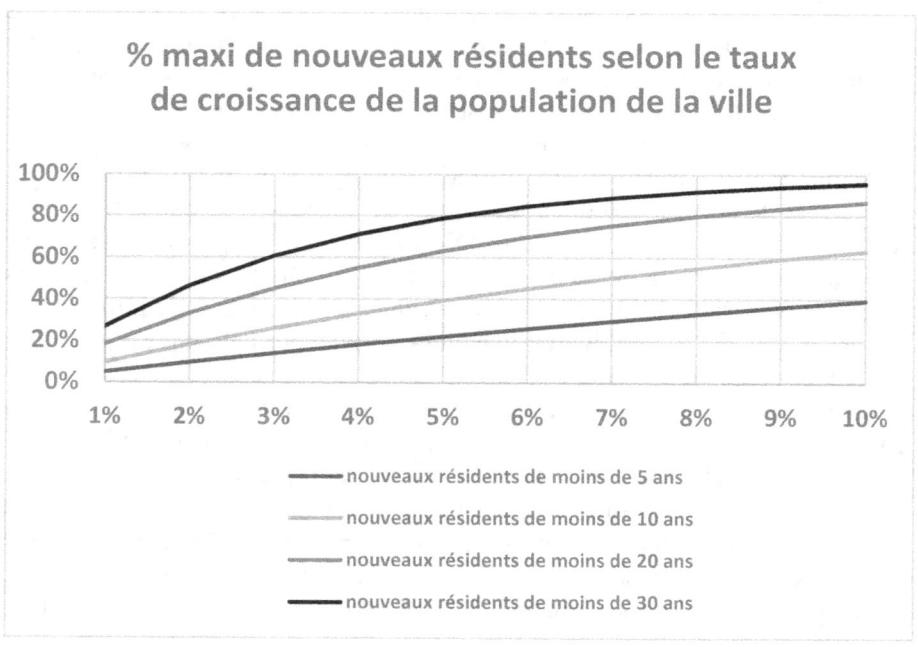

Comportement des nouveaux résidents

En moyenne, la proportion de tous les nouveaux résidents d'un pays qui ne sont pas encore pleinement intégrés à l'économie locale de ses diverses localités est d'autant plus importante que leur ancienneté ou maturité dans ces localités est plus faible et que le temps nécessaire à leur assimilation à ces économies locales est plus long : tous facteurs qui concourent à la probabilité de coexistence en tout lieu de deux types de résidents, les uns qui sont installés de longue date et dont une fraction généralement faible rejoint la strate moderne de l'économie réelle, et tous les autres qui sont en voie d'intégration progressive à un système économique différent de cette économie réelle.

L'économie réelle au service de toute la population est nécessairement duale

L'économie réelle d'un pays ou d'un territoire quelconque est, par définition, au service de toute la population de cette entité. Si utile qu'elle soit par ailleurs, toute théorie économique qui aboutirait dans certaines circonstances à la possibilité de l'homme superflu ou inutile, à la *néganthropie*, doit être considérée comme incomplète. C'est le cas de la théorie économique qualifiée d'orthodoxe, qui est censée suivre la bonne voie et dont s'inspire le système économique capitaliste de marché en voie de globalisation (en abrégé ECMVG), aujourd'hui dominant.

Cette ECMVG a fait la preuve de son efficacité comme système de gestion de la composante de l'économie réelle qui ressemble à la fraction *moderne* de l'économie des pays avancés. Mais, à elle seule, cette ECMVG ne peut pas prétendre représenter valablement l'économie réelle, dans sa globalité.

Justifiée dans tous les cas, cette affirmation est particulièrement évidente lorsque cette théorie est appliquée aux pays en voie de peuplement. Tant que le peuplement n'est pas stabilisé, les déséquilibres sociaux et spatiaux, qui sont l'un des moteurs de sa restructuration, impliquent donc la coexistence, en milieu urbain comme en milieu rural, de deux formes d'économie complémentaires :

- la première, que j'appelle pour simplifier l'économie moderne : parce qu'elle s'inspire directement du paradigme de l'économie dite orthodoxe, cette économie moderne donne la priorité à la productivité et surtout à la compétitivité et non à la maitrise des inégalités, elle ne peut donc concerner qu'une fraction de la population totale faible et appelée à le rester longtemps ;

- et la seconde, dont dépend tout le reste de la population, qui obéit nécessairement à un autre paradigme. Plutôt que de lui accoler le qualificatif d'*informelle*, à connotation péjorative et qui laisse entendre qu'elle est irrationnelle, irrespectueuse des lois comme l'économie grise, et même ignorante des lois naturelles ou *primitive,* je préfère l'appeler *économie populaire*. Selon le Bureau International du Travail à Genève, deux milliards d'êtres humains vivent, travaillent et consomment aujourd'hui dans cette économie populaire, aujourd'hui appelée *secteur informel*.

Cependant, comme ce concept de *secteur informel* est bien ancré dans le langage courant, et faute de trouver mieux, il faut se résigner à conserver l'adjectif informel quand il s'applique aux personnes- et non au système économique-qui dépendent de l'économie populaire : la population totale d'un territoire donné est répartie en deux grandes strates : la population moderne de l'économie moderne et la population informelle de l'économie populaire (voir le chapitre 8).

Ces deux composantes moderne et populaire de l'économie réelle sont comme deux systèmes économiques vivant sur un même territoire, sans frontière les séparant, l'une, tête de pont de l'économie, coloniale puis mondialisée, dominant l'autre sans pouvoir la marginaliser. Par rapport à l'économie moderne, l'un des avantages de cette économie populaire est d'être ancrée dans les territoires et de bénéficier de l'interaction entre proches, dont l'intensité et les effets d'entrainement sur l'activité croissent plus que proportionnellement au nombre de personnes présentes, la croissance de la demande résultant du processus de peuplement. Cette économie populaire est donc micro locale et localisée (voir plus loin), socialement et économiquement intégrée, tout en subissant les avatars de l'économie moderne, qui bénéficie d'un ensemble d'institutions conçues pour être à son service. Si puissante soit-elle, cette dernière dépend beaucoup du monde extérieur pour ses débouchés et pour ses moyens de production, et elle est très sensible à la conjoncture économique et financière internationale.

Le processus de peuplement est l'une des principales sources de la dualité économique

La fraction des nouveaux résidents d'une ville qui provient de la croissance naturelle rejoint probablement la strate d'origine de leur famille. Les autres nouveaux résidents qui sont des immigrants en provenance du reste du pays et du monde ont une forte chance de se retrouver dans la strate populaire, avant pour certains d'entre eux de rejoindre la strate moderne. Globalement, la proportion de tous les nouveaux résidents qui transitent par l'économie populaire avant de rejoindre éventuellement la strate moderne est d'autant plus importante que leur ancienneté (ou maturité ?) dans leur lieu de résidence est plus faible et que le temps d'assimilation à l'autre composante de l'économie réelle est plus long : tous facteurs qui concourent à la probabilité de coexistence en tout lieu de deux types de résidents, les uns qui sont installés de longue date, les autres qui sont éventuellement en voie d'intégration.

Cette dualité qui est inhérente à la dynamique de peuplement est dans les faits aggravée par le système économique actuellement dominant : du fait du paradigme dont elle dérive, l'économie moderne a tendance à rejeter l'autre composante de l'économie réelle dans la clandestinité.

Mais cette dualité de l'économie réelle est aussi la conséquence du paradigme dont dépend l'économie moderne et des avatars de cette dernière : en cas de crise, elle réduit ses effectifs, et les exclus de l'économie moderne trouvent temporairement ou définitivement refuge dans l'économie populaire. Cette dernière concerne donc aussi, à des degrés divers, tous les pays de la planète, y compris les pays dits les plus *avancés* (comme un fromage ?). Ces pays, qui ne voient dans le *secteur informel* qu'une anomalie à éradiquer, ont beaucoup à apprendre de la façon dont les PVP s'y prennent pour gérer cette dualité.

En quoi consiste l'économie populaire ?

L'économie populaire (en abrégé EP) de tout territoire est donc la composante de son économie réelle qui est au service de la fraction de la population dont on constate qu'elle est bien vivante mais qui ne dépend pas de l'économie dite moderne de ce territoire. Voici quelques éléments du paradigme auquel doit obéir cette EP.

C'est avant tout une économie de demande de biens et services **essentiels,** c'est-à-dire sans lesquels les personnes et la vie en société seraient condamnées à disparaître. Cette économie populaire, consubstantielle du processus de peuplement, ne constitue donc pas une anomalie destinée à être rapidement résorbée.

Les agents pris en compte dans cette économie populaire sont tous les membres de la population concernée, sans distinction entre les classes d'âge, entre *inactifs* et *actifs*, entre actifs employés et en recherche d'emploi, entre producteurs et consommateurs.

Au sein de cette EP, la mobilité des personnes est la première forme d'ajustement aux contraintes impliquées par le processus de peuplement. Les personnes déjà installées se doivent d'accueillir les nouveaux résidents, non par altruisme, mais parce que c'est leur intérêt, car tout nouveau résident leur *offre* une part de marché à satisfaire qui est égale à sa demande de biens et services essentiels.

Cette demande individuelle de biens et services essentiels dépend en volume, en structure et en prix relatifs du lieu de résidence, et notamment de la taille de la population de chaque agglomération, ainsi que du contexte géographique et socio-économique, et par conséquent de la dynamique de peuplement.

L'économie populaire est, par nature, localisée, attachée à des territoires qui sont caractérisés par de fortes hétérogénéités spatiales et par l'absence parfois totale de toute infrastructure, dont le développement n'est en général conçu que pour servir l'économie moderne et ne suit qu'avec retard les besoins liés au peuplement.

Cette économie populaire est donc d'essence **locale** : l'importance des couts de transaction implique la proximité entre demande et offre.

En moyenne, la migration d'un individu de l'économie populaire du milieu rural vers celle d'une petite ville se traduit par un triplement de son besoin de dépense totale (y compris l'autoconsommation), auquel correspond un triplement du revenu nécessaire.

En Afrique Sub-Saharienne, la productivité moyenne de l'EP d'une ville de 50 000 habitants est le double de celle d'une ville de 5000 habitants et inférieure d'un tiers à celle d'une ville de 500 000 habitants, et le cout de la vie des résidents de l'économie populaire des diverses villes varie dans des proportions similaires.

Si la productivité de l'EP d'une agglomération croît avec sa taille, c'est parce que ses résidents et ses entreprises ont effectivement accès à un plus grand nombre de voisins, à un plus grand nombre de biens et services marchands et non marchands. Sur la longue durée, la poursuite de la croissance de la taille des agglomérations montre que, en dépit de la croissance du cout de la vie en fonction de cette taille, ces agglomérations restent attractives, avec des flux migratoires nets fortement positifs.

En modifiant le comportement de chaque homo economicus, la dynamique de peuplement, qui dépend de l'aménagement et de l'équipement des territoires et de la gouvernance de ces territoires, constitue une source de croissance de la productivité des économies locales, que l'on peut qualifier de **croissance endogène,** au sens où cette croissance ne dépend que de la variation du nombre d'habitants et de la structure du peuplement, de la densité d'occupation de l'espace et du contexte géographique et socio-économique dans lequel se déroule ce processus de peuplement.

Il ne faut donc pas voir dans cette EP une simple économie de subsistance condamnée à le rester, mais une économie en voie de complexification, à mesure que s'étend et se diversifie le marché local et que s'étend l'aire d'influence de ce marché, qui, de micro-local devient urbano-rural puis régional.

Sauf si on l'en empêche, l'offre de biens et services par les agents de cette EP répond à la demande : ce n'est pas un acte de foi, mais le vrai sens de la main invisible du marché d'Adam Smith. Cette offre suit la demande selon des modalités qui dépendent des relations de voisinage entre demande et offre et de l'environnement physique et institutionnel.

Dans l'économie populaire, la question de la pauvreté ne se pose que pour ses institutions, par ce que la pauvreté relative des résidents de toute localité est essentiellement fonction de l'ancienneté de ses nouveaux résidents et du temps nécessaire à leur intégration dans l'économie locale.

En complément du capital naturel et du capital humain qui est constitué de toutes ces catégories d'homo economicus, la principale composante du capital productif intervenant dans les fonctions de production de cette EP est le capital résidentiel public qui est constitué des *IIFL* et des autres investissements publics de fonction locale récurrents et complémentaires qui doivent répondre à l'évolution des besoins, et le capital résidentiel privé qui comprend les habitations et les locaux d'exercice des activités, souvent confondus ou nécessairement très proches : l'EP est par nature, localisée, attachée à des territoires.

L'économie populaire, qui est par nature attachée à des territoires, requiert une spatialisation systématique des systèmes d'information démographique, économique et sociale.

Le dernier élément du paradigme de cet EP qui mérite attention concerne ses rapports à la monnaie et à la finance : comme l'économie moderne, l'économie populaire est monétarisée, mais ses rapports à la finance et à la monnaie sont, par la force, différents. Dans les territoires où l'économie moderne est encore rare voire inexistante, il faut pallier l'insuffisance de médium d'échange officiel par la création de monnaies locales permettant l'échange monétarisé entre pôles et périphéries.

A l'égard de cet EP, les principales missions clef des institutions publiques sont :

- de veiller à ce que l'aménagement et l'équipement des territoires et des lieux de vie répondent aux besoins du processus de peuplement et de l'économie populaire, et non aux seules sollicitations de l'économie moderne.

- de la protéger contre les tendances de l'économie moderne à la phagocyter en la privant de ses marchés (par exemple avec l'industrie agroalimentaire et la construction de logements).

- de gérer la monnaie en tenant aussi compte des besoins de l'économie populaire.

Quelques commentaires de ces spécificités de l'économie populaire

Mobilité : la composante spatiale de cette mobilité, qui est par ailleurs socio-économique, est la résultante de tendances multiples : conquête d'espace imposée par le recours aux systèmes d'exploitation extensifs, besoin pour les opérateurs économiques de se rapprocher de leurs fournisseurs d'intrants et de leurs clients, et surtout besoin d'agglomération (de densification) dont dépend l'interaction entre les membres de la société et l'échange. Cette mobilité est donc à la fois une réponse aux contraintes spatiales et aux opportunités résultant de l'interaction de chacun avec ses semblables. Sans cette mobilité ni cette densification et sans les interactivités qui en résultent, la croissance démographique ne serait pas soutenable.

Le quadruplement de la population mondiale, de 250 millions d'habitants en l'an 1000 à 1 milliard en 1800, s'est accompagné d'une profonde redistribution géographique. Peut-on raisonnablement penser que le nouveau quadruplement de cette population mondiale, de 2.5 milliards en 1950 à 10 milliards avant la fin du présent siècle, puisse se faire sans de nouvelles redistributions notables de la population entre les quelque 200 Etats existants ?

Que penser des projections de la Division de la Population des Nations Unies, qui ne prévoit pour l'ensemble de la planète qu'un nombre total cumulé de migrants d'ici 2050 équivalant à moins de 1% de la population future de la planète ? L'absence de toute prise en compte de l'espace et du temps long dans le paradigme actuel de l'économie orthodoxe est-elle la conséquence ou la cause de cette façon d'occulter cette question des migrations internationales, sujet tabou ? Dans un cas comme dans l'autre, cela ne revient-il pas à *refiler le mistigri* à la génération suivante ?

A l'échelle de temps de la génération et dans le cas de l'économie populaire, il est évidemment impossible d'esquiver ces questions de la mobilité spatiale, y compris entre Etats (cf. l'exemple de la région des Grands Lacs en Afrique) et de la densification.

Priorité à l'accueil des nouveaux arrivants : Si le cadre de vie est propice, ces dernières lui procureront ces biens et services dans le cadre d'un échange *mutuel*, du latin *mutuus* qui signifiait indifféremment l'emprunt et le prêt : *inter se mortales mutua vivunt,* disait Lucrèce (*les mortels vivent les uns des autres*). Raisonner ainsi n'est ni du *wishfull thinking* ni du recours à la magie, comme dans le *vaudoo economics*, en tout cas pas plus que dans le cas de *la main invisible du marché* de l'économie orthodoxe.

Pour s'en persuader et pour se représenter simplement ce phénomène, on peut raisonner par analogie avec la loi de Mariotte $P*V = nR*T$ qui relie le nombre **n** de molécules de gaz d'un récipient de volume **V**, la pression **P** de ce gaz, et sa température absolue **T** qui est un indicateur macroscopique de l'intensité d'interaction entre les molécules de ce gaz : l'introduction dans ce récipient d'une molécule de gaz supplémentaire (l'ajout d'un nouveau résident dans l'agglomération) accroit la pression P et l'intensité des interactions entre molécules, représentée par T (la productivité de l'économie populaire de cette agglomération).

L'EP est une économie de demande. Certes, in fine, il y a équilibre sur tous les marchés entre l'offre et la demande, mais à des échelles territoriales différentes :

- dans l'économie populaire, les politiques publiques de gestion du peuplement agissent sur la demande locale de biens et services essentiels qui en est le principal moteur, car cette demande dépend de la localisation, de la densité de peuplement et de l'intensité des interactions entre personnes.

- dans l'économie moderne, les producteurs dont le marché est en voie de globalisation sont de moins en moins soumis à la contrainte de réalisation au sein de leur propre territoire. A l'échelle globale de la planète, l'équilibre entre cette offre et la demande globale est tout simplement obtenu en fabriquant cette demande globale par le recours de plus en plus massif à tout un éventail de techniques et de pratiques comme l'obsolescence programmée, le packaging, le marketing, la publicité, le recours aux influenceurs et ambassadeurs de marque, les réseaux sociaux dévoyés par les firmes : tous procédés et pratiques qui ont pour objet ou pour résultat de susciter l'envie et de convertir cette envie en besoin et ce besoin en demande et qui, en modifiant les gouts et les habitudes des consommateurs, font perdre de vue la nécessité de concentrer l'attention sur les biens et services essentiels, que la pandémie du corona virus nous aide aujourd'hui à redécouvrir.

En complément de tous ces procédés qui ont pour principal objet ou résultat de soutenir la demande (toujours plus), il convient de mentionner aussi les effets sur cette demande des modifications de plus en plus fréquentes des prescriptions réglementaires qui obligent les personnes et les entreprises à changer périodiquement leurs équipements et leurs modes de consommation.

L'EP est par excellence une économie de marché : Dans la plupart des PVP, l'activité économique moderne n'est significativement présente que dans quelques fractions du territoire national et régional, mais nul n'est censé le savoir et ne peut donc s'en inquiéter car le Produit Intérieur Brut qui est présenté dans les bases de données officielles n'est jamais spatialisé. C'est donc, pour l'essentiel, dans l'économie populaire qui est présente dans tout le territoire que se développe et se structure l'économie de marché : cette EP constitue ainsi la principale source d'apprentissage de cette économie de marché, dont elle prépare la généralisation future à l'ensemble du territoire national et régional. Ce marché d'essence locale et régionale doit être considéré comme plus précieux que celui résultant de la modernisation économique par le haut, ou *par effraction*, il est le seul qui soit susceptible de conduire à une forme de développement à long terme qui puisse être qualifiée de résiliente et de durable. La stagnation ou la faible croissance apparente de la productivité moyenne de l'économie populaire, qui résulte de la croissance démographique et de l'afflux continu et nécessaire de migrants provenant de périphéries relativement moins avancées, n'empêche pas une fraction de la population concernée d'augmenter ses revenus et de constituer ainsi une pépinière d'opérateurs économiques. Tous ces nouveaux opérateurs n'émigrent pas vers la capitale ou le reste du monde, ceux qui restent forment le tissu de PME du milieu urbain et de l'hinterland rural.

L'économie populaire est d'essence micro locale : cette comparaison entre les molécules d'un récipient de gaz et les habitants d'une agglomération aide à imaginer une approche de nature macroscopique de la valeur ajoutée de l'économie populaire de toute agglomération. Faute de pouvoir obtenir cette production par addition des valeurs ajoutées de chaque *Unité de Production Informelle* (les UPI), opération impossible puisque le seul fait d'observer une UPI en modifie le comportement, la seule solution est de construire un indicateur de productivité moyenne et de production de l'économie populaire spécifique d'une agglomération donnée qui est fonction des caractéristiques de cette agglomération, tels que sa population, le taux de croissance de cette population, sa densité, et les relations de cette agglomération avec son hinterland.

Les effets positifs sur la productivité et sur la production du processus d'urbanisation et de la densification des agglomérations évoqués précédemment ne sont évidemment ni gratuits ni automatiques : ils ne peuvent se manifester et perdurer que si le cadre physique et l'environnement institutionnel dans lequel les habitants sont appelés à interagir est attractif et leur permet d'en saisir les opportunités : l'aménagement et l'équipement des territoires, les biens publics, les réseaux de transport et de desserte doivent accompagner et stimuler les demandes et les offres.

L'économie populaire est d'essence locale : L'économie populaire, attachée à des territoires, ne peut être comprise et analysée qu'en pleine connaissance de sa dimension spatiale, contrairement à l'économie moderne qui repose sur un paradigme u-topique et qui s'intéresse plus aux échanges avec le reste du monde, par les ports et les postes frontière, qu'à ce qui se passe dans les profondeurs du territoire national.

Le processus d'agglomération engendre une différenciation de l'espace entre pôles et périphéries à la fois en termes de densité de peuplement et de structure de la production. Par exemple, la proximité nécessaire entre demande et offre de denrées alimentaires contribue à l'émergence de systèmes pôle-hinterland que j'appelais les *RUCHES* dans feu le programme ECOLOC : Régions Urbano-Centrées à Haute intensité d'Echanges et de Services, en anglais *BEEHIVES : Basic Economic Entity with High Intensity and Velocity of Exchanges and Services* : voir les chapitre 8 et 15).

La question de la lutte contre la pauvreté ne se pose que pour ses institutions : ce n'est pas de lutte contre la pauvreté des personnes qu'il faut parler mais de lutte pour l'enrichissement, et cet enrichissement est conditionné par la mobilité géographique et socio-économique, par la qualité du capital résidentiel, et par la capacité à dépenser des institutions locales. S'il est bien exact que l'urbanisation permet à terme l'augmentation générale du niveau de vie, il est aussi patent que les nouveaux résidents apparaissent comme *relativement pauvres* par rapport aux urbains qui les précèdent. Si on en faisait l'inventaire, la proportion de personnes qui seraient comptées comme *pauvres* d'une ville serait une fonction croissante du taux de croissance de la population de cette ville et donc de sa contribution à la gestion du peuplement. Une ville sans *pauvres* serait une ville d'apartheid. Ce n'est donc pas de la présence de *pauvres* dans une ville qu'il faut s'inquiéter, mais du temps moyen d'assimilation des nouveaux résidents dans cette ville. Les conditions pour que ce temps d'assimilation soit faible sont la disponibilité des IIFL et la qualité des sites ouverts à l'urbanisation, qui déterminent la qualité de l'habitat et la productivité des quartiers populaires, le dynamisme de l'économie orthodoxe dont dépendent les grands investissements publics et l'attractivité des villes, et la facilité des relations de voisinage entre chaque ville et son hinterland (voir chapitres 23 et 25*).*

Spatialisation systématique des systèmes d'information : que peut-on attendre de la décentralisation administrative tant que les gouvernements locaux et les opérateurs locaux sont laissés dans l'ignorance des réalités de leur territoire ? Pourquoi le maire d'une commune africaine devrait-il être condamné à n'avoir aucune idée du Produit Local Brut de sa commune, de la composition de ce PLB, des besoins en investissements publics de cette économie locale, des ressources qu'il pourrait prélever sur ce PLB pour financer la dépense publique ? L'économie d'un pays étant la résultante de l'économie de toutes ses parties, on peut douter de la qualité des agrégats nationaux tels que le PIB ou la FBCF qui sont presque toujours évalués sans se donner la peine du détour par le niveau local (chapitre 17).

Importance du capital résidentiel public et privé : cette forme de capital, attachée à un territoire, est bien censée faire partie du capital dit productif de l'économie réelle, mais sa contribution officielle à la Formation Brute de Capital Fixe (FBCF) est très probablement sous-estimée, comme en témoigne la faiblesse du poids du secteur de la construction dans les comptes nationaux de la plupart des pays en voie de peuplement.

Economie populaire, finance et monnaie : l'unicité de la monnaie qui circule sur un territoire n'a pas toujours été la règle. Dans le passé, le cas le plus fréquent était la coexistence de plusieurs monnaies utilisées pour divers types d'échanges : à très courte distance, à l'échelle nationale, avec les pays voisins, ou pour le commerce au loin. Dans les PVP, la monnaie officielle, qui est conçue pour les besoins de l'économie orthodoxe, irrigue d'autant plus difficilement les zones périphériques que cette économie orthodoxe y est moins présente. La dualité de l'économie soulignée précédemment pourrait fort bien s'accommoder de l'existence dans chacune des *RUCHES* d'une monnaie locale, le MIEL (Monnaie pour l'Investissement et l'Echange Local), destinée à faciliter l'échange au sein de ces *RUCHES*, à accroître la capacité à dépenser des gouvernements locaux et à dynamiser les économies locales des territoires constitués chacun d'une petite ville et de son hinterland.

Plus généralement, il serait souhaitable de réfléchir sérieusement au bilan cout-avantage de la tendance à l'unification de la monnaie au sein de territoires de plus en plus vastes, et qui semble être une des caractéristiques des temps modernes : bilan cout-avantage qui doit prendre en compte toutes les dimensions de cette question car la monnaie n'est pas qu'un simple outil économique et financier : la question de l'humanisation de la finance et de la monnaie doit faire partie des thèmes de recherche à promouvoir à la suite de cet essai : voir à ce sujet le chapitre 28.

La formalisation de l'économie populaire n'est pas pour demain : penser ou faire comme si l'on était persuadé que le *développement* implique de formaliser au plus vite, de gré ou de force, le *secteur informel* ou de le repousser ailleurs n'est pas sérieux c'est pourtant ce que proposait Paul Romer, antépénultième chef économiste de la Banque Mondiale, avec ses *charter cities* mises à l'abri du désordre ambiant, concept diamétralement opposé à celui des *RUCHES* du programme de relance des économies locales en Afrique appelé ECOLOC (voir Annexe 3).

Rêver de formaliser le *secteur informel* revient d'abord à nier l'évidence que l'économie moderne qui prône la compétitivité et qui vante les premiers de cordée conduit inexorablement au scénario de l'homme inutile de Pierre-Noel Giraud. Et ce même rêve de disparition progressive du *secteur informel* revient aussi à affirmer que le problème du *développement* est sur le point d'être résolu, et que tout va enfin pouvoir rentrer dans l'ordre et dans le no man's land de *l'équilibre général calculable* : bel exemple de *wishfull thinking*. En Afrique de l'Ouest, l'économie populaire, y compris sa composante agriculture vivrière, concerne aujourd'hui directement les trois quarts de la population totale. Pour que ce ratio ne dépasse pas 10% en 2050, il faudrait que le taux moyen de croissance du PIB formel sur les trois prochaines décennies dépasse 10% par an, ce qui semble fort peu probable, et que le taux de croissance de la population des PVP s'annule avant 2050, ce qui est aussi improbable.

Economie populaire et économie formelle deux scenarios 2050					
	Economie populaire		Taux de crois. du PIB 2018-2050		
	% de la pop.	% du PIB	Populaire	Formel	Total
Année de base 2018	75%	23%	3,2%	4,9%	4,5%
2050 hypothèse de base	50%	17%	5,4%	6,7%	6,4%
2050 variante	10%	3%	2,4%	10,3%	9,5%

L'économie populaire doit être protégée de la toute-puissance de l'économie moderne : cette composante moderne de l'économie réelle est capable de produire certains biens et services essentiels, tels que les biens alimentaires et le logement, en concurrence avec l'économie populaire, et elle contrôle certains secteurs comme les infrastructures, ainsi que la finance et la monnaie, et, en l'absence de toute stratégie d'aménagement du territoire, c'est elle qui détermine la dotation en infrastructures et l'attractivité des territoires et qui influence de ce fait et involontairement la redistribution spatiale de la population. Cet effet d'entraînement ne doit pas être simplement subi mais être pensé et géré en fonction des impératifs du peuplement et des besoins de l'économie populaire. D'où l'importance des règles du jeu à instaurer en vue de faciliter la coexistence des deux composantes de l'économie réelle. Comment éviter que cette économie moderne impose des normes inadaptées, ou produise des formes urbaines incompatibles avec les besoins de l'économie populaire ?

Complexité de l'économie réelle : dualité apparente et unicité de fait

Il y a au moins deux façons d'observer l'économie réelle d'un pays ou d'une région, pour en faire deux images complémentaires : la première, qui dérive du paradigme de l'économie capitaliste de marché en voie de globalisation (ECMVG), et que les raffinements de la théorie permettent de réaliser en haute définition mais dans un spectre étroit, puisque cette théorie occulte l'importance de l'espace et des dynamiques de peuplement, et l'autre qui découle du paradigme démo-économique et spatial, qui facilite l'appréhension des changements structurels et l'approche prospective, mais dont la dimension moderne est simplifiée à l'extrême.

L'humanité vit donc dans une économie perçue comme duale, cette dualité est évidente dans les pays en voie de peuplement, mais elle est aussi présente, de façon plus insidieuse, dans les pays déjà peuplés et *avancés*. Cette dualité ressentie n'empêche pas l'économie d'un pays d'être une : *un pays, deux systèmes*, pour reprendre l'expression de Deng Xiaoping à propos de Hong Kong, et rien ne prouve que le monde irait mieux si l'un de ces deux systèmes devait l'emporter définitivement sur l'autre (comme cela pourrait arriver à Hong Kong !). Comme toute science humaine, l'économie réelle est trop complexe pour se laisser représenter en une seule image, monochromatique ou à une seule dimension : la vision stéréoscopique permise par la combinaison des images découlant de ces deux paradigmes de la théorie économique *orthodoxe* et de l'économie du peuplement est plus riche d'enseignement que chacune des deux images prises séparément.

Poussons un peu plus loin cette question de la représentation de la complexité : il y a au moins deux façons d'observer l'économie moderne : l'une du point de vue de la croissance de la production et de l'enrichissement (Toujours Plus !), l'autre du point de vue du partage des fruits de la croissance et de la maitrise des inégalités : aucune de ces deux images, considérée seule, ne peut prétendre rendre compte de la complexité de l'économie moderne, privilégier l'une en oubliant l'autre ne peut qu'accroitre le risque de crise et de catastrophe, et, si tel est le cas, rien de définitif ne peut être avancé sur les couts et les avantages de telle ou telle mesure envisagée pour remédier à cette crise, telle que le moins d'Etat ou l'instauration d'un revenu minimum.

De même, il y a au moins deux façons d'observer et d'interpréter l'économie populaire : l'une, qui part de l'idée que le principal moteur de cette économie est la demande des biens et services essentiels ; et l'autre, centrée sur l'analyse de l'interaction entre les personnes, censées se comporter un peu comme les molécules d'un gaz parfait soumises aux lois de la thermodynamique. Aucune de ces deux lectures de l'économie populaire, considérée seule, ne peut prétendre rendre compte de la complexité de cette économie populaire. Puisqu'il est pratiquement impossible d'évaluer l'offre des biens et services essentiels d'une entité territoriale par la seule mesure de la valeur ajoutée de chacune des *unités de production informelle* (UPI) et par l'agrégation de toutes ces UPI, la seule solution consiste à supposer que la productivité individuelle de chaque personne de l'économie populaire dépend de la localisation et de l'interaction entre toutes ces personnes et des déséquilibres spatiaux.

Pour que la combinaison d'images monochromatiques conduise à une nouvelle image stéréoscopique plus riche d'enseignement que les images initiales, la première condition est que chacune de ces images monochromatiques procède du même objet complexe, à savoir l'économie réelle, lue de points de vue ou paradigmes différents, et que chacune de ces images partielles apporte un complément d'information. De même que l'économie moderne ne peut être analysée et interprétée que dans le contexte de cette économie réelle dont on ne peut ignorer qu'elle est, par définition, au service de toute la population, de même, la composante économie populaire ne peut être analysée et interprétée qu'en la resituant dans le contexte de cette économie réelle, dont on ne peut ignorer l'importance de la dimension moderne. La Troisième Partie de cet essai évoquera, au fur et à mesure de la mise en évidence de leur nécessité, les principaux outils d'analyse et de présentation de cette économie réelle : outils et modèles qui ont été progressivement testés et développés dans les études ILTA et WALTPS et dans le programme ECOLOC dont l'histoire est rappelée dans la Quatrième Partie.

En conclusion de ce chapitre : rappel de quelques points principaux

1. **L'économie populaire ne constitue pas un secteur** au sens classique comme le laisse entendre l'appellation de *secteur informel* ni même au sens de la distinction entre secteur public et secteur privé. On trouve représentées dans ses activités quasiment toutes les branches d'activité d'une économie nationale, y compris certains services publics à fonction très locale, de l'artisanat de production à la banque, en passant par la construction, la réparation et le recyclage d'appareils produits par l'économie orthodoxe, le commerce, les métiers de santé, les activités culturelles et de loisirs et, malheureusement, des activités illicites ou criminelles, mais aussi l'agriculture traditionnelle en milieu rural et en zones péri-urbaines, où elle prospère souvent en dehors et à l'abri des grands aménagements et des projets agricoles. C'est, en quelque sorte, une économie parallèle, majoritairement urbaine mais aussi présente en milieu rural.

2. **L'économie populaire ne se développe pas faute de mieux**, comme si le secteur dit moderne ne créait pas suffisamment d'emplois, elle est au contraire proprement constitutive du processus de peuplement et d'agglomération. L'existence et le développement des activités populaires ne

constituent pas un phénomène temporaire et il ne peut être que contreproductif de chercher à les décourager.

3. **Cette économie populaire entretient des relations très variées avec les activités constituant le secteur formel** : peu de relations de sous-traitance des entreprises modernes aux acteurs *informels*, au sens strict, mais l'emploi fréquent de travailleurs non déclarés, assimilés à une main d'œuvre *informelle* ; en sens inverse, l'utilisation de matériaux et matériels en provenance de l'industrie et du commerce international (tôles, quincaillerie, outils, pièces détachées…) ; des sous-produits des industries locales (bois, déchets métalliques …) ; des relations plus complexes comme l'alternance d'un emploi dans une activité *informelle* et d'un emploi dans une entreprise moderne ou formelle (dans le bâtiment notamment mais également dans la manutention, les gares routières et les activités portuaires) ; et la présence d'agents des deux composantes de l'économie réelle à l'intérieur d'un même ménage et jusqu'à la double activité d'un agent économique, y compris chez des agents du secteur public.

4. **Cette question des interactions entre économie moderne et économie populaire ouvre un vaste champ de recherche** (chapitre 28), qui implique entre autres de porter attention aux éléments suivants :

- réhabiliter la prospective, comme cela a été fait dans l'étude ILTA (1983) qu'il conviendrait de refaire tous les dix ans et dans l'étude WALTPS (1997), qu'il conviendrait de promouvoir aussi dans les autres régions d'Afrique et de refaire également tous les dix ans ;

- penser en conséquence l'aménagement et l'équipement des territoires, les politiques sectorielles, la gestion des migrations, la coopération régionale ;

- planifier la ville réelle en sachant qu'elle restera longtemps duale, que les quartiers populaires en occuperont la majeure partie, que l'économie populaire devra partout pouvoir s'y épanouir, que l'équipement des quartiers ne pourra être que progressif, que la gestion foncière devra être adaptée en conséquence (chapitre 22) ;

- penser la décentralisation en tenant compte des besoins des *RUCHES*, en commençant par la nécessaire décentralisation et territorialisation des systèmes d'information, et en évitant les effets de frontières entre commune urbaines et communes rurales ;

- repenser les indicateurs et les outils de gestion macro-économique en tenant mieux compte de l'existence, de l'importance et de la place de l'économie populaire, ce qui, comme on le verra au prochain chapitre, n'est pas du tout le cas : les systèmes d'information économique existants reposent sur l'hypothèse implicite et contredite par l'observation que l'économie réelle n'est pas duale.

- réfléchir aux moyens et aux outils indispensables à la Gouvernance planétaire dont la responsabilité première est la prise en compte de la longue durée (chapitre 26) ;

- et repenser les politiques *d'aide au développement* en leur donnant pour vocation première de contribuer à la gestion du peuplement de la planète (chapitre 27) ;

5. Enfin, comme je l'évoque dans l'Introduction, le paradigme démo-économique et spatial, conçu pour aborder les enjeux des pays et régions en voie de peuplement et par conséquent la dualité de l'économie réelle de ces pays, permet aussi d'aborder les questions de **dualité de l'économie des pays dits développés** et de maitrise des inégalités internes de ces pays et des inégalités internationales, que l'économie capitaliste de marché s'avère incapable de traiter.

Troisième partie
De nouveaux systèmes d'information pour affronter les défis du peuplement

Chapitre 6
Les systèmes d'information économique actuels ne peuvent pas rendre compte de l'économie réelle des pays en voie de peuplement

Introduction

Dans la vie, dans le monde réel, et en matière de *développement*, il n'y a pas que la production de richesse dont le PIB est censé rendre compte, il y a bien d'autres considérations importantes, comme la santé, la résilience, le bonheur, ou l'avenir de l'anthropocène. Mais il se trouve que ces questions relatives à la production de biens et de services et au partage des fruits de cette production entre diverses fonctions et entre divers acteurs jouent aujourd'hui un rôle central dans la théorie économique *orthodoxe*. L'*économie du développement* qui en dérive directement fait donc aussi grand cas des concepts de production, de productivité, de compétitivité, de lutte pour la conquête des marchés. C'est pourquoi l'essentiel du chapitre suivant est consacré à ces questions de mesure de la production et d'évaluation des performances de chaque pays en la matière, et je vais d'abord expliquer pourquoi les outils actuels de la comptabilité nationale comme le PIB sont incapables d'y contribuer et impossibles à améliorer sans remise en cause du paradigme sous-jacent.

Pour commencer, un peu de théorie concernant le PIB

Le flux d'activité économique qui est produit au sein de tel ou tel territoire et qui est mesuré dans une unité de compte conventionnelle comme le dollar constant par unité de temps est l'analogue de la puissance d'une machine thermique, qui est mesurée par exemple en kilowatts. Ce qu'on appelle sans autre précision le Produit Intérieur Brut ou PIB de ce territoire (au cout des facteurs, ou toutes taxes comprises, peu importe ici), est égal à la somme des valeurs ajoutées produites au cours d'une année calendaire qui est prise comme unité de temps : c'est en fait un PIB annuel, analogue à la quantité totale d'énergie produite par la machine thermique pendant un certain temps, par exemple une heure, et qui est mesurée en kilowattheures, produit de la puissance supposée constante mesurée en kilowatts par le temps mesuré en heures (kWh). Cet agrégat PIB ne dit rien des stocks de patrimoine sur lesquels reposent ces flux d'activité économique et de création de valeur dans le territoire considéré. La plupart du temps, et sauf indication contraire, le territoire considéré est l'Etat-nation.

De même qu'une fraction de l'énergie thermique produite par une machine thermique sert à produire d'autres formes d'énergie, de même qu'une fraction du solde de cette énergie peut être stockée dans des accumulateurs et que le reste est dissipé sous forme de chaleur, de même une fraction du flux de de ce PIB intervient comme intrant dans l'alchimie des échanges interindustriels, une fraction du solde peut être épargnée et stockée dans un compte de capital, et le reste est consommé, c'est-à-dire converti en consommation finale.

Comme son nom l'indique, le PIB privilégie la dimension production de l'activité économique, mais, moyennant quelques ajustements, il peut donner lieu à d'autres lectures complémentaires, du point de vue des destinations de cette production, comme pour la consommation et l'investissement, et du point de vue des revenus des divers agents comme dans le Revenu National Brut.

Tel qu'il est aujourd'hui élaboré et présenté, l'agrégat PIB d'un pays ou d'une région fournit une image monochromatique du flux d'activité à la date t, et rien d'autre, et c'est très bien ainsi, puisque ce PIB ne s'intéresse qu'à cette dimension particulière de l'activité économique, et non à d'autres dimensions comme le bonheur des habitants, qui ne pourraient être rendues commensurables qu'au prix d'acrobaties discutables, et pour lesquelles d'autres indicateurs sont concevables.

Ce qui est en revanche regrettable et dommageable, c'est que l'image de l'économie à la date t qui est fournie par l'agrégat PIB de l'entité territoriale considérée soit aussi à un seul pixel, sans dimension spatiale, et qu'elle ne dise rien des diverses catégories *d'homo economicus* ou autres agents qui sont responsables de cette production. La population totale P de l'entité territoriale de base considérée qui est presque toujours l'Etat-nation est simplement répartie en deux types de milieux, le milieu urbain U (dont la définition devrait évoluer avec l'augmentation du nombre d'agglomérations qui devraient être incluses dans ce milieu) et le milieu rural R, mais aucune distinction n'est officiellement faite entre les deux strates de population formelle et *informelle,* ou moderne et populaire. Les seules données disponibles sur le partage de la population totale entre deux types d'activité dominante ou modes de subsistance, primaire ou agricole au sens large et non primaire, ne concernent que quelques pays, et uniquement pour des années récentes.

Le PIB total Y est censé refléter l'ensemble de l'économie réelle, moderne et populaire, mais rien n'est dit du partage du PIB entre ces deux composantes de cette économie réelle, et il y a de fortes raisons de penser que l'économie populaire n'est que très partiellement incluse dans le PIB et qu'elle ne fait l'objet que d'évaluations grossières presque toujours décalées par rapport à l'état du peuplement du moment. Le PIB total est souvent réparti en deux grands secteurs, le secteur primaire A et le secteur non primaire B. Mais les contributions respectives du milieu urbain et du milieu rural, de l'économie formelle et informelle, ou moderne et populaire au PIB total sont inconnues, et seul peut donc être calculé l'indicateur PIB moyen par habitant, tous milieux, strates et modes de subsistance confondus.

En raison de l'uchronie du paradigme sous-jacent à la théorie économique orthodoxe, les images de l'économie réelle à diverses dates t ne sont en fait qu'une succession d'images instantanées, qui sont difficiles à interpréter en termes de dynamique, de trajectoire, de taux de croissance. C'est à cette uchronie que nous allons d'abord nous intéresser, en montrant que la succession dans le temps des agrégats et indicateurs des comptes nationaux actuels ne nous fournit aucune information fiable sur l'évolution dans le temps des performances économiques des pays concernés.

Les chroniques de PIB relatives à chaque pays permettent en théorie de mesurer et de comparer les taux de croissance annuels de cet agrégat et des PIB par habitant. Mais l'interprétation des taux de croissance des PIB et des productivités correspondantes qui sont donnés par ces chroniques ne serait possible :
- que si la définition précise de ce qui est inclus conventionnellement dans le PIB (activités licites, formelles, *informelles*, monétarisées ou non ..) est stable, ce qui est la moindre des choses ;
- que si les caractéristiques des économies analysées (au sens de la structure du peuplement, de l'état des réseaux dont dépendent les relations de voisinage entre personnes, et du degré de dualité de l'économie réelle de ces pays) restent inchangées dans l'intervalle de temps considéré, ce qui implique que cet intervalle de temps soit très court, particulièrement dans le cas de pays et de régions en voie de peuplement qui sont donc en restructuration permanente ;
- et que si les caractéristiques des économies des pays comparés sont identiques.

Rien de pertinent ni d'interprétable ne devrait donc pouvoir être déduit de la comparaison des PIB d'un pays donné à deux dates distantes de plus d'un an si l'on ne sait pas comment a évolué la structure de cette économie entre ces deux dates parce que la théorie économique est indifférente à la dynamique de peuplement et à ses conséquences sur l'évolution des caractéristiques de ces économies.

De même, rien de simple ni de pertinent ne peut être déduit de la comparaison des PIB par habitant de deux pays distincts si l'on n'est pas en même temps capable de comparer les caractéristiques ou structures des économies de ces deux pays.

De même enfin, ne devraient être considérés comme fiables que les indicateurs et agrégats comme le PIB dont la construction repose sur une connaissance suffisamment fine de l'évolution de ces caractéristiques, donc des diverses catégories *d'homo économicus* dont elle est composée.

Comme ce n'est pas le cas avec la théorie économique orthodoxe, les agrégats et indicateurs qui sont produits avec cette théorie ne sont ni fiables ni améliorables sans changement radical de paradigme, et les révisions périodiques de ces comptes qui vont maintenant être analysées auxquels les pays sont contraints de procéder pour rendre mieux compte du monde réel du moment, et qui sont appelées en abrégé les *rebasings,* ne peuvent rien changer à cette conclusion : c'est ce qui va être démontré dans la suite de ce chapitre.

Un outil remarquable et incontournable : la base de données macro-économiques de la Banque Mondiale

Chaque année depuis plus de quarante ans, et sous forme digitale depuis 2013, les éditions successives des *World Development Indicators* (WDI) de la Banque Mondiale mettent à la disposition du public la plus grande quantité d'indicateurs macro-économiques relatifs à un maximum possible des 217 entités nationales et aux principaux groupements de pays du monde par région et par *niveau de développement* qui ait jamais été compilée par une institution internationale. Les données présentées dans ces annuaires, qui incluent pour autant de variables que possible une rétrospective à partir de 1960, sont révisées plusieurs fois par an. Toutes les versions successives de ces WDI depuis 1989 sont également mises à la disposition du public. A noter encore que les WDI ne fournissent aucune donnée au niveau infranational, même pour les pays à structure fédérale.

Les indicateurs et agrégats qui sont fournis par chaque pays en unités de compte locales sont convertis par la Banque Mondiale en unités de compte communes, le dollar courant et le dollar constant à diverses années de base, dont voici la liste des plus récents :

- le $1987 pour les éditions d'avril 1994 à avril 1995 (sur 1 an), sans que soit connu le multiplicateur par rapport aux années de base précédentes
- le $1995 pour les éditions d'avril 1999 à avril 2004 (sur 5 ans), qui implique une multiplication par le facteur 1.30 ;
- le $2000 pour les éditions d'avril 2005 à avril 2013 (sur 8 ans), avec un nouveau multiplicateur par le facteur 1.09,
- le $2005 pour les éditions de juillet 2013 à juin 2016 (sur 3 ans) d'où un multiplicateur par le facteur 1.13,
- le $2010, pour les éditions de juillet 2016, à septembre 2021, d'où un multiplicateur par le facteur 1.10,
- et enfin le $2015 introduit en octobre 2021, dans lequel sont exprimés la plupart des agrégats et ratios mentionnés dans cet essai. Remarque : ce dernier changement de base s'est traduit dans les WDI par une multiplication du PIB 2020 des USA exprimé dans cette nouvelle unité par rapport à ce même PIB exprimé en dollars 2010 par le facteur 1.09, alors que ce multiplicateur est légèrement inférieur à 1 pour le PIB 2020 de l'ensemble du monde : anomalie apparente sans doute due à une révision à la baisse d'environ 9% de la valeur du PIB mondial de 2020 en dollars courants intervenue entre les dernières éditions des WDI de septembre et de novembre 2021.

Tous ces changements d'année de base pour la conversion des valeurs courantes en monnaie internationale constante devraient logiquement affecter les chroniques des comptes de tous les pays de la même façon, de sorte qu'on devrait pouvoir en faire abstraction.

Nous ne faisons ici que mentionner l'existence d'une autre unité de compte, le dollar en parité de pouvoir d'achat (PPP) qui est utilisée par la Banque Mondiale pour faciliter la comparaison des niveaux de vie entre pays, correction faite des différences de prix d'un panier de denrées d'usage courant. L'évolution des disparités de niveaux de vie mesurées en PPP, surtout entre pays et régions dont les niveaux de *développement* sont très différents, est en effet trop dépendante de la composition de ce panier qui est utilisé pour les conversions dans cette unité de compte. Et ajoutons à ce propos que, pour chaque pays, les modalités de conversion en PPP de son PIB devraient tenir compte de l'évolution de la structure du peuplement de ce pays, ce qui est impossible dans le cadre du paradigme actuel : cette seule remarque devrait inciter à renoncer à toute publication de chroniques d'agrégats et de ratios nationaux exprimés en PPP.

Les WDI, avec lesquels sont connectées de nombreuses autres bases de données internationales plus spécialisées provenant d'institutions comme le FMI pour la finance et la monnaie, la Division de la Population des Nations Unies (UNPD) pour la population, l'ILO pour l'emploi, la FAO pour l'agriculture et l'OCDE, représentent un investissement considérable.

Il convient à la fois de saluer la persévérance et le courage des personnes chargées de toutes ces compilations et révisions périodiques et de plaindre ces personnes d'avoir à travailler sans filet, c'est-à-dire sans le recours explicite à une théorie ad hoc. Il convient d'autant plus de rendre hommage à toutes ces personnes que nous allons montrer que le lissage des chroniques d'agrégats et d'indicateurs de la plupart des bases de données internationales dont elles sont ainsi chargées est tout bonnement impossible et indéfendable.

Que nous apprend la dernière édition des WDI sur la croissance à long terme du PIB de la région ASS ?

Voici un résumé des données présentées dans cette édition des WDI datée d'octobre 2021 concernant la population P et le PIB Y de chaque pays et de l'ensemble de la région ASS, sur la période 1960-2020.

Selon cette édition 2021 des WDI, le taux de croissance de ce PIB par habitant ou productivité moyenne serait en moyenne de 0.2% par an sur les quatre dernières décennies 1980-2020.

ASS : Population P (millions), PIB Y (milliards de $ 2015) et PIB par habitant y ($)

ASS	1960	1980	2000	2020	tx 1980-2020
Pop totale P	220	370	640	1094	2,8%
Pop urbaine U	33	84	203	459	4,3%
Pop rurale R	187	285	437	636	2,0%
Ratio U/R	0,18	0,29	0,46	0,72	2,3%
PIB offiiciel Y	246	558	775	1777	2,9%
PIB par habitant y=Y/P	1120	1510	1210	1620	0,2%

La seule façon d'en savoir un peu plus et de reconstituer une évaluation plausible des productivités respectives du milieu urbain et du milieu rural est de savoir comment a évolué le ratio y(U)/y(R) entre la productivité urbaine ou valeur ajoutée urbaine par habitant urbain et la productivité rurale. Ce ratio est évidemment supérieur à 1. On verra au chapitre 7 qu'il était de l'ordre de 6 dans les années 1960, et de l'ordre de 4 aujourd'hui, donc à tendance lentement décroissante, mais avec des fluctuations conjoncturelles en période de crise.

Ainsi, selon les comptes officiels, en moyenne sur les quatre décennies 1980-2020, le PIB par habitant ou productivité moyenne aurait cru au taux annuel négatif de -0.2% en milieu rural et de -0.8% par an en milieu urbain.

ASS : PIB moyen par habitant Y/P et productivités urbaine Y(U)U et rurale Y(R)/R

ASS	1960	1980	2000	2020	tx 1980-2020
PIB par habitant y=Y/P	1120	1510	1210	1620	0,2%
Ratio de productivité y(U)/y(R)	*6,0*	*5,2*	*4,6*	*4,0*	
Productivité urbaine y(U)	3840	4030	2600	2880	-0,8%
Productivité rurale y(R)	640	770	570	720	-0,2%

Remarque : même si ce ratio y(U)/y(R) était resté constant sur les quatre décennies 1980-2020 ou sur les six décennies 1960-2020, par exemple à la valeur 6 des années 1960, les taux moyens de croissance de y(U) et de y(R) seraient tous les deux égaux et négatifs, en dépit de la croissance moyenne positive de la productivité moyenne y : ce résultat qui peut surprendre résulte et de l'évolution du ratio U/R, c'est-à-dire du processus d'urbanisation, et de l'inégalité de y(U) et de y(R) : cet exemple montre qu'il faut toujours se méfier des raisonnements *toutes choses égales par ailleurs*.

La première conclusion qui s'impose est que les chroniques des PIB officiels tels qu'elles sont présentées aujourd'hui dans les annuaires comme les WDI, et qui conduisent pour la région ASS à ce taux moyen de croissance du PIB par habitant de 0.2% sur quatre décennies, paraissent a priori peu compatibles avec ce que l'on sait par ailleurs du processus d'urbanisation, qui est incontestable, et avec les changements structurels qui en ont résulté dans cette région du monde qui est en voie de peuplement, et qui sont aisément observables à l'œil nu.

La décroissance apparente des productivités moyennes en milieu urbain et en milieu rural résulte en fait du paradigme auquel se réfèrent les comptables nationaux, qui leur interdit de tenir compte des interactions entre dynamique de peuplement et restructuration de l'économie réelle de tout territoire : le chapitre 7 montre comment ajouter au PIB officiel un terme complémentaire censé rendre compte du *PIB endogène*, dont le poids dans cette économie réelle dépend de l'état de la transition démographique, et qui, en ASS, est aujourd'hui de l'ordre du tiers de ce PIB réel.

Mais la mesure plus précise de la composante populaire du PIB réel ne peut être obtenue qu'en reconstruisant les comptes économiques spatialisés de l'économie réelle et en distinguant les diverses catégories d'homo economicus, *formels* et *informels* qui constituent les agrégats U et R non plus seulement de l'entité Etat-nation, mais de chaque territoire élémentaire, comme expliqué au chapitre 8 dont les deux tableaux suivants (matrice de peuplement et matrice des productivités de chaque territoire) sont extraits : tâche considérable et pourtant nécessaire.

Matrice de peuplement à 2 milieux*4 strates

	Urbains	Ruraux	Tous milieux		
Population primaire informelle	PP1U	PP1R	PP1	PP	Pop Primaire
Population primaire moderne	PP2U	PP2R	PP2		
Population non primaire informelle	PNP1U	PNP1R	PNP1	PNP	Pop non primaire
Population non primaire moderne	PNP2U	PNP2R	PNP2		
Population toutes strates	U	R	P	P	Population totale

Matrice des productivités à 2 milieux*4 strates

	Urbains	Ruraux	Tous milieux	
Productivité primaire "informelle"	a1(U)	a1(R)	a1	a = A/PP
Productivité primaire "moderne"	a2(U)	a2(R)	a2	
Productivité non primaire "informelle"	b1(U)	b1(R)	b1	b = B/PNP
Productiiiiiivité non primaire "moderne"	b2(U)	b2(R)	b2	
Productivité moyenne toutes strates	y(U)	y(R)	y	y=Y/P

Enfin, une autre insuffisance de l'agrégat PIB officiel et de son évolution dans le temps tient au fait que seules sont bien suivies par les services des statistiques les branches d'activité produisant des biens et services échangeables sur les marchés extérieurs, les *tradable*s. On verra à la fin de ce chapitre et dans la Cinquième Partie de cet essai à quel point les autres branches dont dépend la satisfaction de la demande en biens et services essentiels comme les produits alimentaires, la production de l'habitat et l'investissement résidentiel, sont mal reflétées dans l'agrégat PIB de de l'ASS.

Ces conclusions sur la fragilité des agrégats et indicateurs officiels de cette région particulière de l'ASS ont toutes les chances de rester valables pour le PIB de n'importe quelle autre région du monde en voie de peuplement.

L'autre question qu'il faut se poser est de savoir comment sont construites ces chroniques des PIB des années passées, telles qu'elles sont présentées dans chacune des éditions des annuaires officiels. Pour répondre à cette question, il faut procéder à une analyse rétrospective des éditions antérieures de ces annuaires.

Comparaisons entre les chroniques de PIB des éditions successives des WDI

Le graphique ci-après présente les chroniques de PIB de cette région ASS qui sont fournies par les éditions de ces WDI d'avril 2005, de juillet 2013 et de juillet 2016, qui suivent les trois derniers *rebasing*s connus, et de juin 2021 qui précédait le dernier changement de base intervenu en octobre 2021 avec l'introduction du dollar constant 2015 et que je n'ai pu encore analyser mais qui ne doit rien changer sur le fond.

Selon l'édition d'avril 2005, le PIB 1960 de l'ASS, exprimé en dollars de 2010, était de 93 milliards de dollars. Je prends dans tout ce qui suit le PIB 1960 de cette édition de 2005, qui est la plus ancienne qui soit exploitable, comme la base 100 de tous les tableaux et graphiques suivants.

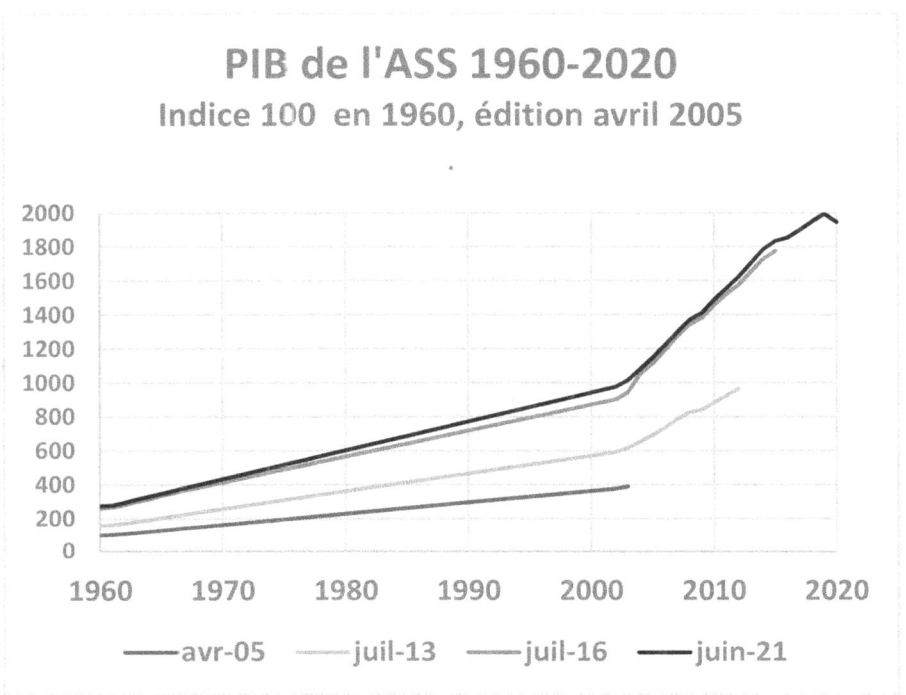

- Selon la chronique présentée dans l'édition d'avril 2005 (courbe inférieure), le PIB est passé de la valeur 100 en 1960 à 389 en 2003, dernière année renseignée dans cette édition.
- Selon l'édition de juillet 2013, le PIB de cette année 2003 qui était égal à 389 avant ce premier *rebasing* est passé à 616. La rétropolation de ce premier *rebasing* s'est traduite par une augmentation du PIB de 1960 de 100 à 158 (courbe en gris pale).
- Selon l'édition de juillet 2016, le PIB de 2012, dernière année renseignée avant le second *rebasing* et qui était égal à 961 est passé à 1574 avec ce second *rebasing*, dont la rétropolation jusqu'à l'année 1960 a fait passer le PIB de cette même année 1960 de 158 à 263 (courbe en gris foncé).
- Enfin, selon la dernière édition de juin 2021, le PIB de 2015, dernière année renseignée avant le troisième *rebasing* a été augmenté de 1776 à 1832 par le troisième et dernier *rebasing*, dont la rétropolation jusqu'à l'année 1960 a fait passer le PIB de cette même année de 263 à 275 (courbe noire).

De 2005 à 2021, soit en 16 ans, les trois *rebasing*s dont on peut retrouver les traces ont ainsi eu pour effet de presque tripler la valeur du PIB 1960 de l'ASS, évidemment calculé en dollars constants. C'est à partir de ce PIB 1960 de l'ASS ainsi réévalué que repose le calcul de ce prétendu taux de croissance de 0.2% du PIB par habitant entre 1960 et 2020, et qui est donc dépourvu de signification parce que les procédures de rétropolation du PIB qui sont employées consistent à raisonner à structure du peuplement constante. Et on ne peut rien dire à partir des seules archives accessibles des conséquences des multiples *rebasing*s qui ont probablement eu lieu au cours des quatre décennies précédentes, de 1960 à 2005.

Le tableau suivant montre comment ont évolué les taux moyens de croissance à long terme du PIB de l'ASS de 1960 à 2003, 2006, 2015 ou 2020 que l'on pouvait calculer à partir des chroniques de PIB présentées dans les éditions successives de ces WDI qui ont été publiées depuis cette année 2005. La quasi-identité de tous ces taux moyens de croissance à long terme résulte évidemment de la procédure de rétropolation pure et simple jusqu'en 1960 des *rebasing*s successifs. Rapportés à la population de cette région qui croit à peu près à 2.7% par an, cela signifie que toutes les éditions de ces WDI qui sont parues depuis 2005 conduisent à peu de chose près à la même conclusion, selon laquelle, depuis 1960, le PIB moyen par habitant aurait cru d'à peine 0.6% par an.

	taux de croissance du PIB de l'ASS			
Edition	1960-2003	1960-2006	1960-2015	1960-2020
avr-05	3,2%			
juil-13	3,2%	3,4%		
juil-16	3,0%	3,3%	3,5%	
juin-21	3,1%	3,3%	3,5%	3,3%

Deuxième conclusion : de 2005 à 2021 le PIB 1960 de l'ASS, évidemment calculé en dollars constants, a été progressivement réestimé de 100 à 275. Comme le PIB total du monde de cette année 1960 a lui aussi été réestimé du fait de ces *rebasing*s successifs mais d'un facteur de 1.3, cela signifie que le poids de l'ASS dans le PIB mondial de 1960 a été progressivement doublé, de 1.3% en 2005 à 2.8% en 2020. Et cette réévaluation du poids relatif de l'ASS est sans doute loin d'être terminée puis qu'elle a encore été augmentée de 60% au cours des six dernières années ! Quelles peuvent être les conséquences géopolitiques, financières, monétaires, économiques et sociales et sur les rapports Nord-Sud de ces réévaluations continues de l'économie africaine par rapport au reste du monde ? C'est aussi à ce type de questions que cet essai invite à réfléchir.

Que conclure de cette deuxième observation ? D'abord, que les initiateurs des concepts de *sous-développement* et d'*aide au développement*, n'avaient sans doute encore qu'une idée très partielle de la réalité démographique, macro-économique et socio-économique des anciennes colonies.

Ensuite, que cette erreur d'appréciation de l'économie réelle de ces pays qui s'était forgée à l'époque coloniale n'a pas été fondamentalement remise en cause au lendemain des indépendances, et que cette image déformée a profondément et durablement marqué les rapports entre les pays dits *développés* et les pays qualifiés de *sous-développés*.

Enfin, que rien ne prouve que la situation soit en passe de changer radicalement : en cause, le paradigme sous-jacent de la théorie économique abusivement qualifiée d'orthodoxe, qui est pourtant encore la seule qui soit considérée comme digne de figurer dans les revues économiques sérieuses, dites de *rang A*, dont la certification est garantie par l'Organisation Mondiale pour l'Exclusion Radicale des Théories Alternatives : cette *OMERTA* est l'équivalent pour l'ECMVG de la Congrégation pour la doctrine de la foi du catholicisme.

Exemples des *rebasings* successifs du PIB de quelques pays
1. le Nigeria

Ce pays a procédé depuis 1999 à quatre *rebasings* massifs en 2005, 2014, 2016 et 2019. Ces quatre rebasings se sont traduits par une révision de l'estimation du PIB de l'année 1960 (exprimé ici en milliards de dollars base 2010) de 9 milliards dans l'édition des WDI d'avril 2004 à 61 milliards dans l'édition d'avril 2021 soit une multiplication par le facteur **6,7**.

Variation du PIB 1960 du Nigeria (en milliards de dollars constants 2010) selon les éditions des WDI de 1999 à 2021

	Avril 1999	Avril 2005	Avril 2013	Juillet 2013	Juin 2016	Juillet 2016	Novembre 2018	Janvier 1999	Avril 2021
PIB 1960 du Nigeria	9	12	13	23	25	59	59	62	61
Multiplicateur de chaque rebasing		1,3		1,8		2,3		1,1	
Multiplicateur total avril 2021 / avril 1999									6,7

Ce pays détient ainsi le record du monde des *rebasings*, devant le deuxième des pays classés selon la valeur de ce multiplicateur et qui est le Venezuela, dont le multiplicateur de PIB 1960 est 3,6. L'image du PIB de l'année 1960 du Nigeria, qui concentre à lui seul les deux tiers du PIB total des 19 pays inclus dans l'étude WALTPS, est aujourd'hui près du septuple de celle qui était fournie par les éditions des WDI d'il y a une vingtaine d'années !

Le cas du Nigeria est intéressant parce que, contrairement à beaucoup d'autres, ce pays a officiellement expliqué en 2016 les raisons du *rebasing* de son PIB de l'année 2014, qui a d'ailleurs été suivi en 2019 d'un nouveau *rebasing*, mais d'ampleur plus modeste. En 2016, le PIB de 2014 du Nigeria, exprimé en Nairas, a bondi de 42 à 80 trillions de Nairas, ou, au taux de change officiel, de 270 à 510 milliards de dollars courants, soit une majoration de 89% *pour tenir mieux compte de la dépense des agents économiques et non plus seulement de la production par branche d'activité*. On ne peut être plus clair : entre deux *rebasings* successifs, le PIB tel qu'il est pratiquement mesuré donne une image de plus en plus décalée de la réalité, que les enquêtes de budget-consommation des ménages s'efforcent de suivre, mais toujours et pour la même raison avec un temps de retard sur l'état réel du peuplement et par conséquent de la dépense et donc des revenus réels totaux de ces ménages à la date de ces enquêtes.

Comment ce *rebasing* opéré par le Nigeria en 2014 a-t-il été pris en compte dans les éditions successives des WDI de la Banque Mondiale ? Entre les éditions de juin et de juillet 2016, le PIB de 2014 de ce pays, exprimé en dollars 2010 constants a ainsi bondi de 195 à 452 milliards soit **une** multiplication par 2.3. Pour faire disparaitre les discontinuités dans les séries de PIB des années précédant ce *rebasing* (il y en a eu d'autres), les PIB en dollars constants de toutes les années précédentes, de 1960 à juin 2016, ont été multipliés par ce même facteur 2.3 dans l'édition de juillet 2016, donc sans tenir compte du fait que la structure du peuplement et celle de l'économie de ce pays ont considérablement changé en 56 ans. Et ces valeurs ainsi majorées ont été reprises dans toutes les éditions suivantes, jusqu'au nouveau *rebasing* intervenu en 2019 : la discontinuité majeure introduite en 2016 dans les comptes du Nigeria exprimés en dollars constants est ainsi complètement cicatrisée et elle est devenue indécelable dans les éditions postérieures à 2016.

Ces qualificatifs de *cicatrisé* et d'*indécelable* sont ici utilisés pour souligner que le tour de passe-passe résultant de ce *rebasing* brutal des comptes nationaux empêche de se rendre compte que le pays n'a pas progressé d'un iota dans l'appréciation des taux de croissance de son économie réelle de 1960 à 2015 : ces taux calculés à partir des chroniques de PIB publiées depuis cette révision des comptes intervenue en 2016 sont en effet identiques à ceux résultant de toutes les chroniques antérieures, et ils ne sont donc pas moins erronés, car ils ne tiennent toujours pas compte des effets du processus de peuplement sur les restructurations de l'économie nigériane.

Ainsi, dans la dernière édition de ces WDI datant d'octobre 2021, le taux moyen de croissance apparent du PIB par habitant du Nigeria entre 1960 et 2020 aurait été inférieur à 1% par an, ce qui difficilement croyable, alors que, pendant ces six décennies, le niveau d'urbanisation est passé de 15% à 51%, et que le ratio U/R représentatif de la taille du marché intérieur par habitant des biens essentiels est passé de 0.18 à 1.04 soit une multiplication par 6.

2. Le cas des autres pays d'ASS

Le Nigeria n'est pas une exception : en 2014, l'économiste principal de la Banque Africaine de développement (BAD), Mthuli Ncube, a déclaré au Forum économique mondial sur l'Afrique qui se tenait à Abuja : *En tout, 37 pays africains vont recalculer leur PIB cette année. Cela devrait changer certains des indices et permettre à la région de trouver des solutions à la pauvreté extrême sur le continent .. !!*

C'est par exemple le cas du Sénégal, dont le PIB de 2014 a été revu à la hausse de 29% en 2018. A partir de l'édition de janvier 2019 des WDI, tous les PIB du Sénégal de 1960 à 2018, en monnaie locale ou en dollars courants ou constants qui figuraient dans la précédente édition de novembre 2018 ont subi cette même révision à la hausse de 29% : comme pour le Nigeria, ce *rebasing* de 29% des chroniques de PIB du Sénégal, qui ne modifie en rien les taux de croissance officiels de ce PIB des 60 dernières années, est devenu indécelable dans les éditions postérieures à janvier 2019.

Question : faut-il prendre cette déclaration au Forum Mondial pour l'Afrique de ce haut responsable de la BAD que je rappelle ci-dessus pour une simple plaisanterie d'un gout douteux ? Tel n'est pas du tout le cas à mon avis !

3. Deux cas de pays hors d'Afrique :
-d'abord le cas étrange de la Chine. Ce pays capitaliste et à économie administrée, dont la population totale ne croit plus, est encore en voie de restructuration de son peuplement puis que son niveau d'urbanisation, qui était de 36% en 2000, sera sans doute du double vers 2030 et devrait être de 80% en 2050. De la première édition des WDI datant de 1999 à la plus récente de 2021, les données des diverses chroniques du PIB de la Chine exprimées en dollars courants n'ont jamais varié, et les réajustements des chroniques de PIB exprimées en dollars correspondent exactement aux seuls effets des changements de base effectués par la Banque Mondiale (exactement comme pour le cas des chroniques de PIB des USA). Comment faut-il interpréter ce fait remarquable et apparemment unique ? Deux explications sont possibles :

- la première : l'économie chinoise est administrée de façon si efficace que la comptabilité nationale enregistre la totalité de l'activité réelle, sans avoir besoin de recourir à des révisions d'ordre technique ni à des révisions pour tenir compte d'une fraction de l'activité réelle qui ne serait pas enregistrée : l'économie chinoise réelle ne serait pas duale, il n'y aurait donc pas d'économie populaire notable, et ce que j'appelle la production endogène serait incluse dans les comptes nationaux, ce qui semble bien peu crédible ;

- seconde possibilité : le Gouvernement chinois ne veut pas reconnaitre officiellement l'existence d'une économie populaire en marge de l'économie officielle, et, tant que la situation reste tenable, il décide donc de n'en faire aucune mention dans ses comptes économiques. Comme cela se passe dans la plupart des cas semblables, faut-il alors s'attendre à ce que la Chine se résigne un jour à un réajustement brutal de ses comptes économiques quand la fiction de ces comptes sera devenue trop éloignée de la réalité et impossible à nier ?

- et le cas du Vietnam. Contrairement à la Chine, le Vietnam, autre pays à économie administrée, a quant à lui procédé à deux *rebasings* de son PIB : le premier en décembre 2013, d'un facteur 1.06, et le second en 2016, à l'occasion du changement d'année de base opéré par la Banque en 2016, et d'un facteur 1.48. Je note que ces *rebasings* font suite à l'abandon une dizaine d'années plus tôt du passeport intérieur (Hukou) et à la libéralisation des migrations intérieures et de la croissance urbaine, qui étaient des conséquences inéluctables de la politique du Renouveau (*Doi Moi*) engagée en 1986 mais longtemps entravée par la répression des migrations intérieures. Cette libéralisation du processus de peuplement a eu pour conséquence la réémergence de l'économie populaire, qui était jusqu'alors réprimée dans le cadre de la politique de maitrise de la croissance urbaine, et qui se traduisait par la règle des cinq zéros : *zéro pauvre ou mendiant, zéro SDF, zéro chômeur, zéro drogué et zéro voleur* : voir le chapitre 10 qui est consacré à ce pays.

Pourquoi de tels écarts entre les comptes économiques et la réalité ?

Pourquoi ces *rebasings*, qui, dans le cas de l'ASS, se traduisent par une majoration du PIB total de cette région de 58% en 2003, puis de 64% en 2012, et encore de 3% en 2015 ? Les statisticiens et économistes des PVP sont condamnés à procéder périodiquement à ces *rebasings* de grande ampleur non seulement des comptes économiques mais aussi des bases de données sectorielles comme celles de la production alimentaire de la FAO (voir le chapitre 20), quand ces comptes ne reflètent manifestement plus la réalité du moment. La réévaluation des comptes de l'année n est censée rétablir une certaine cohérence entre ces agrégats et indicateurs et le simple bon sens et l'observation de la réalité de cette année n. Mais cette réévaluation est effectuée de temps en temps, a posteriori, sous la pression de l'opinion, et sans filet, c'est-à-dire sans aucune base théorique, car la théorie en vigueur n'a rien à proposer à ce sujet puisque le paradigme sur lequel elle repose est désincarné, démostatique, u-topique et uchronique.

Le premier facteur explicatif auquel on peut penser, de nature monétaire, est le changement périodique d'année de base pour la conversion des données nationales en dollars constants. Mais ces changements d'année de base devraient logiquement affecter les chroniques des comptes de tous les pays de la même façon et ne devraient donc avoir qu'une influence de second ordre sur l'évolution des écarts relatifs entre régions, qui comprennent plusieurs pays aux caractéristiques distinctes. On peut donc en première approximation en faire abstraction.

Restent deux facteurs explicatifs principaux de ces *rebasing*s périodiques des comptes nationaux, et qu'il convient de distinguer. D'une part, il se peut que la méthode suivie jusqu'ici pour le calcul d'agrégats comme le PIB ou comme la production de biens alimentaires doive être périodiquement affinée, par exemple avec de meilleures procédures d'enquête ou grâce à la formation des enquêteurs et des comptables nationaux. Mais la fraction des *rebasing*s qui pourrait s'expliquer par ces améliorations d'ordre technique et que l'on peut considérer comme plus ou moins rétropolable est inconnue, et elle est sans doute impossible à quantifier. Quant à la fraction restante de chaque *rebasing*, et dont on ignore l'importance, elle est de tout autre nature, et c'est à cette dernière que nous allons maintenant nous intéresser.

Comment ces *rebasings* successifs des comptes économiques sont-ils rétropolés jusqu'à 1960 ?

Le graphique précédent était établi à partir des chroniques de PIB telles qu'elles sont publiées dans les WDI, et donc compte tenu de la rétropolation de tous les *rebasings* postérieurs à 2005. Le graphique suivant reprend ces mêmes données mais en faisant abstraction de toutes ces rétropolations. L'évolution du PIB de l'ASS de 1960 à 2020 est alors représentée par la succession de quatre segments de courbe avec les sauts correspondant à ces trois *rebasings*.

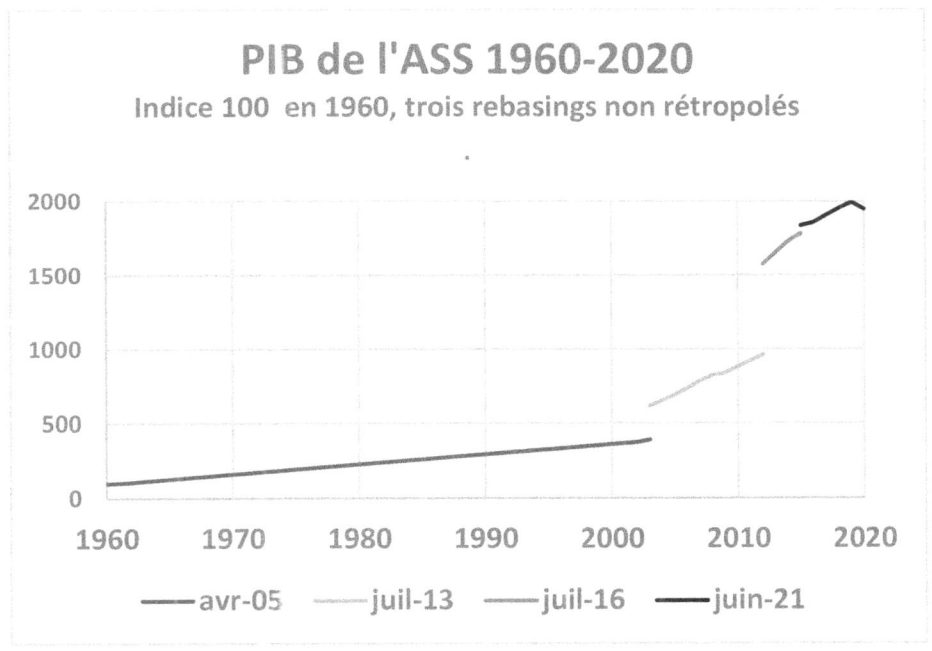

Pourquoi cette pratique de rétropolation systématique des conséquences de chaque *rebasing* ?

C'est tout simplement pour faire disparaitre et pour rendre indécelables toutes les discontinuités dans les séries d'indicateurs. Ces discontinuités sont d'autant plus importantes que les *rebasings* sont espacés dans le temps : le PIB du Nigeria de l'année 2014 exprimé en dollars constants a ainsi été multiplié 2,3 lors du dernier *rebasing*. De telles discontinuités jettent le doute sur la signification de ces comptes, et elles rendent tout simplement **impossible** le recours aux modèles et autres outils de la théorie économique.

Que penser de la façon dont ces *rebasings* sont appliqués ?

Aujourd'hui, ne sachant pas quoi faire d'autre puisque la théorie est muette et aveugle, les comptables nationaux et les institutions internationales se contentent d'appliquer rétroactivement le même multiplicateur des agrégats résultant de chacun de ces *rebasings* jusqu'à la date origine des chroniques de PIB, en l'occurrence 1960. Une telle pratique est certes commode, mais elle est fondamentalement dépourvue de sens.

La fraction du *rebasing* effectué l'année n qui est de nature structurelle et qui vise donc à tenir compte de l'état du peuplement à cette date n'a de sens que pour cette année n. Seuls les PIB des années où sont effectués ces *rebasings* sont censés être compatibles avec la structure du peuplement de ces années. Les PIB de toutes les autres années, qui reposent sur une structure de peuplement qui n'est plus à jour, sont donc tous erronés : ceux des années postérieures au dernier *rebasing* sont sous-estimés, ceux affectés par la rétropolation de chacun des *rebasing*s sont systématiquement surestimés, et les taux moyens de croissance du PIB sur n'importe quel intervalle de temps sont systématiquement sous-estimés.

La pratique actuelle de rétropolation pure et simple des conséquences de chaque *rebasing* jusqu'au passé le plus lointain est donc *a-rationnelle*, c'est-à-dire dépourvue de raison, parce que la théorie économique n'a rien à en dire, et les chroniques de PIB et des autres indicateurs des bases de données économiques et sectorielles officielles sont dépourvues de sens.

Sur la base de la théorie actuelle, il est ainsi impossible de savoir si, au cours des six dernières décennies, le PIB moyen par habitant a cru au taux moyen de 1 % par an au Nigeria, et de 0.6% en ASS, et de seulement 0.2% par an entre 1980 et 2020, comme indiqué dans l'édition la plus récente des WDI, ou si ces taux de croissance seraient plutôt de l'ordre du quadruple, ce que l'on obtiendrait si ces *rebasing*s successifs des quatre décennies passées n'étaient pas rétropolés.

La marge d'incertitude dans l'évaluation du taux de croissances réel du PIB par habitant sur la longue durée, évoquée ici dans le cas de l'ASS, dépend évidemment de la dynamique de peuplement de la région considérée. Mais elle ne pourrait être effectivement négligeable que dans les pays dont la population totale **et** la répartition par strate et par territoire de cette population resteraient inchangées sur une longue durée, ce qui n'est jamais le cas, même en France.

La conclusion qui s'impose est qu'il faut interdire la publication de ces chroniques d'agrégats et d'indicateurs qui sont des artefacts entachés d'erreurs systémiques puisqu'elles ne sont d'aucun secours pour reconstituer les trajectoires et évaluer les performances économiques passées, ni pour réfléchir aux perspectives à long terme, ni pour aborder toutes sortes de questions concernant par exemple la sécurité alimentaire ou la gestion des inégalités.

De telles erreurs entraînées par la pratique des *rebasing*s ne sont pas près de disparaitre puisqu'elles ne sont pas simplement imputables à des problèmes d'ordre technique ou au manque de professionnalisme supposé des responsables de l'élaboration de ces comptes et qu'elles perdureront tant que le paradigme sous-jacent à la théorie économique dite orthodoxe, qui impose à la fois les méthodes d'élaboration et le contenu des comptes et les systèmes d'information correspondants, ne sera pas remis en question.

Structure sectorielle des PIB et besoins essentiels de la population

Alors que l'agrégat PIB est un fourretout, on peut a priori penser que certaines des composantes de cet agrégat, que l'on peut clairement rapprocher des besoins essentiels des habitants et donc de l'offre correspondante, devraient être plus faciles à apprécier en volume et conduire à des chroniques plus fiables que l'agrégat lui-même. Qu'en est-il en fait ? Nous allons répondre à cette question en prenant successivement le cas du besoin et de l'offre alimentaire, du besoin et de l'offre de logement et l'accumulation de capital résidentiel, et enfin du besoin de dépense et donc de la capacité productive des diverses catégories d'homo économicus qui composent la population totale.

1. Premier cas : comment évoluent dans le temps le besoin et l'offre alimentaire ?

Hélas, on n'en sait à peu près rien de fiable, alors que le complexe d'activités qui dépend de ce tout premier des besoins essentiels devrait être le plus facile à suivre, en volume et en valeur, tant du point de vue de la demande que de l'offre correspondante, de la fraction de cette offre régionale qui n'est pas autoconsommée, et donc des revenus monétarisés des producteurs. Les agroéconomistes et les institutions comme la FAO et les maitres à penser en matière de *développement* ont accumulé pendant un demi-siècle tant d'erreurs de jugement, propagé tant de faux diagnostics et incité à commettre tant d'erreurs de politiques que je crois nécessaire de les rappeler ici, pour bien prendre conscience de l'étendue des dommages causés par la référence à un paradigme inadapté au contexte des pays en voie de peuplement.

Contentons-nous ici d'énumérer quelques faits, constatés par enquête ou à défaut estimés à l'aide des modèles démo-économiques spatialisés puis confirmés a posteriori par l'observation. Rappelons ensuite la façon dont ces faits ont été officiellement traduits depuis un demi-siècle en termes d'évaluation des performances passées de l'agriculture africaine de marché national et régional, et continuent encore à inspirer les réflexions sur les perspectives à long terme de ce secteur. Je poursuis par un rappel de ce qu'en ont conclu les conseillers des décideurs en matière agricole et alimentaire et de la façon dont les média en ont rendu compte. Et terminons cette analyse par un rappel de ce que certaines des institutions spécialisées dans les questions de développement et de sécurité alimentaire en ont finalement retenu.

a) Voici les faits

- le graphique suivant montre que la croissance sur le demi-siècle passé de la consommation alimentaire moyenne par habitant de l'Afrique de l'Ouest, mesurée en calories (ainsi d'ailleurs que pour les protéines et les lipides) a été remarquable : le niveau moyen régional actuel est de 2700 kilocalories par habitant et par jour. Au taux de croissance constaté sur la dernière période 2000-2007, ce niveau atteindra 3200 kilocalories avant 2025, soit le niveau actuel de l'Egypte.

- Le graphique suivant montre que le ratio des importations agricoles nettes mesurées en dollars aux prix du marché en proportion du PIB de l'ensemble de l'ASS, bien que tendant vers l'équilibre, a toujours été négatif depuis 1960 (importations de produits primaires inférieures aux exportations de produits primaires). Et les importations alimentaires totales, nettes des exportations, de l'ensemble de l'Afrique de l'Ouest ont toujours été plus faibles que celles de l'Egypte, trois fois moins peuplée, et de l'Italie quatre fois moins peuplée.

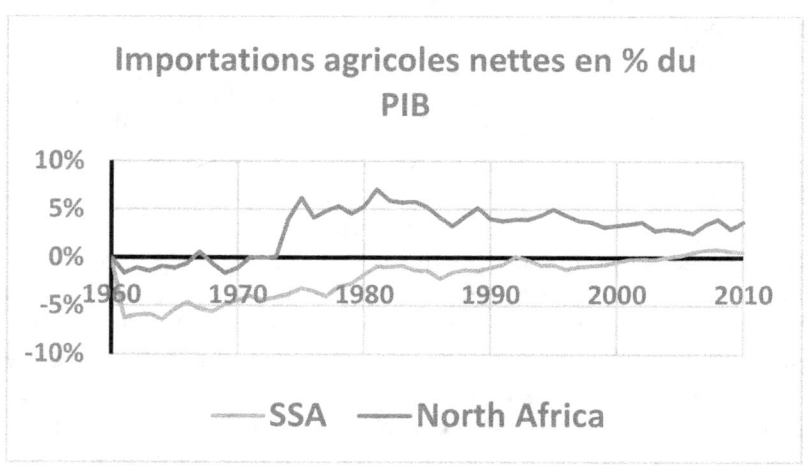

-Dans les pays sahéliens où la production est très sensible aux aléas climatiques, les importations agricoles nettes peuvent dépasser 4% du PIB lors de certains épisodes de sécheresse, mais le ratio des importations nettes en proportion du PIB reste proche de zéro, et sans tendance à la hausse : cas du Burkina Faso.

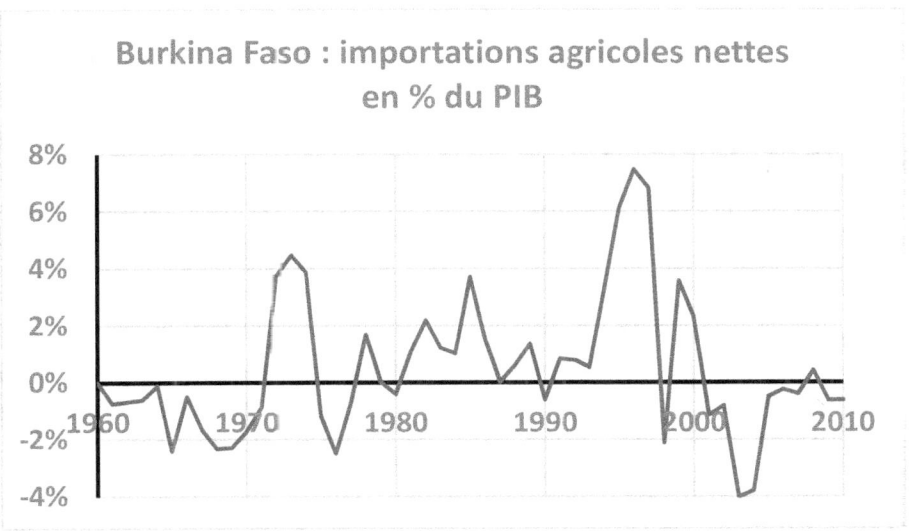

- La productivité alimentaire marchande (ou surplus de produits alimentaires vendu aux consommateurs non producteurs par agriculteur) du Burkina Faso, pays sahélien, mesurée en calories, a été multipliée par 16 en un demi-siècle. Le taux de croissance de 6% par an sur un demi-siècle de cette productivité alimentaire marchande a été calculé à l'aide des modèles démo-économiques des études WALTPS et du programme ECOLOC, et repris dans l'étude *Peuplement, marché et sécurité alimentaire en Afrique de l'Ouest* éditée par le Club du Sahel en 2013.

Burkina Faso : Productivité alimentaire marchande par agriculteur

Année	1961	1970	1980	1990	2000	2007	taux de croissance 1961-2007
Productivité alimentaire marchande :							
en calories(1000 Kcal / agriculteur /an)	23	48	84	205	283	367	6,2%
en protéines (kilogrammes /agriculteur /an)	0,8	1,6	2,6	6,3	8,8	11,5	6,0%
en lipides (kilogrammes / agriculteur /an)	0,5	0,8	1,4	4,3	6,2	7,9	6,3%
Disponibilités alimentaires en % d'origine locale	96%	94%	90%	92%	87%	90%	

- Cette dernière étude confirme que, sauf exceptions résultant d'accidents climatiques ou de situations de conflit, l'offre alimentaire en Afrique de l'Ouest a suivi la demande avec un délai de réponse très modeste, variable d'un pays à l'autre mais généralement inférieur à 4 ans, ce qui, compte tenu de la croissance démographique forte et de la croissance de la ration alimentaire à plus de 1% par an, peut être qualifié de performance remarquable.

b) Comment ces faits sont-ils traduits dans les bases de données officielles

- Croissance de la population agricole, donnée de base du calcul de la productivité des agriculteurs

Après des décennies pendant lesquelles la FAO faisait état d'une quasi-constance du % de l'emploi agricole dans l'emploi total, les fortes disparités de rythme de baisse de ce ratio entre pays et les valeurs actuelles de ce ratio que l'on trouve dans les éditions récentes des WDI semblent peu crédibles, parce qu'ils sont sans rapport avec les niveaux d'urbanisation : cette donnée fondamentale pour la mesure de la productivité agricole ne semble toujours pas être prise très au sérieux.

- Mesure de la production agricole en volume par enquêtes

Les enquêtes basées sur des échantillons de terroirs agricoles dits de *carrés de rendement* qui restent longtemps inchangés ne peuvent rendre compte ni de l'évolution de la géographie agricole (voir la carte des tensions de marché du chapitre 12) ni des changements d'habitudes alimentaires liées aux dynamiques de peuplement.

Noter sur ce graphique le même processus de *rebasing* périodique pour tenir compte du changement continu de structure du peuplement que celui décrit précédemment pour le PIB : le taux de croissance réel de l'indice de production alimentaire total sur la longue durée dépasse de 1.5% par an le taux apparent de courte période sur lequel reposent tous les diagnostics officiels.

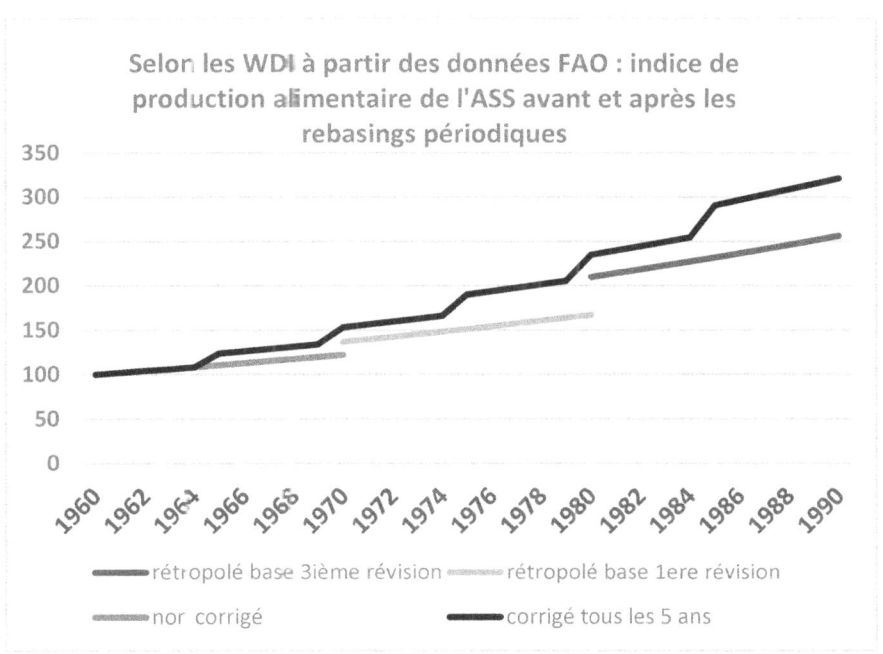

Notons au passage que la nécessité de réévaluer périodiquement les chroniques d'indicateurs comme le PIB ou la production alimentaire pour tenir compte des changements de structure intervenus entre temps s'impose aussi et pour la même raison à l'égard des chroniques de la quasi-totalité des autres indicateurs utilisés couramment, comme par exemple ceux relatifs au processus d'urbanisation et à ses implications : voir sur ce cas les chapitres 20 et 21.

Production agricole par habitant et productivité par agriculteur

Voici les données résultant de la dernière édition des WDI. Pour la période 1960-1980, la population primaire est estimée comme dans le modèle FAO comme une fonction du niveau d'urbanisation.

ASS : PIB primaire (milliards), valeur ajoutée primaire par habitant A/P et productivité par agriculteur A/PP en dollars 2015 constants

	1960	1975	1990	2005	2020	tx 1980-2020	tx 1960-2020
PIB primaire A (milliards)	76	129	149	198	314	2,0%	2,4%
A/P	347	402	305	271	287	-0,8%	-0,3%
a =A/PP	436	548	461	438	542	0,0%	0,4%

La sous-estimation par la FAO de la croissance en volume de la production alimentaire par habitant (deuxième ligne du tableau ci-dessus) est en grande partie la cause de l'image misérabiliste et désespérante de l'agriculture africaine.

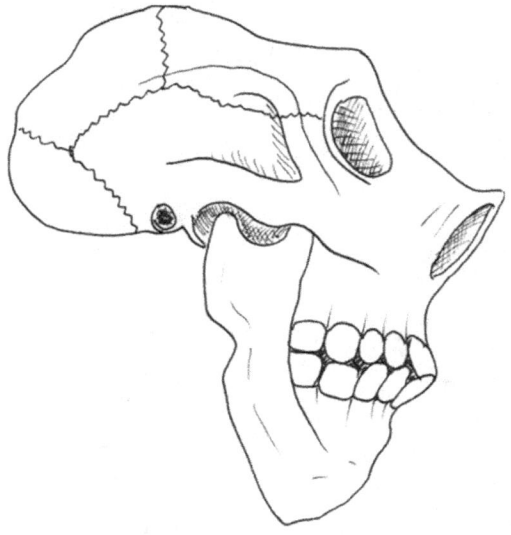

Retour à la question du taux de croissance de la productivité moyenne, urbaine et rurale en ASS

Comme le montrera plus précisément le chapitre suivant, des taux de croissance du PIB officiel moyen par habitant inférieurs à 1% par an en longue période impliquent en fait des taux moyens de croissance de la productivité urbaine beaucoup plus fortement négatifs que ceux évoqués précédemment parce que le PIB primaire A de l'ASS augmente d'au moins 1.5% de plus par an en volume que ce qui est indiqué dans les WDI, de sorte que le taux de croissance de la productivité non primaire, qui affecte surtout le milieu urbain serait fortement négatif.

Mais personne n'est censé le savoir puis que la contribution du milieu urbain au PIB est officiellement inconnue. Est-ce grave, Docteur ? Oui, à coup sûr. En effet, comment peut-on prétendre réfléchir aux stratégies et aux politiques de *développement urbain et* de *développement rural*, aux politiques de *lutte contre la pauvreté* et contre les inégalités sans rien savoir de ce qui se passe en réalité, ne serait-ce qu'entre le milieu urbain et le milieu rural, qui sont pourtant si faciles à observer sur le terrain ? Et comment peut-on prétendre évaluer à la virgule près les performances de ces PVP en matière de suivi de 17 ODD et de leurs innombrables sous-objectifs ?

2. Deuxième exemple : le cas de cet autre besoin essentiel : s'installer, et de l'accumulation de capital correspondante

De nouveau hélas, ce n'est pas sur ce besoin essentiel que l'on peut compter pour *réhumaniser* un peu le PIB, avec une meilleure appréhension du besoin et de l'offre de capital fixe physique, qui est l'une des trois composantes du capital dont dépend la richesse créée par tout pays, à commencer par les pays en voie de peuplement.

Ne doit-on pas considérer comme pour le moins étrange que la branche construction des comptes nationaux de nombre de pays en voie de peuplement, où tant de personnes transportent par tous les moyens des matériaux de construction, construisent, agrandissent et restructurent maisons et boutiques, ne représente en général que quelque 3% ou 4% du PIB total ?

Comment s'étonner de la piètre qualité des infrastructures urbaines, après 20 ans de lutte contre le prétendu *biais urbain, d'ajustement structurel*, de *lutte contre la pauvreté* ? Comment s'étonner du sous- dimensionnement dramatique des Investissements de fonction Locale (les IFL) auxquels le chapitre 24 est consacré ? Le programme ECOLOC montre que la capacité à dépenser sur ressources propres par habitant des petites communes urbaines en Afrique de l'Ouest est de l'ordre de mille fois plus faible que chez nous, alors que tout est à faire, et que c'est ainsi qu'on fabrique les *bidonvilles* de demain.

Il a fallu attendre l'édition 2009 du Rapport sur le Développement dans le Monde de la Banque Mondiale qui est intitulé *Repenser la géographie économique*, donc un demi-siècle après l'accès à l'indépendance des anciennes colonies d'Afrique et trente ans après la présentation de l'étude ILTA (voir chapitre 11), pour s'apercevoir de la nécessité de la densification du peuplement et de l'activité, et donc de l'urbanisation !

Parce que les comptes nationaux ne tiennent que très partiellement compte à la fois de l'économie dite informelle et du patrimoine bâti correspondant, il est très probable que la FBCF officiellement enregistrée dans les comptes nationaux soit fortement sous-estimée, alors que la composante ainsi négligée de cette FBCF réelle est pourtant la plus facile à observer et à suivre en temps réel par simple examen des images satellites.

3. Serait-ce par l'analyse de l'accumulation de capital fixe humain induite par le peuplement que cette humanisation des PIB pourrait progresser ?

Troisième fois hélas : ce n'est pas non plus le cas pour une composante essentielle de cette formation de capital humain, qui est purement et simplement oubliée dans la théorie économique dite *orthodoxe* : les caractéristiques de l'homo economicus, qu'il soit considéré comme consommateur ou comme producteur, sont censées être indépendantes de sa localisation et de sa distance à ses semblables, de sorte que la redistribution de la population entre les diverses catégories d'homo economicus que je présente dans les deux chapitres suivants et ses effets sur le potentiel productif de ce que les modèles appellent naïvement la *force de travail* sont complètement ignorés.

A quoi peut bien servir aujourd'hui cette analyse rétrospective de comptes économiques vieux de six décennies ?

Le premier avantage de ce retour au passé est de rappeler cette évidence que l'économie est d'abord et avant tout faite par toutes les personnes et pour les servir toutes : en 1960, même si l'économie dite *moderne*, conforme au paradigme de la théorie économique *orthodoxe*, était encore minuscule, la population de l'ASS, qui était alors de l'ordre de 230 millions d'habitants, était bel et bien vivante, et donc en mesure de satisfaire un ensemble de besoins essentiels tels que se nourrir, interagir et s'installer, et ce, quelque primitif que nous apparaisse aujourd'hui l'état de la société d'alors, avant la modernisation par contagion ou par effraction imposée de l'extérieur : prise de conscience qui ne peut que nous amener à nous demander si et dans quelle mesure la structure sectorielle des comptes nationaux et d'agrégats comme les PIB et d'indicateurs comme celui du stock de capital supposé être mobilisé dans le processus de production de l'économie réelle étaient dans le passé et sont encore aujourd'hui en mesure de rendre compte de cette réalité du peuplement.

Ensuite, ce retour au passé permet de se remémorer l'image que les acteurs impliqués dans l'histoire postcoloniale de l'Afrique Sub-Saharienne se faisaient encore en 1999 (quatre décennies après 1960 !) de ce sous-continent, alors peuplé de près de 0.7 milliards d'habitants, et supposé responsable de 1.3% du PIB mondial.

Ensuite et surtout, ce retour au passé permet de se rendre compte que l'image des économies nationales de l'année 1960 telle que présentée dans la version 1999 des WDI était destinée à être encore profondément revue à la hausse au cours des deux décennies suivantes 2000-2020, avec le doublement de la taille de l'économie de l'ASS de cette année 1960, exprimée en monnaie constante.

Enfin il permet de se persuader que la révision à la hausse de la dimension relative de l'économie de l'ASS par rapport à l'économie mondiale n'est pas encore arrivée à son terme. Des résultats analogues peuvent en effet être obtenus pour d'autres années de référence, par exemple 2010 : au cours des dix dernières années 2011-2021, on voit ainsi que la valeur du PIB de l'ASS de 2010 a encore été doublée.

Alors, que conclure sur cette question des systèmes d'information macroéconomique existants ?

Il n'y a pas d'autre façon pour venir à bout de ces erreurs systémiques que de disposer d'un cadre conceptuel démo-économique spatialisé, permettant de tenir effectivement compte des dynamiques de peuplement et des interactions entre peuplement et économie, ce qui n'est pas le cas aujourd'hui : c'est à ce projet de *révolution copernicienne,* qui consiste à réhumaniser, à relocaliser et à redynamiser la théorie économique existante que cet essai est consacré. Mais de cela, il n'est jamais question dans la multitude des documents produits depuis un demi-siècle par la Vice-Présidence *Development Economics* de la Banque Mondiale, parmi lesquels les 10 500 *World Bank Policy Research Working Papers* publiés à fin Aout 2022 par les 500 économistes orthodoxes permanents de cette Vice-Présidence Recherche (voir Annexe 3).

Un autre exemple frappant de cette incompréhension du besoin évident de réhumaniser, de relocaliser et de redynamiser la théorie économique existante est fourni par le célèbre ouvrage de Steve Keen intitulé *L'imposture économique* (titre original anglais *Debunking economics*) paru en 2011, puis maintes fois réédité sans remise en cause fondamentale de la thèse : la première moitié de ce livre de 850 pages est consacrée à une mise en évidence des erreurs logiques de la plupart des concepts de la pensée économique néoclassique et à une démystification systématique de cette théorie économique et de ses avatars, dont il ne reste à la fin plus rien qui tienne. La dernière partie de cet ouvrage intitulée : *Penser différemment en économie* présente toutes les alternatives concevables... sans que soit remis en question le paradigme de l'économie orthodoxe dont cet essai rappelle qu'il est désincarné, u-topique, démostatique et uchronique, ce qui limite évidemment le champ des possibles !

En attendant que les maitres à penser de l'économie contemporaine se rendent enfin à l'évidence qu'un tel changement de paradigme est inévitable et incontournable, je propose dans le chapitre suivant une première tentative de reconstitution des chroniques de comptes de l'économie réelle des pays en voie de peuplement. Cette première tentative reste tout à fait insuffisante, puisqu'elle est toujours u-topique. Mais elle a l'avantage de ne presque rien couter, et de fabriquer des chroniques de PIB qui, comme je le montrerai, sont un peu moins incompatibles avec la réalité que celles présentées aujourd'hui dans les annuaires officiels.

Chapitre 7
Une première tentative de révision des indicateurs de l'économie réelle par la prise en compte de la croissance endogène

La théorie économique orthodoxe ignore les conséquences du peuplement sur le comportement de chaque homo economicus.

En raison du paradigme dont elle découle, la théorie économique ne permet de calculer qu'une partie de l'activité réelle, à savoir celle que ce paradigme, qui est u-topique et démostatique, est en mesure d'appréhender. Ce paradigme oblige à raisonner *toutes choses égales par ailleurs* et à perdre ainsi de vue la double nature de l'activité du monde réel, l'une conforme à la théorie en vigueur et l'autre, plus subtile, qui résulte du processus de peuplement. Ce processus modifie profondément le comportement des *homo economicus* considérés à la fois comme demandeurs de biens et de services essentiels et comme offreurs de ces biens et services. Ce processus constitue en lui-même un facteur de croissance économique, que je qualifie dans cet essai de croissance endogène de l'activité, des productivités élémentaires et des agrégats et indicateurs de l'économie réelle.

Mieux vaut prendre cette affirmation au sérieux que de la prendre pour du *wishful thinking* ou du *vaudoo economics*. C'est parce que la théorie économique orthodoxe ignore complètement cette source de croissance endogène, sur laquelle le chapitre suivant revient en détail, que, même en l'absence de progrès technique dans l'élaboration des comptes, les *rebasing*s périodiques des comptes nationaux resteront nécessaires, aussi longtemps que le peuplement de chaque entité territoriale élémentaire ne sera pas stabilisé.

En attendant la prise en compte effective de la dimension spatiale de l'économie réelle qui fait l'objet du chapitre 8, voici une première tentative de reconstruction des chroniques de comptes nationaux qui vise à rendre compte aussi simplement que possible de l'incidence du processus d'agglomération de la population sur la croissance de l'économie réelle. A ce stade, ce processus d'agglomération, qui reste à peu près inutilisé à ce jour, est en effet le seul indicateur de la restructuration du peuplement qui soit disponible dans les annuaires officiels, qui ne mentionnent que la population totale P et la fraction dite urbaine de cette population, qui est d'ailleurs systématiquement sous-estimée parce que la définition de cet agrégat U ne tient pas compte de l'apparition progressive de nouvelles agglomérations.

Nous savons que les chroniques de PIB figurant dans ces annuaires sont construites en oubliant ce facteur de croissance du PIB réel, et, pour le futur, nous savons aussi et pour les mêmes raisons que les projections du PIB que fournissent les modèles macro-économiques existants oublient ce facteur de croissance et proposent donc des chroniques des PIB erronées par défaut. Nous allons donc construire des chroniques d'un *PIB* Y' distinct du PIB officiel Y et qui est censé tenir compte d'au moins une partie de l'activité endogène qui est induite par le processus de peuplement et dont l'urbanisation est la seule composante calculable à partir des comptes officiels.

La croissance économique endogène induite par les dynamiques de peuplement.

Le terme de croissance économique endogène est ici employé dans un sens différent de celui de la théorie de la croissance endogène qui se fonde sur une prise en compte des effets du progrès technique, définis comme l'ensemble des éléments qui accroissent la production sans que varie la quantité de facteurs de production qui est mobilisée. Ici, le surcroit d'activité ne résulte pas de l'effet multiplicateur de la diffusion d'un progrès technique exogène mais de la croissance de l'interaction entre les personnes entrainée par le processus d'agglomération d'une fraction croissante de la population totale dans des lieux de densité plusieurs centaines de fois plus forte que dans les zones de peuplement diffus, dont la population totale est $R=P-U$: voir le chapitre 8 et l'allusion à un modèle de détermination de la productivité des Unités de Production Informelle (les UPI) comme une fonction de l'interaction entre les personnes, comme dans la loi de Mariotte des gaz parfaits.

A toute date, au PIB officiel $Y = y*P$ d'un pays de population P, j'admets qu'il faut ajouter un terme $Y°$ censé résulter du supplément de productivité et de production endogène induit par le processus de peuplement de ce pays, donc par la variation de la population P fonction du temps t et par la redistribution de cette population, représentée par la variable U/R qui est aussi fonction du temps t. Plus précisément, ce supplément de production $Y°$ à la date t résulte de l'effet induit sur le marché intérieur des biens et services essentiels des nouveaux résidents d'ancienneté inférieure à T années, par exemple inférieure à 20 ans, dans chaque territoire. Les résidents d'ancienneté supérieure à T sont censés avoir rejoint la strate économique *moderne* qui est prise en compte dans le PIB officiel.

L'agrégat $Y°$ est donc égal à l'intégrale de la fonction $a* d(P*U/R)/dt$ étendue de la date t-T à la date t, le terme **a** étant un paramètre à choisir pour rendre compte du revenu moyen par habitant de l'économie populaire constaté à l'aide des enquêtes sur les revenus des ménages. A la date t, $Y°$ est donc égal

à la variation de la fonction a* (P*U/R) entre la date t-T et la date t, en résumé a*delta(P*U/R).
Le PIB total Y' tenant compte de cette production endogène est donc Y'=Y+Y° =Y+ ε*delta(P*U/R). Cette dernière expression peut aussi s'écrire Y' =Y*(1+delta(a/y*(U/R). De cette dernière expression du PIB corrigé, on peut tirer trois conclusions :
- plus le taux de croissance du ratio U/R est fort, comme c'est le cas dans les pays en voie de peuplement, plus le supplément de productivité moyenne est important.
- avec la croissance de l'économie moderne, y croit et le terme correctif du PIB a/y décroit, pour un état du peuplement représenté par U/R donné : pour les pays les plus *avancés*, ce terme correctif des agrégats pour prise en compte de la croissance endogène perd de son importance relative.
- en cas de crise de l'économie moderne, y décroit et le terme correctif du PIB augmente en valeur relative : la source de croissance économique endogène résultant de la dynamique de peuplement ici représentée par le facteur U/R, qui a une forte inertie, agit comme un modérateur de l'amplitude réelle de cette crise pour les ménages.

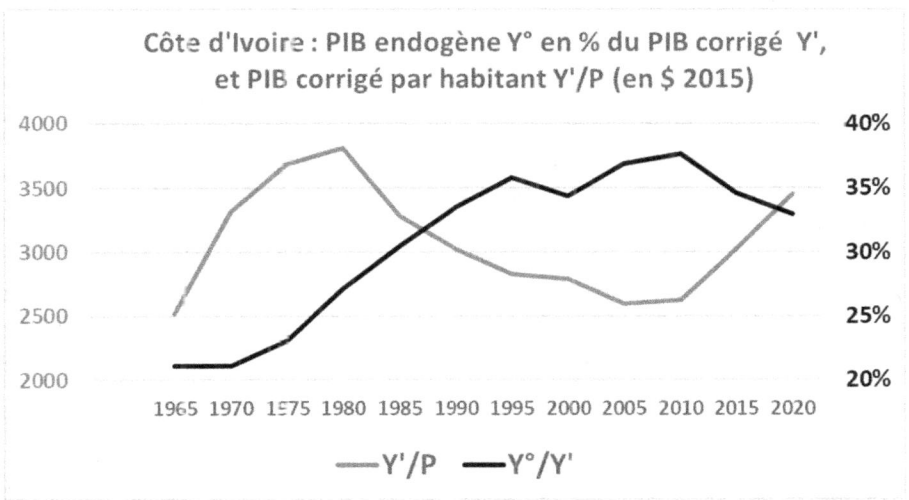

Si le paramètre **a** de la fonction Y' = f(U/R) est bien choisi, le PIB endogène Y° ainsi calculé devrait correspondre à une fraction du PIB populaire primaire et non primaire $Y1=A1+B1$ qui ne pourra être calculé que lorsque les comptes de l'économie réelle seront disponibles (voir chapitre 8). En attendant, on peut choisir la valeur du paramètre **a** pour que les chroniques de Y' ainsi obtenues soient grossièrement compatibles avec les estimations du PIB réel fournies par les monographies existantes, telles que celles décrites dans la Quatrième Partie de cet essai, et qui servent à réajuster par les rebasings successifs la mesure du PIB *réel* correspondant à l'année de chacun de ces rebasings successifs.

En ASS, voici comment évoluent ces ratio Y°/Y' dans le cas de deux pays semblables mais où le processus d'urbanisation a démarré à des dates différentes :

- la Côte d'Ivoire, où la prise en compte du PIB endogène a pour effet de doubler à 1.2% le taux moyen de croissance du PIB par habitant sur la période 1960-2020 au lieu de 0,6% tel qu'il est indiqué dans les chroniques officielles des WDI. Si le PIB officiel de l'année 2020 est considéré comme approximativement égal au PIB réel, c'est-à dire compatible avec les résultats des enquêtes sur les revenus des ménages et avec la structure du peuplement de cette année 2020, alors, le PIB 1960 tel qu'il est indiqué dans la dernière édition des WDI et qui résulte de la procédure actuelle de rétropolation jusqu'à cette date initiale des rebasings successifs est surestimé dans le rapport Y/Y' de l'année 2020, et il est donc de l'ordre de 4 milliards de dollars et non de 6 milliards de dollars (en $2015) ;

- et le Burkina Faso, où ce taux moyen de croissance du PIB par habitant passe à 2.9% au lieu de 1.9% selon les chroniques officielles de PIB des WDI, de sorte que le PIB rel de 1960 est de 0,6 milliard de dollars et non de 1,2 milliards de dollars comme indiqué dans la dernière édition des WDI, soit moitié moins.

Au Nigeria, état fédéral en partie sahélien, et pour l'ensemble de l'ASS, le PIB 2020 ainsi calculé sur la base des valeurs moyennes du ratio U/R augmente de quelque 60 %. Le même calcul basé sur les données de peuplement d'entités plus petites (une cinquantaine de districts fédéraux au Nigeria et les 47 pays d'ASS) conduirait à une révision à la baisse du PIB réel de 1960 de près de la moitié par rapport à celle qui est mentionnée dans les chroniques officielles, et donc à un taux moyen de croissance du PIB réel par habitant sur la période 1960-2020 d'au moins 0.5% de plus que celle obtenue en ne prenant en compte que les valeurs moyennes du ratio U/R de ces entités fédérales ou régionales.

Importance relative du PIB endogène Y° dans le PIB corrigé Y' de pays d'Afrique de l'ouest							taux de crois. du PIB par hab. 1960-2020	
Année	1970	1980	1990	2000	2010	2020	y	y'
Côte d'Ivoire	21%	27%	33%	34%	38%	33%	0,6%	1,2%
Burkina Faso	18%	28%	41%	42%	45%	47%	1,9%	2,9%
Nigeria	14%	14%	27%	34%	30%	39%	0,9%	1,7%
ASS	18%	20%	28%	33%	31%	36%	0,6%	1,4%

Dans les pays avancés, dans lesquels le processus d'urbanisation et de migrations internes se poursuit mais un rythme beaucoup plus faible, ce même ratio Y°/Y', qui ne rend compte que d'une faible fraction du PIB populaire, est encore de l'ordre de 4 à 6 %.

Importance relative du PIB endogène Y° dans le PIB corrigé Y' de pays avancés :

Année	1970	1980	1990	2000	2010	2020
Y°/Y' USA	10%	6%	4%	6%	6%	5%
Y°/Y' France	14%	10%	5%	4%	5%	7%

Conclusion

Cette approche permet d'isoler dans la procédure actuelle de rétropolation intégrale de tous les *rebasing*s des comptes la fraction de l'incidence du facteur peuplement qui est fonction de la variable population P et de la variable U/R. Mais rien ne permet de dire quelle est la fraction restante des *rebasing*s qui est de nature technique, qui résulte par exemple de l'amélioration des procédures d'élaboration des comptes économiques, et qui reste rétropolable sur tout le passé. La marge d'incertitude sur le taux de croissance du PIB par habitant au cours des décennies passées, qui s'étend aujourd'hui dans la fourchette de 0.2 % avec *rebasing* intégral à 2.7 % sans aucun *rebasing* pour l'ensemble de l'ASS, est donc ramenée à la fourchette de 0.5 % à 2.2 % : cette réduction de la marge d'incertitude sur la croissance à long terme du PIB par habitant est notable, mais reste encore modeste.

Dans cette première tentative de prise en compte des effets de la croissance et de la restructuration du peuplement sur la croissance du PIB, dont le fondement théorique reste faible, rien n'est encore dit de la fraction de la population totale P qui est impliquée dans telle ou telle composante, moderne ou populaire, de l'économie réelle, de sorte que le seul indicateur de productivité que l'on pourra déduire de ce PIB corrigé Y' est la productivité moyenne Y'/P.

La vraie mesure des implications du peuplement n'est en fait possible qu'en prenant effectivement en compte la dimension spatiale de la dynamique de peuplement : on verra dans le chapitre 8 comment ébaucher, par approximations successives, des images de l'économie réelle tenant compte des comportements relatifs des diverses catégories *d'homo economicus* identifiées dans les matrices de peuplement de chaque territoire élémentaire. Les premières itérations consisteront à distinguer dans les comptes de cette économie réelle le milieu rural et le milieu urbain, puis, dans le milieu rural, les divers types de territoires classés selon leur degré de connexion aux réseaux de villes et donc au marché alimentaire, et, dans le milieu urbain, la métropole, les villes moyennes et les petites villes.

Retenons de ce chapitre que, en attendant de disposer de comptes économiques détaillés par entités infranationales, il est possible de faire un peu mieux, et pour un cout modeste, que de se contenter comme on le fait aujourd'hui d'appliquer le même coefficient multiplicateur à toute la chronique de PIB, depuis l'année de chaque *rebasing* jusqu'au au passé lointain : cette façon de procéder empêche toute mesure du taux de croissance d'indicateurs comme le PIB sur des intervalles de temps supérieurs à un an, et rend inexploitables toutes les chroniques d'indicateurs présentées dans les WDI et autres bases de données semblables.

Chapitre 8
Outils d'analyse et de présentation de l'économie réelle

Introduction

Ce qu'on appelle le *développement* est de nature systémique, et les relations entre variables (par exemple entre épargne et investissement) sont à double sens. L'économie influence le rythme de la transition démographique et les migrations internes, mais il est aussi exact et important de comprendre que les transformations intervenant dans la structure du peuplement sont l'un des principaux facteurs explicatifs des changements de comportement des acteurs, de la demande et donc de l'offre de biens et services, des structures économiques, sociales et institutionnelles des pays et des régions en voie de peuplement, mais aussi du rythme de la transition démographique elle-même.

C'est parce que ces interdépendances entre population, espace, environnement et production sont ignorées ou négligées dans le paradigme de l'économie capitaliste de marché en voie de globalisation (ECMVG) que l'étude des processus de *développement* sur le temps long, qui est le temps de la génération, est impossible avec ce paradigme.

Ce chapitre présente une brève description de divers types d'outils et de modèles démo-économiques qui ont été progressivement développés en application du paradigme démo-économique et spatial qui a été présenté au chapitre 5. Ce paradigme est conçu pour rendre possible l'étude des changements de structure économique de tout territoire qui sont associés aux modifications de son peuplement et pour décrire l'*économie réelle*, qui est au service de l'ensemble de la population, dans toute sa diversité spatiale. Pour une relecture des performances passées de cette économie réelle, partir de l'évolution du peuplement est d'autant plus nécessaire que cette variable est toujours beaucoup plus facile à lire et à interpréter que celle des autres indicateurs économiques. De même, pour le futur, il est plus facile et plus parlant d'émettre sur le peuplement des hypothèses plausibles et interprétables que sur bien des paramètres économiques, comme l'évolution des prix relatifs, l'accumulation de capital dit productif, ou les échanges extérieurs.

Rappel : dualité apparente et unicité de fait de l'économie réelle

De même que l'économie moderne ne peut être analysée et interprétée que dans le contexte de cette économie réelle dont on ne peut ignorer qu'elle est, par définition, au service de toute la population, de même, la composante économie populaire ne peut être analysée et interprétée qu'en la resituant dans le contexte de cette économie réelle, dont on ne peut ignorer l'importance de la dimension moderne.

D'où la nécessité de produire des comptes de l'ensemble de cette économie réelle, et non des comptes séparés de la composante moderne et de la composante populaire. C'est une tâche ambitieuse et difficile, puisqu'il faut notamment les décrire, les quantifier, les spatialiser et les interpréter à l'échelle du temps long des générations humaines. Mais il n'y a pas d'autre façon d'éviter les erreurs de lecture et de stratégie du demi-siècle passé de relations entre pays dits *développés* et pays dits *en voie de développement*. Il faut donc accepter bien des simplifications et innovations en matière de concepts et d'outils, et s'intéresser surtout aux structures et aux transformations sur le temps long plutôt qu'à la précision comptable et aux aléas de la conjoncture.

Principes généraux à respecter pour construire les comptes de l'économie réelle

Il ne faut jamais perdre de vue les fondamentaux que toute théorie économique digne de ce nom doit respecter :
- l'économie concerne toutes les personnes et doit être conçue pour les servir toutes, et donc en premier lieu pour leur permettre de satisfaire leurs besoins essentiels, tels que se nourrir et s'installer dans des conditions permettant à chacun de s'épanouir et d'interagir ;
- ces besoins essentiels des personnes sont très dépendants des contraintes et des potentialités de l'environnement local, ainsi que de l'aménagement et de l'équipement des territoires dans lesquels ces personnes sont appelées à vivre et à s'épanouir ;
- il en va de même pour les intrants nécessaires aux activités qui donnent lieu à production, transformation, échanges indispensables à la satisfaction de ces besoins essentiels ;
- le processus de peuplement de chacun des territoires et la productivité des diverses catégories d'*homo economicus* qui peuplent ces territoires sont aussi dépendants de leur localisation et des rapports entre chacun de ces *homo economicus* et leurs voisins ;
- les concepts actuels de *force de travail* et de demande finale, qui sont -utopiques- sans considération pour l'espace et qui réduisent la population à une seule catégorie d'*homo economicus*, sont dépourvus de sens ;

- les indicateurs et agrégats de l'économie réelle doivent rendre compte de toutes les formes d'activité, monétarisée ou non, moderne et populaire, de toute la population ;

- et ils doivent être systématiquement spatialisés car ces informations localisées sont indispensables à l'élaboration des politiques publiques d'aménagement et d'équipement des territoires et de fourniture de biens et services publics aux diverses catégories d'*homo economicus* de chaque territoire ;

- cette spatialisation des bases de données n'est pas une option mais une obligation sine qua non, quoi qu'il en coute apparemment : il incombe à la profession des démo-économistes d'imaginer les outils, les modèles, les indicateurs, l'architecture des comptes nationaux, les agrégats correspondants (voir chapitre 28) ;

- le choix et la définition des indicateurs dont on décide de se doter et ce que l'on mesure à l'aide de ces indicateurs ne sont ce qu'ils sont qu'en fonction du paradigme auquel les concepteurs et les utilisateurs de ces systèmes d'information se réfèrent. Tous ces outils sont conçus pour répondre aux questions qui sont considérées comme pertinentes et importantes dans le cadre de ce paradigme, et tout changement de paradigme impose donc de changer de système d'information ;

- l'économie réelle qui se déploie dans un espace doit être cartographiée. Partant d'un ensemble de cartes de la géographie, des contraintes et potentialités naturelles et de l'environnement, ces fonds cartographiques doivent être progressivement enrichis de nouvelles couches d'information démo-économique et conduire, par approximations successives, à un système d'information géographique et démo-économique (SIGDE), dynamique, fonction du temps, et exploitable à diverses échelles, du niveau continental au niveau local des *RUCHES*, les Régions Urbano-Centrées à Haute intensité d'Echanges et de Services du programme ECOLOC : voir chapitre 21.

En ASS, les études ILTA (chapitre 11), WALTPS (chapitre 12), SDAL (Schéma directeur d'Aménagement du Littoral d'Afrique de l'ouest, chapitre 14) et la dizaine de maquettes des *RUCHES* étudiées dans le cadre du programme ECOLOC avant son abandon fournissent de bons exemples de ces SIGDE géoréférencés, inscrits dans le temps, enrichis de nombre de données contribuant à la structuration de l'espace, telles que les infrastructures, les grands aménagements et les équipements publics et privés, et permettant de localiser certaines composantes de l'économie moderne et de l'économie populaire.

Les principales étapes de la construction des comptes de l'économie réelle

Construction des matrices de peuplement

A partir des données du SIGDE sur la distribution et la répartition de la population (réseaux urbains, densités rurales, etc.) et sur la localisation des infrastructures et des équipements à diverses dates, la première étape consiste à construire les matrices de répartition de la population totale P par entité territoriale :

- dans un premier temps entre deux grandes strates : population primaire PP (dont l'agriculture au sens large est la principale activité) et population non primaire PNP =P-PP, et en deux types de milieux : le milieu urbain de population U (toutes agglomérations connues de plus de 5000 habitants à la date considérée) et le milieu rural de population R qui est le solde.

Matrice de peuplement à 2 milieux*2 strates

	Urbains	Ruraux	Tous milieux
Population primaire	PPU	PPR	PP
Population non primaire	PNPU	PNPR	PNP
Population toutes strates	U	R	P

- dans un deuxième temps en divisant dans chacun des deux milieux chaque strate en deux sous-strates dites populaire et moderne : PP1, population primaire concernée par l'activité primaire à but alimentaire et PP2, population primaire non alimentaire ou de marché extérieur ou de type moderne qui est le solde : PP2 = PP -PP1 ; et de même PNP2, population non primaire moderne et PNP1, population non primaire dépendant de l'économie populaire. D'où la matrice de peuplement à deux milieux et quatre sous-strates P = PP+PNP = PP1+PP2+PNP1+PNP2, tous âges confondus, sans distinction entre population active et population inactive employée ou au chômage.

Matrice de peuplement à 2 milieux*4 strates

	Urbains	Ruraux	Tous milieux		
Population primaire informelle	PP1U	PP1R	PP1	PP	Pop Primaire
Population primaire moderne	PP2U	PP2R	PP2		
Population non primaire informelle	PNP1U	PNP1R	PNP1	PNP	Pop non primaire
Population non primaire moderne	PNP2U	PNP2R	PNP2		
Population toutes strates	U	R	P	P	Population totale

A ce stade, nous pouvons donc distinguer, dans chaque territoire de population totale P, huit catégories d'*homo economicus* avec des comportements différents en tant que producteurs et que consommateurs.

Selon le degré d'avancement du processus itératif de construction du SIGDE, les matrices locales sont obtenues par désagrégation d'ébauches de la matrice nationale, ou la matrice de peuplement nationale est la synthèse des matrices relatives à chaque territoire élémentaire.

Et cette différenciation entre catégories d'*homo economicus* ne s'arrête pas là puis qu'il faut aussi faire la distinction parmi les urbains entre les résidents de diverses tailles de ville, de la mégapole à la plus petite ville connue, des villes à fonction particulière comme les villes côtières, les villes frontalières et de l'hinterland, etc.. ; et faire la distinction entre les zones rurales périurbaines, proches des grands équipements, sous influence des marchés de consommation urbaine ou enclavées, de telle ou telle type d'environnement.

Par approximations successives, cette procédure conduit à distribuer la population **totale** du pays ou du territoire considéré, sans distinction d'âge, de sexe ou d'activité, au sein d'une matrice ou tableau à quatre lignes correspondant aux quatre sous-strates identifiées et à autant de colonnes que nécessaire, relatives par exemple à la ville capitale, à l'ensemble des villes moyennes, aux autres villes, et au milieu rural qui forme le solde.

Pour le calcul de PP2 (population primaire des entreprises et de complexes agricoles modernes ou non alimentaires), il faut s'inspirer des données des répertoires d'entreprises agricoles et affiliées disponibles : sauf cas particuliers, l'incidence de l'agriculture capitaliste sur l'emploi primaire est modeste. Même processus pour le calcul et la localisation de PNP2U et de PNP2R, sans oublier de convertir le nombre d'emplois fournis par ces sources par le ratio permettant de passer de ces emplois à la population correspondante tous statuts et âges confondu.

Le calcul de PNP1R et de PNP1U se fait par solde si les PNP2 sont connus, à partir des estimations du chapitre 5 tenant compte de l'incidence des dynamiques de peuplement et de la *maturité* ou ancienneté moyenne de la population de chaque ville, ou des statistiques de l'emploi de l'ILO, toujours avec la nécessité de passer des données de l'emploi proprement dit au concept plus large de population concernée.

Tout ceci peut paraitre bien compliqué mais rien n'est superflu. Il faut procéder par itération, du plus grossier au plus fin, au fur et à mesure des informations obtenues par enquêtes ciblées, en s'appuyant sur divers modèles spatialisés, dont les paramètres sont progressivement affinés.

J'ajoute que la construction de ces matrices de peuplement par itération révèle des besoins d'information que les statistiques habituelles ne fournissent pas parce que personne n'a jusqu'ici pensé à les demander : en matière de statistiques comme dans d'autres domaines des biens ou services considérés comme essentiels, c'est la demande qui est le moteur de l'offre.

Les déformations dans le temps de ces matrices de peuplement constituent l'une des entrées des modèles démo-économiques qui sont conçus pour localiser et quantifier l'économie populaire. La composante moderne de l'économie réelle est pour l'essentiel traitée comme une donnée d'entrée provenant d'autres sources. Si nécessaire, cette donnée d'entrée est ajustée pour la rendre compatible avec la dynamique de peuplement (cas notamment du secteur de la construction), et localisée grâce aux données d'enquête ou à défaut à l'aide des modèles démo-économiques.

Des matrices de peuplement aux comptes et aux agrégats de l'économie réelle

L'étape suivante consiste à passer des matrices de peuplement de chaque territoire élémentaire aux matrices de valeur ajoutée ou Produit Local Brut PLB par couple strate*lieu. Aux matrices de peuplement à 2*2 = 4 cases et à 2*4 cases, correspondent les deux matrices suivantes de répartition du PLB du territoire considéré :

Matrice de répartition du PLB à 2 milieux*2 strates			
	Urbains	Ruraux	Tous milieux
Produit Local Brut Primaire	A(U)	A(R)	A
Produit Local Brut non primaire	B(U)	B(R)	B
Produit Local Brut par milieu	Y(U)	Y(R)	Y

Matrice de répartition du PLB réel à 2 milieux *4 strates

	Urbains	Ruraux	Tous milieux		
PLB primaire populaire	A1(U)	A1(R)	A1	A	PLB primaire
PLB primaire moderne	A2(U)	A2(R)	A2		
PLB non primaire populaire	B1(U)	B1(R)	B1	B	PLB nn primaire
PLB non primaire moderne	B2(U)	B2(R)	B2		
PLB toutes strates par milieu	Y(U)	Y(R)	Y	Y	PLB réel

Le PLB réel Y du territoire considéré est la somme du PLB urbain Y(U) et du PLB rural Y(R) : Y = Y(U) +Y(R). Le PLB réel Y est aussi la somme du PLB populaire A1+B1 et du PLB moderne A2+B2. De même, Y est la somme du PLB primaire A et du PLB non primaire B : Y = A +B. Le PLB primaire A est la somme du PLB primaire *informel* ou plutôt populaire (A1 et du PLB moderne primaire A2. Enfin, le PLB non primaire B est la somme du PLB non primaire populaire B1 et du PLB moderne et non primaire B2.

En pratique, les premières esquisses de comptes démo-économiques que l'on élabore concernent l'ensemble du pays considéré, en prenant comme repère certaines données des comptes nationaux officiels, quitte à les remettre en cause par la suite. Par exemple, on peut prendre comme première valeur du PIB *moderne* A2 + B2 ce que j'ai appelé dans le chapitre précédent la valeur du PIB non primaire Y2 = Y-A. De même, on peut prendre comme toute première approximation du PIB primaire A la valeur indiquée dans les comptes officiels, tout en sachant que cette valeur de A, comme toutes les autres valeurs ajoutées par secteur, devront par la suite être profondément revues.

Aux deux couples de matrices de peuplement et de répartition des PLB, correspondent les deux matrices des productivités ou valeurs ajoutées moyennes par personne par milieu, par sous-strate, et, dans la seconde matrice relative à la Côte d'Ivoire, par strate, primaire et non primaire, en distinguant, dans le milieu urbain, la capitale et les autres villes. Dans les premières itérations, ces matrices de productivités dont la construction fait intervenir des hypothèses relatives aux ratios de productivité par milieu et par strate sont en fait une des données d'entrée des matrices de répartition du PLB.

Matrice des productivités à 2 milieux *4 strates

	Urbains	Ruraux	Tous milieux	
Productivité primaire populaire	a1(U)	a1(R)	a1	a=A/PP
Productivité primaire moderne	a2(U)	a2(R)	a2	
Productivité non primaire populaire	b1(U)	b1(R)	b1	b=B/(BNP)
Productivité non primaire moderne	b2(U)	b2(R)	b2	
Productivité moyenne toutes strates	y(U)	y(R)	y	y=Y/P

Côte d'Ivoire 2020 : Productivités des urbains (dont la métropole) et des ruraux selon les strates (en $2010 par habitant)

	urbains	dont métropole	ruraux	tous milieux	
Productivité primaire	1020	920	890		930
Productivité non primaire populaire	1590	1910	1260	1490	3200
Productivité non primaire moderne	6740	9670	3370	2380	
Productivité moyenne toutes strates	3140	5590	1120		2280
Productivité non primaire moyenne	3740	6110	1570		

Les comptes locaux de chaque entité territoriale sont aussi établis par itération, à partir des matrices de peuplement locales, par désagrégation des comptes du pays à l'aide de clefs d'allocation spatiale de chaque composante des comptes nationaux.

Pour passer de la matrice de peuplement à la matrice de répartition du PLB, il faut faire intervenir diverses clefs ou hypothèses jugées plausibles : par exemple : le rapport entre productivité urbaine moyenne et productivité moyenne rurale $y(U)/y(R)$ est supérieur à 1, ce qui est confirmé par le constat que le milieu urbain est attractif, en dépit du fait que le cout de la vie y est plus élevé qu'en milieu rural. De même et pour les mêmes raisons, on peut postuler que le rapport entre productivité moderne moyenne et productivité informelle $b2/b1$ est également supérieur à 1.

Comment choisir la valeur à retenir pour ces deux ratios ? D'abord en tenant compte des informations disponibles et considérées comme fiables. La plus utile est celle fournie par les enquêtes revenu consommation des ménages : on peut retenir comme acceptable pour une première approximation du rapport $y(U)/y(R)$ la valeur du rapport entre le revenu moyen des ménages urbains et celui des ménages ruraux fourni par ces enquêtes.

Pour une première approximation du rapport $b2/b1$, il faut commencer par mesurer $b2=B2/PNP2$: le PIB non primaire moderne est la fraction moderne du PIB non primaire des comptes nationaux. Les valeurs ajoutées de certaines branches, comme celles de l'agriculture de marché local, de la construction sont mal suivies dans les comptes nationaux parce qu'elles ne produisent pas de *tradables* ou de biens qualifiés d'*échangeables* sur les marchés au loin, qui sont les seuls qui interviennent sérieusement dans la modélisation macroéconomique habituelle : les valeurs ajoutées de ces autres biens et services *non échangeables* (!) devront donc être réévaluées sur base de modèles demande-offre pour mieux refléter la réalité.

Le Produit Localisé Brut urbain est réparti entre les diverses villes ou catégories de villes du territoire à l'aide de modèles spatiaux décrits plus loin. La localisation de la production moderne B2 est autant que possible basée sur les données d'enquêtes et sur celles des répertoires d'entreprises. Pour localiser le PLB populaire B1, on part du fait que la productivité populaire d'une ville est fonction de sa population, de sa situation géographique (ville côtière, situation par rapport aux grands axes de transport), des fonctions spécifiques de certaines villes (capitale économique ou politique, ville minière), des taux de croissance de la population lorsqu'ils sont exceptionnellement forts (villes nouvelles) ou faibles (villes en régression).

Les matrices de comptabilité sociale (MCS)

Les transactions entre les comptes des institutions (ménages urbains, ménages ruraux, administrations), des biens et services, des activités, du capital, etc. et entre les divers espaces considérés (dont le reste du pays, les pays limitrophes et le reste du monde) sont synthétisées dans un ensemble de Matrices de Comptabilité Sociale (MCS) retraçant en ligne les revenus ou entrées et en colonne les dépenses ou sorties de chaque agent et de chaque compte.

Les Matrices de Comptabilité Sociale de chaque espace considéré montrent comment les entrées et les sorties des divers comptes s'équilibrent et permettent de *suivre l'argent*. Ces MCS présentent l'économie réelle d'un territoire comme une congruence de *complexes d'activités*, chacun associant à une activité centrale, comme l'alimentation, la maintenance du cadre de vie ou les échanges avec le monde extérieur, l'ensemble des activités qui lui sont liées, en amont (*inputs*) et en aval (*outputs*) de façon à mettre en évidence l'importance relative de ce complexe d'activités dans l'économie locale. Ainsi, le complexe primaire peut-il englober (rendre compte de) plus de 60% de l'économie locale, en termes d'emploi ou de valeur ajoutée, en milieu urbain et en milieu rural, alors que l'activité centrale de ce complexe (la production agricole au sens large) est déjà minoritaire, ce qui mesure autant une dépendance de l'économie locale par rapport à cette activité centrale qu'une capacité motrice de cette activité.

Ces MCS de chaque territoire fournissent un guide utile pour les extrapolations nécessaires (quand les enquêtes sur le *secteur informel* ne portent par exemple que sur la ville centre) et pour l'appréciation de certaines variables ou lois de comportement inaccessibles par enquête, par exemple l'investissement résidentiel. Réciproquement, les données issues du terrain permettent de préciser certains des paramètres nécessaires à la confection de la MCS (production de certaines branches et destination des produits, contenu en importation de la consommation finale et intermédiaire).

Pour la construction des MCS, les données les plus stratégiques à recueillir sur le terrain sont celles relatives :
- à l'économie des ménages (revenus et structure des dépenses des diverses catégories identifiées) ;
- aux comptes d'exploitation des entreprises : analyse exhaustive pour les entreprises modernes et le secteur public, dont les collectivités locales, recensement des PME et reconstitution des comptes d'exploitation type à partir d'un échantillon limité ;
- aux données sur les flux extérieurs du territoire ;
- aux comptes des collectivités locales et des administrations ;

- et à la mesure du stock de capital public et privé.

Mêlant des données démographiques et des données économiques, la MCS n'est pas aisément *projetable*. Il est possible, en revanche, d'établir et de comparer à l'aide de ces MCS des situations démo-économiques à différentes dates passées, d'en tirer des évolutions et de construire, avec une certaine plausibilité, des situations futures, moyennant des hypothèses modérément restrictives. C'est un *outil de mise en cohérence, de sensibilisation et d'orientation* indispensable pour gérer réellement l'économies d'un pays en voie de peuplement.

Les paramètres les plus importants des modèles utilisés pour la construction des comptes démo-économiques locaux sont ceux relatifs aux *exportations* et *importations* du territoire considéré vers ou en provenance du reste du pays, de la région et du monde, et ceux relatifs aux transferts. D'où la nécessité d'une étude approfondie des principaux lieux où s'opèrent ces transactions (points de transit, places de marché) et de leurs opérateurs (transporteurs, grossistes, détaillants...), ainsi que de la provenance et de la destination des biens finaux et intermédiaires produits et consommés. Dans le cadre du programme ECOLOC, les questions relatives à l'intégration progressive de l'économie locale au marché, à la relocalisation d'une partie des activités, à la reconquête de l'hinterland, étaient abordées avec les opérateurs économiques dans les ateliers dirigés par les responsables du gouvernement local au cours desquels étaient évoquées les perspectives d'avenir du territoire et qui visaient à dégager un consensus sur la stratégie de relance de l'économie locale tenant compte du contexte régional.

Les images démo-économiques spatialisées à moyen et à long terme

Pour mettre en évidence les changements structurels, les esquisses de comptes économiques locaux qui sont élaborées à chaque itération pour l'année actuelle et pour le passé sont assorties d'images à trois dates futures, par exemple dans 10 ans, dans 20 ans et dans 30 ans. Ces images à moyen terme et à long terme auxquelles le chapitre 18 est consacré ne sont pas des projections, mais un moyen de visualiser divers états futurs plausibles du peuplement et de l'économie qui accompagne ce peuplement et de mettre en évidence les changements de structure auxquels il faut s'attendre à l'échelle de temps d'une génération.

La construction de ces images à moyen terme et à long terme repose sur un ensemble de modèles d'évolution des productivités élémentaires, par milieu et par strate. Par exemple, on admet que la productivité primaire *a* croît comme le ratio ϖ = PNP/PP : $a(t) = a_o * \varpi(t)/\varpi_o$.

Pour les pays les moins avancés au sens de la classification des pays par stade de la transition démographique du chapitre 1, a(t) ainsi calculé est majoré par le facteur de rattrapage et de progrès technique $\rho = \exp(\gamma*t)$. La valeur ajoutée primaire s'en déduit par A : a*PP.

Puis le calcul de B1 et de B2 fait intervenir les deux paramètres b1/a et b2/b1.

D'où le PIB total Y = A +B1+B2, et comme précédemment le PIB rural Y(R) et le PIB urbain Y(U), la productivité rurale y (R) et la productivité urbaine y(U).

Le volume et la structure du PIB produit dans ces modèles diffèrent plus ou moins de ceux du PIB officiel, et ces différences sont porteuses de réflexions utiles sur les perspectives d'amélioration des comptes nationaux, notamment dans deux domaines : dans les PVP, le complexe d'activités *se loger* est le deuxième en importance après le complexe *se nourrir*, ce que ne révèlent pas du tout les comptes officiels. Et, comme c'est le cas pour la demande et l'offre de tout bien et service essentiel, c'est le besoin d'investissement résidentiel des diverses strates de population qui détermine leur épargne et les transferts nets et non l'inverse.

Quelques exemples de modèles spatialisés

Sans entrer dans les détails qui peuvent être obtenus auprès du Secrétariat du Club du Sahel qui devrait avoir conservé toutes les archives du temps de l'étude WALTPS et du programme ECOLOC, voici une brève description de trois exemples de ces modèles démo-économiques spatialisés :

Un mini modèle de calcul de la population primaire urbaine

Ce modèle de nature statistique permet de calculer l'ordre de grandeur de la population primaire PP(V) de chaque ville de population V comme une fonction PP(V) = V/(1+alpha*V), et, par sommation étendue à toute la distribution des villes du territoire, la population primaire urbaine PPU.

La fonction ci-dessus revient à admettre que la probabilité d'appartenir au secteur primaire décroît avec la taille de la ville où l'on réside. Cette *loi* a été ajustée sur la base de données détaillées sur l'emploi provenant de certains pays comme la Côte d'Ivoire. En jouant sur le paramètre alpha, on peut faire en sorte que la population primaire urbaine totale ainsi calculée ne s'éloigne pas trop de celle résultant des statistiques nationales, si toutefois celles-ci sont considérées comme fiables.

Exemple appliqué au cas du Bénin en 2003 (source ECOLOC) :

P(V) : Population de la ville en milliers d'habitants

Villes	P(V)	PP/P
PP / P =1/(1+(alpha*P))	1000	1,4%
PP = Population primaire	500	2,8%
	200	6,7%
	100	12,5%
Bénin en 2003 : alpha =0,07	50	22,2%
	20	41,7%
	10	58,8%
	5	74,1%

La distribution des villes classées par population V décroissante est supposée de la forme : $V(n) = A/n$, A population de la première ville (en milliers d'habitants), n rang dans la distribution, $V(n)$ = population de la ville de rang n. N est le rang de la plus petite ville, de population 5 milliers d'habitants : $N=A/5$. Par intégration sur l'ensemble de la distribution des villes classées par taille, on obtient le ratio PPU/U comme une fonction simple des deux paramètres A et α.

Un modèle de répartition des activités et des densités résidentielles.

Ce modèle d'économie urbaine est similaire à celui qui a été développé dans les années 1990 par René Bussière pour l'étude de la géographie économique de l'agglomération de Lyon.

Toute agglomération constitue, à une date donnée, un lieu où la densité de population (nombre d'habitants par Km^2) dépasse d'un facteur 100 ou plus celle du milieu rural. La densité moyenne à la distance r du centre de l'agglomération est en première approximation du type $d(R) = a*exp(-br)$, a étant la densité maximum au centre. Plus l'agglomération est concentrée, plus le paramètre b est grand. On peut montrer que ce modèle exponentiel simple, dont la validité est confirmée par l'expérience, représente la répartition des localisations résidentielles qui, parmi toutes les distributions concevables, est celle dont la probabilité est maximale, et celle qui maximise le bilan coût - avantage entre congestion et accessibilité, entre coût du foncier, marché et opportunités économiques, etc.

A partir de ce modèle simple, on peut définir la population totale de l'*agglomération* comme l'intégrale de $d(R)$ étendue du centre à une distance très grande. En pratique, les limites de la ville sont définies par voie administrative.

Dans ce processus de localisation, la nature des activités qui peuvent subsister à une distance r du centre dépend évidemment des éléments du bilan coût avantage propre à ces activités et de la compétition exercée par les activités concurrentes. Ainsi, les activités primaires, dont la valeur ajoutée par unité de surface de terrain est faible par comparaison aux activités secondaires et tertiaires, sont à la fois attirées par la présence du marché de consommation que représente l'agglomération et repoussées par les autres activités à plus forte densité de valeur ajoutée. La conjugaison de ces deux facteurs conduit à des courbes de densité de la population primaire et de la valeur ajoutée primaire en fonction de la distance au centre. Si on prend comme unité la densité de population primaire moyenne de l'hinterland lointain, cette densité prend par exemple la valeur 0 au centre (la probabilité d'exercer une activité primaire en centre-ville est très faible), 0.5 à la limite de l'agglomération, 1.3 à deux fois le rayon de l'agglomération, et 1 à cinq fois le rayon.

Le modèle ci-dessus- est transformé en modèle dynamique en faisant varier certains paramètres avec le temps. Ce modèle dynamique décrit le processus d'occupation de l'espace par les divers types d'activité comme la propagation d'une onde à partir du centre. La densité maximale reste localisée au centre de l'agglomération. Mais, au fur et à mesure de la croissance de la population totale de l'agglomération, la couronne d'épaisseur unité la plus peuplée s'éloigne progressivement du centre, cependant que le maximum de densité radiale décroît continûment. En tout point, la densité radiale commence par croître puis décroît continûment. Un tel modèle permet par exemple de prévoir l'évolution de la demande locale pour tel ou tel mode d'occupation du sol urbain. Il montre aussi que c'est au sommet de la vague qui se propage à partir du centre, soit à une distance du centre proche du rayon de l'agglomération, que les changements dans l'affectation du sol, la restructuration des activités et par conséquent la croissance des prix du foncier sont les plus rapides. Or, c'est justement dans ces zones proches des limites de l'agglomération réelle que les institutions locales sont généralement les moins bien armées pour réagir aux besoins du marché.

Le modèle des tensions de marché de l'étude WALTPS

Ce modèle calcule la productivité agricole marchande de chaque zone rurale élémentaire comme une fonction de la demande alimentaire urbaine et des conditions d'accès (distance, qualité des infrastructures, etc.) à chacune des villes accessibles depuis cette zone rurale. Ce modèle calcule en tout point de l'espace rural (c'est-à-dire de population non agglomérée) un indicateur dit de tension de marché dont dépendent la productivité marchande des agriculteurs de la zone, le prix bord champ offert par les commerçants et les transporteurs et donc le revenu monétaire moyen brut que les agriculteurs peuvent en retirer. Cette productivité marchande dépend ainsi non seulement des caractéristiques des sols (potentialité, contraintes, conditions de production agricole) mais aussi et surtout de l'accessibilité au marché. Et il permet aussi d'estimer les besoins en intrants pour la production agricole, qui sont fonction de la productivité agricole, et les besoins en biens et services non agricoles exprimés par agriculteur, qui sont fonction de leur niveau de vie monétaire. Ce modèle montre ainsi que la proportion PNP/P de la population totale d'une zone rurale est fonction croissante de la tension de marché en ce point (donc des relations de voisinage avec les villes).

A cette population non primaire et non agglomérée rurale, est ajoutée la population non primaire des agglomérations non urbaines, donc de taille inférieure à 5000 habitants, et qui est obtenue par extrapolation de la loi précédente PP/P utilisée pour la population urbaine. On peut ainsi calculer la population non primaire totale PNP = U-PPU +PNPR.

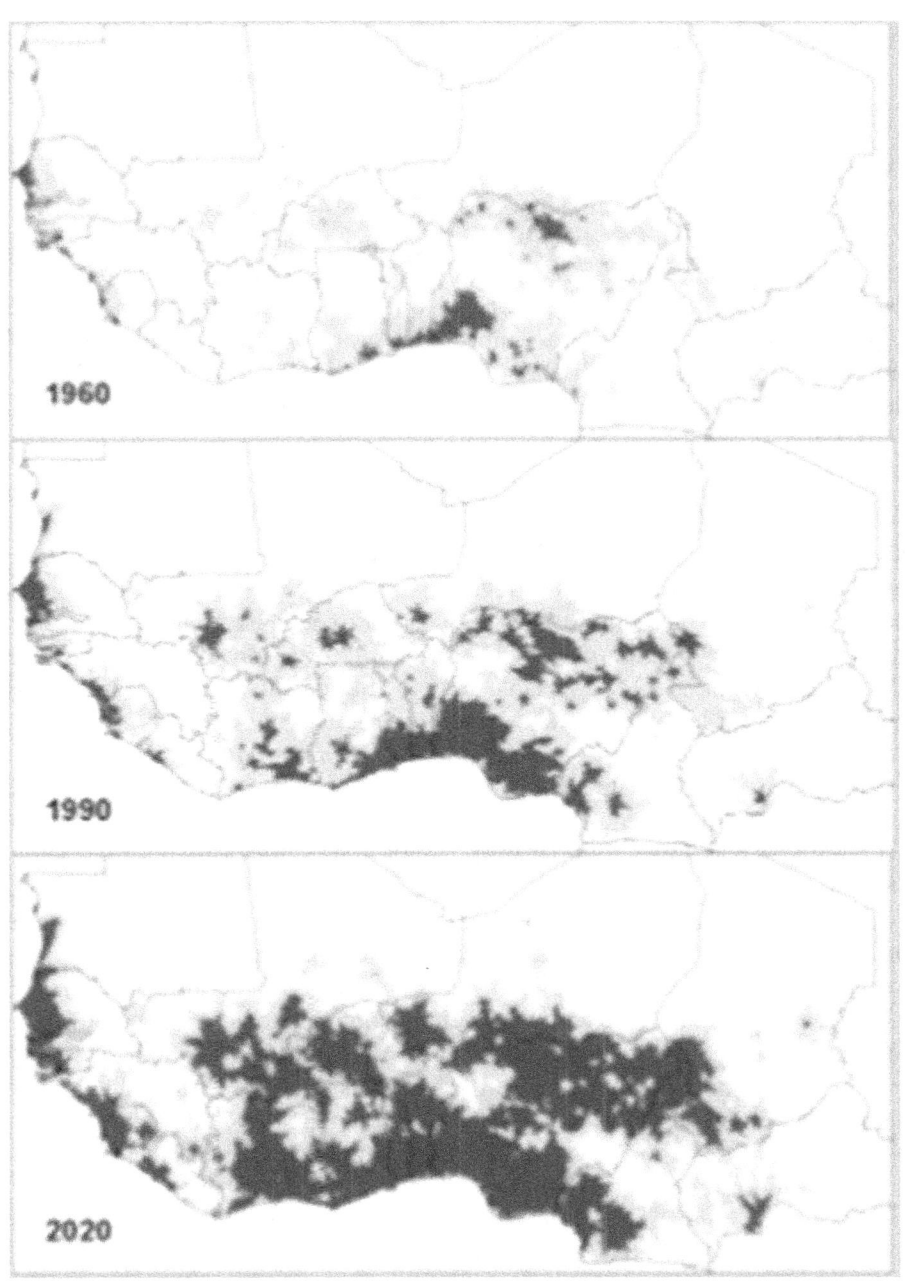

Autre exemple de modèle macroscopique

Par analogie avec la loi de Mariotte et la thermodynamique des gaz , on peut construire des modèles de type macroscopique permettant par exemple d'évaluer la productivité de l'économie populaire des localités comme une fonction des caractéristiques de cette localité (population, densité, taux de croissance), sans recourir aux enquêtes détaillées sur des échantillons d' *unités de production informelle* (les UPI) qui sont en pratique inutilisables : en effet, le seul fait d'observer ces UPI en modifie le comportement, et la construction d'échantillons représentatifs de ces UPI qui apparaissent et disparaissent de façon aléatoire est à peu près impossible. Les *lois* macroscopiques ainsi suggérées doivent ensuite être testées et paramétrées à l'aide d'enquêtes ad hoc qui ne préexistent évidemment pas tant que ces *lois* ne sont pas formulées.

Les modèles démo-économiques

L'économie qui est représentée dans les comptes démo-économiques est celle qui est censée rendre compte du standard de vie et du comportement des diverses catégories de personnes (milieu*strate) repérées dans ces matrices de peuplement. Chacune de ces catégories d'*homo economicus* exprime des besoins, engendre des activités, des revenus et des dépenses, reçoit et émet des transferts qui dépendant *entre autres facteurs* des relations de voisinage avec les autres catégories et des variables de stock et de flux qui la caractérise et qui caractérisent les autres catégories d'*homo economicus*.

La signification de cette expression *entre autres facteurs* varie évidemment selon les catégories (milieu*strate) considérées : la dépendance en question est faible pour la strate moderne, pour laquelle les modèles économiques classiques sont pertinents, mais elle est très forte pour les autres strates.

L'économie *moderne* obéit au paradigme et à la théorie de l'économie orthodoxe, sous contrainte de ressources et notamment de ressources extérieures. Si celles-ci décroissent ou s'annulent, l'économie moderne se rétracte ou disparaît même complètement, de même que la strate moderne qui rejoint la strate populaire ou *informelle* qui, elle, continue d'exister.

Les seules données exogènes utilisées dans le paramétrage du modèle démo-économique national concernent le peuplement, les échanges extérieurs, et un ensemble de paramètres relatifs à la structure de la dépense des ménages, des institutions et des activités (coefficients de la matrice des échanges interbranches, contenu en importation). Les valeurs ajoutées, le PLB et ses diverses utilisations sont des résultats du modèle et non des données d'entrée. La concordance des résultats du modèle avec les agrégats officiels n'est pas recherchée. Dans la mesure où la modélisation démo-économique nationale et les comptes locaux apportent des informations nouvelles, il est légitime d'en attendre à terme une amélioration de ces comptes nationaux dont on sait qu'ils reposent aussi sur un grand nombre d'hypothèses et qu'ils sont aussi en partie modélisés.

Le PIB fourni par le modèle national est, aux détails près, la somme des valeurs ajoutées des branches, mesurées quand c'est possible à partir des comptes d'exploitation ou modélisées notamment pour l'économie populaire en tenant compte de toute source existante comme les enquêtes budget-consommation des ménages.

Chaque strate de population tire ses revenus de plusieurs secteurs d'activité et de sources diverses, dans des proportions variant avec le milieu et la strate considérés. Aucune distinction n'est faite entre les genres, ni entre les classes d'âge, ni entre les inactifs et les actifs employés ou non. L'unité de population considérée est la personne, le ménage en tant qu'unité de base de la société est ignoré.

Dans les modèles nationaux, l'espace est décomposé en trois entités intérieures : la capitale nationale, le reste du milieu urbain, et le milieu rural, et deux entités extérieures : le reste de la région et le reste du monde. Dans les modèles locaux, l'espace est de même décomposé en trois entités intérieures : la capitale de la zone, le reste du milieu urbain et le milieu rural, et trois entités extérieures : le reste du pays, le reste de la région et le reste du monde.

Les valeurs ajoutées, le PIB du pays, sa répartition par branche et ses diverses utilisations sont des résultats du modèle. Les différences avec les données des comptes officiels mettent en évidence les faiblesses éventuelles de ces comptes, dans lesquels des secteurs comme la construction, et par conséquent l'investissement résidentiel, l'épargne et l'accumulation de capital sont souvent fortement sous-estimés, ce qui aurait dû attirer l'attention, s'agissant de pays où une préoccupation essentielle de la population est de s'installer et où tant de gens transportent des matériaux et construisent.

Les agrégats nationaux obtenus à l'aide du modèle démo-économique national sont affectés aux diverses entités territoriales (les villes, les régions, les zones agroécologiques) en exploitant les rares données de production localisées comme pour certaines branches modernes et pour la production primaire, et en se servant de modèles simples d'allocation spatiale tels que le modèle des tensions de marché de l'étude WALTPS qui permet de spatialiser la production agricole marchande.

Les seules institutions qui sont identifiées dans les modèles démo-économiques sont la population, à la fois consommateur et producteur de biens et services, et les administrations. La population est prise en tant que telle, sans distinction d'âge ni de sexe ni de statut. Les valeurs ajoutées engendrées par le processus productif sont réparties entre les administrations et les populations qui transfèrent éventuellement une fraction des revenus ainsi générés hors du pays ou de la zone étudiée.

Les modèles démo-économiques locaux

Ces modèles qui sont utilisés pour l'étude d'une zone particulière ont une structure proche de celle du modèle national, mais ils font intervenir des *lois* spécifiques : par exemple, la fraction de la production locale qui est *exportée* vers le reste du pays fait intervenir la taille relative de la zone (fraction *exportée* décroissant avec la taille) et les caractéristiques relatives de son peuplement urbain et rural. Pour l'élaboration de la première maquette des comptes locaux précédant l'étude de terrain, les paramètres utilisés dans le modèle local sont ajustés pour retrouver à peu près les mêmes agrégats locaux que ceux dérivés de l'allocation spatiale des agrégats nationaux. Cette première maquette fournit très tôt dans le processus d'étude des ordres de grandeur vraisemblables à partir desquels les travaux de terrain peuvent être organisés.

L'image de l'économie locale ainsi obtenue est certes assez grossière mais elle a le mérite d'exister, d'être exhaustive, au sens où toute la population et toutes les activités et transactions de la zone sont prises en compte, et d'être systématiquement replacée dans son contexte national. Les allers-retours entre modélisation et enquêtes qui sont décrits dans le processus ECOLOC conduisent progressivement à une *maquette* de l'économie locale certes simplifiée, mais utilisable pour l'élaboration de divers scénarios et l'organisation de débats sur les stratégies de *développement* local : voir le chapitre 23.

Le manuel ECOOC détaille le processus conduisant des maquettes démo-économiques et spatiales initiales obtenues à l'aide de ces modèles aux documents de cadrage des travaux de terrain et aux comptes, tableaux de bord et images de l'économie locale aisément interprétables par tous les acteurs.

Il a souvent été reproché au programme ECOLOC de consacrer trop de temps à la construction de ces systèmes d'information locale, qui sont pourtant une des conditions premières de la prise de pouvoir effective par les autorités locales : il ne peut y avoir de débats constructifs et de négociations équilibrées qu'entre participants disposant à peu près du même niveau d'information.

Alors, pourquoi ce rejet du programme ECOLOC au motif que la construction de comptes locaux conduit à un gâchis de ressources et d'énergie ? Il ne faut pas s'en étonner, tant les auteurs de ces reproches sont habitués à raisonner et à travailler de façon u-topique, conformément au paradigme auquel ils adhèrent inconsciemment.

Un exemple de modélisation sectorielle : la demande d'investissement résidentiel privé

Comme souligné précédemment, l'accumulation de capital résidentiel privé, qui est un facteur clef de la bonne santé et de l'efficacité de l'économie populaire, est insuffisamment prise en compte dans les comptes nationaux.
Les dépenses d'investissement de chaque catégorie de personnes se composent de deux éléments : les investissements résidentiels calculés en fonction des transformations de la matrice de peuplement (extension du parc de logement) et de paramètres (rapport entre le coût de l'unité d'habitation et le revenu de la personne destinataire, coefficient d'entassement dans le parc existant, taux de renouvellement du parc existant,..), et les autres investissements privés qui

résultent du solde entre l'épargne et les transferts en capital reçus et les dépenses d'investissements résidentiels. De même, les administrations ont des dépenses d'investissements de fonction locale et d'entretien du stock d'équipements publics adaptées aux besoins d'investissement résidentiel des ménages et d'autres investissements calculés par solde.

Dans le programme ECOLOC, l'investissement résidentiel de chaque catégorie de population identifiée dans la matrice de peuplement est recalculé comme fonction :
- du taux de croissance de cette population
- du revenu par habitant
- du rapport entre le montant des investissements résidentiels par habitant supplémentaire et le revenu moyen
- du coefficient d'expansion du parc résidentiel (rapport entre le taux de croissance du parc résidentiel et le taux de croissance de la population)
- et du taux de réhabilitation du parc existant.

Les résultats de cette approche modélisée sont corroborés par l'analyse des photos aériennes à diverses dates et par celle des photos satellites pour les dates les plus récentes.

Quelques constats déduits de la modélisation démo-économique

Les résultats tirés de la modélisation démo-économique ne sont ni plus ni moins vrais que ceux de la comptabilité nationale, ils sont autres. Ils fournissent ou confirment certaines données qui sont attendues, et ils en produisent éventuellement d'autres qui vont à l'encontre des idées reçues et qui font apparaître une autre image de l'économie des pays en voie de peuplement et de la logique de leur évolution :

- La contribution des activités urbaines modernes et populaires à la formation du PIB national est, dans tous les pays, largement supérieure à la part de la population urbaine dans la population totale ; les capitales concentrant en général plus du tiers du PIB ; corrélativement, la contribution des activités primaires (agro-pastorales) représente moins de la moitié du PIB dès que la population non agricole dépasse 25% de la population totale, ce qui est la situation quasi générale.

- La productivité urbaine moyenne (formelle et populaire) est donc généralement 4 à 6 fois supérieure à la productivité rurale (primaire et non primaire), de sorte que la croissance du PIB dépend, pour l'essentiel, de la croissance du PIB urbain et du développement du marché intérieur consécutif à l'urbanisation.

- La valeur ajoutée de l'économie populaire non primaire est loin d'être négligeable, et peut même dépasser celle de l'économie moderne dans certains territoires ; la productivité y est généralement une fois et demie à deux fois supérieure à la productivité du travail dans le secteur agricole, rapport structurel peu élastique qui mesure en quelque sorte le coût de la vie en ville rapporté à la productivité primaire.

- C'est au sein de l'économie populaire et de la population qui en vit que s'opère, pour l'essentiel, la transformation structurelle des pays en voie de peuplement, dont l'une des manifestations les plus évidentes est la croissance et la redistribution spatiale et socio-économique de la population totale. Cette transformation du peuplement va de pair avec (est à la fois cause et conséquence de) la division du travail, par exemple entre villes et milieu rural, avec le développement de l'échange et des marchés locaux et régionaux et avec l'évolution de l'économie populaire.

- Une fraction importante de l'accroissement du produit brut urbain s'explique par l'augmentation des besoins essentiels des ménages (le logement, la nourriture, les transports, l'éducation…) résultant de la croissance démographique et de l'urbanisation.

- De nombreuses activités urbaines sont les prolongements du complexe primaire en milieu urbain (commerçants, transporteurs…) qui croissent avec la demande urbaine et qui contribuent à un transfert d'épargne du milieu rural vers les villes par la fixation des prix relatifs des produits agricoles par rapport aux produits urbains.

- Restituant la réalité du capital urbain, la comptabilité démo-économique amène en général à réévaluer substantiellement l'investissement privé (et corrélativement la valeur ajoutée de la branche BTP). La part résidentielle de cet investissement privé, qui représente les trois quarts du total, a grossièrement suivi la demande. Seules des politiques publiques erronées (lutte contre le prétendu *biais urbain,* programmes dits *d'ajustement structure*l, et de réforme du secteur public) et l'insuffisance corrélative de l'investissement public ont pu et peuvent empêcher que le besoin d'investissement d'accueil rencontre une offre d'épargne privée correspondante. Le logement locatif, qui représente souvent la moitié du parc urbain, mobilise facilement l'épargne des ménages urbains et ruraux aisés.

Conclusion : la démarche par itération, élément clé de la construction des comptes de l'économie réelle

Au cours des premières itérations d'élaboration des comptes démo-économiques qui ne peuvent reposer que sur les informations déjà disponibles, les ébauches d'indicateurs et agrégats de l'économie réelle, comme le PLB (sans dimension spatiale : à un seul pixel) et les premières images démo-économiques spatialisées de divers territoires sont nécessairement peu sophistiquées et basées sur nombre d'hypothèses, mais elles n'en sont pas moins utiles : leur première raison d'être est de révéler les données indispensables à l'élaboration de comptes de l'économie réelle plus exploitables pour la réflexion sur les politiques et les stratégies, comme le stock de capital de fonction locale et de capital résidentiel, et qui sont jusqu'alors négligées parce que jugées sans grande importance dans le cadre du paradigme de l'économie orthodoxe.

Bien que grossières, ces premières itérations d'agrégats et indicateurs de l'économie réelle sont aussi plus riches et plus faciles à interpréter, à rétropoler et à extrapoler que la plupart des indicateurs des comptes nationaux actuels, et ils se prêtent facilement à une première ébauche de décentralisation des systèmes d'information démo-économique et à la production d'indicateurs relatifs à divers sous-ensembles de lieux et de territoires, comme le milieu urbain, le milieu rural, les zones littorales et les zones enclavées. Les différences avec les données des comptes officiels mettent en évidence les faiblesses de ces comptes officiels dans des secteurs comme le secteur primaire et la construction, et par conséquent l'investissement résidentiel, l'épargne et l'accumulation de capital qui sont souvent fortement sous-estimés.

Dès ces premières itérations, les image de l'économie réelle et les visions à moyen terme et à long terme aident les décideurs à prendre conscience de la nécessité de gérer le peuplement plutôt que de le subir, de la nécessité d'aménager et d'équiper les territoires, de la nécessité de libéraliser les migrations et l'urbanisation, de la nécessité de passer des politiques sectorielles traditionnelles, centrées sur la production et la conquête des marchés, à des politiques de dynamisation des économies locales, urbano-rurales, et à nombre d'autres éléments de stratégie parmi lesquels ceux qui dépendent le plus directement du paradigme démo-économique et spatial sont passés en revue dans la cinquième et dernière partie de cet essai.

J'ai insisté sur l'élaboration en parallèle de comptes nationaux et de comptes locaux. Même si ces derniers se heurtent à de sérieux obstacles d'ordre théorique et pratique, ce n'est pas une raison pour ne rien faire: d'abord parce que pour gérer le développement d'un territoire, mieux vaut disposer d'indicateurs approchés et cohérents que d'opérer à l'aveuglette, et aussi parce que le PIB n'est pas qu'une somme de valeurs ajoutées de branches mais aussi et surtout le résultat d'une congruence d'économies locales, de sorte que le détour par le local ne peut qu'améliorer la qualité des agrégats nationaux.

Le modèle démo-économique national et les modèles locaux qui en dérivent mettent clairement l'accent sur les éléments de problématique essentiels, tels que les interactions entre dynamiques de peuplement et dynamiques économiques, les relations entre villes et hinterland et entre économies locales et économies nationales, et les transformations structurelles sur le temps long.

En conclusion de ce chapitre, revenons sur la question des besoins d'Investissement Initial de Fonction locale (les IIFL) qui faisait l'objet du chapitre 3 et qui sera reprise dans le chapitre 24 avec les investissements publics de fonction locale totaux, les IFL : l'un des facteurs clefs intervenant dans les fonctions de production de chaque territoire est le stock de capital public de fonction locale par habitant de ce territoire. La baisse dramatique du stock d'IFL par habitant révélée par le programme ECOLOC compromet la productivité de l'économie populaire et aggrave l'extrême pauvreté des gouvernements locaux, donc leur capacité à prélever des ressources sur l'économie locale, et par conséquent leur capacité à dépenser par habitant, qui est de l'ordre du millième de celle d'une commune européenne. Pour remédier à cette situation, deux voies complémentaires sont à explorer conjointement :

La première concerne le financement des Investissements **Initiaux** de fonction locale, permettant l'accueil des nouveaux résidents (voir chapitre 3). La proposition est de mutualiser ces dépenses d'IIFL à l'échelle de l'ensemble de la planète : le peuplement est un processus planétaire, il faut investir dans les IIFL là où la planète se peuple et non en fonction des capacités de financement de chaque territoire.

La seconde (voir Chapitre 24) concerne le renforcement des capacités des gouvernements locaux à dépenser pour mettre la population au travail, accroître le prélèvement sur l'économie locale ainsi relancée et faire ainsi face aux besoins de financement des dépenses publiques courantes. Une solution consiste à recourir aux monnaies parallèles (en Afrique de l'Ouest francophone, le Franc CFB) et à compter sur l'effet multiplicateur de la dépense publique locale.

Quatrième partie
Quelques exercices passés de prospective et d'aménagement des territoires

Introduction à la quatrième partie

Pour illustrer l'importance de la dimension spatiale des stratégies de développement des pays en voie de peuplement, je commente brièvement quelques études prospectives s'inspirant du paradigme démo-économique présenté précédemment. Sauf les deux premières qui concernent l'Iran et le Vietnam, les cinq suivantes sont relatives à diverses régions ou espaces particuliers d'Afrique Sub-Saharienne, région du monde qui accueille aujourd'hui plus du tiers du nombre total de nouveaux résidents de l'ensemble de la planète. Les approches proposées dans toutes ces études de stratégie à long terme sont applicables à d'autres régions du monde en voie de peuplement. Voici la liste de ces études prospectives :

- *Amayesh e Sarzamin*, l'aménagement du territoire en Iran, avant et après la révolution de 1977 (chapitre 9) ;
- Après l'abandon du contrôle strict des migrations intérieures, la renaissance de l'économie populaire et du marché intérieur au Vietnam (chapitre 10) ;

En Afrique sub-saharienne, la gestion du peuplement à diverses échelles géographiques :
- à l'échelle macro régionale avec l'étude ILTA : une Image à Long Terme de l'Afrique Sub-Saharienne (chapitre 11) ;
- à l'échelle sous-régionale avec l'étude WALTPS : Perspectives à Long Terme de l'Afrique de l'Ouest (chapitre 12) ;
- à l'échelle micro-locale : les *RUCHES* du programme ECOLOC (chapitre 13) ;
- à l'échelle d'un sous-espace particulier, le littoral d'Afrique de l'Ouest (chapitre 14) ;
- et à l'échelle d'un autre sous-espace particulier, le Sahel (chapitre 15).

Pour chacun de ces documents, je rappelle d'abord la raison d'être et la problématique auxquelles il répondait, puis je résume les principales propositions que les décideurs étaient invités à méditer en vue de l'élaboration de stratégies à long terme et du choix de politiques d'intervention cohérentes avec ces stratégies, enfin je rappelle la façon dont les décideurs et leurs collèges de conseillers scientifiques ont réagi à la présentation de ces exercices de prospective.

Le dernier chapitre 16 de cette quatrième partie présente une synthèse des leçons à retenir de ces diverses études prospectives concernant l'ASS et des réticences toujours aussi virulentes des institutions internationales à l'égard de la remise en cause du paradigme sur lequel repose l'Aide au développement.

Chapitre 9
Prospective à l'échelle nationale : *Amayesh e Sarzamin*, l'aménagement du territoire en Iran (1972-1977)

Introduction : gouvernance impériale et aménagement du territoire

L'Iran moderne offre le plus bel exemple de fidélité au concept initial d'*oïkonomia* des Grecs, que les Iraniens appellent en persan *Amayesh e Sarzamin*. Le Schéma d'Aménagement du Territoire qui a été élaboré en 1975 en tant qu'outil de cohérence et de bonne gouvernance dans ce pays en voie de peuplement et de croissance économique rapide sert encore aujourd'hui de référence aux ministères en charge de l'équipement, du développement urbain, du développement rural et du développement local et régional du nouveau régime, qui a pris soin de conserver la DATAR[1] iranienne qui avait été créée près d'un demi-siècle auparavant pour donner vie à ce concept d'*Amayesh e Sarzamin*.

Les contacts pris avec le Gouvernement Iranien à l'occasion de l'étude du plan de développement de la province orientale du Khorasan, la plus réticente à accepter la réforme agraire voulue par le Shah, ont convaincu le Gouvernement Iranien que l'aménagement du territoire tel que conçu par la DATAR française pouvait constituer un outil de bonne gouvernance adapté au contexte politique et social de l'époque : il fallait aider le Prince à exprimer de manière aussi concrète que possible sa grande ambition pour le pays, et l'aider à faire partager cette vision par le maximum d'acteurs, privés et publics.

Le Gouvernement attendait de l'aménagement du territoire une amélioration de la connaissance des potentialités, des contraintes et des tendances lourdes liées à la géographie, aux ressources naturelles (eau, environnement) et au peuplement, et un outil pour piloter au mieux la modernisation en cours et pour concevoir des institutions adaptées aux nouvelles donnes économiques et sociales, en tenant compte de l'extraordinaire diversité géographique, culturelle et sociale du pays, ce qui n'était pas le cas des plans quinquennaux de l'époque, basés sur des

---

[1] DATAR : Délégation à l'aménagement du territoire et à l'action régionale, créée en 1963 et rebaptisée en 2005 Délégation interministérielle à l'aménagement du territoire et à l'attractivité régionale, mais en gardant le même sigle DATAR

projections macro-économiques et sectorielles u-topiques, et par conséquent non régionalisées.

Ces images du futur devaient aussi aider à prendre la mesure de la juste place de l'Iran dans la région, car le Shah avait, à juste titre, de grandes ambitions géopolitiques.

L'Organisation du Plan du Gouvernement Iranien s'est donc dotée en 1972 d'un nouveau service chargé de la maîtrise d'ouvrage du Schéma National d'Aménagement du Territoire : la *DATAR* iranienne a été baptisée *Amayesh e Sarzamin : Amayesh,* un mot de l'ancien persan tombé dans l'oubli depuis des siècles qui signifiait l'art d'aménager son cadre de vie intérieur et *Sarzamin* signifie le territoire.

Le Gouvernement impérial était confronté entre autres défis au doublement de la population totale, de 19 à 37 millions d'habitants, et au triplement de la population urbaine, de 6 à 18 millions, entre 1954 et 1979, soit en un quart de siècle. De la chute de Napoléon 1er à aujourd'hui, les gouvernements et la société française ont eu huit fois plus de temps que le régime iranien pour faire face aux ajustements correspondants.

La transformation du pays était impressionnante, mais la société iranienne restait corsetée, sous le poids de la tradition et des mœurs héritées de la précédente dynastie. Des erreurs de gestion ont été mises en évidence: complexes industriels surdimensionnés, mal implantés et non rentables, gâchis dans l'exploitation des ressources pétrolières, surexploitation des ressources en eau et conflits locaux pour l'accès à cette ressource rare, pollution croissante des grandes villes, décentralisation à peine engagée et difficultés qui en résultaient dans la mobilisation des ressources locales, dépendance excessive de l'économie par rapport au pétrole, opacité et corruption, inégalités croissantes et répression violente, antagonisme entre classes sociales hérité de la longue histoire.

Voici un extrait du télégramme envoyé à Paris par l'ambassadeur de France à Téhéran en 1906 : ce télégramme, qui a été rédigé trois ans avant la destitution de l'avant dernier Shah de la dynastie Kadjar et quinze ans avant le coup d'Etat militaire de Reza Pahlavi qui a mis fin à cette dynastie, vaut encore aujourd'hui d'être médité :

En fait le mouvement libéral actuel a été fomenté par deux groupements, l'un celui des mollahs qui exploitent un peuple affaibli en concurrence avec les grands seigneurs, l'autre celui des marchands et en général de tous les jeunes Persans qui ont eu un contact avec le monde extérieur, ont puisé leurs idées en Europe... Le point de vue de ces deux groupes n'est évidemment pas le même et les partisans du régime en place tireront facilement parti de leur opposition et de leur inexpérience. Rien n'est donc plus incertain que les destinées futures du libéralisme persan. Pour le moment il paraît surtout devoir servir d'instrument à la politique anglaise dans la lutte d'influence et dans les négociations avec la Russie.

Les prévisions à long terme du schéma et la réalité

Les images de l'Iran présentées dans Amayesh à l'horizon à long terme choisi, soit 2012, étaient sur bien des points réalistes: la forte croissance de l'urbanisation allant de pair avec la modernisation de l'économie, la tendance à la concentration du peuplement et de l'activité économique dans certains espaces avec le souci de respecter les contraintes de gestion des ressources naturelles et de l'environnement, l'équipement et la restructuration des territoires denses et la sauvegarde des espaces marginaux, la restructuration des réseaux de transport, l'importance croissante des interactions entre les villes et leur hinterland rural : presque tout cela avait été assez bien vu, et mon récent voyage en Iran me l'a confirmé.

La redistribution spatiale de la population s'est opérée à peu près comme prévu dans le schéma, sauf dans le Khuzestân : conséquence évidente de la guerre Iran-Irak (1980-1988). Les 11 millions d'habitants prévus par le Schéma pour la région urbaine de Téhéran en 2012 sont conformes à la réalité. La trentaine de schémas de structure et d'orientation des villes moyennes présentés dans Amayesh servent encore aujourd'hui de référence, et les pôles urbains proposés pour soutenir le développement des zones marginales, comme Yāsūj, à l'époque un gros village au cœur de la région Bakhtiar et qui a aujourd'hui 100 000 habitants, ont joué le rôle attendu.

Sur le plan socio-politique, l'étude Amayesh, réalisée à la demande et pour le compte du Gouvernement impérial, est évidemment restée discrète sur la question de l'avenir du régime impérial, tout en y réfléchissant. Le Gouverneur de Qom, deuxième ville sainte après Mashhad, nous a dit un jour que si le régime du Shah devait être renversé, ce ne serait pas par les communistes du *Toudeh*, comme beaucoup le pensaient à l'époque, mais par les mollahs réactionnaires.

En résumé, tout ce qui était d'ordre concret, intimement lié à la géographie, à l'environnement, au peuplement, aux relations entre ces variables avait été assez bien vu. Même si cela n'avait jamais été fait ni en Iran, ni d'ailleurs dans les autres Pays en Voie de Peuplement de la planète, ce n'était pas sorcier : il suffisait d'oser y réfléchir, et d'adopter pour ce faire un cadre de pensée ad hoc : ce que j'appelle le paradigme démo-économique et spatial.

La prospective était plus délicate et incertaine dans d'autres domaines, d'ordre plus qualitatif, dans lesquels la culture joue un rôle central : par exemple sur la question des rapports entre la religion et le comportement des ménages en termes de fécondité et leur incidence sur la croissance démographique. Dans la première décennie 1980-1990 après la Révolution, la population totale de l'Iran a augmenté plus rapidement que prévu dans Amayesh, conséquence logique de la révolution puis de la guerre avec l'Irak pendant laquelle les ménages ont été incités à faire des enfants pour compenser les pertes. Puis cette croissance démographique a ralenti de façon surprenante, et ce en dépit ou à cause des injonctions du Guide Suprême Ali Khamenei qui a maintes fois critiqué les programmes de contrôle des naissances, initiés du temps du Shah et repris par le gouvernement. Voici un extrait de son discours de 2012 sur le sujet : *L'Iran compte aujourd'hui 75 millions d'habitants. Mais, je crois que notre pays a les moyens d'avoir 150 millions d'habitants. Je crois en une population très nombreuse. Toutes les démarches et politiques pour contrôler la croissance démographique ne devront être entreprises qu'après que le pays aura atteint 150 millions d'habitants.* Ces interdits n'ont manifestement pas impressionné les ménages iraniens, principaux intéressés, et n'ont pas empêché l'effondrement de l'indice de fécondité qui est aujourd'hui inférieur à celui de la France ! : signe évident de résilience et de maturité de la population, dans les villes comme en milieu rural.

Tout compte fait, de 1980 à 2015, la population totale a de nouveau doublé et la population urbaine a de nouveau triplé, comme du temps de Shah, mais en 35 ans au lieu de 25.

C'était quand même pour le nouveau régime un immense défi, avec les mêmes risques de déstabilisation que ceux qui ont mis fin au régime impérial. Et force est de reconnaitre que le régime islamique a su jusqu'à présent relever ce défi, en dépit des guerres, des crises, et surtout de la volonté des Etats Unis de mettre à genoux l'Iran, désigné depuis 2002 comme le principal constituant de l'Axe du Mal. En dépit des embargos, les investissements publics de peuplement identifiés dans Amayesh ont été réalisés, au rythme imposé par le processus de peuplement, et ce contre l'avis des institutions internationales comme le FMI, dont les injonctions n'ont heureusement pas été respectées.

Cette performance de l'Iran islamique est à mettre au crédit :

- à la fois de la société iranienne, remarquablement résiliente et qui semble avoir assez bien collaboré avec le nouveau régime, et s'être même émancipée, contrairement à l'image que l'on s'en donne souvent avec le port du voile : point à débattre !

- et du pouvoir religieux, ou tout au moins de ses cadres, dont on a sous-estimé la volonté, les compétences, le pragmatisme, le sens des affaires : autre point sensible à débattre avec les experts !

Conclusion sur cette initiative Amayesh e Sarzamin

Quarante ans et une révolution plus tard, l'Amayesh e Sarzamin existe toujours, et continue de jouer un rôle important dans le dispositif gouvernemental de la République Islamique d'Iran. J'ai récemment rencontré à Paris, à leur demande, les responsables iraniens de la direction Amayesh lors d'un atelier consacré à la comparaison entre l'Image de l'Iran à l'horizon 2012 qui avait été proposée dans le Schéma et l'Iran réel : comparaison instructive ! Les atlas d'Iran publiés depuis se réfèrent abondamment aux rapports et cartes publiés dans le cadre d'Amayesh et qui sont encore utilisés dans les Universités.

Je reviens sur la question déjà posée : pourquoi cette initiative Amayesh a-t-elle pu être menée à son terme du temps du Shah, puis endossée par le nouveau pouvoir islamique, et largement suivie d'effets, et ce en dépit des contraintes de tous ordres et de la mise au ban de l'Iran par la plupart des puissances étrangères ?

Première raison : dès sa conception, Amayesh posait les bonnes questions, d'ordre structurel, au bon moment c'est-à-dire à la fois lorsque apparaissaient les premiers symptômes de la malédiction de la rente pétrolière, et pendant la phase centrale de la transition démographique, pendant laquelle la restructuration du peuplement, d'une ampleur et à des vitesses aisément prévisibles, devenait LE principal défi à relever.

Deuxième raison déjà mentionnée : pour traiter de ces questions et à ce moment, l'utilisation du bon paradigme que j'appelle démo-économique et spatial, et non éco-démographique : démo avant éco.

Troisième raison : la coexistence en Iran d'un pouvoir fort, impérial puis religieux - qui, à ce stade de la transition démographique et dans cet environnement, est sans doute inévitable-, et d'une élite, d'une technostructure particulièrement habile, clairvoyante et résiliente.

Enfin, quatrième raison : le dialogue entre le gouvernement iranien et l'équipe de consultants en charge de la préparation de l'Amayesh e Sarzamin a pu se dérouler à l'abri de toute interférence avec quelque institution internationale que ce soit.

Quid de l'avenir ? Quelques pistes à creuser

Depuis les années 1980, le monde a beaucoup changé, de nouvelles opportunités et de nouveaux défis sont apparus, le temps s'est encore accéléré, l'instabilité et l'imprévisibilité de la conjoncture semblent s'être aggravées. Faut-il pour autant renoncer à toute tentative d'éclairer l'avenir pour mieux gérer le présent ?

La première chose à faire est de relire le passé pour y déceler certaines permanences sur lesquelles s'appuyer. Le télégramme envoyé par l'ambassadeur de France en 1906, mentionné précédemment et qui, à quelques mots près, aurait pu être écrit aujourd'hui, en fournit un bon exemple.

La seconde chose nécessaire est de bien prendre en compte le nouveau contexte démographique régional. En Iran, la transition démographique est aujourd'hui dans sa phase finale. A moyen terme, le ralentissement de la croissance démographique devrait faciliter la tâche du gouvernement actuel en termes d'investissements publics, même si la demande d'emploi est appelée à rester durablement forte du fait du baby-boom des années passées.

L'impact de la baisse spectaculaire de la fécondité sur la croissance démographique sera surtout sensible à long terme. Le scénario le plus probable est que la population totale de l'Iran plafonne à moins de 100 millions d'habitants avant 2050, et il n'est pas exclu qu'elle commence alors à décroître : autres problèmes, liés cette fois au dépeuplement de certains territoires et de leurs pôles urbains et au vieillissement de la population et à ses conséquences socio-économiques et culturelles, comme en Europe. Mais aussi conséquences de ce processus sur les pouvoirs en place et sur les formes de gouvernance : il est peu probable que les religieux puissent se maintenir longtemps au pouvoir s'ils ne peuvent plus s'appuyer sur les *masses populaires*.

Au de-là de ces questions purement nationales, la démographie risque de rester pour l'Iran un défi majeur pour une autre raison : l'Iran est au cœur d'une région, le Moyen Orient, dont la croissance démographique va sans doute rester longtemps forte. Alors qu'en un siècle, (1950-2050) la population iranienne aura quintuplé, celle du reste du Moyen Orient aura probablement décuplé.

Pris dans leur ensemble, les voisins de l'Iran, qui n'étaient que deux fois plus peuplés que l'Iran en 1990, sont déjà trois fois plus peuplés, et pourraient l'être quatre fois plus en 2050 (populations en millions d'habitant dans le tableau suivant).

Population du Moyen Orient comparée à celle de l'Iran			
	1 990	2 020	2 050
Iran	56	84	94
Moyen Orient hors Iran	111	242	371
Rapport MO / Iran	2	3	4

Un des préalables à tout exercice de prospective concernant l'Iran sera donc de comprendre les raisons profondes de cette divergence relative entre ce pays et ses voisins, et de chercher à en en prévoir les implications sur la géopolitique régionale.

Pourquoi le taux de natalité des populations sunnites semble-t-il se maintenir à des niveaux beaucoup plus élevés que celui des populations shiites ? Si tel est le cas, quelles conséquences cela peut-il avoir sur le comportement des Iraniens, en déclin démographique relatif, à l'égard de leurs voisins ? Cela peut-il accroitre leur sentiment d'insécurité et leur agressivité dans la région ?

Si les Iraniens perçoivent ce déclin relatif comme insupportable, comment peuvent-ils chercher à y remédier ? Sans retrait des religieux et nouvelle révolution en Iran ouvrant aux ménages iraniens de nouveaux horizons, il est difficile d'imaginer une reprise progressive de la fertilité, à un niveau assurant le renouvellement des générations. Le pouvoir islamique sera-t-il ainsi victime de son propre excès de conservatisme ?

Enfin, une autre question, toujours d'ordre démographique, qui mériterait d'être approfondie : quelles pourraient être les conséquences du processus de peuplement du Moyen Orient sur la géopolitique mondiale ? Le Moyen Orient (Turquie exclue), c'est aujourd'hui 320 millions d'habitants : deux fois moins peuplé que le Russie en 1950, il est aujourd'hui plus de deux fois plus peuplé, et il sera sans doute quatre fois plus peuplé en 2050. Les poids démographiques relatifs évolueront de façon analogue par rapport à l'Europe au sens large (hors Russie), et par rapport aux Etats Unis. Toute la géopolitique régionale et mondiale pourrait être impactée par ce bouleversement démographique.

Moyen Orient comparé à diverses régions

Pop Totale	1 950	2 020	2 050
M.O. / Russie	0,5	2,3	3,5
M.O. / Europe hors Russie	0,1	0,5	0,8
M.O. / USA	0,4	1,0	1,2

La prise de conscience par les pays du Moyen Orient eux-mêmes de ces restructurations devrait les inciter à tout faire pour en tirer collectivement avantage, au lieu de continuer à s'entretuer et de s'auto-détruire comme ils le font depuis un demi-siècle, avec la bénédiction et le soutien des pousse -au-crime que sont la plupart des puissances étrangères. Peut-on rêver dans un proche avenir d'un printemps moyen-oriental ?

Dans ce contexte de transition démographique régionale qui est l'un des événements majeurs, aux conséquences pour la région sans doute plus profondes et plus durables que l'arrivée du pétrole ou que les guerres mondiales et la guerre froide, que penser de la longue liste d'interventions intempestives, incohérentes et à courte vue, des erreurs de jugement et de stratégie, du comportements désinvolte et de la méconnaissance de l'Histoire du monde dont souffrent malheureusement les Etats Unis, qui sont pourtant et qui entendent rester encore longtemps la première puissance de ce monde qui est en pleine restructuration ?

Chapitre 10
Le Vietnam : du passeport intérieur à la libéralisation des migrations internes (2001-2003)

Introduction : du contrôle strict des migrations internes à la réforme économique dans un pays socialiste

Le Vietnam fait partie des pays qui, pendant plusieurs décennies, se sont évertués à contrôler les migrations internes, à freiner le processus d'urbanisation et à lutter contre le secteur *informel*, avant de renoncer à ces politiques au vu de leurs conséquences souvent catastrophiques. Citons comme autres exemples : en Asie, la Chine jusqu'à la fin de l'ère Mao Tsé-Toung et la Corée du Nord, et, en Afrique Sub-Saharienne, l'Afrique du Sud jusqu'à la fin de l'apartheid, le Rwanda jusqu'au lendemain du pogrom de 1993, et son jumeau le Burundi qui n'a pas encore viré sa cuti et qui est aujourd'hui encore le pays le moins urbanisé du monde.

Voici à propos du Vietnam un bref résumé de mes contributions aux travaux du Forum Franco-Vietnamien Economique et Financier de 2001-2003. Les questions qui m'étaient posées dans le cadre de ce Forum concernaient les conséquences de la libéralisation de l'économie engagée en 1986 avec la politique du Renouveau (*Doi Moi*). Quel pourrait être l'impact sur les migrations intérieures de l'abandon progressif du permis de résidence, ou passeport intérieur, qui avait été instauré par l'Etat en 1955 au nord Vietnam et généralisé lors de la réunification du pays en 1975 ? Et à quel bilan cout-avantage de cette mesure pour les citoyens Vietnamiens fallait-il s'attendre ? Ce passeport intérieur, qui était copié sur le modèle chinois du Hukou, était l'un des instruments utilisés par le Gouvernement pour lutter contre la croissance urbaine et le développement du *secteur informel*, notamment à Ho Chi Minh Ville et à Hanoi, et pour gérer les transmigrations autoritaires du trop-plein de population rurale des deltas vers les zones rurales moins densément peuplées des hauts plateaux. La volonté de freiner la croissance urbaine, toujours en vigueur en 2001, se traduisait par la règle la règle des cinq zéros que devaient respecter les autorités de chaque district : *zéro pauvre ou mendiant, zéro SDF (sans domicile fixe), zéro chômeur, zéro drogué et zéro voleur.*

Cette première question conduisait naturellement à celle plus générale de la gestion du peuplement et de l'économie populaire (*informelle*) dans ce pays socialiste en voie de peuplement et à économie administrée, et par conséquent à celles des relations entre croissance urbaine et développement rural, des relations entre villes et périphéries, de l'aménagement et de l'équipement des territoires, et pour finir à la question des investissements de peuplement et de leur financement.

Comment aborder, de l'extérieur, tous ces sujets en peu de temps, sans se contenter de banalités ? Ma contribution a essentiellement consisté à proposer un cadre conceptuel et quelques outils pour aborder ces sujets sur la longue durée et pour mettre en évidence la dimension structurelle des processus que les politiques publiques devraient s'efforcer de prévoir et d'accompagner.

Pour présenter le cadre conceptuel, démo-économique et spatial et les outils de modélisation proposés, je me suis appuyé sur une série de maquettes spatialisées du peuplement et de l'économie réelle du Vietnam relatives respectivement à l'année 1987, représentative de la période précédant la réforme économique Doi Moi, à l'année 2001 prise comme année de base pour la description de la situation actuelle, et à l'année 2020 retenue comme horizon à long terme, et pour laquelle ont été esquissés deux scénarios, l'un dans l'esprit du *Doi Moi* impliquant le doublement du niveau d'urbanisation en une génération (1995-2020), et l'autre plus conforme à la tendance, avec une population rurale encore en croissance (+0.4% par an contre -0.5% dans le premier scénario).

Que s'est-il passé au cours des vingt années suivant la remise de mon premier rapport ? La restructuration spatiale et socio-économique du peuplement et donc celle de l'économie réelle du Vietnam intervenues depuis 2001 sont largement conformes au premier scénario présenté, qui avait anticipé une densification du maillage urbain du territoire avec plus de 1000 agglomérations de plus de 5000 habitants et le développement de la périurbanisation, avec le développement concomitant du marché intérieur. A noter toutefois que le niveau d'urbanisation de 45% proposé dans le rapport pour l'année 2020 tenait compte de cette forte augmentation du nombre de centres de plus de 5000 habitants. L'écart de quatre points de pourcentage entre cette valeur de 45% et celle figurant pour cette année 2020 dans le dernier rapport de la Division de la Population des Nations Unies s'explique en grande partie par le fait que la définition officielle du milieu urbain qui est retenue par le Gouvernement Vietnamien et reprise dans ce rapport est plus de nature administrative que conforme à l'évolution du système urbain, et ne tient que très partiellement compte de la croissance du nombre d'agglomérations dépassant le seuil de 5000 habitants. On retrouve ce même problème de changement de définition du milieu urbain dans presque tous les pays en voie de peuplement. La croissance de la population agglomérée telle que rapportée dans les annuaires et projetée à long terme est de ce fait systématiquement sous-évaluée.

A ce détail près, la relative conformité entre les images régionalisées du peuplement et de l'économie élaborées à l'aide du modèle démo-économique utilisé et la réalité s'explique par trois raisons complémentaires :

- les propositions soumises au Gouvernement Vietnamien étaient assez conformes à ce que souhaitait en fait ce Gouvernement, mais qui n'avait pas encore les outils pour en tirer toutes les implications : souhait que le graphique ci-après, présenté dans ce rapport, résumait assez bien : comment rattraper le retard pris par le Vietnam par rapport à son grand voisin la Chine ?

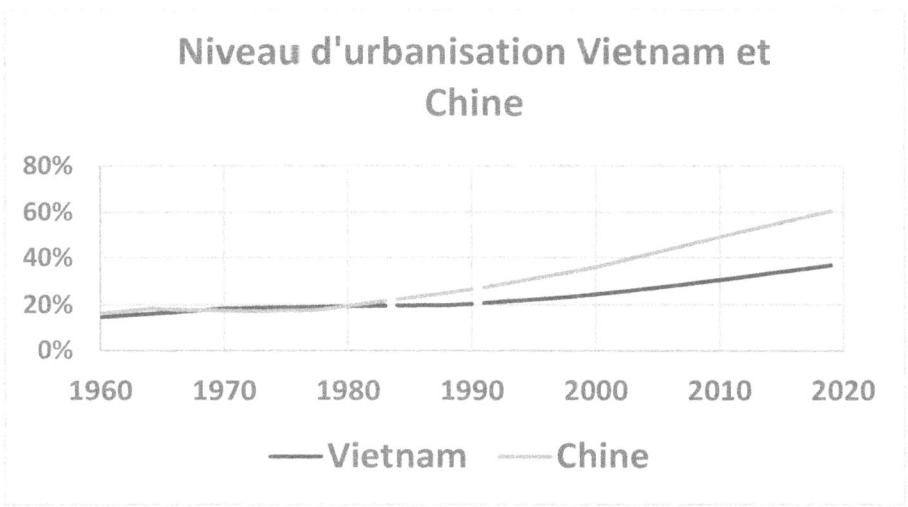

Ce graphique montrait que la période de freinage délibéré du processus d'urbanisation avait été beaucoup plus longue au Vietnam qu'en Chine, où le marché intérieur avait pu se développer beaucoup plus tôt grâce par exemple à la division du travail entre les producteurs et les consommateurs de produits alimentaires sans pour autant nuire à la sécurité alimentaire nationale.

- la deuxième raison était que la rétrospective et la prospective ont moins de chances de passer à côté de l'essentiel et de se fourvoyer quand elles s'appuient sur des données et variables robustes comme la géographie et le peuplement.

- enfin, la troisième raison était que le dialogue entre le gouvernement vietnamien et le chargé de mission qui a été retenu a pu se dérouler à l'abri de toute interférence avec quelque institution internationale que ce soit, et dans le cadre de ce Forum Franco-Vietnamien Economique et Financier dont les deux parties avaient expressément convenu de laisser au chargé de mission une totale liberté d'expression.

Je reviens brièvement à quelques conclusions de mes rapports de 2001-2003. Ils abordaient, toujours dans cette perspective du temps long :
- l'héritage du passé, c'est-à-dire des transformations démo-économiques intervenues depuis la réunification du pays jusqu'à la réforme de 1986 : voir sur cette question la section Vietnam du chapitre 2;
- l'impact de la réforme *Doi Moi* sur l'évolution des disparités spatiales et socio-économiques et sur les comportements migratoires ;
- les modalités de gestion de ces disparités et pressions migratoires qui étaient alors appliquées ;
- la proposition de cadre conceptuel et des suggestions concernant les moyens de faciliter le débat entre les diverses catégories de décideurs sur ces questions.
- et, en conclusion, quelques orientations stratégiques à long terme concernant le secteur primaire et le développement rural, la gestion de l'urbanisation, le développement local et la décentralisation, le développement régional, l'équipement des territoires et le financement des investissements de peuplement. En voici quelques éléments.

L'héritage des décennies passées

L'instrument privilégié du contrôle strict des migrations internes était le certificat de résidence délivré par les autorités locales, sans lequel l'accès aux emplois, aux services publics et aux subventions était officiellement impossible, notamment en milieu urbain. Le niveau d'urbanisation du Vietnam avait ainsi régressé de 22% en 1975 à 20% en 1987, et la croissance de la population rurale à un taux supérieur à la croissance naturelle, avait fortement aggravé le surpeuplement des deltas.

Les opérations de transmigration avaient effectivement contribué à mettre en valeur plus d'un million d'hectares et à développer des cultures industrielles dans les *Nouvelles Zones Economiques*, sans pour autant atteindre les résultats escomptés. La population rurale des zones les plus denses continuait à croître, aggravant la déforestation et l'érosion des sols. Malgré les efforts des autorités, les équipements publics (transport, énergie, eau, écoles, centres de santé) n'ont pu répondre à temps aux besoins des nouveaux arrivants. Et, selon les sources, de 20 à 50 % des personnes installées dans le cadre de ces programmes ont quitté les *NEZ* et sont retournées dans leur village d'origine ou ont tenté leur chance en ville : un quart des immigrants spontanés vers Ho Chi Minh Ville venaient des *NEZ*.

Toute la période précédant la réforme économique de 1986 avait ainsi été marquée par un freinage efficace du processus d'urbanisation et par des migrations organisées ou spontanées essentiellement à destination du milieu rural. Le freinage de l'urbanisation avait eu pour conséquence un arrêt de la division du travail entre la population non primaire PNP et la population primaire PP, c'est-à-dire entre les consommateurs, non producteurs de denrées alimentaires et les agriculteurs, qui voyaient ainsi leur marché intérieur stagner à un niveau très bas : en 1987, chaque agriculteur disposait d'une clientèle potentielle de 0.25 consommateur non producteur, soit à peine plus qu'en 1960.

Les politiques suivies dans les décennies 1970-1980 en vue d'assurer l'autosuffisance en biens de première nécessité au niveau de chaque district et le contrôle par l'Etat de la production et de la distribution de ces biens contribuaient à la récession d'un grand nombre d'activités privées d'intermédiation, comme le petit commerce, le transport et les services privés, qui constituent l'essentiel du tissu économique des petites villes et des bourgs ruraux. L'étiolement de ces activités a entraîné un affaiblissement durable de la croissance démographique et du dynamisme économique de nombreuses villes moyennes, dont la croissance a été souvent inférieure au taux de croissance naturelle, et à un affaiblissement notable des interactions entre ces villes et leur hinterland rural.

Les implications du freinage délibéré de l'urbanisation des décennies 1970 et 1980 ont perduré jusqu'à la fin de la décennie 1990 : elles se traduisaient notamment par un fort surpeuplement rural dans certaines régions, par une baisse continue de la taille des exploitations familiales, par une pression croissante sur les terres et l'environnement, par des tensions sociales dans les zones de colonisation, et par le sous-développement du marché intérieur et la pauvreté rurale.

La nouvelle politique économique *Doi Moi*

La libéralisation et la croissance économique impulsées par la réforme économique mise en œuvre à partir de la fin 1986 ont manifestement profité à tous les secteurs d'activité, mais elles se sont accompagnées d'une aggravation des disparités et des pressions migratoires, parce que, en dehors des grands centres, les investissements de fonction locale indispensables n'ont pu suivre les besoins

Les comptes nationaux ne calculant pas les contributions respectives du milieu urbain et du milieu rural au PIB, ni celles des diverses régions, la seule voie pour reconstituer l'évolution passée de ce ratio qui joue un rôle important dans les dynamiques migratoires était de faire appel à la modélisation démo-économique, dont le tableau suivant rappelle quelques résultats.

Le *PIB* ainsi recalculé (38 milliards de dollars en 2001) dépassait d'environ 15% le PIB officiel. Même si le mode de calcul de ce *PIB* était assez grossier, il semble assez plausible que le PIB officiel était notablement sous-estimé et que le taux de sous-estimation avait tendance à croître avec le *Doi Moi* et le développement de l'activité informelle, principalement urbaine.

Comparison between national accounts aggregates and the results of the demo-economic model

Year 2001, in billion USD	National accounts		Model	
	Value	% of GDP at factor cost	Value	% of GDP at factor cost
primary sector	7,8	26,3%	8,1	23,8%
Construction	1,7	5,8%	3,9	11,4%
transport, communication and trade	5,4	18,1%	7,0	20,7%
real estate and ownership of dwelling	1,3	4,5%	4,4	13,0%
GDP at market prices	**33**		**38**	

En 2001, le *PIB urbain* par habitant urbain, ou productivité urbaine dépassait selon les résultats de ce modèle 1100 US dollars, contre 250 dollars pour le milieu rural, et l'écart de productivité urbain / rural serait passé en moyenne de 2.9 en 1987 à 4.6 en 2001.

Quels que soient les mécanismes d'ajustement utilisés par les habitants (pluriactivité, transferts entre ménages), il semble évident que les tensions migratoires entre secteurs et lieux à hauts et à bas revenus s'étaient considérablement accrues entre 1987 et 2001.

Les deux secteurs sur lesquels la divergence entre les résultats du modèle et les comptes officiels étaient importants étaient celui de la construction et celui des revenus locatifs (*real estate and ownership of dwelling*). Je retrouvais au Vietnam les mêmes ordres de grandeur d'écart entre les données officielles et le PLB démo-économique spatialisé recalculé dans tous les pays où j'ai fait le même genre d'analyse, comme le Maroc, l'Iran, la Chine, le Brésil et les pays africains.

La raison est évidente : l'agrégat PIB officiel est avant tout conçu pour répondre aux questions concernant les relations entre chaque pays et le reste du monde, les équilibres financiers et le commerce au loin. Ce qui se passe à l'intérieur du pays, loin des frontières ou des côtes, dans la profondeur du territoire, n'est pas censé intervenir sur le marché des biens et services dits *échangeables* et est donc considéré comme de peu d'importance pour le calibrage des fonctions de production et des modèles macro-économiques utilisés. Le secteur de la construction privée de l'économie populaire, qui n'est probablement pas pris en compte dans le calcul de l'accumulation de capital dit productif, peut donc être traité comme un simple agrégat sans dimension spatiale, comme une variable d'ajustement des comptes des ménages et des autres agents économiques.

Quelles étaient alors les réponses apportées à ces défis ?

A tous les niveaux (gouvernement central, provinces, districts, communes) la réponse apportée aux tensions migratoires a longtemps été la recherche, par tous les moyens, d'un contrôle strict des déplacements de population. Les règles se sont récemment assouplies, mais le permis de résidence est toujours en vigueur, la population est toujours classée en catégories selon son statut migratoire, et il faut encore au moins une dizaine d'années à un migrant pour passer de la catégorie 4 (immigrant sans papiers, qui vit dans la clandestinité ou la précarité) à la catégorie 2 ou 1 de citoyen à part entière. Même si l'attitude à l'égard des migrations évolue, les vieux réflexes demeurent, surtout au niveau local.

Une première réponse au problème de la pauvreté rurale a été la relocalisation des ménages les plus pauvres dont les exploitations ne sont pas viables vers des zones rurales moins densément peuplées. Après le demi-échec des opérations de transmigration délibérée et à grande échelle, des migrations rurales-rurales se poursuivaient encore avec l'aide du Gouvernement, mais sur une base de volontariat, notamment vers le delta du Mékong. En 2001, les fronts pionniers étaient pratiquement épuisés. Le recours aux migrations rural-rural comme moyen de lutte contre le surpeuplement et la pauvreté rurale semblait donc condamné, de ce fait, à jouer à l'avenir un rôle de plus en plus marginal.

Mais, plus fondamentalement, si ces migrations rural-rural pouvaient atténuer les tensions localement et à court terme, elles ne contribuaient en rien à la solution du problème posé par l'excès global de population primaire et son corollaire, la croissance du ratio b/a qui mesure l'écart de productivité entre les secteurs non primaires et le secteur primaire, et qui avait cru de 5.6 en 1986 à 7.4 en 2001, niveau extrêmement élevé et peu soutenable à terme.

Une deuxième réponse au problème de la pauvreté rurale était le développement planifié des cultures industrielles et d'exportation. Mais, en moyenne nationale, les productions primaires destinées aux marchés extérieurs n'ont jamais représenté plus de 15 % de la production brute primaire. Même si des opportunités existaient encore, la maquette esquissée à l'horizon 2020 montrait que ce pourcentage était peu susceptible de croître à l'avenir. Les revenus monétaires que les producteurs de denrées primaires tiraient de leurs exploitations étaient et devraient à l'avenir rester principalement déterminés par le marché intérieur. Le revenus monétaire moyen par agriculteur ne devrait croître de façon durable et significative que si ce marché intérieur se développe.

Une troisième réponse au problème de la pauvreté rurale était le développement des activités non agricoles. Si la diversification des activités en milieu rural constituait un objectif éminemment souhaitable, les perspectives en la matière étaient restreintes, au moins à moyen terme, en raison à la fois du faible développement des filières en amont et en aval de la production primaire, de la modestie du pouvoir d'achat de la population rurale et de l'enclavement qui nuisait à la rentabilité des entreprises rurales. La fraction des revenus ruraux provenant des activités non agricoles avait pratiquement stagné, à moins de 20 %, entre 1993 et 1998.

La pluriactivité devait donc surtout se traduire d'une part par la migration saisonnière d'une fraction de la population active des villages en recherche d'emploi en ville, d'autre part par le développement de la *périurbanisation* autour des grandes métropoles, ce qui allait poser de redoutables problèmes d'équipement de ces immenses banlieues.

Les institutions locales, qui étaient directement confrontées aux problèmes posés par les flux migratoires, avaient peu évolué depuis la réforme. Si la décentralisation était effective à l'échelon des provinces, les choses étaient beaucoup moins claires aux échelons inférieurs. Les quelque cent villes moyennes de 20 000 à 200 000 habitants, qui étaient destinées à devenir autant de pôles d'animation du milieu rural environnant, n'étaient toujours pas dotées des moyens institutionnels et des instruments nécessaires à l'exercice de leurs fonctions, tels que les systèmes d'information sur l'économie locale, les outils de mobilisation des ressources locales, ou les instances de concertation entre tous les acteurs publics et privés du développement local. La gestion des villes était encore largement dominée par une approche sectorielle, relevant de divers ministères ou services à responsabilités sectorielles.

Comment surmonter les contradictions ?

Nombre des problèmes auxquels le Gouvernement était confronté en matière de pauvreté rurale, de disparités régionales, de sous-développement du tissu de villes secondaires et de sous-développement du marché intérieur étaient la conséquence directe ou indirecte des politiques de contrôle des flux migratoires décidées un quart de siècle plus tôt et qui, sous des modalités diverses, influençaient encore le comportement des pouvoirs publics.

Si la libéralisation de l'économie décidée en 1986 ne s'était pas encore accompagnée d'une libéralisation parallèle des migrations au sein du pays, c'était, au moins en partie, en raison d'une connaissance insuffisante des mécanismes et des enjeux. A preuve les contradictions entre les déclarations successives du Gouvernement à propos de l'urbanisation et de l'exode rural, et les contradictions entre les instructions venues du centre et les comportements des décideurs locaux.

La démarche prospective et la prise de conscience des interactions entre les dynamiques de peuplement et les dynamiques économiques et sociales

Le rapport faisait donc deux propositions destinées, d'une part à prendre une plus juste mesure des interactions entre les dynamiques de peuplement et les dynamiques économiques et sociales, et d'autre part à approfondir le dialogue entre tous les décideurs sur les enjeux correspondants :

- se doter d'un cadre conceptuel adéquat ;
- et favoriser l'émergence d'un débat bien structuré entre les décideurs à tous les niveaux sur cette question éminemment sensible des migrations avec l'aide d'une démarche prospective, convenablement conduite, pour aider à dépasser les préoccupations sectorielles ou locales qui sont le lot de la plupart des décideurs et pour aborder les questions structurelles, au-delà des contraintes de la conjoncture du moment.

L'exercice de prospective proposé devait conduire à exprimer diverses visions **cohérentes** du peuplement, de l'occupation de l'espace, de l'économie et de la socio-économie du Vietnam à l'horizon d'une génération, en tenant évidemment compte du contexte régional.

Pour amorcer la démarche, le rapport remis en 2002 a soumis deux ébauches d'images démo-économiques du Vietnam à l'horizon 2020 que je ne présente pas ici. Ces deux images encadraient correctement la réalité telle qu'elle apparait à la lecture de la dernière version des *World Development Indicators*, qui, comme toujours, restent très discrète sur les questions de transformation structurelle. La prise en compte dans le rapport de l'économie populaire, était censée croître d'un sixième du PIB en 2000 à un tiers en 2020, combinée au réajustement de certains secteurs du PIB des comptes nationaux comme le secteur de la construction, explique une grande partie de l'écart entre le PIB officiel et celui du modèle.

A cette remarque près, les nombreux indicateurs et ratios d'ordre structurel tirés de cette approche démo-économique spatialisée, et qui n'ont pas d'équivalent dans les comptes officiels, devraient pourvoir servir de référence pour une réflexion sur les enjeux macroéconomiques et socio-économiques de la redistribution du peuplement, qui, au Vietnam comme en Chine, est de grande ampleur.

Voici quelques exemples de ces enjeux, tels qu'ils étaient exprimés dans le rapport remis au Forum Franco-Vietnamien de Stratégie de 2003 :

Pour ce qui concerne le secteur primaire et le développement rural

Si, dans les décennies suivant l'indépendance, la priorité absolue a dû être donnée à la sécurité alimentaire, avec comme corollaire un ensemble de politiques centrées sur la production, la priorité numéro un pour l'avenir devrait être la croissance du nombre de consommateurs de produits alimentaires non producteurs par agriculteur. Sans transformation rapide des structures de ce secteur que le surpeuplement rural a jusqu'à présent empêché d'évoluer au rythme nécessaire, les disparités de niveau de vie entre régions et les tensions sociales pourraient atteindre des niveaux insupportables.

La conquête des marchés d'exportation entreprise avec succès depuis le lancement du Doi Moi a pu donner, localement, une forte impulsion à l'économie rurale. Mais on en connaît les limites : rareté des terres disponibles, problèmes environnementaux, volatilité des prix, etc. Si tout doit être fait pour conquérir ou conserver des marchés extérieurs, il est peu probable que les produits primaires destinés à l'exportation représentent un jour plus de 15 ou 20 % de la valeur ajoutée du secteur primaire. Seule la croissance régulière et continue du ratio PNP/PP (du nombre de consommateurs de denrées alimentaires par agriculteur) permise par l'urbanisation peut assurer une croissance soutenue et durable des revenus de la population primaire.

La demande intérieure se transformera avec l'urbanisation : la part des dépenses alimentaires consacrée aux denrées de base telle que le riz diminuera au profit de produits plus variés et à plus forte valeur ajoutée comme les fruits et légumes, la viande et les produits laitiers. L'industrie agro-alimentaire et les circuits de distribution formels demanderont des produits de qualité standardisée et des calendriers de livraison précis. La réponse aux besoins nouveaux du marché nécessitera du capital, du savoir, de l'information, une bonne connexion aux marchés : tout ceci implique des revenus monétaires d'origine agricole croissants, une proximité des biens et services d'origine urbaine, et une intensification des échanges entre les places de marché que sont les villes et le milieu rural.

La répartition dans l'espace des différentes spéculations et des types d'exploitations sera de plus en plus influencée par la proximité des villes et des infrastructures : ce phénomène est déjà bien visible dans l'hinterland de Ho Chi Minh Ville et de Hanoi, où les rizières laissent la place au maraîchage, aux vergers et au petit élevage. Dans la périphérie des grandes villes, où co-existeront toutes sortes d'activités primaires et non primaires, les sols seront soumis à une forte pression de la demande, et seules subsisteront les activités dégageant une forte valeur ajoutée par unité de surface. La terre va devenir un bien marchand et la propriété foncière va se concentrer.

L'agriculture va, pour une fraction croissante des exploitations, devenir un métier rémunérateur et exercé à plein temps. Cette professionnalisation des exploitants les mieux intégrés au marché n'exclut pas qu'ils s'impliquent dans les activités amont et aval de la filière, mais elle s'accommoderait mal d'une recherche systématique de la pluriactivité uniquement destinée à pallier les insuffisances de revenus agricoles. L'apparition d'un entreprenariat agricole risque d'accroître les inégalités au sein de la société rurale, mais si cette évolution devait être contrecarrée, les éléments les plus novateurs pourraient quitter l'agriculture pour d'autres secteurs et ce serait l'ensemble de l'économie rurale qui en serait pénalisée.

D'une manière générale, la riziculture familiale est appelée à décroître en valeur relative parce qu'elle n'est pas, sous sa forme actuelle, génératrice de revenus acceptables : de nombreux agriculteurs chercheront sans doute à sortir de la rizière, en la transformant pour d'autres usages ou en la cédant. En revanche, on peut penser à un développement très rapide d'autres céréales comme le maïs et des tubercules (patates douces, manioc...), à la fois pour l'alimentation humaine et animale.

Ces évolutions pourraient avoir pour moteur un changement d'habitudes alimentaires urbaines et le développement de l'industrie agro-alimentaire qui demandera des matières premières alimentaires variées et à faible coût. La demande en produits animaux va probablement très fortement augmenter, ouvrant des perspectives nouvelles au petit élevage et à un début d'industrialisation de la production.

On peut s'interroger sur l'évolution de l'irrigation, essentiellement gravitaire aujourd'hui : peut-on concevoir que se développent d'autres systèmes d'irrigation, plus décentralisés, d'essence privée, faisant appel au pompage (irrigation de complément), sur des zones de plus en plus éloignées des cuvettes inondables ?

Pour ce qui concerne l'urbanisation

L'image 2020 table sur une croissance de la population urbaine au taux moyen de 3.8 %. Un tel taux de croissance n'a jamais été atteint et durablement maintenu dans le passé. Dans les vingt prochaines années, la population urbaine devrait augmenter dans les mêmes proportions (multiplication par un facteur 2.3) que pendant les trente années passées. Il s'agit donc là d'un objectif ambitieux, d'autant que l'effort d'équipement urbain doit concerner plusieurs centaines de centres urbains et non quelques capitales régionales.

Il convient pourtant de relativiser cet effort. Par rapport à de nombreux autres pays en voie de peuplement, le Vietnam jouit en matière d'urbanisation de nombreux facteurs favorables : une tradition urbaine multiséculaire, un gouvernement et une administration territoriale puissamment structurés, et un taux de croissance démographique très modéré. Contrairement au Maroc par exemple qui est confronté à des taux de croissance de certaines villes de plus de 6% sur une longue durée, c'est au Vietnam de taux de croissance de villes de l'ordre de 3 % par an dont il s'agit : de tels taux devraient être parfaitement maîtrisables, même dans les très grandes villes, pourvu que les institutions soient adaptées.

Pour ce qui concerne le développement local et la décentralisation

Le passage d'une économie administrée à une économie de marché implique l'intervention d'un nombre croissant d'acteurs aux stratégies souvent concurrentes. L'organisation actuelle de la décentralisation et des institutions locales, encore largement héritée de l'époque précédant la réforme de 1986, peut constituer un frein à cette évolution. Toute la chaîne de commandement semble à première vue organisée sur une base sectorielle avec une faible communication entre secteurs et donc une capacité limitée de concertation entre secteur public et opérateurs privés et entre entités territoriales voisines.

Le risque qui en résulte est que la ville ne soit pas appréhendée en tant que système complexe, mais en partant des divers services dont elle doit être dotée : la voirie, l'habitat, la distribution d'eau et d'énergie, les zones industrielles, etc. A fortiori, les questions ayant trait aux interactions entre ville et hinterland risquent d'être quelque peu négligées, et d'échapper aux compétences des services déconcentrés et des institutions locales. Or, il faut s'attendre, avec l'expansion du marché intérieur, à une multiplication par dix de l'intensité des échanges entre villes et entre villes et hinterland rural, et à une complexité croissante des filières correspondantes et des instances de concertation entre tous les opérateurs impliqués.

Après le Doi Moi, dont on peut dire qu'il a remarquablement réussi à ouvrir l'économie vietnamienne aux marchés mondiaux et à favoriser le développement des investissements étrangers, on peut imaginer que la seconde phase du processus de réforme sera davantage focalisée sur la libéralisation en profondeur du marché intérieur et sur la promotion des économies locales urbano-centrées évoquées précédemment. Il faudrait sans doute pour cela faire évoluer les institutions urbaines, donner davantage d'autonomie aux communes urbaines en matière de planification, de mobilisation et d'affectation des ressources, redéfinir les rôles respectifs des services déconcentrés de l'Etat et des provinces et ceux des collectivités locales, et, corollaire de cette décentralisation, accroître la capacité d'arbitrage de l'Etat.

A cet égard, la DATAR des années 1960-1970 et l'aménagement du territoire conçu comme la vision centrale forte nécessaire à la décentralisation pourraient servir sinon de modèle, du moins de référence intéressante.

Enfin, en matière de planification stratégique

Si, comme nous le pensons, la prospective constitue bien une démarche essentielle à la bonne gouvernance, il conviendrait de donner le maximum possible d'initiative aux nombreux instituts de recherche en technologie, économie et sciences sociales dont le pays est doté. Pourquoi ne pas inciter les responsables de ces instituts à mettre leurs équipes de chercheurs en concurrence sur l'élaboration de scénarios à long terme permettant d'explorer toutes les pistes concevables, même non conformes aux orientations et aux options dominantes et aux besoins de la conjoncture à court terme ? Une telle démarche serait certainement de nature à attirer les meilleurs talents et à mieux valoriser l'énorme potentiel représenté par l'appareil statistique très performant de ce pays. C'est à l'aide de démarches multidisciplinaires de ce type, faisant largement appel à l'innovation, que les décideurs au plus haut niveau pourront se donner les moyens d'anticiper et d'accompagner les changements incontournables.

Chapitre 11
Prospective à l'échelle macro-régionale de l'ASS : L'ILTA, une image à long terme de l'Afrique Sub-Saharienne (1983)

Introduction : de l'indépendance des Etats-nations à la gestion du peuplement en ASS

En 1973, la Grande Bretagne rejoignait l'Union Européenne. A partir de 1975, pour faire la place aux pays africains anglophones, les accords de coopération entre l'Europe et les pays ACP, tout en affichant des objectifs d'ordre social ou humanitaire, ont en fait été rapidement recentrés sur la question des *protocoles commerciaux* régissant les échanges entre ces pays et l'UE.

En 1983, à la veille du prochain renouvellement des accords de coopération, pour freiner les dérives de l'*Aide* ainsi focalisée sur le commerce au loin, il devenait urgent de chercher à convaincre la Direction Générale du Développement de la Commission des Communautés Européennes (la DG VIII) :

- qu'elle devait se doter d'une image moins déformée de l'état des lieux et d'une vision de l'ensemble de la région ASS à plus long terme ;
- qu'elle devait inviter les institutions régionales africaines à réagir et à reprendre ces réflexions à leur compte :
- enfin qu'elle devait convaincre l'Europe de promouvoir une politique de coopération moins exclusivement commerciale, mieux inscrite dans l'histoire des relations entre l'Afrique et les anciennes puissances coloniales et dans le temps long.

C'est ainsi qu'est née cette idée de soumettre à la DG VIII, qui n'avait rien demandé, une *Image à Long Terme de l'Afrique au sud du Sahara*, en abrégé ILTA. Cette ILTA a été conçue comme un outil pédagogique, à reprendre ultérieurement mais qui pourrait dans l'immédiat aider la DG VIII à aborder les négociations de la nouvelle convention cadre de coopération dite Lomé III en tenant mieux compte des fondamentaux que sont le peuplement, la géographie, l'espace et le temps long. Les conclusions de cette étude ont été présentées à la Commission en décembre 1983, donc à temps pour qu'il en soit tenu compte pour la négociation de Lomé III.

La démarche suivie dans l'ILTA

Comme rappelé au chapitre 8, la construction d'images à long terme qui procèdent d'un nouveau paradigme implique une démarche par approximations successives : l'étude ILTA constituait la boucle zéro d'une telle démarche qui ne pouvait reposer que sur le bon sens et sur les rares données immédiatement disponibles, en attendant les nouveaux systèmes d'information rendus nécessaires dans le cadre de ce nouveau paradigme. Cette ILTA, boucle zéro, devait être suivie de nouvelles versions, plus approfondies, tenant par exemple compte de la dualité intrinsèque de l'économie réelle et de sa composante populaire si mal connue.

Le paradigme démo-économique et spatial de l'étude ILTA

Voici in extenso le texte de l'encadré du rapport de synthèse qui exposait ce paradigme :

Pour la compréhension de certains problèmes structurels, et dans la situation des pays en voie de peuplement et de construction, il est nécessaire de considérer la population comme le point de départ et le point d'aboutissement de tout raisonnement, comme le premier paramètre à prendre en compte pour l'élaboration de la stratégie.

Dans cette optique, le développement économique est mieux reflété par la qualité, l'intensité et la répartition des échanges internes et externes de toute collectivité ou région que par la production de biens et de services marchands ou non marchands de ce territoire. Pour une catégorie donnée de centres urbains, déterminée par sa population et ses fonctions dominantes par exemple, le volume des échanges qui s'opèrent est en partie déterminé par la population de cette agglomération et par l'environnement, le cadre géographique ou spatial dans lequel et grâce auquel cette population est mise en condition d'échanger, du fait de ses relations de voisinage, internes à l'agglomération et externes avec le reste du monde. La population en tant que telle est considérée (par sa distribution dans l'espace) comme le facteur essentiel des échanges et donc de l'activité qui doit être reflétée dans les indicateurs économiques si ceux-ci sont fidèles.

En ce sens, la population est un facteur de production, et la variable explicative n°1 des échanges est le peuplement (population et sa répartition). Le Produit Régional Brut de telle ou telle partie du territoire (le PRB) ou de la nation (le PIB) doit, au moins pour partie, être le reflet des échanges qui s'effectuent dans ce territoire : variable explicative des échanges, le peuplement peut donc aussi être considéré comme l'une des variables explicatives de la production elle-même, et notamment de la part de cette production qui provient du secteur informel, actuellement mal mesurée et sous-estimée par la comptabilité nationale. Ce qu'on appelle le secteur informel est considéré ici non comme l'accessoire, mais comme une composante essentielle de l'activité notamment urbaine.

Cette optique des échanges s'intéresse évidemment aux flux de personnes, de biens et de services, à l'origine et à la destination de ces flux, à leur genèse liée aux différences de potentiel et aux relations de voisinage entre systèmes, à la différenciation progressive des fonctions et à la spécialisation des tâches, aux déséquilibres et aux disparités.

Cette optique est donc naturellement et nécessairement spatiale, puisque les flux et interactions dépendent de la localisation. Et elle intègre naturellement les déséquilibres et disparités, sans lesquels ces échanges n'existeraient pas.

La distribution spatiale des hommes et des activités par rapport à l'environnement international et local, et par rapport aux ressources est donc, dans cette optique, un sujet d'étude important.

A toute époque, cette distribution des hommes et des activités dans l'espace et le mode de mobilisation des ressources qu'elle implique sont la résultante d'un long passé, elles constituent la trace visible de l'histoire du développement. Mais les conditions qui ont engendré cette organisation se modifient très rapidement du fait notamment de la croissance démographique, de la croissance économique et de l'évolution du contexte international : la valeur effective des ressources, le poids des contraintes naturelles, leur impact sur la localisation des hommes et sur les systèmes de production dépendent très largement de ce contexte démographique (densités de peuplement), économique, socio-économique, politique et régional. Héritage du passé, la distribution des hommes et des activités est ainsi en constant déséquilibre, en déséquilibre dynamique.

Une façon de lire et d'interpréter l'état actuel du développement d'un pays et la manière dont ce développement se diffuse régionalement consiste donc à s'intéresser de près à l'organisation dans l'espace du peuplement et donc des activités, et surtout à leur évolution dans le temps. L'Image actuelle et l'Image à long terme de l'Afrique au Sud du Sahara doivent répondre à cette préoccupation.

Prise en compte de la géographie et de l'espace

Puisque l'espace compte, l'ILTA a commencé par produire tout un jeu de cartes originales à l'échelle d'un huit millionième (1 mètre sur 1,2 mètre) de l'espace africain. Ces cartes présentaient une analyse détaillée des potentialités et contraintes agro-pédologiques et morphologiques, analysées non dans l'absolu, mais par rapport aux divers types de terroirs existants ou susceptibles d'apparaitre en fonction du contexte démographique et des perspectives d'occupation et de mise en valeur de ces espaces et territoires.

Image à long terme de l'ASS : carte des densités de population rurale à l'horizon 2010

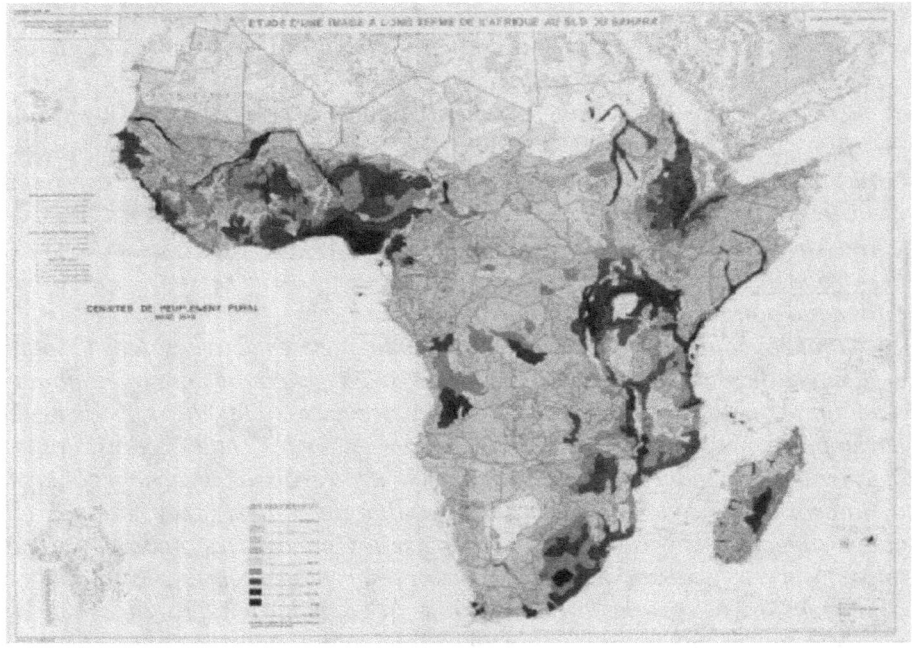

L'histoire passée et la situation présente du peuplement, de la population agglomérée et de la population rurale, dont dépend en partie la qualification des divers types de terroirs, ont été reconstituées par photo-interprétation, et c'est sur ces mêmes fonds cartographiques qu'ont été esquissées les images 2010 du peuplement et de l'aménagement des territoires correspondant à diverses trajectoires de développement. Très tôt dans le processus d'étude, un seul de ces scénarios qui paraissaient a priori concevables a été sélectionné puis développé et retenu.

L'*explosion démographique* et le développement en ASS

Les démographes pensaient alors que le milliard d'habitants serait atteint en ASS en 2011, et il a été en fait atteint six ans plus tard que prévu, en 2017. Plutôt que de redouter les conséquences de cette *explosion démographique* annoncée, l'étude ILTA a pris le parti de dire que, puisque cette croissance de la population est, à quelques pour cent près, un fait indéniable avec lequel il faut compter sans attendre un miracle ou un exode massif ou une quelconque catastrophe, la meilleure chose à faire est de se poser la question de savoir où et dans quel cadre physique et institutionnel habiteront tous ces africains et pour y exercer quelles activités, en faisant le pari que cette croissance démographique ne les empêchera pas de vivre et ne les condamnera pas nécessairement à être affamés ni dépendants pour leur survie de la charité internationale.

L'un des messages que l'ILTA adressait à ceux qui considéraient qu'il s'agissait là d'un vœu pieux et dénué de fondement était qu'il leur fallait changer de lunette, c'est-à-dire de paradigme.

Peuplement et migrations

L'étude ILTA a mis en évidence les anomalies de peuplement héritées de l'histoire et susceptibles de conduire à des risques croissants de conflits et d'insécurité. Ces anomalies de peuplement ont été identifiées en combinant trois cartes : la carte des potentialités et contraintes physiques : sols et relief (altitude et pentes), celle des densités de population rurale projetées à l'horizon 2010, et celle de la densité du maillage urbain projeté qui était prise comme indicateur du potentiel économique régional. Les principales zones à risque ainsi identifiées concernaient les pays des Grands Lacs, toute la zone de transition entre forêt et savane du Sénégal à l'Ethiopie, et l'Afrique australe et orientale.

Alors que le poids relatif des pays Sahel ouest (CILSS)[2] dans l'ensemble de l'Afrique de l'ouest a augmenté de plus de 4% entre 1980 et 2010, l'étude ILTA prévoyait dans son image 2010 une poursuite de la baisse de ce poids relatif de 3% entre ces deux dates 1980 et 2010, résultant à la fois d'un taux moyen d'émigration de 0,6 % par an de ces pays sahéliens vers les pays côtiers, et d'une accélération de la transition démographique qui aurait pu résulter d'une croissance économique et d'un rythme d'urbanisation plus soutenus que ce qui s'est effectivement passé, et l'étude en évoquait les implications en termes de stratégie et de politiques souhaitables.

---

[2] CILSS : Comité Inter-Etats pour la lutte contre la sécheresse et pour la sécurité alimentaire au Sahel

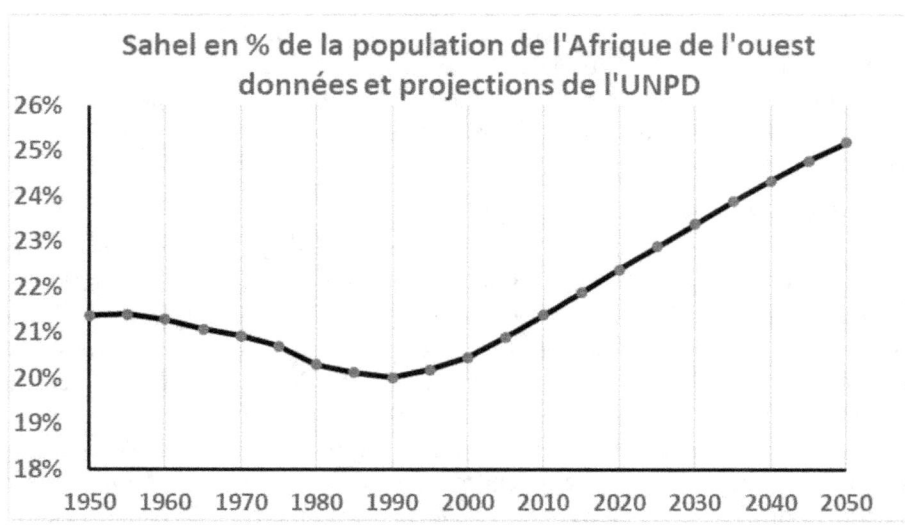

Ce qui s'est effectivement passé est donc bien différent de ce que prévoyait et proposait l'ILTA. La question se pose aujourd'hui de savoir si le Sahel est condamné à devenir la région la plus instable d'Afrique de l'Ouest. Lors du colloque de l'association Confrontations Euro-Africaines de février 1998 à Dakar, la réponse que j'ai donnée à cette question a été : oui, si le poids relatif du Sahel dans la population régionale, qui avait logiquement décru jusqu'en 1990, continue à croître. En dépit des contraintes agro-climatiques et de l'enclavement dont souffre le Sahel, cette région verrait sa population totale croître plus vite que celle de l'Afrique de l'Ouest côtière qui est autrement mieux dotée et connectée au monde !

Une autre zone à risque identifiée dans l'ILTA du fait d'anomalies du processus de peuplement concerne les pays des grands lacs. Je me contente ici de reproduire ce tableau qui doit inciter à la méditation.

Surpeuplement programmé de quelques pays d'ASS en 2050			
	Niger	Rwanda	Burundi
Surfac totale (km²)	1266700	24670	25680
Population (millions)	50	21	26
Densité totale (hab/km²)	40	835	1005
% de pop rurale	43%	73%	66%
Pop rurale R	21	15	17
Surface cultivable (km²)	45000	13850	13500
Hectares cultivables par habitant rural	0,21	0,09	0,08

Souvenons-nous du pogrom de 1992 au Rwanda, pays qui était alors le champion du monde de la ruralité, et demandons ce qui risque d'arriver, pour les mêmes raisons, au Burundi qui est, en 2020, le vice- champion du monde de la ruralité, avec 86,3% de population rurale, juste après la Papouasie Nouvelle Guinée qui en compte 86.7%.

Voici quelques détails sur cette question des migrations intra-africaines qui est l'un des principaux sujets qui fâchent et sur lequel on préfère en général ne pas s'étendre

Sur la période 1980-2010, l'ILTA a estimé à quelque 42 millions de personne le nombre total cumulé de migrants en provenance de 25 pays potentiellement surpeuplés et à destination de 15 pays d'accueil, les 7 pays restants ayant des bilans migratoires négligeables.

Rapportés à la population de ces deux groupes de pays, les taux annuels moyens de migration correspondants auraient été respectivement de -0.4% et de +0.5%. Les plus importants émetteurs étaient l'Ethiopie, dont l'Erythrée faisait encore partie, le Rwanda, le Burkina Faso, le Mali, le Kenya et le Malawi, et les principaux récepteurs étaient la Côte d'Ivoire, la RDC, le Cameroun et la RSA. Les flux migratoires internes ainsi projetés étaient sans rapport évident avec ceux qui ont été par la suite officiellement enregistrés dans les annuaires de la Division de la Population de l'ONU, et qui sont en fait fort mal connus.

Que conclure sur ce point des migrations entre pays africains ? D'abord que les migrations internes officiellement enregistrées sont inférieures à la réalité et que les migrations réelles sont très en dessous des niveaux souhaitables. Ensuite, que plus ces migrations internes sont différées, plus elles seront difficiles à gérer, douloureuses, et plus les risques de crises et d'insécurité liées à cette question du peuplement seront grands.

L'image démo-économique de l'ASS présentée dans l'ILTA à l'horizon 2010

Souvenons-nous que cette étude ILTA était une première boucle, dont le but était de reconstruire une image moins déformée de l'état des lieux et des restructurations passées, de mettre en évidence les grands enjeux régionaux à long terme, et de proposer une image plausible du futur à l'horizon d'une génération, alors que les outils nécessaires pour ce genre de prospective démo-économique et spatiale dont nul ne se souciait alors, n'étaient pas encore disponibles.

La population urbaine, définie comme la somme de toutes les agglomérations de plus de 5000 habitants à la date considérée, conduit à un niveau moyen d'urbanisation de l'ASS en 1970 de 22% au lieu des 18% figurant dans les éditions successives des WDI.

La population primaire PP (agricole au sens large) de chaque pays, qui n'est presque jamais mentionnée dans les annuaires alors qu'elle est une donnée fondamentale, a été calculée pour chaque pays, pour sa composante urbaine PPU à partir de la distribution de la population agglomérée par taille de ville et, pour sa composante rurale PPR comme solde entre la population rurale totale R et la population non primaire rurale PNPR fonction de la connexion de chaque zone rurale au réseau urbain.

Le premier tableau ci-après compare quelques ratios caractéristiques du peuplement et de l'économie présentés dans l'étude ILTA et ceux qui peuvent être déduits des rares données fournies par les annuaires comme les WDI (dernière édition), dont l'agrégat population urbaine a été ajusté sur la base normalisée adoptée dans l'ILTA (somme des populations des agglomérations de plus de 5000 habitants à toute date) et complétées pour les données en italique à l'aide des modèles spatiaux de l'étude ILTA.

		Principaux ratios Source ILTA			Principaux ratios de WDI		
					et en italique dérivés des modèles ILTA		
		1970	1980	2010	1970	1980	2010
Niveau d'urbanisation	U/P	22%	30%	56%	22%	27%	44%
pop non primaire /pop primaire	PNP/PP	0,32	0,45	1,21	*0,32*	*0,32*	*0,59*
PIB non primaire en % du PIB	B/Y	72%	76%	82%	73%	79%	84%
Ratios de productivité :							
urbaine / rurale	y(U)/y(R)	7,2	6,2	3,9	*7,3*	*7,5*	*6,1*
non primaire / primaire	b/a	8,2	7,0	3,8	*8,4*	*11,7*	*8,9*

Quelques points importants à noter :
- selon l'ILTA, le ratio PNP/PP représentatif de la taille du marché alimentaire monétarisé par agriculteur devait quadrupler de 0.3 à 1.2 entre 1970 et 2010, alors qu'il ne faisait que doubler selon les modèles ILTA appliqués aux données des WDI ;
- selon l'ILTA, le taux de croissance du PIB par habitant sur la période 1980-2010 était prévu à 1.4% selon l'ILTA, alors qu'il a été 0.2% selon les données officielles ;
- les taux de croissance de la productivité primaire et non primaire, urbaine et rurale dérivés des WDI sont tous négatifs alors que dans l'ILTA ils dépassent 1% en milieu rural ;
- l'écart de productivité par habitant entre milieu urbain et milieu rural, qui devrait décroître avec le processus d'urbanisation, est en effet divisé par deux dans l'ILTA entre 1980 et 2010, alors qu'il stagne à des niveaux très élevés selon les modèles ILTA appliqués aux données des WDI.

L'image 2010 présentée dans l'ILTA était donc celle d'une région dynamique, avec des rythmes de redistribution interne et entre pays de la population régionale s'inscrivant dans une perspective de peuplement à très long terme soutenable. Cette mobilité régionale devait être accompagnée par les investissements nécessaires en infrastructure et équipement des territoires, dont l'étude ILTA disait qu'ils devraient constituer l'essentiel de l'Aide, ou plutôt des transferts entre régions du monde déjà peuplées et régions en voie de peuplement. Et le développement du marché intérieur résultant de cette dynamique de peuplement était censé devenir le principal moteur de la croissance économique régionale.

Cette image 2010 s'inscrivait dans une trajectoire de développement à long terme conduisant au doublement du PIB par habitant (en dollars constants base 1975) en soixante-dix ans : de 400 dollars en 1980 à 600 dollars en 2010 (horizon de l'étude) et 800 dollars en 2050, et corrélativement au quadruplement de 0.3 en 1970 à 1.2 en 2010 du ratio population non primaire /population primaire.

Quant à la différence de croissance du rythme d'urbanisation entre la proposition ILTA est celle qui s'est effectivement produite, elle s'explique essentiellement par le net freinage de la croissance urbaine dans l'ensemble des pays en voie de peuplement du monde, qui est la conséquence de deux décennies d'ajustement dit structurel (!!) et de lutte contre le prétendu *biais urbain*. Ce freinage, qui s'est traduit par un retard de deux décennies dans le processus d'urbanisation de ces pays, a bien été mis en évidence dans le chapitre 2.

Faut-il conclure de cette analyse que l'image 2010 de l'ILTA était trop optimiste, ou que la réalité n'a pas été à la hauteur des ambitions du développement ? Qu'importe, le but de cette étude n'était pas de faire des projections, toujours aléatoires, mais d'illustrer une thèse sur l'importance des dynamiques de peuplement, et cette thèse a bel et bien été validée par les faits : voir le chapitre 20 décrivant les ressorts du marché intérieur. Une des leçons essentielles de cette étude ILTA, et dont personne n'a à ce jour accepté de tenir compte, est l'inadmissible faiblesse des systèmes d'information démo-économiques existants, que je qualifie de désincarnés et d'u-topiques, défauts particulièrement rédhibitoires dans le cas des pays en voie de peuplement.

A quoi a servi cette étude ILTA ?

Lors de sa parution, cette étude n'a malheureusement pu servir à rien. La Direction Générale du Développement (DG VIII) de la Commission des Communautés Européennes, qui n'avait pas demandé cette étude mais qu'elle avait pourtant accepté de financer, a catégoriquement refusé d'en débattre. Dans les années 1980, la Commission n'était pas la seule institution à épouser à la fois les thèses néolibérales du consensus de Washington et la vision ruraliste de l'ASS. Mais, de la part d'une institution comme la Commission dont on pouvait attendre une sensibilité particulière à l'égard des défis auxquels étaient confrontés les pays africains récemment libérés du joug colonial, ce refus de tout débat a été non seulement une erreur, mais une preuve d'irresponsabilité et d'incompétence. Ni Edgard Pisani, Commissaire au Développement des Communautés Européennes à qui l'étude ILTA était principalement destinée, ni aucun des partenaires européens de l'Afrique n'a eu l'audace de douter du sens des réalités et de l'honnêteté intellectuelle de René Dumont qui accusait cette étude ILTA de tromperie au prétexte qu'elle contredisait ses propres thèses.

Conséquence évidente de ce refus de tout débat, la nouvelle version des accords de Lomé, dite Lomé 3, signée en 1984, a parfaitement et sans réserve épousé l'air du temps, celui de la lutte contre le biais pro-urbain, de l'industrialisation et de la modernisation par effraction dissimulée derrière la priorité affichée à l'autosuffisance alimentaire, puis, avec Lomé 4, celui de l'ajustement structurel et du moins d'Etat.

Pire que le simple rejet sans débat de cette étude, la DG VIII, sans doute encouragée par les clercs et les leaders d'opinion de l'époque, s'est empressée de *perdre* tous les documents relatifs à cette étude ILTA, y compris la collection de cartes hors texte qui étaient en elles-mêmes de précieux outils de réflexion pour tous les chercheurs et les décideurs, et de faire disparaitre toute trace de cette étude de ses registres et de sa mémoire. Ce véritable autodafé perpétré par la Commission Européenne à ne mérite-t-il pas le qualificatif de faute grave, demandant pour le moins de la part de la Commission actuelle de l'UE une reconnaissance officielle de ces erreurs du passé ?

Pourquoi reparler de cette étude ILTA si elle a disparu ? En fait, elle n'a pas complètement disparu : en 2016, soit 33 ans après son achèvement, un ancien fonctionnaire de la DGVIII qui avait été impliqué dans le suivi de cette étude et dont le dernier poste a été ambassadeur de l'UE au Tchad s'est dit que, en vue du prochain renouvellement des accords de Cotonou entre UE et ACP, il serait souhaitable de se remémorer les analyses et recommandations de l'étude ILTA, alors disparue. A sa demande, je lui ai confié mon unique exemplaire, qui a pu être intégralement numérisé aux frais de la Commission, y compris la série de cartes hors texte. Je note au passage que les personnes intéressées devraient pouvoir recevoir copie des 10 fichiers pdf, d'un volume total de 210 mégabits.

Faute de réaction de la part du Directeur Général de la Coopération Internationale et du Développement de l'UE (DEVCO) à cette tentative de résurrection de l'ILTA, cet ancien ambassadeur de l'UE s'est adressé en avril 2018 aux députés du Parlement Européen, dont Louis MICHEL, ancien Commissaire Européen à la Coopération internationale, en ces termes :

... Couplée avec la géographie, la démographie constitue un outil d'analyse et de prévision précieux et puissant. Appliquée à l'évolution du peuplement de l'Afrique, et aux différents mouvements migratoires, cet outil donne un éclairage nécessaire pour guider les décisions politiques. ...A l'époque du commissaire Edgard Pisani, cette approche a été développée dans l'étude de l'Image à Long Terme de l'Afrique au Sud du Sahara (1980-2010), dont l'auteur J.M. Cour a continué à approfondir ce sujet notamment à la Banque Mondiale.

Aujourd'hui, une telle réflexion sur le peuplement de l'Afrique et sur son impact sur les politiques de développement et sur la pression migratoire en direction de l'Europe semble encore plus nécessaire. La renégociation des accords de Cotonou sera l'occasion de remettre ces questions en tête de l'agenda.

Certes, les responsables africains sont concernés en premier lieu. Certaines réunions à ce sujet ont d'ailleurs déjà eu lieu comme, par exemple à Dakar tout récemment...Mais il revient aussi à l'Europe de comprendre et de mesurer les grandes tendances pour prévoir comment adapter les politiques de relations extérieures et les actions de coopération au développement, et pour estimer l'immigration nécessaire dans certains pays européens dont la démographie s'effondre. En arrière-plan, bien entendu, on se demandera comment informer et former les citoyens européens pour contenir des réactions populistes trop simplistes qui induisent des blocages ou des crises.

Pour informer le Parlement Européen, il est proposé d'organiser avant l'automne 2018, une présentation par J.M. Cour de la note intitulée Comment redynamiser la coopération entre l'Union Européenne et l'Afrique ? *En la recentrant sur la gestion du peuplement, condition clef de la sécurité et du co-développement durable, avec si possible en appui, des commentaires ou des contributions d'un panel à définir...*

Sans réponse, à ce courrier, relance en mai 2018 : *Je m'interroge sur l'intérêt éventuel des parlementaires pour le sujet que j'évoque. Pensez-vous qu'une audition à la Commission développement, ou pour un groupe plus restreint, sera bienvenue et avez-vous une idée du calendrier éventuel ?*

Voici enfin la réponse sans recours de la Commission Développement du Parlement à ce dernier courrier :

La question a été soulevée au niveau des coordinateurs de la Commission DEVE. Il n'y a pas eu accord. La Présidente de la Commission souhaite plus d'informations. Dès lors, c'est une question politique.

Surtout pas de sujets qui fâchent, pas de vagues ! Parler des accords commerciaux, de la démocratie et des droits de l'homme, du changement climatique, du CO^2, de l'éradication de la pauvreté, d'accord. Mais des migrations en Afrique, pas question !

Et depuis : plus rien. La proposition est définitivement enterrée : *perseverare diabolicum '*.

Comment s'explique ce rejet brutal de l'ILTA ?

En plus de la question concernant les migrations intérieures à l'ASS et les conditions nécessaires à cette redistribution de la population totale entre les 47 pays d'ASS que l'étude ILTA présentait comme incontournable, l'autre raison majeure du rejet de cette étude ILTA était la critique implicite mais radicale du paradigme sous-jacent à la théorie économique orthodoxe, qui servait alors et sert toujours aujourd'hui de fondement à l'économie du développement et à l'Aide (voir chapitre 11). L'étude ILTA montrait par exemple que la question fondamentale n'est pas de savoir combien il y aura d'Africains dans une génération, mais où ils seront et pour quoi faire, dans quel type de milieu, aggloméré ou diffus, et quelles seront les conséquences de cette dynamique de peuplement sur la structure de l'économie, agricole et non agricole, moderne et populaire et sur le développement du marché intérieur. L'urbanisation, si souvent décriée, y était présentée non seulement comme une conséquence mais aussi comme un moteur du développement.

L'étude ILTA affirmait donc que, sans changement du rapport entre le nombre de consommateurs non producteurs de denrées alimentaires (essentiellement des urbains) et le nombre d'agriculteurs, il ne pourrait y avoir de croissance de la productivité agricole et des revenus des agriculteurs ni sécurité alimentaire à terme.

A l'époque, une large majorité des experts en développement et la quasi-totalité des clercs, conseillers des institutions en charge de l'Aide, dont le célèbre René Dumont, ont fermé les yeux sur l'inadéquation évidente entre le paradigme économique dominant et la réalité des pays en voie de peuplement, et certains d'entre eux n'ont pas hésité à employer les grands moyens pour tuer dans l'œuf toute tentative de réflexion sur cette question. Pour ceux des lecteurs de cet essai qui trouveraient ces propos excessifs et qu'il est inutile d'y revenir aujourd'hui, je présente dans l'Annexe 1 quelques extraits de la dizaine de pages consacrées par René Dumont à la critique de l'étude ILTA dans son livre *Pour l'Afrique j'accuse* qui a été publié en 1986, soit deux ans après l'achèvement de cette étude ILTA, et dans lequel il reprenait, en plus péremptoires, les jugements avancés dans *l'Afrique Noire est mal partie* (1962) et *l'Afrique étranglée* (1980). Je reproduis ici le dernier de ces commentaires de René Dumont au sujet de l'ILTA :

L'image à long terme, en donnant une vue d'un optimisme injustifié, risque d'encourager les gouvernants et les sources d'aide dans le laxisme. En 2010, nous nous retrouverons devant une Afrique de plus en plus dépendante. La maintenir en vie commencera à être pour nos enfants un fardeau pesant. Ce n'est pas en déformant les réalités qu'on évitera l'effroyable catastrophe qui a déjà commencé à s'abattre sur le continent africain, le génocide de la faim, que j'avais annoncé dès 1962... Rendez-vous dans une décennie, Jean-Marie Cour !

Ce rendez-vous n'a jamais eu lieu. René Dumont n'a pas jugé bon de réagir personnellement à l'étude WALTPS qui reprenait à l'échelle sous régionale les mêmes raisonnements que ceux développés dans l'étude ILTA, ni au programme ECOLOC (relance des économies locales en Afrique) qui traitait des espaces de développement par excellence que sont les territoires constitués d'une ville moyenne et de son hinterland rural. J'aurais pourtant apprécié que René Dumont, qui était encore très influent dans le milieu des

ONG et des *experts en développement rural*, prenne position sur cette étude WALTPS et sur le programme ECOLOC, mais il n'en a rien été.

Ce n'est pas faire injure à la mémoire de René Dumont que de rappeler qu'il a conduit toute une génération d'acteurs du *développement* dans une impasse dont tous ne sont pas encore sortis. Et ce n'est que justice de rappeler qu'il n'a pas hésité à mentir, à recourir à l'insulte et à se comporter en véritable terroriste intellectuel au lieu de reconnaitre ses erreurs.

C'est sans doute sous la pression de ses *vieux complices* que l'OCDE a attendu quatre ans avant d'accepter de publier officiellement une version soigneusement policée et repolicée de l'étude WALTPS, et que la diffusion de cet ouvrage WALTPS est restée aussi confidentielle : voir le chapitre suivant.

Si René Dumont avait à l'époque accepté de dialoguer avec les auteurs de ces études ILTA et WALTPS au lieu de les traiter d'incapables et de faussaires, les pays cibles de l'Aide auraient pu faire l'économie de vingt ans de vaines querelles entre les tenants du *biais urbain* et du *biais rural*, et l'Afrique s'en porterait mieux aujourd'hui. Mais ni René Dumont ni ses *vieux complices* n'ont toléré que soit ainsi remis en question le paradigme dominant.

Chapitre 12
Prospective à l'échelle sous-régionale :
WALTPS : les perspectives à long terme de l'Afrique de l'Ouest (1993)

Rappel du contexte

Puisque La Direction Générale du Développement de la Commission des Communautés Européennes ne voulait rien entendre ni rien connaître de l'étude ILTA, je me suis décidé à présenter cette étude à la Banque Mondiale à Washington, en 1984. Le moment semblait mal choisi, puisque c'était peu de temps après la publication par la Banque de son rapport : *Accelerated Development in Sub-Saharan Africa : A Plan for Action,* dit *Rapport Berg (1981)*, qui a donné naissance aux programmes de libéralisation économique, d'ajustement structurel (les célèbres *PASS*) et d'amaigrissement du secteur public : toutes recommandations qui étaient à bien des égards incompatibles avec celles évoquées dans l'ILTA. Le débat qui a suivi la présentation de cette étude à Washington a été très animé. Bien que non convaincu, Kim Jaycox, le futur Vice-Président de la Banque Mondiale pour l'Afrique qui assistait à cette présentation, m'a proposé de rejoindre le staff permanent du siège de la Banque pour en savoir plus.

J'ai d'abord été affecté au Département Recherche et Politiques, à vocation intersectorielle, où j'ai été chargé de suivre pour le compte de la Banque le déroulement du programme Futurs Africains du PNUD. Après la réforme de 1987 qui a supprimé ce Département, j'ai été affecté au *secteur urbain* du Département Technique Afrique nouvellement créé pour apporter son appui technique à chacun des départements chargés des opérations dans un ensemble de pays proches. Comme tous mes collègues de ce Département technique, j'ai donc été impliqué dans l'assistance au montage et au suivi de projets du secteur urbain. Non sans peine, je me suis efforcé d'introduire chaque fois que possible une composante rurale dans les projets du secteur urbain et une composante urbaine dans les projets du secteur agricole, pour promouvoir les *Urban-Rural Linkages,* et de m'impliquer dans les questions économiques par le biais du *secteur informel.*

Cette époque, marquée par le *Consensus de Washington*, n'était pas le meilleur moment pour reparler de long terme, de planification spatiale, d'aménagement du territoire. J'ai dû attendre 1991 pour revenir à ces sujets et pour relancer l'idée d'une nouvelle version de l'ILTA portant sur l'ensemble de l'ASS, ou, à défaut, d'un approfondissement de cette étude à l'échelle de cinq ou six régions, à étudier successivement. Il a fallu beaucoup de bienveillance de la part du nouveau Vice- Président Afrique Kim Jaycox et d'heureuses rencontres comme celle d'Anne Delattre, directrice du Secrétariat du Club du Sahel, en visite à Washington, pour enclencher ce processus en commençant par la région Afrique de l'ouest où travaillait le Club du Sahel.

Pour mener *tant bien que mal* à terme ce travail, il a fallu recourir à un montage institutionnel original : financement de l'étude assuré par la Banque Mondiale, grande liberté laissée au chef de projet dans le choix du cadre conceptuel et des termes de référence de l'étude, d'où la nécessité d'une certaine distanciation sociale entre le siège de la Banque et l'équipe d'étude, qui a donc été installée en terrain neutre, au siège du Secrétariat du Club du Sahel qui, bien qu'hébergé par l'OCDE, arrivait à garder ses distances avec cette institution grâce à Anne de Lattre, création à Abidjan d'une cellule de pilotage de cette étude, installée au siège de la Banque Africaine de Développement, et suivi bienveillant de ce projet par le cabinet du Vice-Président Afrique de la Banque à Washington.

Pourquoi ce qualificatif de *tant bien que mal* à propos de la conduite de cette étude ? Parce que, comme cela s'était passé à Bruxelles avec l'ILTA, les maitres à penser des institutions telles que la Banque Mondiale et l'OCDE et les agences des Nations Unies comme la FAO auxquelles cette initiative avait été imposée n'étaient pas du tout convaincus : voici pour preuve un extrait du compte rendu de la réunion d'avril 1993 du Comité de suivi de cette étude WALTPS à Washington qui était présidé par Kevin Cleaver, le Directeur du Département technique Afrique de la Banque Mondiale :

The WALTPS team focuses religiously on demographic change as the over-riding force defining the long term (a serious blunder in my view). WALTPS has been captured conceptually by Jean-Marie Cour (our Bank's contribution !!) Focusing on the impact of likely demographic change is extraordinarily narrow. Demographic change in the direction suggested by Mr. Cour is not a natural law. Personally, I believe that the Cour model is very flawed, as I said at the meeting, and subsequently to him. We have provided very little support and arguably the wrong support (Mr. Cour almost exclusively) in the past. We are therefore partly responsible for the poor performance to date. I met with the WALTPS team on Friday 30 to follow up the meeting... Mr. Cour stubbornly clings to his model. These are intelligent well motivated people who want to do a good job. They have little technical back-up from their own organization. In fact, we would have to replace Mr. Cour with a better team.

De fait, les membres de l'équipe d'étude qui étaient chargés de l'analyse économique rétrospective 1960-1990 et de la construction de l'image économique à l'horizon 2020 et qui devaient décrire les transformations structurelles de l'économie des 19 pays de la région sur cette période 1960-2020 avaient beaucoup de mal à prendre leurs distances avec la conjoncture, particulièrement chahutée dans ces années 1990 et à remettre en question les idées à la mode (trop d'Etat, biais pro-urbain responsable de l'explosion du chômage et du secteur *informel*, dépendance croissante à l'égard des importations alimentaires..).

Le résultat a été ce qui est connu sous le nom de *WALTPS* : *West Africa Long Term Perspective Study*. L'avant-projet final de cette étude a été diffusé fin 1992 et débattu sur le fond avec l'ensemble des pays concernés et avec les institutions régionales à Abidjan en janvier 1993.Tous les documents produits par cette étude, y compris le rapport de synthèse, les quatorze documents de travail thématiques et les comptes rendus des séminaires nationaux avaient été finalisés et disséminés avant la fin de 1994. Mais il a fallu attendre 1998 pour obtenir enfin l'imprimatur de l'OCDE, après quatre années de repolissage soigneux du langage et après ce qu'il faut bien appeler les multiples tentatives d'enterrement de la part des tenants du discours dominant sur l'Afrique et des gardiens de la théorie économique *orthodoxe*.

Contrairement à l'ILTA, cette étude WALTPS a donc été tardivement mais officiellement reconnue et dotée d'un ISBN. Mais sa diffusion s'est évidemment ressentie de ce manque d'enthousiasme de l'OCDE qui avait hérité à contrecœur de cette étude, d'abord en raison du paradigme dont elle s'inspire, comme l'était l'étude ILTA, ensuite de l'insistance de cette étude sur le caractère inéluctable de migrations entre les pays de la région, ensuite encore de la remise en cause de la qualité des systèmes d'information économique et socioéconomique existants, et enfin en raison de l'ampleur du processus d'urbanisation que cette étude suggérait (voir tableau), à une époque où la majorité des experts pensaient que l'*explosion urbaine* sans industrialisation ne pouvait s'expliquer que par le prétendu biais pro urbain des gouvernement africains et de leurs partenaires.

AFRIQUE DE L'OUEST : NOMBRE DE VILLES ET REPARTITION DE LA POPULATION PAR CLASSE DE TAILLE

POPULATIONS EN MILLIONS D'HABITANTS

	1960		1990		2020	
TAILLE DES VILLES	NOMBRE	POP	NOMBRE	POP	NOMBRE	POP
>500 000 HAB	2	1	17	19	51	100
50 A 500 000 HAB	41	4	144	19	500	100
5 A 50 000 HAB	580	7	2900	40	6500	70
TOTAL	623	12	3061	78	7051	270
POPULATION TOTALE		87		194		430
NIVEAU D'URBANISATION		0,14		0,40		0,63

Et cet acharnement des Agences d'Aide à dénoncer les méfaits du prétendu biais pro-urbain des gouvernements africains n'a pas disparu avec la publication officielle de l'étude WALTPS : voici ce que Kevin Cleaver, devenu entretemps Directeur du Département Agriculture de la Banque Mondiale, a affirmé dans son allocution à la réunion préparatoire d'octobre 2003 au *Millennium Project Task Force on Hunger du PNUD: There is a very strong urban bias, and if you want evidence of this, all you have to do is look at the proportion of public expenditure programs of most developing countries. Most of the public expenditure programs are not allocated to the kind of things that this task force is talking about. Quite the contrary – these kinds of things are neglected there. The demand from the countries themselves has not been forthcoming. And following the demand, what you have is a more urban-biased donor program than was in the past.*

Autre illustration du temps qui a été nécessaire à la diffusion et à la prise en compte des conclusions et recommandations de cette étude WALTPS : elle ne figure même pas dans la liste des 840 références (révérences ?) annexées au rapport de 2009 sur le développement dans le monde de la Banque Mondiale, qui, dix ans après WALTPS, s'était enfin avisée de repenser la géographie économique, sous-titre de ce rapport.

1990-2020 : trois décennies de transformations structurelles en Afrique de l'Ouest selon l'étude WALTPS

La région considérée dans cette étude est un peu plus vaste que ce qu'on entend habituellement par Afrique de l'Ouest, puis qu'elle englobe, outre les 16 pays membres de la CEDEAO (y compris la Mauritanie qui a quitté cette institution), le Tchad, le Cameroun et la RCA. L'analyse rétrospective porte sur le période 1960-1990, et l'horizon long terme de cette étude est l'année 2020.

Le but de cette étude est de décrire les transformations structurelles du peuplement et de l'économie de cette région sur le temps long des générations, donc en s'efforçant de ne pas tenir compte de la conjoncture et des *accidents* de l'histoire dont la période 1960-1990-2020 a été le théâtre : c'est tout l'intérêt de cet exercice, en même temps que sa difficulté, car non seulement les bases de données disponibles, mais aussi l'image mentale que chacun des participants à cette étude et des institutions concernées se faisaient de cette région en étaient affectées.

Le paradigme dont s'inspire cette étude et les outils, modèles et cadres comptables utilisés dans cette étude, et que j'ai rappelés dans les chapitres précédents, n'auraient sans doute pu être développés si cette étude WALTPS n'avait pas existé.

Le rapport, les cartes hors texte et toutes les annexes de cette étude devraient pouvoir être obtenues en s'adressant à l'OCDE qui en est la propriétaire et gardienne officielle.

De cette étude WALTPS, je ne rappelle donc ici que les quelques points suivants.

1. La question des migrations intrarégionales

- Comme dans l'étude ILTA, la question des migrations entre les pays de cette région (et les pays limitrophes) a été abordée en détail.

Sur la période 1990-2020, l'étude WALTPS a estimé à quelque 17 millions de personnes le nombre total cumulé de migrants en provenance de 7 pays potentiellement surpeuplés de cette région. L'essentiel de ces migrations internes était censé aller du Sahel et des pays enclavés vers les pays côtiers, notamment le Cameroun, la Côte d'Ivoire, le Ghana, le Bénin et le Sénégal.

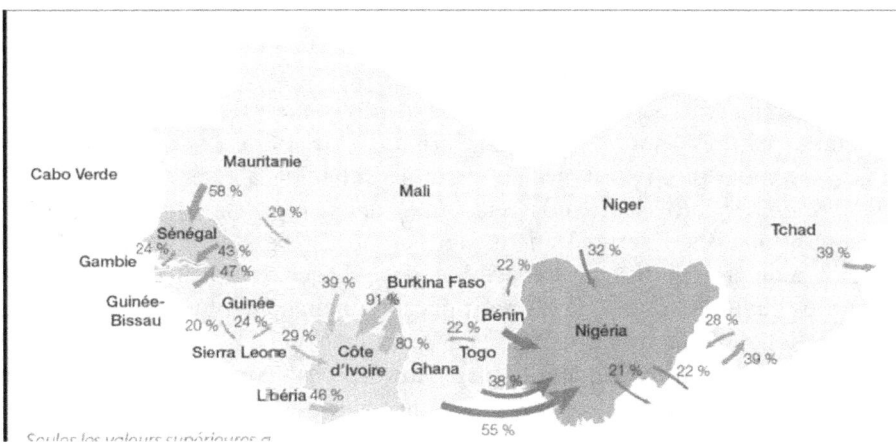

Rapportés à la population de ces deux groupes de pays, les taux annuels moyens de migration correspondants auraient été respectivement de -0.4% et de +0.5%, semblables à ceux proposés dans l'ILTA. Les plus importants émetteurs en volume et en taux étaient dans l'ordre le Niger (-1.1% par an), le Burkina Faso (-0.8%), le Mali et le Tchad (-0.6%), et les principaux récepteurs étaient le Cameroun et la Côte d'Ivoire.

Comme dans l'ILTA, ces volumes de migration interne jugés souhaitables dans cette étude étaient sans commune mesure avec ceux qui ont été officiellement enregistrés dans les annuaires de la Division de la Population de l'ONU (UNPD) pour cette même période 1990-2020 : selon ces annuaires, la région n'aurait eu pendant ces trois décennies que deux pays d'immigration nette (le Tchad et le Liberia !) pour un total cumulé du nombre de migrants vingt fois plus faible que celui suggéré dans WALTPS, la Côte d'Ivoire ayant un solde de migration négatif..

Les conclusions à tirer de cette analyse comparative des migrations régionales pour la période 1990-2020 sont les mêmes, en pire, que celles relatives à la période 1980-2010. Premièrement, les migrations internes réelles, qui sont très mal connues, sont certainement très en dessous des niveaux souhaitables. Deuxièmement, plus ces migrations internes sont différées, plus elles seront à l'avenir douloureuses, difficiles à gérer, et sources de crises et d'insécurité, comme on le voit aujourd'hui au Sahel et dans les rapports entre le Sahel et les pays côtiers.

2. Migrations locales

L'étude WALTPS a permis d'estimer que, après un laps de temps d'une génération, 30 à 40 % des habitants de l'Afrique de l'Ouest ne résident plus dans leur district ou leur commune d'origine. Les cartes des tensions de marché montrent l'importance des systèmes urbains et des réseaux d'infrastructures dans la structuration du complexe d'activités primaires et du peuplement rural.

3. Le développement local, *urbano-centré*

Le peuplement et l'activité tendent à s'organiser en un ensemble de systèmes centrés sur des pôles urbains structurant des hinterlands majoritairement ruraux. La production et les échanges au sein de ces espaces *urbano-centrés* croissent plus vite que dans le reste du pays. Cette concentration de l'activité dans un nombre croissant de foyers de développement répartis sur l'ensemble de l'espace régional est source de disparités géographiques que les politiques d'aménagement du territoire et de gestion du peuplement ont pour objet d'accompagner.

Le mécanisme d'ajustement le plus naturel à ces disparités géographiques est la migration des zones marginales vers ces *économies locales* en voie de constitution autour des pôles urbains. Plus ces migrations sont difficiles, plus les disparités de niveau de vie entre régions sont fortes.

Les besoins engendrés par le processus d'agglomération, la spécialisation et l'intensification des échanges au sein de ces espaces denses sont les moteurs de la croissance de la productivité, tant dans le pôle urbain que dans l'hinterland. Tant que la transition démographique se poursuit, la productivité urbaine reste deux ou trois fois plus forte que la productivité rurale. Les effets d'agglomération croissant avec la taille des villes, celles-ci ont une productivité d'autant plus élevée que leur population est plus nombreuse.

4. Dualité de l'économie réelle

Pendant toute la phase de transition, l'économie urbaine reste marquée par une forte dualité entre une composante *moderne* minoritaire en termes de population mais majoritaire en termes de valeur ajoutée et une composante *populaire*, en partie primaire, (agriculture urbaine) et majoritairement non primaire, dont la vocation principale est d'accueillir et d'occuper le maximum de nouveaux venus, qui, par leur demande en biens et services essentiels, créent les conditions d'une croissance de l'offre et donc des revenus des personnes déjà installées.

Dualité moderne-populaire (non encore émergente ?) : à chacun son paradigme !	Une activité populaire qui a besoin de trottoirs pour s'exercer :
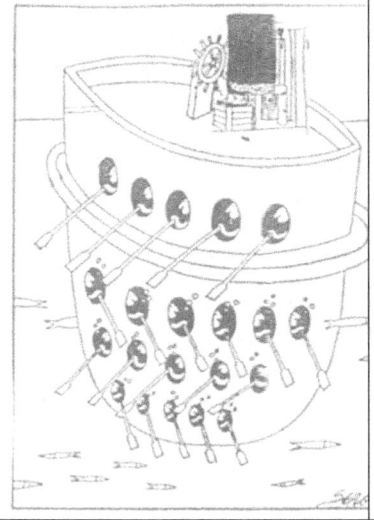	

Cette question de la dualité de l'économie réelle, qui n'avait pu être abordée dans l'étude ILTA faute de temps et de données, a été prise en compte, bien que de façon encore insuffisamment documentée, dans WALTPS.

5. Images quantifiées de l'économie réelle

Alors qu'il était impossible d'aller très loin dans la construction d'images chiffrées des comptes démoéconomiques locaux et régionaux dans l'étude ILTA qui, faute de données et d'outils ad hoc, ne pouvait être que la boucle zéro de la démarche, l'étude WALTPS a pu faire usage des modèles qui ont été conçus entre-temps dans ce but.

Cette étude WALTPS a donc produit des images quantifiées et relativement détaillées des comptes de l'économie réelle de chaque pays, puis de chaque entité territoriale élémentaire, à partir desquels il était possible de construire des images de tel ou tel espace particulier, comme les *RUCHES* du programme ECOOC (chapitre 13), la zone littorale d'Afrique de l'Ouest (chapitre 14) et la région Sahel (chapitre 15).

Dans cette approche qui part du territoire et du peuplement, les agrégats, indicateurs et ratios des comptes économiques sont par nature localisés. Ce détour par le niveau local conduit à des estimations de ces agrégats et ratios par pays qui diffèrent de ceux fournis par la comptabilité nationale, mais il ne faut ni s'en étonner ni s'en inquiéter, puisque les définitions et les modes d'élaboration de ces indicateurs ne sont pas les mêmes : inclusion systématique de l'économie populaire, composition sectorielle du PIB différente, puisque davantage inspirée par la demande et l'offre de biens essentiels comme ceux relatifs au logement et aux services de proximité, etc. Sans prétendre se substituer aux comptes nationaux officiels, tout en suggérant (en implorant ?) des améliorations à leur apporter, ces comptes de *l'économie réelle* fournissent une lecture complémentaire du fonctionnement des économies de ces pays en voie de peuplement, dans lesquels l'offre des biens et services essentiels - qui constituent près de 80 % de la dépense des ménages - est largement déterminée par la demande des différentes catégories de population. Ces comptes de l'économie réelle permettent d'obtenir, par désagrégation, un ordre de grandeur des poids économiques relatifs des diverses entités spatiales formées par le milieu urbain et le milieu rural, et par chaque ville et son hinterland.

Comparaison entre quelques indicateurs de l'économie réelle et leurs équivalents officiels (source World Development Indicators WDI, édition 2021)

Année	1960	1980	1990	2020	1960-1990	1990-2020	1960-2020
	Population urbaine U (millions)				Taux de croissance de U		
WALTPS	16	50	78	270	5,4%	4,2%	4,6%
WDI	14	37	61	205	5,1%	4,1%	4,6%
	Produit Local Brut Y (milliards de $ 2010)				Taux de croissance de YU		
WALTPS	86	231	257	990	3,7%	4,6%	4,2%
WDI	98	221	231	756	2,9%	4,0%	3,5%

L'image 2020, à l'horizon 30 ans, des agrégats et ratios macro-économiques régionaux obtenue à l'aide de cette approche centrée sur la variable peuplement n'est en fait pas très éloignée de celle que l'on trouve aujourd'hui et a posteriori dans les annuaires comme les WDI de la Banque Mondiale et dans les bases de données sectorielles comme celles de la FAO, de sorte que les trends de croissance moyenne à long terme résultant de cette image 2020 sont comparables à ceux que l'on peut déduire des versions successives des bases de données officielles dûment complétées de l'économie endogène comme expliqué au chapitre 7.

Comment interpréter cette convergence a posteriori, qui semble aller à l'encontre des divergences que l'on constate entre ces deux façons de mesurer les performances économiques non plus à 30 ans, mais à 5 ou 10 ans ? Première raison évidente : les effets de la conjoncture, qui pour la plupart finissent par s'amortir. Deuxième raison qui est plus intéressante : le réajustement a posteriori des indicateurs de la comptabilité nationale, les *rebasings* qui ont été analysés au chapitre 6.

Cette façon de procéder, en partant des territoires pour obtenir des agrégats, a été à l'origine de bien des controverses et des oppositions à cette étude, tout au long de son élaboration. Je crois utile d'y revenir ici, car la question qui n'est toujours pas réglée est celle du choix du paradigme auquel se référer.

Il a notamment été reproché à cette étude de fabriquer les données nécessaires à la vérification de la thèse sur laquelle elle s'appuie. Voici pourquoi je pense que c'est un faux débat.

Certes, la procédure suivie dans l'étude WALTPS et les modèles et autres outils utilisés, par exemple pour l'évaluation spatialisée de l'économie populaire, ont pu être considérés comme un peu trop frustes et simplificateurs. Plutôt que de faire comme si ces outils n'existaient pas, il aurait mieux valu que les opposants à ces nouveaux outils s'efforcent de les perfectionner, sans pour autant les défigurer : cette mise au point des nouveaux outils d'analyse de l'économie populaire est une des missions essentielles qui doit être confiée aux institutions de recherche sur le développement : voir le chapitre 28.

Certes encore, les agrégats, ratios et taux de croissance annoncés dans WALTPS pour les années passées et présentes différaient, et même parfois dans de grandes proportions, de leurs homologues officiels. Mais on est en droit de se demander ce que peuvent bien signifier les agrégats et indicateurs de la comptabilité nationale officielle comme le *Produit Intérieur Brut* ou la *Formation Brute de Capital Fixe*, exprimés en unités monétaires constantes ou en parité de pouvoir d'achat (*PPP*), ainsi que leur variation dans le temps, alors que toutes ces variables étaient et restent aujourd'hui obtenues sans se soucier le moins du monde des territoires dans lesquels l'activité économique que l'on s'efforce de décrire a pris naissance ni de toutes les personnes qui sont censées en être à l'origine ?

Si, pour obtenir des indicateurs fiables, la prise en compte de l'espace et du peuplement sont considérées comme incontournables, la seule conclusion logique est qu'il faut le faire, et sans tarder, et quoi qu'il en coute, à la fois sur un plan théorique, avec la remise en cause du paradigme, en termes de renoncement à la précision comptable, et en termes de ressources à consacrer à la reconstruction de systèmes d'information plus sérieux (voir chapitre 16).

C'est à ces exigences que répondaient les premières ébauches d'images démo-économiques de l'ILTA, et que répondaient celles qui ont été reconstruites en partant des territoires dans l'étude WALTPS : ces images n'avaient en effet aucune prétention à la précision ni à la rigueur comptable, mais elles étaient un préalable indispensable à la prise de décision de reconstruire les systèmes d'information existants : comme je l'ai rappelé au chapitre 8, ces systèmes d'information ne répondent qu'aux questions que se posent leurs promoteurs, et, sans changement de paradigme, il ne faut rien en attendre de plus que ce qu'ils donnent aujourd'hui.

Chapitre 13
Prospective à l'échelle micro locale : feu le programme ECOLOC de relance des économies locales en ASS (1997-2002)

Les *RUCHES*, entités de base du développement local

C'est à la description et à la promotion des centaines de petites zones urbano-centrées d'Afrique de l'Ouest, constituées chacune d'une ville moyenne ou petite et de son hinterland proche qu'était consacré le programme de relance des économies locales en Afrique de l'Ouest - en abrégé : Programme ECOLOC. Ce Programme a été lancé en 1997 à l'initiative conjointe du Club du Sahel et du Programme de Développement Municipal dans la foulée de l'étude WALTPS, sur la base du même paradigme, appliqué non plus à l'échelle régionale, mais à l'échelle locale. Ces petites zones étaient appelées des *RUCHES* : acronyme pour Région Urbano- Centrée à Haute intensité d'Echanges et de Services (en anglais : *BEEHIVES: Basic Economic Entity with High Intensity and Velocity of Exchanges and Services*).

Pourquoi ce terme de *RUCHES* ? De même que les abeilles en butinant le nectar transportent l'information génétique et fécondent les plantes visitées, de même, les transporteurs et les commerçants venus de la ville apportent l'information indispensable à la promotion des exploitations agricoles de l'hinterland tout en prélevant à leur profit une partie de la valeur ajoutée de ces exploitations. De même que les abeilles ont besoin de ce nectar, de même les *RUCHES* ont besoin pour prospérer d'un medium d'échange, le *MIEL*, Monnaie pour l'Investissement et l'Echange Local.

Avant son abandon sans explication ni remplacement par un programme équivalent après seulement cinq années d'existence, ce programme avait permis de lancer une dizaine d'études et d'initiatives de relance de l'activité dans les *RUCHES* de quatre pays d'Afrique de l'Ouest : le Sénégal, le Mali, la Côte d'Ivoire et le Burkina Faso.

Ce programme ECOLOC avait été conçu pour des villes moyennes ou petites de deuxième ou troisième rang de la hiérarchie urbaine nationale qui avaient vocation à jouer le rôle de pôles de développement de leur hinterland rural. Le principal critère de décision de lancer une opération ECOLOC était la manifestation d'un intérêt réel pour les questions de *développement local* de la part du Maire de la ville principale, de ceux de quelques communes rurales de l'hinterland, ainsi que d'opérateurs locaux disposant d'une certaine notoriété.

Une meilleure connaissance et une meilleure compréhension des rouages de l'économie locale, de ses atouts et de ses handicaps, devaient faciliter l'élaboration et l'adoption d'un *cadre local de développement* permettant de structurer les rapports entre les responsables des collectivités locales et la société civile, spécialement les opérateurs économiques locaux, et de faciliter la négociation entre les acteurs locaux et leurs partenaires extérieurs : État, agences de coopération, coopération décentralisée... etc.

Les sites qui ont pu être ainsi analysés ont montré qu'en Afrique subsaharienne, à l'échelle de territoires peuplés d'une centaine de milliers d'habitants, le concept d'économie locale correspond à une réalité tangible. Cette réalité est celle de l'activité économique endogène née des relations de voisinage entre acteurs au sein de petites zones plus densément peuplées, certes ouvertes au reste du pays, à la région et au monde, mais d'un poids démographique et d'une densité d'interaction suffisants pour que ce potentiel de production de richesse s'y manifeste plus vigoureusement que dans l'hinterland profond.

Le concept d'économie locale aide à comprendre et à faire comprendre comment fonctionne et évolue réellement la société locale (les ménages, les opérateurs économiques et les institutions), à bien identifier les principaux freins actuels à l'initiative locale, et à convenir des décisions à prendre pour engager un processus de développement autonome.

Ces études de cas ont aussi montré qu'il est possible de dresser un tableau complet et réaliste de telles économies locales et de leurs interactions avec d'autres espaces économiques, et ce en y consacrant des moyens raisonnables, grâce à la valorisation au mieux de l'information existante, aujourd'hui encore largement en friche faute d'un paradigme adéquat. Et ces études de cas ont aussi montré qu'il est ainsi possible de revaloriser les fonctions et le statut des services administratifs locaux, à commencer par les services des statistiques.

Des extraits du manuel ECOLOC qui était destiné aux participants à ces exercices ECOLOC sont présentés dans le chapitre 23. Les personnes intéressées par ces questions de *développement local* pourront ainsi se faire une idée plus précise des raisons pour lesquelles ce programme avait été lancé et de ce qu'il apportait de concret et de formateur, tant pour les bénéficiaires que pour les institutions partenaires et que pour les experts appelés à y contribuer.

Principaux obstacles au développement local en ASS

La dizaine d'exercices ECOLOC qui ont pu être menés à bien au cours des cinq années de vie de ce programme ont montré que les trois principaux obstacles au développement de ces *RUCHES* étaient :

- **d'abord l'ignorance de leur existence :** ces objets non officiellement identifiés étaient et sont encore largement hors du champ de vision des acteurs nationaux et de leurs partenaires extérieurs ;

- **ensuite l'insuffisance manifeste du capital public de fonction locale**, notamment dans le pôle urbain dont la taille double tous dix ou quinze ans, et dans les infrastructures dont dépendent les échanges entre ville et hinterland ;

- **enfin, l'absence criante de toute information pertinente sur les réalités locales,** obligeant les gouvernements et les acteurs locaux à agir à l'aveuglette.

Ces trois catégories d'obstacles sont évidemment liées. Aujourd'hui encore, les systèmes d'information existants dans tous les pays africains restent presque exclusivement conçus pour répondre aux besoins des administrations centrales, ce qui est en contradiction flagrante avec les politiques de décentralisation prônées dans presque tous les pays africains.

Le programme ECOLOC avait donc été conçu pour répondre aux besoins bien réels des gouvernements et des opérateurs locaux, il permettait de corriger nombre de faiblesses et d'incohérence des systèmes d'information existants, il ouvrait la voie à une meilleure compréhension des restructurations en cours et de la façon de les accompagner, et il fournissait de l'économie africaine, de sa composante populaire, et du développement du marché intérieur, des outils d'analyse plus réalistes et concrets parce que spatialisés, et tenant compte des dynamiques de peuplement.

L'inexplicable abandon du programme ECOLOC

Cinq ans après son lancement, le transfert du programme ECOLOC au PDM (Programme de Développement Municipal), décidé en 2002, n'a malheureusement pas été accompagné ni soutenu par les agences d'aide qui avaient participé à son lancement et à son financement.

Ce transfert qui a été effectué sans tenir le moindre compte des besoins de renforcement des capacités du PDM signifiait l'abandon pur et simple de cette initiative ECOLOC, abandon qui ne peut s'expliquer que par le rejet quasi idéologique du cadre conceptuel démo-économique et spatial sous-jacent.

Après son abandon, l'initiative ECOLOC a-t-elle été remplacée, et si oui par quoi ? Serait-ce par le rapport *Prospective territoriale sur les dynamiques démographiques et le développement rural en Afrique* rédigé en 2016 à la demande de l'AFD, sans doute pour combler le vide entraîné par l'abandon d'ECOLOC, plus de dix ans plus tôt ? Le but de ce rapport était (je cite) de *mieux comprendre les contextes locaux, les dynamiques démographiques, les disparités territoriales et les transformations structurelles en cours en*

Afrique, pour prendre la mesure de ces défis, engager une réflexion méthodologique sur la pertinence des démarches de prospective territoriale et formuler des réponses innovantes pour appuyer le développement local : tout ce pour quoi le programme ECOLOC avait été lancé, ... sauf que, dans cette étude dite de *prospective territoriale*, le monde rural est censé exister et se transformer en faisant abstraction de ses relations avec la ou les villes voisines dont les auteurs de ce rapport sont persuadés qu'il n'y a rien à en attendre.

En effet (je cite), *la diversification économique apparaît très faible, les sorties de l'agriculture sont finalement rares ... La structuration de la région étudiée témoigne de la difficulté des villes secondaires à émerger ... Par suite la focalisation sur l'urbain en matière d'équipement s'avère inadaptée aux recompositions et aux ajustements territoriaux à l'œuvre ... Les besoins en emplois, cumulés sur 20 ans soulignent la priorité à accorder à l'agriculture, secteur dominant et le plus à même de fournir des revenus.*

C'est très précisément avec ce raisonnement que René Dumont avait, pour cinquante ans, engagé la réflexion sur le développement rural dans une impasse et convaincu toute une génération de futurs maitres à penser comme Kevin Cleaver, ancien Directeur de l'Agriculture et du Développement Rural de la Banque Mondiale et aujourd'hui consultant toujours influent, de continuer ainsi : *errare humanum est, sed perseverare diabolicum*.

Après ce rapport sur le développement rural autocentré de l'AFD, il ne s'est plus rien passé jusqu'à la réunion de l'Alliance Sahel à Niamey en 2019, lors de laquelle les responsables des collectivités locales qui participaient à l'Atelier *Gouvernance et Décentralisation* ont fait état de leurs besoins et recommandations, que je rappelle dans le chapitre 23. En dehors des déclarations d'intention très générales et des listes de projets conçus pour répondre à telle ou telle des 169 cibles des 17 Objectifs de Développement Durable au Sahel (dont aucune ne fait allusion à la nécessaire déconcentration des systèmes d'information ni aux dynamiques de peuplement), je n'ai trouvé en réponse à cette requête des collectivités locales qu'une évocation des *Accelerator Labs* du PNUD, terme caractéristique de la phraséologie habituelle du *développement* et de tous ces mots qui évoquent le rattrapage, la compétitivité, la science et la technologie. Lisez à ce propos le rapport du PNUD intitulé *Find radically new approaches that fit the complexity of current development challenges* et ses références à l'intelligence artificielle et aux réseaux neuronaux ! On est loin de toute évocation de l'absence criante de toute information basique sur les réalités locales et sur l'insuffisance manifeste du capital public de fonction locale, que le programme ECOLOC considère comme les principaux obstacles au développement local.

Conclusion : l'abandon d'ECOLOC et l'insécurité au Sahel

Si le programme ECOLOC n'avait pas été interrompu prématurément, il y aurait aujourd'hui au Sahel une vingtaine de *RUCHES*, judicieusement réparties sur le territoire comme les pions du jeu de go, soit autant de remparts contre l'insécurité et le terrorisme, et ce pour un cout infime par rapport aux opérations de lutte armée contre cette insécurité.

Comme cela s'était passé trente ans plus tôt avec l'étude ILTA puis avec l'étude WALTPS et ses prolongements à diverses échelles locales, le rejet d'ECOLOC s'explique par le déni de réalité : refus de reconnaitre que le paradigme de l'économie orthodoxe est aux antipodes des problèmes auxquels sont confrontés les Pays en Voie de Peuplement, refus de reconnaitre que la décentralisation administrative sans déconcentration de l'information ni des moyens nécessaires pour faire face aux missions imparties aux gouvernements locaux est une aberration et une preuve de la mauvaise foi et de la trahison des conseillers des décideurs, ces clercs qui sont censés savoir.

Chapitre 14
La composante démo-économique et spatiale du Schéma Directeur d'Aménagement du Littoral d'Afrique de l'Ouest (2009)

Tropisme côtier et aménagement du territoire en Afrique de l'Ouest

L'Afrique sub-saharienne, sous- continent massif, n'échappe pas au tropisme côtier commun à toutes les régions du monde : sa zone littorale, où se joue en particulier le défi de son intégration à l'économie mondiale, est un espace sensible, dont les opportunités et les défis ne peuvent être abordés qu'à l'échelle régionale.

L'UEMOA a donc envisagé dès 2009 de faire le point sur toutes les initiatives existantes au niveau de chacun des pays côtiers membres en vue de l'élaboration d'un Schéma Directeur d'Aménagement du Littoral (SDAL) en vue à la fois d'en protéger l'environnement, et d'en accompagner au mieux les développements attendus à moyen et à long terme, en pleine connaissance du contexte et des perspectives de l'arrière-pays et de toute la région Afrique de l'Ouest.

Le premier inventaire détaillé des initiatives existantes, la multiplicité des problématiques, le nombre de pays concernés, ont montré la nécessité de concentrer l'effort sur un petit nombre de thèmes ou de dimensions qui ont été passés sous silence ou négligés jusqu'alors, dont en particulier la dimension prospective incluant un essai de quantification des changements attendus en matière de peuplement, de densité d'activité économique et d'infrastructures dans la zone littorale, et la recherche du meilleur compromis possible entre les impératifs de la prévention des risques et de la protection de l'environnement d'une part et les impératifs tout aussi pressants du développement, dont le rythme sera largement imposé par les dynamiques démographiques.

L'étude prospective du SDAL : images 2025 et 2050 des pays côtiers et de la zone littorale

La méthodologie développée dans l'étude WALTPS a donc été utilisée à la fois pour une analyse quantifiée et cartographiée de l'état actuel du peuplement et de l'activité économique de la zone littorale resitués dans le contexte des douze pays côtiers concernés, de la Mauritanie au Bénin, ainsi que de toute la région Afrique de l'ouest.

La zone littorale, qui a été définie comme le territoire situé à moins de 25 km de la côte, est dix fois plus densément peuplée que le reste du pays. Sa superficie est de 115 000 km², soit 5 % de la superficie totale des 12 pays côtiers qui sont le Cap Vert, la Mauritanie, le Sénégal, la Gambie, la Guinée Bissau, la Guinée, la Sierra Leone, le Liberia, la Côte d'Ivoire, le Ghana, le Togo, et le Bénin.

Cette zone littorale rassemble aujourd'hui 31% de la population totale et 51 % de la population urbaine de ces pays. Toutes les capitales y sont localisées. Le niveau d'urbanisation y est plus de deux fois plus élevé que dans l'hinterland. La densité moyenne actuelle est de 260 habitants par km², avec des maximas de 1000 habitants par km² au Togo et au Bénin.

En 2008, cette zone littorale concentrait 44% du PIB total du Bénin et 61 % de son PIB urbain sur 2% de la superficie totale du pays, et 56% du PIB total des pays côtiers, soit 21% du PIB rural et 76% du PIB urbain total. C'est dire l'importance stratégique de cette zone littorale, où se concentre l'essentiel de l'activité moderne, avec tous les avantages et les risques induits par cette concentration géographique.

Pour élaborer des esquisses d'images à moyen et à long terme de l'activité économique de la zone littorale de l'Afrique de l'Ouest qui présentent un degré raisonnable de vraisemblance, on doit commencer par avoir une idée précise de la croissance de l'économie réelle des 12 pays côtiers, tenant notamment compte de l'évolution de leur peuplement et des potentialités et des contraintes de l'environnement, dans la perspective de la croissance de l'activité économique et de la densification de l'occupation de l'espace qui sont attendues.

La méthodologie utilisée dans l'étude WALTPS et affinée dans le cadre du programme ECOLOC a permis d'effectuer ce travail, pays par pays, et par entité territoriale au sein de chaque pays, puis, par agrégation, pour l'ensemble de la zone littorale du Schéma Directeur d'Aménagement du Littoral, et ce avec un niveau raisonnable de prise en compte des spécificités de chaque pays, des diverses entités territoriales (à l'échelle des communes ou des départements), du milieu urbain et du milieu rural.

L'étude a proposé deux scénarios d'évolution du peuplement et de l'activité économique à long terme (2050) de cette zone littorale, avec une image intermédiaire à l'horizon 2025. Le premier scénario est dans l'esprit de l'image à long terme de l'étude WALTPS, le second est plus volontariste en termes de maîtrise du tropisme côtier et de meilleure intégration de l'arrière-pays. Ainsi par exemple, dans le premier scénario, le Produit Local Brut de la métropole du Grand Cotonou au Bénin devrait, selon cette image, être multiplié par 13 d'ici 2050. Les flux de transport de personnes et de biens et services entre la métropole et le reste du pays pourraient doubler tous les sept ans (soit un taux de croissance de l'ordre de 10 % par an). Le stock d'infrastructures reliant la métropole au reste du pays devrait être développé à un rythme du même ordre pour suivre la croissance de ce trafic.

Le second scénario, qualifié de *maîtrise des disparités* reposait sur l'hypothèse de politiques volontaristes d'aménagement du territoire des pays côtiers, visant à accélérer le développement de ce que l'étude WALTPS appelait *Zone 2*, à distance des côtes, correspondant par exemple, pour la Côte d'Ivoire et le Ghana, à la latitude de Yamoussoukro et de Koumassi. Compte tenu des temps de réaction des dynamiques locales à de telles politiques volontaristes, le scénario de maîtrise des disparités ne différait notablement du scénario tendanciel qu'à relativement long terme : à l'horizon de deux décennies, la marge de manœuvre entre ces deux scénarios est en fait très limitée.

L'accélération attendue de la croissance économique en Afrique de l'Ouest, à des taux proches de 6 % en longue période, devrait soutenir le rythme d'urbanisation de toute la région et renforcer le processus de concentration de l'activité économique dans la zone littorale. La densité de la population de la zone littorale devrait tripler d'ici 2050 et atteindre en moyenne 800 habitants par km², et plus de 3000 habitants par km² au Bénin et au Togo. Les communes constituant la métropole de Cotonou et celle de Porto Novo devraient avoir des densités de population de l'ordre de 30 000 habitants/km², soit 300 habitants par hectare. Ces quatre communes seront donc alors à peu près entièrement urbanisées.

La zone littorale serait alors urbanisée sur un quart à un cinquième de sa superficie totale. Même dans le scénario de maîtrise des disparités, l'espace (bâti et non bâti) des agglomérations occuperait la quasi-totalité de la zone littorale dans le cas du Bénin et du Togo, qui ne disposent que d'une centaine de km de côte et sont entourés de pays densément peuplés comme le Nigeria et le Ghana. En Gambie, au Ghana et en Côte d'Ivoire, la zone littorale serait urbanisée sur 40 à 60 % de sa surface totale ce qui est aussi considérable.

Le processus de concentration économique dans les zones proches des côtes concerne surtout le secteur moderne avec l'industrie lourde, l'industrie manufacturière et les services, et l'économie populaire des métropoles et des centres urbains secondaires dont le nombre devrait augmenter être de l'ordre de 250 en 2020 et de 500 à plus long terme. Il affectera aussi l'économie rurale et le secteur primaire, avec le développement de l'agriculture intensive péri-urbaine et de l'agro-industrie, appelées à servir un marché de 70 à 80 millions de consommateurs urbains, dont une soixantaine de millions dans les 12 métropoles.

En 2050, la zone littorale pourrait concentrer les deux tiers du PIB total des 12 pays côtiers dans le scénario tendanciel et au moins 60 % dans le scénario de maîtrise des disparités. La densité moyenne d'activité économique dépasserait alors 2 millions de dollars (en prix 2000) par km², soit de 11 à 13 fois le niveau actuel. Noter aussi la très forte croissance de l'activité des villes littorales en dehors de la métropole Cotonou : le PLB de ces autres villes devrait être multiplié par 16.

L'activité en milieu rural devrait aussi augmenter notablement (multiplication par 6), à la fois du fait du développement de l'agriculture et de l'élevage périurbains, de la pêche et de l'aquaculture, et du développement des activités rurales non agricoles induites par l'intensification de l'agriculture, par les activités aval (transformation et commercialisation des produits agricoles...) et par l'augmentation des niveaux de vie en milieu rural.

Cette étude prospective de 2009 montrait ainsi que, du pays Ibo à l'est du Nigeria jusqu'à Abidjan en Côte d'Ivoire, la zone côtière risque de constituer à long terme une conurbation quasi continue, ponctuée tous les 100 km de métropoles multimillionnaires, avec plusieurs centaines de villes satellites et d'agrovilles desservant des zones de mise en valeur agricole intensive et de production animale de type industriel, laissant peu de place au développement touristique et à la protection de la nature.

Ces quelques données et perspectives confirment, s'il en était besoin, que la zone située immédiatement à l'arrière du littoral proprement dit constitue un espace d'une importance stratégique pour toute la région, où la concurrence pour l'usage des sols et des sites sera de plus en plus vive. L'avenir économique des 12 pays côtiers et même de l'hinterland se jouera en grande partie dans cette zone littorale, qui, du fait de la concentration, est à la fois riche de potentialités de toute nature et soumise à des contraintes environnementales croissantes.

La multiplication par un facteur 11 à 13 entre 2008 et 2050 de la densité d'activité économique mesurée par le Produit Local Brut par km^2 de la zone littorale est l'un des paramètres à prendre en compte dans la conception de certaines composantes du SDAL : définition des vocations et règles d'occupation des sols, zones consacrées à l'industrie lourde, aujourd'hui quasi inexistante, environnement urbain (parcs industriels, gestion des déchets, approvisionnement en eau, traitement des eaux usées, lagunage,..) et péri-urbain (ceintures maraîchères, agrovilles, zones à vocation touristique, espaces protégés,..) politiques d'aménagement et d'équipement, politiques foncières. Les pays dans lesquels la pression industrielle sur la zone littorale sera la plus forte seront le Bénin (dont le voisinage immédiat avec Lagos fait de la zone portuaire de Cotonou une quasi annexe du Nigeria), le Togo, la Côte d'Ivoire, le Ghana et plus localement le Sénégal avec la presqu'ile du Cap Vert et le Grand Dakar.

Enfin, le besoin d'accumulation de capital résidentiel privé et public urbain et les couts récurrents pour l'entretien du capital public de fonction locale par les collectivités locales que l'on a évalués précédemment dans le cas de Cotonou attirent l'attention sur deux points essentiels :

- assurer la compatibilité entre les ambitions du SDAL et les objectifs en matière de normes d'équipement et de qualité de service d'une part, et les préoccupations et priorités des gouvernements et des collectivités locales, et la capacité des opérateurs locaux (entreprises, ménages) à changer de comportement et à supporter les surcouts éventuels, ce qui implique un effort de pédagogie ;

- mettre en place des mécanismes de mobilisation des ressources locales pour faire face aux dépenses récurrentes et les modalités d'accès au financement par emprunt à l'échelle des besoins et tenant compte des capacités contributives des ménages et des opérateurs. On a vu que le cout de l'entretien du patrimoine public des collectivités locales peut et doit donc être intégralement financé par un prélèvement supportable sur la valeur du patrimoine privé, donc sans aucun recours au financement extérieur. Il est clair que la première condition de succès du SDAL et du développement durable de la zone littorale est et sera de faire en sorte que toutes les institutions locales soient effectivement en mesure d'assurer l'entretien de leur capital, ce qui n'est nulle part le cas aujourd'hui en Afrique de l'Ouest.

Plus généralement, ce volet de l'étude du SDAL permet d'identifier quelques points chauds de l'aménagement du littoral, et les pays où il est le plus urgent de mettre en œuvre des politiques urbaines spécifiques. Certaines de ces politiques pourront par exemple viser à ouvrir à l'urbanisation et au développement industriel des espaces aujourd'hui en déshérence parce que non équipés ou peu propices en raison de leurs caractéristiques topographiques, ou du fait de leur enclavement et de la présence d'obstacles comme les lagunes, les embouchures de rivières et les ouvrages comme le canal de Vridi en Côte d'Ivoire.

La complexité des questions à aborder dans cette partie hyper dense et très sensible de l'Afrique de l'Ouest pourrait aussi inciter à étudier, avec les principales institutions de la région et avec leurs partenaires, l'opportunité de mettre sur pied des instruments sous régionaux à même de suivre de très près le développement de la zone littorale.

Il existe en la matière plusieurs précédents dont il convient de tirer les leçons. Le plus intéressant est celui formé par le couple CILSS-CSAO (Comité Inter états pour la Lutte contre la Sécheresse au Sahel, au sud, et Club du Sahel et de l'Afrique de l'Ouest) composé des principaux partenaires du Nord. Ces deux institutions gèrent de nombreux programmes comme le FEWS (*Food Early Warning System*) qui permet de suivre de très près et en temps réel la situation alimentaire des pays du Sahel et de prévenir les crises.

Le littoral où les problèmes à aborder et les risques à maîtriser sont de nature très différente pourrait lui aussi bénéficier d'un montage institutionnel de même nature. Au sud, il faudrait instituer une sorte de Comité Inter états pour la Protection et l'Aménagement du Littoral, dont le secrétariat serait constitué des responsables de la planification de chaque pays membre. Au nord, il suffirait de s'appuyer sur la structure existante, à savoir le CSAO et son secrétariat rattaché à l'OCDE. Ce Secrétariat, dûment mandaté, trouverait sur ce cas concret une excellente occasion de tester la validité de ses approches théoriques en matière de rapports avec les institutions régionales et locales et concernant ce que l'on appelle aujourd'hui l'émergence, le développement durable, l'intégration régionale, la coopération entre secteur privé et institutions nationales et régionales, et la coopération Nord-Sud.

Conclusion : à quoi a servi cette étude prospective du SDAL ?

La Mission d'Observation du Littoral Ouest Africain créée dès l'approbation du Schéma Directeur d'Aménagement du Littoral a remis son premier rapport sur l'état des lieux en 2017. Voici un court extrait de l'introduction de ce rapport, dont dix pages sont consacrées à cette étude : *l'étude prospective de 2009 avait montré le caractère extrêmement rapide du développement de l'occupation humaine dans de larges zones de ces littoraux. De fait, les tendances lourdes qui avaient été observées tant au niveau démographique qu'au niveau économique semblent aujourd'hui amplement confirmées.*

Chapitre 15
Prospective à l'échelle d'espaces particuliers : Proposition d'orientation de la stratégie de la BAD pour la région du Sahel (2013)[3]

Introduction

Le Sahel est, par essence, une région en voie de peuplement, c'est-à-dire de croissance et de redistribution spatiale et socio-économique de sa population, en interaction avec les régions voisines. Il se distingue à cet égard du reste de l'Afrique par le fait que ce processus s'y déroule plus tardivement, dans des conditions et à un rythme encore plus rapide et dans un environnement plus contraignant. C'est pourquoi la stratégie Sahel proposée ici prend pour thème central la gestion du peuplement. Ce thème central fournit le cadre de cohérence des programmes de la BAD dans les domaines et les secteurs tels que l'aménagement et l'équipement des territoires, les infrastructures, le développement local, urbain et rural, la sécurité alimentaire, la lutte contre la pauvreté, le renforcement des capacités, la gouvernance, la sécurité et l'intégration régionale.

Selon les données et les projections des Nations Unies, le poids du Sahel dans la population totale de l'Afrique de l'Ouest, qui avait logiquement décru de 1% entre 1960 et 1990, a déjà augmenté de 2.5% entre 1990 et 2020 et devrait encore augmenter de 3.5% entre de 2020 et 2050 ! En dépit des sévères contraintes agro-climatiques et de l'enclavement dont souffre le Sahel, cette région verrait sa population totale croître plus vite que celle de l'Afrique de l'Ouest côtière qui est autrement mieux dotée en ressources de toute nature ! L'arrêt, voire le renversement des flux migratoires entre le Sahel et les pays côtiers pourrait faire de l'Afrique de l'Ouest une des régions du monde les plus instables et les plus soumises à des conflits internes et intrarégionaux. Même si la fécondité baisse plus rapidement que ne le prévoient les Nations Unies, seule une intensification des flux migratoires au sein de la région

---

[3] Le texte et les tableaux de ce chapitre sont extraits du document adressé en 2013 à la Banque Africaine de Développement (BAD) pour la préparation de sa stratégie de développement pour le Sahel. Les données relatives au passé (1960-2013) et aux scénarios futurs sont celles qui figuraient dans ce document de 2013, alors que le CILSS ne comptait que 10 membres, contre 12 aujourd'hui.

permettra d'enrayer cette hausse continue du poids démographique relatif du Sahel.

Par-delà et en complément de toutes les mesures permettant de gérer au mieux la conjoncture, la stratégie de la BAD pour le Sahel doit donc mettre l'accent sur la réponse aux défis du long terme et sur l'appui aux transformations structurelles de cette région, partie intégrante de l'Afrique de l'Ouest, car il ne peut y avoir de développement durable sans traitement de ces questions d'ordre structurel.

Gérer le peuplement, thème central de la Stratégie Sahel

Le Comité Inter Etats pour la Lutte contre la Sécheresse au Sahel (CILSS) est aujourd'hui composé de huit pays sahéliens qui sont le Burkina Faso, le Cabo Verde, la Gambie, le Mali, la Mauritanie, le Niger, le Sénégal, et enfin le Chad, qui n'en faisait pas partie initialement, ainsi que de quatre pays côtiers d'Afrique de l'Ouest qui sont le Bénin, la Côte d'Ivoire, la Guinée Bissau, et le Togo.

Ces pays sahéliens sont périodiquement frappés par des épisodes de sécheresse entrainant des crises alimentaires temporaires et localisées. De tels accidents climatiques interviendront dans le futur, et c'est pourquoi les progrès accomplis dans le cadre du CILSS en matière de systèmes d'alerte, de prévention des aléas climatiques, de maitrise de l'eau, gestion des stocks et d'atténuation des obstacles aux échanges régionaux sont des atouts précieux et irremplaçables de gestion de la conjoncture et de coordination des interventions de toutes les institutions locales, nationales, régionales et de leurs partenaires extérieurs en matière de sécurité alimentaire.

Aux risques climatiques, s'ajoutent les risques d'instabilité et l'insécurité découlant des clivages physiques, ethniques et socioculturels exacerbés par les conflits larvés ou violents des pays limitrophes, au nord comme au sud du Sahel et par les trafics en tout genre. Le rétablissement de l'état de droit sur l'ensemble du territoire sahélien et des pays limitrophes constitue évidemment une priorité.

Transition démographique et ouverture au monde impliquent une profonde redistribution spatiale du peuplement entre pays enclavés et pays côtiers, entre zones agro climatiques et entre milieu rural diffus et zones à forte densité, urbano-centrées. En dépit des difficultés résultant de la balkanisation du continent en une cinquantaine d'Etats de taille et de population diverses, des flux migratoires sur plusieurs décennies de l'ordre de -1% à +1% par an selon les pays sont inévitables et doivent être prévus et accompagnés.

Gérer le peuplement, c'est :
  -prévoir la redistribution spatiale et socio-économique de la population.
  -faciliter (ne pas freiner), la concentration spatiale, les migrations, l'urbanisation, les interactions entre villes et hinterland et les échanges entre

territoires. La mobilité géographique et sociale est en effet la seule façon de réduire à terme les écarts de productivité et de revenus entre lieux et entre strates et d'améliorer la sécurité. Se contenter de venir en aide aux pauvres, là où ils sont et sans leur proposer une alternative par une gestion dynamique des territoires, ne peut constituer une solution unique et durable.

-équiper et gérer les territoires. Il faut pour cela évaluer les besoins en investissements publics de peuplement aux trois échelles : locale (les IFL), nationale et régionale et promouvoir la gouvernance à chacune de ces échelles territoriales.

-prévenir les conflits en tenant compte des impératifs du peuplement.

Par sa stratégie Sahel, la BAD souhaite inciter tous ses partenaires à contribuer à gérer le peuplement, de façon plus responsable que par le passé et à retrouver ainsi une des principales raisons d'être de l'Aide, qui est de compenser les couts résultant des restrictions imposées à la mobilité géographique et sociale au sein de cette région en voie de peuplement.

Quelques défis du long terme

Migrations régionales

Cette question des migrations intrarégionales, qui avait déjà était clairement exposée dans l'étude ILTA, est d'une importance capitale pour la réflexion sur les stratégies de développement soutenable et de sécurité alimentaire (voir chapitre 13).

La première ébauche de base de données sur le peuplement du Sahel et de l'Afrique de l'Ouest utilisée ici inclut donc des images aux horizons 2025 et 2050 tenant compte de flux migratoires intrarégionaux compatibles avec les perspectives de croissance économique régionale à des taux de l'ordre de 6 % en longue période et avec l'urbanisation soutenue qui en résultera. Ces migrations auront une incidence notable sur la répartition de la population totale entre les pays enclavés et les pays côtiers, et entre les zones agroécologiques. Le pays de plus forte émigration nette devrait être le Niger, dont la population à l'horizon 2050 serait de l'ordre de 34 millions d'habitants, soit le double de celle d'aujourd'hui, contre le triple selon l'hypothèse basse des Nations Unies sans migrations.

Urbanisation

Les 10 capitales nationales et les 48 villes moyennes (capitales régionales) des pays qui étaient membres du CILSS du CILSS à l'époque où cette stratégie Sahel de la BAD a été élaborée ont vu leurs populations totales multipliées respectivement par 14 et par 9 depuis 1960, et la population de ces 58 grandes villes devrait encore doubler d'ici 2030. Les autres agglomérations de plus de 5000 habitants ont vu leur nombre passer de 32 en 1960 à quelque 700 en 2010, mais la plupart de ces petites villes ou bourgs ruraux sont très sous-équipées.

Le niveau moyen d'urbanisation du Sahel (calculé sur la base de la population de l'ensemble des agglomérations de plus de 5000 habitants à la date considérée) est ainsi passé de 7% en 1960 à 31% en 2010, alors qu'il est passé de 16% à 45% dans le reste de l'Afrique de l'Ouest.

Aucun des pays du Sahel, ni du reste de l'Afrique de l'Ouest, n'est sur-urbanisé compte tenu du degré d'avancement de sa transition démographique et des perspectives de croissance économique. C'est parce que ce processus d'urbanisation n'a pas été prévu ni géré que se sont multiplié les *bidonvilles* où la pauvreté du cadre de vie (réseau viaire, assainissement, conditions de transport, etc.) est beaucoup plus criante et économiquement et socialement couteuse que ne l'est la pauvreté des ménages eux-mêmes.

En cohérence avec les perspectives de croissance économique régionale, le niveau moyen d'urbanisation du Sahel devrait être de l'ordre de 41% en 2025, avec deux fois plus de petites villes et de bourgs ruraux qu'en 2010. Ces à partir de ce tissu de petites villes dont la localisation est prévisible que se structureront les marchés intérieurs.

Redistribution de la population par strate

Le processus d'urbanisation entraîne une profonde redistribution de la population entre les strates primaire (notée PP), et non primaire (PNP), *informelle* et *moderne*. La strate primaire ne devrait plus peser que 29% de la population totale en 2050 contre 91% en 1960. En dépit des migrations régionales prises en compte dans ces images à moyen et à long terme, la population de la strate primaire devrait continuer à croître jusqu'en 2025 alors qu'elle a déjà atteint son maximum dans le reste de l'Afrique de l'Ouest.

Peuplement, restructuration du secteur primaire et développement du marché alimentaire

Le ratio PNP/PP est égal au nombre moyen de consommateurs non producteurs de denrées alimentaires (PNP) par agriculteur (PP). Ce ratio représente le marché potentiel que chaque pays ou région offre aux agriculteurs mais ce marché n'est pas intégralement ni immédiatement couvert par la production alimentaire locale. Ce ratio s'est accru de 0.10 en 1960 à 0.64 en 2010, mais de façon moins rapide et plus irrégulière que dans le reste de la région, où il est aujourd'hui deux fois plus élevé qu'au Sahel. En moyenne chaque agriculteur sahélien a un marché intérieur potentiel deux fois plus faible que celui des autres pays de la région, de sorte que son espérance de revenu monétaire brut provenant de la vente de produits alimentaires est deux fois plus faible. Cette situation contrastée résulte moins des contraintes naturelles propres au Sahel que des différences constatées dans le processus d'urbanisation et dans ses effets sur la division du travail entre consommateurs et producteurs de denrées alimentaires, ainsi que des différences dans les des conditions de fonctionnement des marchés.

Selon les images du futur esquissées ici, le ratio moyen PNP/PP du Sahel devrait croître de 0.64 en 2013 à 1,0 vers 2025 et être de l'ordre de 2.5 en 2050. Les producteurs doivent être mis en condition de bénéficier de ce marché potentiel croissant, avec le minimum d'entraves et le maximum de protection contre la concurrence extra régionale. Si ces conditions sont réunies, la production alimentaire marchande totale devrait presque tripler en volume entre 2010 et 2025, et encore quadrupler entre 2025 et 2050, et la productivité alimentaire marchande (valeur ajoutée primaire marchande par agriculteur) devrait doubler entre 2010 et 2025 et plus que tripler entre 2025 et 2050.

Délai de réponse de la production locale à la demande alimentaire.

La comparaison entre la production alimentaire effectivement constatée dans chaque pays et la production nécessaire à l'équilibre alimentaire (correspondant au cas où le solde des échanges extérieurs serait négligeable) fournit une mesure du délai de réponse de l'offre alimentaire de chaque pays à la demande nationale. Ce délai de réponse est un indicateur simple et facile à suivre du degré d'autonomie du pays considéré par rapport aux importations alimentaires nettes, et par là même un indicateur-parmi d'autres- de la sécurité alimentaire.

A l'exception notable du Sénégal et de la Gambie, de la Mauritanie et du Cap Vert, qui s'explique par le caractère côtier et la facilité des importations, l'offre alimentaire des pays du CILSS a suivi la demande avec un délai de réponse fonction de la conjoncture climatique et variable d'un pays à l'autre mais généralement inférieur à 4 ans. Compte tenu de la croissance démographique forte, de la croissance de la ration alimentaire à plus de 1% par an, et des contraintes liées à l'environnement et à la situation géopolitique régionale, ce résultat peut être qualifié de performance, à mettre surtout au crédit des producteurs.

Indépendamment des aléas conjoncturels, le délai de réponse de l'offre alimentaire à la demande dépend de la volonté des agriculteurs de répondre aux sollicitations du marché et de la capacité d'accroître leur productivité en conséquence. Les performances passées évoquées précédemment montrent qu'ils en ont la volonté et qu'ils en sont effectivement capables.

Pour réduire autant que possible le délai moyen de réponse de l'offre alimentaire à la demande, c'est sur les autres facteurs que ceux liés à la production proprement dite qu'il faut faire porter l'effort : -information sur les marchés, intensité des interactions ville-hinterland, qualité et disponibilité des infrastructures et des équipements de transport, de commercialisation et de stockage interannuel pour gérer les aléas de la conjoncture climatique, réduction des couts de transaction, suppression des obstacles divers à la libre circulation des produits alimentaires, tant au sein du pays que entre pays voisins, ..et surtout protection des marchés contre le recours inconsidéré aux importations. L'attention devrait donc être portée moins sur le secteur primaire en tant que tel et sur la capacité des systèmes agraires à accroitre leur production que sur le développement des marchés, conditionné par la division du travail entre producteurs et consommateurs, et sur la mise en rapport de la demande (surtout urbaine) avec l'offre alimentaire.

Spécialisation-spatialisation agricole en fonction de la distance aux marchés

La confrontation entre demande alimentaire urbaine et offre agricole s'effectue dans un espace structuré par les réseaux de transport et communications, avec des coûts de transaction et dans des conditions de compétition interne et externe qui sont très dépendants de la localisation. Le surplus de produits agricoles par agriculteur disponible pour la commercialisation croît des zones les plus éloignées aux zones les plus proches des marchés, qui sont plus à même de profiter des opportunités de commercialisation que les zones éloignées, et ce malgré les contraintes imposées par les fortes densités de peuplement rural des zones proches des villes. C'est pourquoi une approche spatialisée de la question des échanges entre l'agriculture et les villes est indispensable. Les politiques d'aménagement du territoire devront être adaptées à cette différenciation croissante des structures agricoles et de l'économie rurale. Je renvoie au chapitre 23 pour l'étude des Régions Urbano-Centrées à Haute intensité d'Echanges et de Services (en abrégé les *RUCHES* du programme ECOLOC) et de leur importance pour le développement local et la restructuration de l'espace régional.

Armature urbaine, marchés urbains et marchés ruraux

Autour de chaque ville importante, se développe un réseau de marchés semi-ruraux et ruraux hiérarchisés. Les marchés hebdomadaires semi-ruraux sont fréquentés, en rotation, par des commerçants de la ville pôle qui passent un jour par semaine dans un de ces marchés et un jour au marché central. Des réseaux de 5 ou 6 marchés constituent les circuits des différents commerçants. Ceux-ci sont relayés par des colporteurs qui passent, le reste de la semaine, en rotation, dans 5 ou 6 marchés de village plus petits.

Avec l'accroissement de la taille des villes et l'augmentation corrélative des échanges, le marché central de la ville-pôle devrait éclater en plusieurs marchés spécialisés : halle aux grains, marché aux fruits, marché de bétail qui se décompose en marchés de bovins, d'ovins et d'ânes. Le bois, la poterie doivent progressivement avoir leurs marchés. Le marché central tend à devenir une sorte de centre commercial dédié aux tissus et produits d'importation, où sont installés les grands commerçants. Les autres marchés urbains, dits marchés de quartiers, sont des marchés de détail qui s'approvisionnent auprès des grossistes ; en outre, des paysans locaux y vendent directement leurs productions. Ce n'est donc pas le marché central, ni même les marchés urbains qui forment des unités cohérentes de développement commercial. C'est l'ensemble de marchés, urbains et ruraux, avec les pistes rurales qui les relient, qui constitue l'infrastructure des échanges locaux et avec l'extérieur. Dans bien des cas, faute de gestion urbaine adéquate et d'investissement, le marché central hérité des années 1960 n'a pu suivre cette évolution et se trouve donc aujourd'hui complètement obsolète.

Processus de peuplement, développement de l'économie de marché, infrastructures et investissements de fonction locale

Pour l'ensemble du CILSS, la production alimentaire marchande (hors autoconsommation des agriculteurs), qui doit être acheminée et traitée par les marchés de collecte, de gros et de détail, a été multipliée par 12 depuis les années 1960. Or la plupart des villes secondaires de la région ont encore les infrastructures et équipements de marché datant des années 1960 et les réseaux de transport à moyenne et à longue distance sont encore souvent embryonnaires. Les moyens logistiques nécessaires à une telle augmentation en volume de la production mise en marché n'ont manifestement pas suivi les besoins. L'image à long terme 2025 de l'économie du Sahel fait état d'une nouvelle multiplication par un facteur douze des échanges de produits agroalimentaires au sein de l'Afrique de l'Ouest. Le trafic régional de marchandises à longue distance devrait croître dans les mêmes proportions. La densification du maillage urbain et l'intensification des échanges villes hinterland entraîneront également une forte croissance de la demande de transport de passagers et de marchandises à moyenne distance. Au-delà de la simple réhabilitation et de l'entretien de ces réseaux existants, l'enjeu à moyen terme est une densification et une restructuration de ces réseaux, à la fois pour faire face à l'intensification et à la restructuration des flux ville hinterland et des flux intra régionaux et transfrontaliers (par exemple entre le Nigeria et les Etats voisins) et comme moyen de la politique d'aménagement du territoire. Une image de ce que pourraient être à terme les réseaux routiers de la région hors Nigéria est fournie par les réseaux routiers nigérians actuels. La densité des réseaux nigérians, apparemment quatre fois plus forte qu'ailleurs, est en fait comparable à celle du reste de la région quand on la rapporte à la densité et à la structure du peuplement.

Inscrire les programmes et les projets de développement dans une logique locale, et non plus seulement sectorielle et urbaine ou rurale
La BAD entend inscrire ses projets et interventions agro-pastorales et rurales dans le complexe primaire local. Le complexe primaire local s'entend comme l'ensemble formé par les activités primaires proprement dites (agro-pastorales) et par les autres activités locales qui sont liées aux premières, en amont de celles-ci (fourniture d'engrais, de matériel ou de conseils) et en aval de celles-ci (collecte, conditionnement, commercialisation, transport et autres services). Si on inclut les activités induites, celles qui sont liées à la dépense finale des ménages travaillant dans les premières, le *complexe primaire* - à la fois urbain et rural - génère plus de 50% du Produit local brut.
Pour être efficace, une stratégie de développement local doit donc penser dans une même démarche la conquête des débouchés (ou leur défense), les programmes d'appui aux producteurs, aux commerçants et aux transformateurs urbains, filière par filière et globalement.

Même si, pour la commodité de l'action, le découpage de la réalité en secteurs et entre milieu urbain et milieu rural doit être conservé, il ne faut pas pour autant négliger les interdépendances entre ces secteurs et ces milieux. Ainsi, par exemple, dans tout projet agricole, il faut s'appuyer au maximum sur les opérateurs urbains pour gérer ce projet et favoriser son insertion dans l'économie locale : autrement dit, il faut renoncer à bâtir des projets agricoles en rase campagne, loin de toute ville ou ignorant la ville voisine.

De même, lorsque, dans le cadre d'un projet urbain, on intervient sur les fonctions marchandes d'une ville, par exemple en réhabilitant le marché central, il faut aussi prendre en compte les besoins des opérateurs des marchés secondaires et des marchés ruraux avec lesquels ce marché central est appelé à fonctionner.

Investir dans les infrastructures à la hauteur des besoins

Les investissements de fonction locale, publics et privés, indispensables à l'accueil des habitants et des activités, devraient représenter au cours des décennies à venir au moins 20 % du Produit Régional Brut, dont deux tiers privés, essentiellement de type résidentiel, et un tiers public ou collectif. L'Aide Publique au Développement à la région Sahel apporte moins de 4 USD par habitant aux IFL, et ce montant a chuté avec la crise, l'insécurité et la multiplication des initiatives. Pour gérer le peuplement de façon plus responsable que par le passé, la première condition est d'arrêter la dégradation du stock d'IFL par habitant, tant en milieu rural qu'en milieu urbain.

Chapitre 16
Leçons à retenir de cette revue des études prospectives concernant la gestion du peuplement en ASS

Les Agences d'Aide actuelles sont-elles un obstacle à la réflexion prospective ?

On vient de voir que, sur les sept exemples d'études prospectives qui reposaient sur le nouveau paradigme, seules les deux premières, qui concernent l'Iran et le Vietnam, et dans une moindre mesure la sixième, qui concerne un groupe de pays côtiers d'Afrique de l'Ouest, ont pu aider leurs destinataires à tenir compte du temps long dans leurs réflexions en matière de stratégie et de politiques de développement.

D'où la question : pourquoi les quatre autres exercices de prospective qui sont ILTA, WALTPS, le programme ECOLOC et la stratégie Sahel pour la BAD et n'ont-ils pas pu atteindre les objectifs escomptés ? Alors que les trois premiers exercices de prospective cités ont pu être conduits librement, en partenariat entre les pays concernés et leurs consultants, sans l'interférence d'aucune institution officielle comme une Banque de développement ou une Agence d'Aide, tel n'a pu être le cas pour les quatre autres exercices pour lesquels les intervenants ont été plus ou moins contraints de respecter les mots d'ordre et agendas officiels de ces institutions. Que faut-il en conclure ?
Je laisse cette question sans réponse pour le moment, quitte à y revenir quand je m'intéresserai au fonctionnement des institutions d'Aide officielle au développement, dans les chapitres 25 et 26.

Comprendre que l'ASS est une région en voie de *repeuplement* et l'aborder comme telle

Souvenons-nous que l'ASS, dont le taux de croissance de la population est le plus fort au monde, est, avant tout, un continent en voie de repeuplement, et que ce processus se déroule dans un contexte géopolitique et économique mondial particulièrement difficile.

L'ASS est en effet la seule région de la planète dont la population, sévèrement amputée et politiquement et culturellement détruite par la traite, ait continué à stagner jusqu'à la fin du 19ème siècle : sa contribution à la population mondiale a ainsi décliné de 18% en 1600 à 6% en 1900. Ce déclin démographique relatif n'est pas étranger à la perte d'influence géopolitique et économique de ce continent au cours des trois ou quatre siècles passés. Les rapports des administrateurs de l'empire colonial français notaient régulièrement que le principal handicap des territoires dont ils avaient la charge était la très faible densité de la population, le manque de main d'œuvre autochtone et la faiblesse de la demande intérieure.

Le sursaut démographique, engagé dès le début du 20ème siècle, a été d'autant plus brutal qu'il s'est produit à une époque où les progrès de la médecine permettaient une baisse rapide de la mortalité. L'ASS a retrouvé en 2000 son poids démographique relatif des années 1800, soit 10 % de la population mondiale, il en compte aujourd'hui 14%. Le poids de l'Afrique Sub-Saharienne dans la population mondiale a certes doublé depuis 1950, mais il ne fait que retrouver aujourd'hui son niveau d'avant l'ère coloniale, et l'inertie des phénomènes démographiques est telle qu'il faut s'attendre à ce que cette région abrite un jour près du quart de la population mondiale.

Population de l'ASS   Source Hérodote jusqu'en 1900 et UN 2017 variante moyenne

Année	1600	1700	1800	1900	1950	2000	2018	2035	2050
millions	104	97	92	95	180	650	1050	1600	2200
% du monde	18%	14%	10%	6%	7%	10%	14%	18%	22%

Les politiques démographiques peuvent certes influer sur la fécondité et réduire la croissance de la population totale à long terme, elles sont donc utiles et indispensables, mais leurs effets à moyen terme sont du second ordre. Le rythme de la transition démographique dépend en fait moins de ces politiques sectorielles que du processus de *développement* lui-même : la baisse de la fécondité n'est pas un objectif en soi mais un résultat du *développement*.

Prenons donc ces perspectives de croissance démographique comme réalistes, à plus ou moins 10% près à l'horizon 2050, et comme un fait porteur d'avenir, et cherchons comment tous les intervenants, à commencer par l'Union Européenne, héritière des anciennes puissances coloniales, peuvent aider l'Union Africaine à gérer le repeuplement de cette vaste région du monde.

Jusqu'au début du siècle, l'ASS n'hébergeait qu'une proportion infime du croît démographique total de la planète, elle accueille aujourd'hui 40% des nouveaux habitants de la planète et près de 30% du nombre total de nouveaux résidents, au sens donné à ce terme au chapitre 1.

Nombre d'observateurs, qui voient dans l'ASS l'archétype de la région attardée, figée dans ses traditions et inapte au *développement,* préfèrent tout simplement ne pas trop penser aux défis posés par l'accueil en ASS de ces nouveaux résidents ni aux implications économiques, financières et géopolitiques d'un tel bouleversement et se contentent de remettre à plus tard la prise de conscience de la nécessité de changer de paradigme.

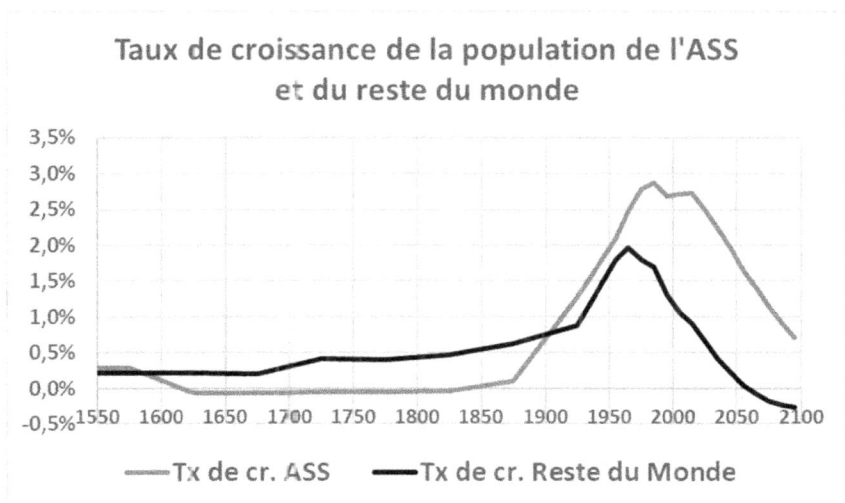

Avec des taux de croissance naturelle de l'ordre de 2 ou 3 % par an, l'ajustement du peuplement aux contraintes et potentialités physiques mais aussi et surtout aux forces du marché et l'émergence des réseaux de villes de toutes tailles qui structurent l'espace continental et transcendent les frontières des Etats devraient conduire à des taux de migration entre pays de l'ordre de 1 % par an, et ces taux devraient croitre avec le développement. Pour l'ensemble de l'Afrique Sub-Saharienne, on devrait donc s'attendre à des flux migratoires nets de l'ordre de plusieurs millions de personnes par an en provenance des pays d'émigration tels que le Niger ou le Burundi vers une douzaine de pays d'immigration comme la Côte d'Ivoire ou la RDC.

La redistribution de la population totale entre les pays africains est incontournable, et cette redistribution est d'autant plus difficile, couteuse et douloureuse qu'elle est différée, et qu'elle est soumise aux aléas de la conjoncture internationale. La thèse souvent avancée selon laquelle de telles migrations sont désormais politiquement inacceptables et impensables conduit inévitablement au chaos.

Parmi les multiples obstacles à la mobilité régionale, il ne faut pas oublier le rôle pour le moins ambigu des partenaires du Nord, qui transposent en Afrique leurs propres angoisses à l'égard des migrations, alors qu'il faudrait tout faire pour faciliter la mobilité au sein de l'espace africain, et surtout ne rien faire qui entrave directement ou indirectement ce processus. On peut multiplier les exemples d'attitudes anti-migratoires des partenaires extérieurs, qui ne sont pas pour déplaire aux gouvernements locaux : spectre de l'exode rural et de la famine, apologie de la petite exploitation familiale autosuffisante, chasse aux *pauvres* pour les inciter à rester où ils sont, obstacles mis à l'installation des migrants en ville, imposition de normes qui empêchent de répondre aux besoins du plus grand nombre, prétention à formaliser *l'informel*, obstacles imposés à la colonisation des espaces sous-peuplés, rareté foncière organisée, gel de l'occupation des sols, abandon prématuré du droit coutumier, etc. Cette volonté du Nord de moderniser le Sud par effraction et cette attitude anti-migratoire des partenaires extérieurs contribuent en fait à aggraver les disparités, la désertification et les risques de conflits, et ont pour effet trop souvent ignoré de retarder la transition démographique.

Pourtant, en dépit de ces obstacles aux migrations qui sont pour la plupart d'origine extérieure, l'ASS a structurellement beaucoup changé depuis les années 1960, et ce, davantage par elle-même que comme conséquence de l'*Aide,* et elle a beaucoup plus progressé que ne l'indique l'évolution d'indicateurs comme le PIB moyen par habitant. L'étude WALTPS a permis d'estimer que, après un laps de temps d'une génération, 30 à 40 % des habitants de l'Afrique de l'Ouest ne résident plus dans leur district ou leur commune d'origine. Et le fait que ces changements structurels sont mal compris et sous-estimés a pour conséquence une sous-estimation qualitative et quantitative des besoins de cette région du monde en voie de peuplement.

Puisque c'est maintenant et pour encore quelques décennies que cette région du monde se peuple et que sa population s'agglomère (s'urbanise) et s'installe, il n'y a d'autre solution rationnelle que de remettre l'espace et le processus de peuplement au centre de tous les raisonnements, et de pousser le plus loin possible les implications qui en découlent en termes de systèmes explicatifs, d'outils d'analyse et de prévision, de politiques, d'ingénierie institutionnelle, de conception des rapports nord-sud et d'organisation de l'économie monde.

Dans cette phase de transition démographique que traverse l'Afrique, la gestion du peuplement est une question essentielle, sinon la question numéro 1, à laquelle doivent s'atteler les gouvernements africains et les institutions régionales, mais aussi les partenaires extérieurs, car le processus de peuplement de la planète est un enjeu planétaire.

Si caricaturales qu'elles aient pu paraître lors de leur publication aux yeux des maîtres à penser du *développement,* la boucle zéro de l'étude prospective ILTA et la première itération de l'étude WALTPS qui mettaient l'accent sur les processus de transformation structurelle en cours en Afrique Sub-Saharienne étaient chargées de sens et donc utilisables pour la réflexion sur les stratégies.

Pourquoi un tel refus des agences d'Aide de prendre en considération ces études prospectives concernant l'ASS ?

Si les institutions en charge de *l'Aide au développement* ont été à ce point incapables de comprendre ce que ces études de prospective pouvaient leur apporter, c'est en raison de l'attachement quasi religieux, sourd et aveugle, au dogme sur lequel repose la théorie économique dite *orthodoxe,* qui empêche de comprendre et d'accepter les changements en cours dans les pays en voie de peuplement.

Les deux derniers chapitres 27 et 28 de cet essai iront un peu plus avant dans cette analyse en montrant que, pour voir le monde autrement, pour changer de paradigme, les institutions en charge de l'*Aide* devront se soumettre à leur tour à un ajustement structurel, au sens propre du terme : il ne pourra y avoir de changement de paradigme, donc de retour aux sources de *l'oïkonomia,* qu'au prix d'un changement en profondeur des organigrammes dont ces institutions se sont progressivement dotées, et qui se caractérisent par la quasi absence en leur sein de disciplines et de champs de réflexion qui, par nature, sont interdisciplinaires, comme la géographie, le peuplement, la prospective, l'aménagement du territoire. On aurait pu s'attendre à ce que l'intérêt nouveau accordé à l'environnement aide à rétablir au sein de ces institutions une forme de dialogue interdisciplinaire, mais, faute de cet ajustement structurel, cette nouvelle discipline semble condamnée à n'être abordée au sein de ces institutions que comme un nouveau *secteur,* un secteur important, certes, mais un secteur parmi d'autres.

En conclusion de cette Quatrième Partie

Gérer le peuplement, c'est suivre, comprendre, prévoir et accompagner la redistribution de la population par lieu et par strate d'activité et de mode de vie, au lieu de se contenter de subir et a fortiori de chercher à lutter contre cette restructuration. Pour ce faire, la première condition *sine qua non* est que tous les intervenants acceptent de s'intéresser au paradigme que je propose au chapitre 5 et de s'en inspirer.

Il faut, en conséquence, redéfinir le rôle de ce qu'on appelle l'*Aide au Développement,* et les missions des institutions qui sont chargées de gérer cette *Aide* : j'évoque ces questions au chapitre 27.

Ensuite, il faut comprendre que le processus de repeuplement et de redistribution de la population au sein de régions du monde en voie de peuplement comme le continent africain est pour l'humanité une forme d'investissement à long terme, et peut-être même la toute première forme d'investissement et d'accumulation de capital de la planète. C'est sans doute une forme d'investissement assortie de risques, mais dont le retour sur investissement, certes différé, est potentiellement très élevé.

Enfin, cet investissement risqué et à haut rendement, il faut savoir le financer : au-delà des IIFL et des IFL que j'évoque aux chapitres 3 et 22, les institutions internationales doivent être prêtes à assumer sans délai les couts imprévus et les conséquences négatives éventuelles de ces migrations régionales de grande ampleur, qui doivent se dérouler sans trop d'à-coups à l'échelle de temps des générations. Autrement dit, il faut mettre en place des règles du jeu international et des mécanismes garantissant que l'économie mondiale soit en toute circonstance prête à aider les pays d'immigration à surmonter les inévitables aléas de la conjoncture afin de leur éviter la tentation de se calfeutrer et de faire marche arrière prématurément.

Cinquième partie
Douze propositions pour gérer le peuplement de la planète avec le souci du long terme et pour refonder l'Aide au développement.

Introduction

Economie orthodoxe et économie du peuplement, deux paradigmes pour comprendre l'économie réelle, qui est au service de toute la population.

On a vu au chapitre 5 que, si duale qu'elle soit en apparence, l'économie réelle des pays en voie de peuplement n'en est pas moins unique, puisque sa composante moderne et sa composante populaire se déroulent en même temps et dans le même espace. De même que la composante moderne ne peut être analysée et interprétée que dans le contexte de cette économie réelle et en tenant compte de ses interactions avec la composante populaire, de même, cette composante populaire ne peut être analysée et interprétée qu'en la resituant dans le contexte de cette économie réelle, dont on ne peut ignorer l'importance de la composante moderne.

Cet essai n'a donc pas pour but d'opposer deux visions de l'économie, l'une aussi productive et compétitive que possible sur des marchés en voie de globalisation, et l'autre d'essence locale et aussi inclusive que possible, mais de chercher comment gérer au mieux cette complexité pour en tirer le meilleur parti possible, ce qui, dans les pays qui sont en voie de peuplement, constitue un défi majeur.

Si, quand on s'intéresse aux pays en voie de peuplement, il n'est pas faux d'affirmer qu'il faut revenir aux fondamentaux du monde réel qui sont le peuplement, l'espace, le territoire et le temps long, il est en effet temps d'en finir avec cette forme de censure et de se mettre sérieusement et tous ensemble au travail, en toute bonne foi.

Cette cinquième et dernière partie de cet essai va donc montrer comment le paradigme démo-économique et spatial proposé aide à réinventer l'économie du *développement,* à concevoir d'autres politiques de coopération entre le Nord, déjà peuplé, et le Sud, qui est encore en voie de peuplement, à faire évoluer le modèle de développement des pays avancés pour le rendre plus compatible avec les nouveaux défis auxquels l'humanité est confrontée. L'expérience que les pays du Nord pourront ainsi acquérir grâce à leur coopération avec les pays en voie de peuplement les aidera à remettre en question leur propre modèle de comportement et à concevoir une nouvelle forme de gouvernance planétaire, dont la responsabilité première sera de maitriser les dangers potentiellement mortels auxquels l'humanité est confrontée et d'être garante de la survie à long terme du système Terre.

Puisque l'économie réelle est par essence complexe et que son futur est par conséquent marqué par un haut degré d'incertitude, elle se prête mal à une approche traditionnelle par secteur comme l'agriculture ou les services, ou par milieu comme le milieu urbain et le milieu rural, ou encore objectif par objectif comme dans la litanie des Objectifs et sous-objectifs de Développement Durable. Ces questions seront donc abordées non par secteur ou par objectif, mais à partir d'une douzaine de problématiques comme l'accès à la connaissance, la prospective, la gestion du peuplement de la planète, l'importance des relations de voisinage entre acteurs, ou la maitrise des inégalités, et en tenant compte de l'incertitude sur le futur, qui doit inciter à privilégier les stratégies et les politiques de nature à minimiser les risques maxima encourus à long terme. Toutes ces problématiques, qui sont autant de façons d'observer le même objet complexe qui est notre planète en voie de peuplement, mais à partir du même paradigme, sont évidemment interdépendantes et peuvent conduire à évoquer plusieurs fois le même *secteur,* comme l'infrastructure ou l'agriculture ou le même objectif comme la lutte contre la pauvreté, mais abordé de différents points de vue.

Douze propositions pour gérer le peuplement de la planète avec le souci du futur à long terme et pour refonder l'Aide au développement.

Voici les propositions relatives à douze problématiques que le paradigme démoéconomique invite à aborder plus sérieusement qu'on ne le fait aujourd'hui, et auxquelles sont consacrés les douze derniers chapitres 17 à 28 de cet essai :

1. remédier à la désincarnation, à l'u-topie et à l'u-chronie des systèmes d'information, des modèles et des comptes économiques actuels : ce qui doit être fait dès maintenant, sans attendre d'avoir toute l'information nécessaire ;

2. renouer avec la prospective et avec l'approche stratégique pour gérer le peuplement et aménager les territoires en conséquence : pour cela, abandonner les *initiatives* au profit d'une approche systémique, et réfléchir à la façon de construire des images démo-économiques à long terme de tout territoire, qui soient l'expression d'une stratégie ou projet global de transformation structurelle et qui puissent servir de toile de fond commune aux politiques d'intervention ;

3. reconnaître que, dans les pays en voie de peuplement, le marché intérieur et régional est la principale source de croissance économique et d'apprentissage de l'économie de marché ;

4. faire de l'urbanisation la première condition de la sécurité alimentaire à long terme ;

5. comprendre l'économie urbaine ;

6. gérer l'urbanisation et produire la ville ;

7. programmer et financer les Investissements de peuplement à la hauteur des besoins, comme il se doit pour les autres biens publics mondiaux ;

8. gérer l'économie localement : l'économie nationale vue comme une congruence d'économies locales urbano-centrées des *RUCHES* du programme ECOLOC ;

9. repenser la lutte contre les inégalités et contre la pauvreté ;

10. instaurer une gouvernance planétaire ;

11. refonder l'économie du développement et redéfinir les missions des Partenariats d'Aide au développement ;

12. réhumaniser et donc recentrer la recherche économique sur les fondamentaux.

Les propositions relatives aux neuf premières de cette liste de douze problématiques et qui concernent principalement les pays en voie de peuplement sont directement inspirées du contenu des quatre premières parties de cet essai. Les trois dernières propositions s'en déduisent logiquement, en élargissant la perspective à l'ensemble de la planète.

Cette cinquième et dernière partie s'achève avec dix commandements que je me permets d'adresser aux institutions impliquées dans le développement pour les préparer à l'inévitable révolution paradigmatique annoncée dans cet essai.

Chapitre 17
Remédier à la désincarnation, à l'u-topie et à l'u-chronie des systèmes d'information, des modèles et des comptes économiques

Introduction
Parce que les systèmes d'information économique existants sont l'une des principales causes de la perte de confiance dans l'avenir des responsables des Pays en Voie de Peuplement, des institutions partenaires et de l'opinion publique, il faut commencer par supprimer toutes les chroniques de comptes qui sont affichées dans les bases de données telles que les WDI et qui sont dépourvues de sens, comme cela a été démontré au chapitre 6. En attendant mieux, et à titre de préalable indispensable au retour à la stratégie, l'essai montre comment reconstruire, à partir de la seule information aujourd'hui disponible, des chroniques de comptes démo-économiques spatialisés de l'économie réelle de tout territoire, du niveau national au niveau de chaque entité territoriale élémentaire, qui tiennent un tant soit peu compte des interactions entre peuplement et économie.

Quelles priorités pour cette reconstruction des systèmes d'information
Les systèmes d'information existants sont ce qu'ils sont parce qu'ils ont été conçus pour ne répondre qu'aux questions qui se posent dans le cadre du paradigme de l'économie orthodoxe, dont on a montré qu'il ignore la population, l'espace, le territoire, et le temps. La condition première et *sine qua non* pour dépasser cette lecture tronquée du monde réel est donc la refonte radicale de ces systèmes d'information, et ce, quoi qu'il en coute apparemment, car, pour les pays en voie de peuplement, rien n'est plus couteux que le maintien du statu quo. C'est un chantier considérable, qui demandera plus d'une décennie d'efforts, mais qu'il faut engager dès maintenant, sans prendre prétexte du manque d'outils, d'informations ou de moyens, et dont il faut établir un calendrier de mise en œuvre qui respecte les priorités.

Le chapitre 8 explique comment procéder pour construire, par approximations successives, des comptes démo-économiques spatialisés de l'économie réelle de tout territoire, du niveau national au niveau de chaque entité territoriale élémentaire. Je ne prétends pas que ce qui est proposé soit la meilleure solution : toute une cohorte de statisticiens et de démo-économistes doit se mettre au travail pour construire les outils, modèles, programmes d'enquêtes, etc. qui seront les mieux adaptés.

Concernant les priorités et le calendrier de mise en œuvre de ce chantier, voici ce que je propose, en attendant mieux, pour combler les lacunes les plus évidentes et les plus gênantes qui affectent les bases de données existantes :

a) spatialiser les comptes de l'économie moderne, sans attendre la spatialisation de l'ensemble de l'économie réelle ;

b) répartir le PIB officiel Y de chaque pays entre le milieu urbain (dont la métropole, les villes moyennes, les petites villes) et le milieu rural ;

c) calculer une première approximation du PIB réel de chaque pays défini comme la somme du PIB de l'économie moderne et du PIB de l'économie populaire ;

d) construire une première ébauche de répartition des agrégats et indicateurs nationaux entre les entités du premier niveau de division du territoire national (les régions) ;

e) reconstruire des chroniques du PIB réel sur la longue durée en tenant compte de la croissance endogène qui résulte du processus de peuplement ;

f) grâce à ces chroniques de PIB réel ainsi révisées, réévaluer les performances passées de chaque pays sur le temps long, par exemple depuis 1960, ce que les chroniques de PIB officiel ne permettent pas de faire. Cette première ébauche de prise en compte raisonnée du temps long est un préalable indispensable à la prospective et à la réflexion sur les stratégies.

Voici quelques commentaires des points a) et e) ci-dessus.

Spatialisation des comptes de l'économie moderne

Cette spatialisation de l'économie moderne, primaire et non primaire, n'est ni difficile à faire ni couteuse, même dans les pays dits *en voie de développement*, les *PVD* : la plupart des informations nécessaires existent et dorment quelque part dans les services administratifs et dans les bases de données statistiques.

Alors, pourquoi, dans ces *PVD*, n'est-il jamais fait mention d'une telle spatialisation, au moins par entité territoriale de niveau 1 (les régions) et en distinguant le milieu urbain (dont la métropole) et le milieu rural ? Est-ce par simple négligence ? Ou n'est-ce pas plutôt par crainte de mettre ainsi en évidence l'hyper concentration géographique de l'économie dite moderne ? Cette hyper concentration pourrait en effet être interprétée comme la preuve qu'un demi-siècle *d'Aide au développement* n'aurait guère fait mieux que d'accompagner le processus de modernisation par effraction imposé à ces pays par l'économie capitaliste de marché. Après *Paris et le Désert français* de Jean-François Grenier qui attirait l'attention sur les conséquences de l'abandon progressif de toute stratégie d'aménagement du territoire en France, ce serait donc *Kinshasa et le désert Zaïrois* ?

Première évaluation de l'économie endogène

Le chapitre 7 explique comment calculer à toute date le supplément de production qui résulte de la restructuration du peuplement et qui est ici appelé production endogène $Y°$ de tout pays, comme une fonction simple de la variation dans le temps de la fonction $P*U/R$: $Y° = a*delta(P*U/R)$, à laquelle correspond le supplément de productivité moyenne $y° = Y°/P$. Cette première approche du PIB réel par l'ajout au PIB officiel du *PIB endogène* $Y°$ conduit à des évolutions à long terme et à des taux de croissance de ce PIB endogène qui sont comparables, en valeur et en tendance, à celles du PIB informel primaire et non primaire A1+B1 qui ne peut être calculé que si les agrégats nationaux sont spatialisés comme expliqué au chapitre 8, en distinguant les productivités des 2*3 catégories d'homo economicus de chaque territoire élémentaire.

Les ordres de grandeur, en volume et en % du PIB réel, de cet agrégat $Y°$ dépendent évidemment de la valeur donnée au paramètre **a** de la fonction $Y° = a*delta(P*U/R)$. Mais une fois choisie la valeur de **a** qui conduit à une valeur de $Y°$ qui est proche de celle du PIB populaire A1+B1 qui peut être mesuré grâce aux enquêtes revenus -dépenses des ménages d'un pays dont le système statistique est riche et données localisées, comme par exemple la Côte d'Ivoire, cette même valeur de **a** appliquée à tous les pays de la même région conduit à une relative similitude entre les ordres de grandeur relatifs en volume et en tendance du PIB endogène $Y°$ ainsi calculé et du PIB populaire A1+B1 obtenu par enquête de tous les pays proches de cette même région.

Ce constat tend à prouver que tous les pays d'une même région en voie de peuplement ont a priori des économies populaires relativement semblables, qui s'expliquent par la similitude des modes et des conditions de vie des pays proches, et de part et d'autre des frontières nationales. Ce constat semble aussi confirmer le bien-fondé du concept de productivité endogène, qui contraste avec celui de l'économie moderne, qui est à la fois plus extravertie, et donc plus sensible à la conjoncture extérieure, et qui dépend évidemment de la façon dont chaque pays s'insère dans l'économie mondiale.

En attendant de disposer de comptes économiques détaillés par entité infranationale, il est donc possible de faire un peu mieux, à peu de frais, que la pratique actuelle qui consiste à appliquer le même coefficient multiplicateur des PIB à toutes les années antérieures à chaque *rebasing* des comptes nationaux, qui est totalement dénuée de fondement.

Chapitre 18
Renouer avec la prospective et avec l'approche stratégique pour gérer le peuplement et aménager les territoires en conséquence

Introduction

Il faut en finir avec la multiplication des objectifs, sous-objectifs et cibles du *développement durable* et redécouvrir les vertus de la prospective et de l'approche stratégique pour gérer le peuplement, aménager les territoires et gérer l'économie réelle en conséquence. S'il est un domaine où la prospective est relativement simple et peu risquée, c'est bien celui du peuplement et de ses implications.

Comme le rappelle cet essai, l'économie réelle de tout territoire est d'abord et avant tout faite par les hommes, et pour les servir tous. La première question qui se pose en matière de prospective est donc de savoir comment va évoluer la population future de chaque territoire, et en particulier de chaque pays.

Processus de peuplement et migrations

A l'horizon d'une génération, soit aujourd'hui l'année 2050, on peut prendre comme source de données concernant la croissance démographique *proprement dite* de chaque pays l'hypothèse moyenne de la Division de la population de l'ONU. Mais, pour passer de cette donnée brute que l'on doit considérer comme non contestable à la projection de la population totale résidente de chaque Etat-nation, il ne faut pas se fier aux projections officielles des migrations nettes, qui ne tiennent aucun compte des caractéristiques propres à chacun de ces pays (ni de sa superficie, ni de sa géographie, ni de son environnement régional) et qui sont systématiquement sous-estimées : toutes ces projections des flux migratoires futurs trahissent le même préjugé négatif à l'égard des migrations, qui dérive du paradigme démostatique, uchronique et utopique qui est dénoncé dans cet essai, et qui conduisent à des projections à long terme irréalistes, comme dans le cas du Rwanda et du Burundi, qui sont de plus champions du monde de la ruralité.

Surpeuplement programmé de quelques pays d'ASS en 2050

	Rwanda	Burundi	Niger
Surface totale S (1000 km²)	25	26	1267
Population totale P (millions)	23	25	66
Densité P/S (hab. /km²)	934	986	52
Population urbaine U (millions)	6,5	7,2	19,5
Niveau d'urbanisation U/P	28%	28%	30%
Surface cultivable (1000 km²)	11,5	12,0	177
hectares cultivables par habitant rural	0,07	0,10	0,40

Entre parenthèse et à propos du Rwanda, je ne peux pas m'abstenir de mentionner ici le projet du Gouvernement Britannique qui consiste à se débarrasser de centaines de ses immigrés sans papiers en les réexpédiant, moyennant finance, dans ce petit pays surpeuplé, sous-urbanisé et pas si démocratique ni ouvert à ses voisins, en se moquant éperdument des droits humains, de l'intérêt de ces malheureux migrants ainsi exilés de force dans ce lointain pays dont ils ignorent sans doute tout, et plus encore des intérêts à long terme du Rwanda lui-même, dont le premier souci devrait être de s'ouvrir lui-même à l'émigration dans les pays voisins. Que le Gouvernement Britannique ait pu imaginer une telle opération pour servir ses propres intérêts géostratégiques, et qu'il insiste pour la mettre en œuvre, est à mon avis non seulement irresponsable mais aussi parfaitement honteux.

Fermons cette parenthèse. Seuls, des exercices de prospective comme ceux exposés dans la quatrième partie de cet essai, qui reposent sur le paradigme démo-économique spatialisé et qui ont tous pour objectif de gérer le peuplement, à diverses échelles spatiales, permettent de construire des scénarios du futur qui soient débarrassés de tout préjugé anti migratoire, et avec le souci de minimiser le risque maximum encouru à long terme.

La croissance démographique et l'ouverture au monde et à l'économie de marché impliquent en effet une profonde redistribution du peuplement au sein des régions du monde en voie de peuplement, comme en ASS : migrations entre zones climatiques (Sahel-forêt), entre intérieur et côte, entre pays africains.

Gérer le peuplement c'est prévoir et faciliter ces mouvements. L'émigration vers le reste du monde et vers l'Europe, qui nous préoccupe tant, n'est qu'une goutte d'eau à côté des migrations intra-africaines, et la connotation négative associée par les pays riches et déjà peuplés au phénomène de migration a sur le comportement des décideurs des pays en voie de peuplement et des instances internationales une influence désastreuse. Dans la plupart des Pays en Voie de Développement du monde, les conflits, la pauvreté et la destruction de l'environnement sont en grande partie la conséquence de la mauvaise gestion passée du peuplement. Il ne peut y avoir de développement durable dans ces PVD que si les défis du peuplement sont relevés.

Gérer le peuplement constitue un objectif à la fois plus essentiel et plus difficile à mettre en œuvre en Afrique que partout ailleurs dans le monde en raison de la balkanisation du continent en une cinquantaine de pays, dont quinze pays enclavés (contre deux en Amérique Latine !), qui fait des migrants Burkinabé en Côte d'Ivoire ou des migrants Rwandais au Kivu ou au Maniema des étrangers !

Si effrayant qu'apparaisse le spectre de ces multitudes de migrants qui décident, pour d'excellentes raisons, de s'installer en ville, de changer de région, de pays et, à défaut, de continent, les pays africains et leurs partenaires du Nord n'ont pas d'autre choix que de prendre acte du caractère irrépressible et nécessaire de ces dynamiques de peuplement et d'agir en conséquence.

Se doter d'une vision de la répartition future de la population, de l'organisation de l'espace et de l'aménagement des territoires, des activités et de l'économie réelle à diverses échelles est le meilleur moyen de prendre conscience des impératifs de ce peuplement, à commencer par la mobilité, de réfléchir à des stratégies minimisant le maximum des risques encourus à long terme et d'agir en conséquence.

Abandonner les initiatives

Puisque ce qu'on appelle le développement est un changement d'état où tout est en déséquilibre, et puisque le temps de ce développement est le temps long, à l'échelle des générations, mieux vaut le reconnaître et adopter une approche systémique : ce qui signifie qu'il faut renoncer à la tentation de donner la priorité à tel ou tel secteur comme la sécurité alimentaire ou la protection de l'environnement ou à chercher à satisfaire à une liste prédéterminée d'objectifs et sous-objectifs comme l'éradication de la pauvreté. Des avancées rapides dans chacun de ces secteurs et chacune de ces cibles sont évidemment souhaitables, et peuvent être appuyées par des programmes ad hoc. Mais la soutenabilité de chacune de ces avancées sectorielles ou ciblées dépend de l'état de la société dans son ensemble.

Pour prendre un exemple concret, sauf à maintenir un encadrement extérieur coûteux et insupportable, la production alimentaire ou productivité des agriculteurs et le revenu monétaire net que chaque agriculteur peut en moyenne obtenir de la vente du surplus non autoconsommé ne peuvent guère progresser plus vite que ce qui est exigé par le développement du marché local et intérieur résultant du processus de peuplement et de l'urbanisation. Il en va de même pour la transition démographique, la santé, la pauvreté, la gouvernance, ou la sécurité, qui dépendent très largement du processus de peuplement, de la façon dont ce processus est géré, et de leurs répercussions sur les modes de vie.

Par-delà les aléas de la conjoncture et sur le temps long, les réflexions relatives aux dynamiques de peuplement et celles relatives à l'avenir de l'économie réelle sont en effet les deux faces complémentaires d'un même problème, toutes deux inscrites dans les territoires concernés.

Se doter d'un projet global, au sens de projet de société

Pour renouer avec la planification stratégique, il faut d'abord et avant tout concevoir un projet global de transformation structurelle qui soit compréhensible, visualisable, communicable et convaincant. Dans les pays en voie de peuplement dont la population décuple en un siècle, un élément clef de la stratégie est donc de prévoir et d'accompagner la transformation sur le temps long du cadre de vie commun de la population et de faciliter les interactions entre les membres de chaque collectivité et avec les entités territoriales proches. L'aménagement du territoire, en tant que processus, est l'expression concrète, l'inscription sur le sol et dans l'espace, des transformations prévisibles et jugées souhaitables de la société et des relations entre chacune de ses composantes territoriales, entre autorités centrales et locales, et entre pays voisins.

Qu'est-ce qu'une image à long terme et comment faire pour construire une telle image ?

La transformation radicale de l'occupation et de l'organisation de l'espace à l'échelle de temps de la génération peut être exprimée dans un ensemble d'images démo-économiques rétrospectives et prospectives à diverses échelles spatiales quantifiées à l'aide de modèles spatialisés *ad hoc* par grand thème (structure du peuplement, ses conséquences sur la demande et sur l'offre de besoins essentiels, géographie des marchés, et infrastructures) :

Si ces images, qui sont à la fois cartographiées et exprimées dans des matrices ou des tableaux dynamiques, sont bien le mode d'expression le plus simple permettant de tenir compte des contraintes et opportunités de l'environnement, de hiérarchiser les enjeux et de faciliter les concertations entre tous les acteurs concernés, leur construction doit être considérée comme nécessaire. Et si cette construction est nécessaire, alors, elle doit être considérée comme possible, ce qui implique deux conséquences :

- la première est qu'il faut se doter d'outils appropriés, à commencer par des systèmes s'information pertinents comme expliqué précédemment. L'erreur à ne pas commettre serait d'attendre d'avoir toute l'information nécessaire avant de se lancer dans la construction de ces images à long terme, compatibles avec un nouveau paradigme, car cette information n'a de chance d'être produite que si l'on sait qu'on en a besoin.

- et pour le savoir, il faut commencer par révéler ce besoin, ce qui implique de procéder par approximations successives : la boucle zéro de ces images à long terme ne peut reposer que sur les données les moins contestables dont on dispose au départ, en l'occurrence et dans la plupart des cas la géographie et le peuplement, autrement dit les fondamentaux.

Si sommaire soit-elle, cette boucle zéro a pour principale vertu d'aider à se libérer l'esprit des dogmes en vigueur, d'imaginer les outils dont on aura besoin pour passer aux itérations suivantes, et de construire ainsi une autre lecture de l'économie réelle comprise non comme une somme ou interaction entre secteurs u-topiques (sans contenu spatial), mais comme une combinaison de comportements d'acteurs obéissant à des logiques différentes, du plus local au plus global.

Ainsi, ce qui apparaissait a priori comme impossible et inconcevable, comme la cartographie du PIB et d'autres agrégats de la comptabilité nationale, devient possible parce que, dans le nouveau paradigme, elle est nécessaire.

Pour mettre en évidence les changements structurels majeurs affectant les territoires considérés, ces premières esquisses d'images du peuplement et de l'économie, inscrites dans la géographie, doivent être cartographiées et autant que possible quantifiées à trois ou quatre dates : il y a dix ou vingt ans, aujourd'hui, et dans vingt ou trente ans. Ces images du peuplement et des comptes démo-économiques ne sont pas des projections, mais un moyen de mettre en évidence les changements de structure intervenus dans le passé et auxquels il faut s'attendre à l'échelle d'une génération, et de visualiser les états futurs plausibles, souhaitables et donc possibles du peuplement et de l'économie qui accompagne ce peuplement.

Prospective à l'échelle régionale : Prévenir les conflits en tenant compte des impératifs du peuplement.

La multiplication des conflits locaux et sous-régionaux dans les régions du monde en voie de peuplement résulte en partie de l'incapacité des acteurs à comprendre et à prendre en compte les dynamiques de peuplement. Outre les conflits officiellement déclarés, de nombreuses zones de ces régions vivent, pour cette même raison, dans l'instabilité chronique. Il est, dans une certaine mesure, possible de prévoir et de prévenir ces conflits en tenant compte des impératifs du peuplement à l'échelle sous-régionale. Un moyen d'y parvenir est de faciliter l'émergence d'un consensus sur des visions sous-régionales et sur la nécessité de faciliter - et à tout le moins de ne jamais freiner- la mobilité géographique et sociale au sein de chaque sous-région.

Dans la gestion des sorties de crise, il faut admettre que le retour des réfugiés dans leur territoire d'origine est souvent impossible, et donner la priorité au renforcement des pôles urbains où la majorité des réfugiés vont se fixer de manière définitive, et il faut lier la reconstruction au renforcement des institutions locales et appuyer le développement local.

Prospective à l'échelle micro-locale

C'est celle des territoires constitués de chaque petite ville et de son hinterland rural, qui sont les *RUCHES* (Région Urbano-Centrée à Haute intensité d'Echanges et de Services) du programme ECOLOC, qui a été présenté au chapitre 13 et est rappelé au chapitre 23. Dans les Pays en Voie de Peuplement qui sont durablement marqués par de fortes hétérogénéités spatiales et sociales, le détour par ce niveau micro-local est en effet indispensable pour bien comprendre les comportements des opérateurs et l'économie réelle. Ces petites régions urbano-centrées constituent un espace de programmation plus pertinent que celui des villes et du milieu rural considérés isolément, d'autant que les principaux acteurs du développement local interviennent à la fois dans ces deux milieux. Les documents nationaux de stratégie de développement habituels (*Comprehensive Development Framework*) et d'assistance (*Country Assistance Strategy*) doivent donc être accompagnés et si nécessaire contredits par des documents ayant la même ambition mais élaborés à l'échelle de ces *RUCHES,* avec la participation active des décideurs locaux, et que l'on peut appeler *Local Development Frameworks*.

Pourquoi et comment relancer aujourd'hui les réflexions prospectives à ces diverses échelles.

Voir sur cette question le chapitre 27 consacré au rôle de *l'Aide* et des institutions partenaires des pays en voie de peuplement. C'était une des missions essentielles incombant à ces institutions que d'inciter tous les partenaires à réhabiliter la prospective, comme cela avait été fait dans les diverses études prospectives qui ont été présentées dans la Quatrième Partie. Ces institutions n'ont pas été capables d'assumer cette mission et, pire encore, elles ont tout fait pour en nier la nécessité en refusant de s'intéresser à toutes les études de prospective et propositions qui leur avaient été soumises.

Il est temps pour ces institutions de changer d'attitude, de se réintéresser aux fondements que sont la gestion du peuplement, l'aménagement et l'équipement des territoires et le développement local, et de prendre toute disposition pour que les pays du Sud et leurs institutions régionales engagent avec leurs homologues du Nord un nouveau cycle d'exercices de prospective à diverses échelles spatiales qui devra être comparable à celui des années 1980-1990, et de redonner vie au programme ECOLOC ou de mettre sur pied un programme équivalent.

Aménager les territoires à diverses échelles spatiales, du niveau régional au niveau local des *RUCHES* du programme ECOLOC

Le premier niveau de l'aménagement du territoire est bien entendu celui des Etats-nations, entités qui en Afrique ont résulté du processus de décolonisation, et que leurs Gouvernements se sont d'abord attachés à construire, à l'intérieur de frontières souvent arbitraires mais généralement bien consolidées.

Mais la prééminence de l'Etat-nation ne doit pas faire perdre de vue que, dans la plupart des régions du monde en voie de peuplement, les pays sont d'autant plus interdépendants qu'ils sont de faible taille : aucun d'eux ne peut ignorer ce qui se passe chez ses voisins ni espérer se développer tout seul. L'espace de peuplement est régional, les marchés sont sous-régionaux, les bassins fluviaux et les corridors de transport intéressent plusieurs pays, les pays africains de la zone CFA partagent la même monnaie. Les stratégies d'aménagement du territoire et de décentralisation, qui sont nécessairement mises en œuvre au plan national, doivent donc être conçues en pleine conscience des impératifs régionaux. Le principe de subsidiarité qui doit présider à la répartition des tâches entre l'administration centrale de chaque pays et les entités décentralisées devrait aussi s'appliquer aux Etats dans leurs rapports à la sous-région.

Un aspect important de l'aménagement du territoire à l'échelle régionale est le développement du savoir et des réseaux d'information. Il convient donc de développer et de dynamiser les pôles de formation et de recherche multidisciplinaire régionaux. En ASS, ces centres d'excellence doivent être au minimum bilingues (condition nécessaire pour éviter que ne s'aggrave la coupure entre pays francophones et anglophones), et ils doivent bénéficier d'une large autonomie de gestion par rapport aux Etats.

Chapitre 19
Reconnaître que, dans les PVP, l'économie populaire et le marché intérieur sont la principale source d'apprentissage de l'économie de marché et de la croissance économique durable

Reconnaître ce fait est une simple question de bon sens, qui sauterait aux yeux si on se donnait la peine de cartographier l'économie réelle des pays en voie de peuplement : de telles cartes, que la technologie disponible permet de construire à n'importe quelle échelle et de réviser en continu, révèleraient l'extrême concentration spatiale de l'activité économique moderne, qui n'est effectivement présente que sur quelques fractions du territoire national et régional, alors que c'est dans tout l'espace restant que se développe et se structure l'essentiel de l'économie de marché, et dans lequel l'objectif essentiel des politiques publiques devrait être de **promouvoir et de protéger l'économie populaire,** qui est pour l'essentiel une économie de demande de biens et services essentiels, et d'organiser ces marchés plutôt que de se préoccuper de la croissance de la production proprement dite.

Le principal ressort de l'économie populaire est la croissance endogène engendrée par la dynamique de peuplement.

Nous avons vu au chapitre 7 que, en complément de la croissance de l'économie orthodoxe qui est décrite dans les modèles habituels et dans laquelle la production Y est le résultat d'une alchimie combinant divers facteurs comme la technologie, le capital dit productif et la force de travail, il existe une autre source de croissance de la productivité et de la production qui est de nature plus endogène, et qui résulte de la transformation structurelle du peuplement et de ses conséquences sur le comportement de divers types *d'homo economicus,* et par conséquent sur la croissance du marché local, national et transfrontières des biens et services. Le graphique suivant, relatif au cas du Nigeria, montre les variations de l'importance relative Y°/Y' de la production endogène Y° dans le PIB corrigé Y'=Y+Y° et qui atteint près de 40% en 2020 [4]. Ce graphique montre aussi le rôle atténuateur de la productivité endogène dans les variations de la productivité moyenne officielle Y/P. Cette productivité endogène est certes affectée par les crises de l'économie moderne, qui ralentissent temporairement le processus d'urbanisation, mais ce ralentissement est temporaire et différé dans le temps.

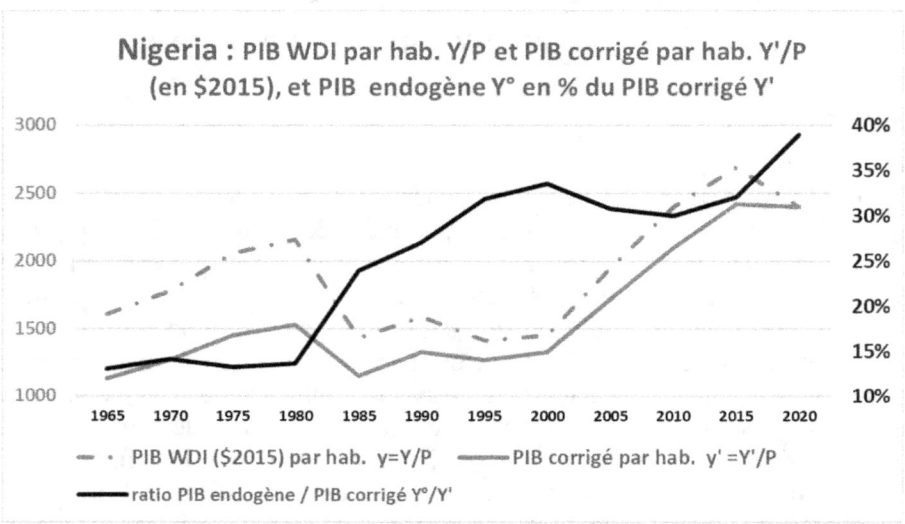

Eliminer les freins à la croissance endogène

La première condition pour ne pas nuire à cette source de croissance endogène est d'en finir avec le mépris pour les pays qualifiés de *sous-développés* et pour tout ce qui concerne l'activité dite *informelle,* dont de trop nombreux responsables et employés des institutions d'aide au développement continuent aujourd'hui à faire preuve.

La seconde condition est d'en finir avec les politiques publiques qui, directement ou indirectement, visent à lutter contre toutes sortes de manifestations des changements structurels, tels que lutter contre l'immigration, contre la concentration spatiale, contre l'urbanisation galopante, contre la croissance urbaine sans industrialisation, contre le secteur informel, contre l'exode rural, ou contre la pauvreté de la façon dont on s'y prend aujourd'hui.

---

[4] Dans ce graphique, je fais l'hypothèse que le PIB réel de l'année 2020 est approximativement égal au PIB réévalué sur la base des enquêtes budget des ménages de cette année 2020

La troisième condition est de protéger l'économie populaire contre la mondialisation et contre la globalisation des marchés, donc contre les dangers du libre-échange, en étant bien conscient que ce libre échange restera inégal tant que le processus de peuplement de la planète ne sera pas stabilisé.

La quatrième condition est de lutter contre la tendance de l'économie moderne à priver l'économie populaire de ses marchés naturels des biens et services essentiels comme l'alimentation, la construction, les services à la personne et l'apprentissage traditionnel, et contre la privation du droit de cette économie populaire à disposer d'un medium d'échange adapté, c'est-à-dire de monnaies locales. Parce qu'elles sont les mieux placées pour apprécier les besoins, les forces et les faiblesses des Pays en Voie de Peuplement, les institutions chargées de *l'Aide au développement* ont sur ces questions de la protection des marchés et du recours à des monnaies locales des responsabilités particulières à assumer.

Comment promouvoir la croissance endogène et l'économie populaire ?

La première chose à faire est de faciliter la mobilité spatiale et socioéconomique des personnes, qui est la source de la croissance de la demande et donc de l'offre de ces biens et services essentiels. Cette mobilité, doit être favorisée par l'aménagement et l'équipement des territoires, à commencer par les investissements initiaux de fonction locale et autres investissements de peuplement auxquels est consacré le chapitre 24.

La deuxième chose à faire est d'adapter les règles du jeu de l'économie mondiale pour faciliter la coexistence et la coprospérité des deux formes complémentaires d'économie, moderne et populaire. Prétendre qu'il serait inconcevable de soumettre les règles du jeu de l'économie mondiale aux besoins de l'économie populaire des pays en voie de peuplement équivaudrait pour les pays les plus avancés à prendre le risque de se retrouver tôt ou tard dans un environnement de plus en plus instable et dangereux pour leur propre survie.

Enfin, il faut demander à la Recherche économique (chapitre 28) de répondre à la question suivante : de quoi dépendent les besoins essentiels et comment évoluent-ils ? Par simple diffusion des innovations technologiques, par imitation, et donc par contagion dans un monde en voie de globalisation, ou aussi, de façon plus regrettable et potentiellement destructrice de l'économie locale, par ce que l'on pourrait appeler la modernisation par effraction ?

En guise de conclusion de ces trois premiers chapitres de la cinquième Partie :

Gérer le processus de peuplement, c'est en tout premier lieu, comprendre et accepter que les pays en voie de peuplement accordent la priorité à l'activité du plus grand nombre sur la productivité et la compétitivité. C'est donc faire un sérieux effort d'adaptation au monde réel : quoi que l'on pense des bienfaits attendus de l'organisation mondiale du commerce, les pays en voie de peuplement doivent promouvoir et protéger de la concurrence extérieure les métiers qui constituent le cœur de leur économie populaire, autrement appelée *informelle*. C'est aussi abandonner les *initiatives* au profit d'une approche systémique et renouer avec la planification stratégique, dans le cadre d'un projet global compréhensible et convaincant, traduit concrètement dans l'espace par l'aménagement du territoire, outil privilégié de concertation entre tous les acteurs, entre pays, entre autorités centrales et locales, entre public et privé. C'est donc, en quelque sorte, renouer avec le concept d'oïkonomia de la Grèce classique, auquel était consacré le chapitre 4.

Chapitre 20
Faire de l'urbanisation la première condition de la sécurité alimentaire à long terme

Ce chapitre est essentiellement consacré à la compréhension des mécanismes régissant l'évolution du marché alimentaire, qui est de loin la plus importante composante du marché intérieur des pays en voie de peuplement, et en particulier de l'ASS d'où proviennent les données présentées ici. Les autres composantes de ce marché seront abordées dans le chapitre 21 qui est consacré à l'économie urbaine.

Posons-nous d'abord la question simple suivante : Pourquoi un agriculteur africain est-il cent à mille fois moins productif qu'un agriculteur américain ?

Voici, en guise de réponse à cette question, le diagnostic sur lequel reposait le livre Défis agricoles publié par l'AFD en 2008 : *Pauvreté et malnutrition restent omniprésentes dans les campagnes africaines... Les paysanneries africaines, dont la survie est menacée sous l'effet notamment de la raréfaction des ressources naturelles et de la stagnation des rendements agricoles, disposent de peu de possibilités de reconversion effective vers d'autres activités rurales ou urbaines... Les agricultures familiales ne sont pas assez productives et compétitives pour faire face à l'augmentation rapide de la population, d'où une dépendance croissante vis à vis des importations et de l'aide alimentaires... L'ajustement de l'offre et de la demande en produits agricoles devient de plus en plus délicat.*

Ce constat ne nous disait pas pourquoi les agriculteurs africains sont ainsi considérés comme si peu productifs. Invoquer les aléas climatiques, l'insécurité foncière, les faiblesses et incohérences des politiques agricoles et le manque de professionnalisme et de formation des producteurs et tenter d'y remédier par des programmes et des projets ad hoc est certes parfois justifié. Mais la première chose à faire est de revenir aux sources du problème.

Si, en 1980, l'agriculteur burkinabé était quatre cent fois moins productif que son homologue américain c'était d'abord et avant tout parce qu'il disposait d'un nombre de consommateurs à satisfaire, c'est-à-dire un marché intérieur, plusieurs centaines de fois plus petit. Si, entre 1980 et 2010, la productivité de l'agriculture burkinabé a quadruplé, c'est parce que son marché intérieur a augmenté dans ces mêmes proportions. Demain, cet agriculteur ne pourra produire davantage de surplus, adopter des techniques de production plus intensives, acheter davantage d'intrants et spécialiser son exploitation que pour autant que le marché dont il disposera alors lui en offrira l'opportunité. Sans cette croissance du marché, les politiques et les projets agricoles ne pourront avoir à cet égard qu'une influence limitée.

	Burkina Faso	USA
Population agricole en %	92%	3%
Taille du marché intérieur	0,08	35
Taille relative (Burkina =1)	1	420

La première condition sine qua non pour que la productivité moyenne des agriculteurs des PVD augmente est donc de faire en sorte que chacun d'eux dispose en moyenne d'un marché intérieur régulièrement croissant. Si les consommateurs - pour l'essentiel des citadins- sont capables d'acheter au milieu rural les denrées alimentaires à un prix convenable et si les villes sont en mesure d'accueillir décemment les migrants, les conditions sont alors réunies pour une résolution progressive du problème : question qui sera abordée dans le chapitre 21 suivant.

Pour relever les défis de l'agriculture des PVD, il faut donc commencer par comprendre comment s'opère la division du travail entre producteurs et consommateurs. Il faut se demander pourquoi et comment les villes attirent les migrants et ce qu'il advient des nouveaux résidents. Et il faut comprendre comment le milieu rural et le milieu urbain interagissent.

Urbanisation, croissance de la population rurale et évolution du ratio U/R : un bref rappel des faits et des perspectives à long terme en ASS

Malgré l'urbanisation, la population rurale augmente encore et devrait continuer à augmenter dans la plupart des pays d'ASS pendant encore trois décennies : on ne peut pas encore parler d'exode rural car le peuplement rural se poursuit, en se restructurant. Sans ce processus d'urbanisation, on verra à la fin de ce chapitre que la pression sur les ressources naturelles serait bien pire qu'elle n'est : grâce à la croissance du marché régional, les agriculteurs sont financièrement et techniquement plus capables de faire face aux défis environnementaux.

Urbanisation, changement structurel et économie de marché

Contrairement au ratio U/P, ou niveau d'urbanisation, qui ne varie que dans la fourchette de 0 % à 100%, le ratio U/R du nombre d'habitants urbains par habitant rural, qui n'est pas borné, est un bon indicateur du rapport de poids relatifs entre ces deux milieux, et donc du changement structurel du peuplement et de la taille du marché des échanges potentiels entre ces deux milieux.

Selon les bases de données UNPD et WDI (hypothèse moyenne), ce ratio U/R de l'ASS sera passé de 0.12 en 1950 à 1.4 en 2050, soit une multiplication par 12. A noter que, comme pour d'autres indicateurs et agrégats comme le PIB réel ou la production alimentaire par habitant, les chroniques officielles de ce ratio U/R que l'on trouve dans les WDI et dans les bases de données de l'UNPD (Division de la population des Nations Unies) sont toujours en retard par rapport à la réalité car elles omettent de tenir compte de l'augmentation progressive du nombre d'agglomérations qui franchissant le seuil des 5000 habitants, qui devrait servir pour définir l'agrégat population urbaine.

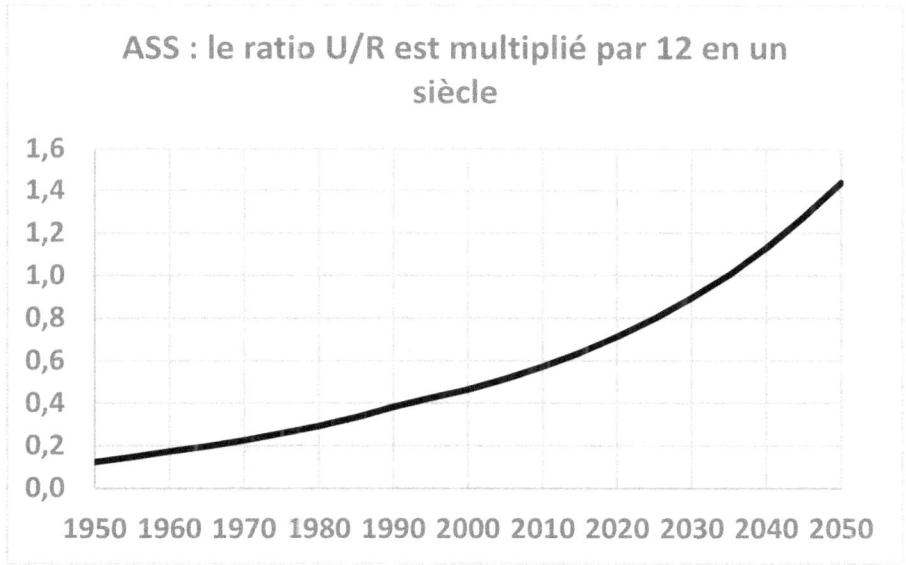

Selon ces bases de données officielles, ce ratio U/R a doublé tous les quarts de siècle : 0.17 en 1960, 0.33 en 1985, mais 0.71 en 2020 seulement, donc avec un retard de 10 ans par rapport à sa tendance longue, en raison à la fois du retard dans la mesure de cet indicateur et des effets cumulés de l'ajustement structurel et des crises des années 1990. Selon le scénario présenté dans les WDI, ce ratio U/R de l'ASS devrait encore doubler dans les trois décennies à venir pour atteindre 1.44 en 2050, et, pour les mêmes raisons que pour les données passées, cette projection à long terme est probablement sous-estimée.

Le rythme de cette transformation structurelle fondamentale évolue dans le temps comme indiqué dans le titre du graphique suivant intitulé : *ASS, de l'autosubsistance à l'économie de marché* (sous-entendu, de développement du marché local, intérieur et régional).

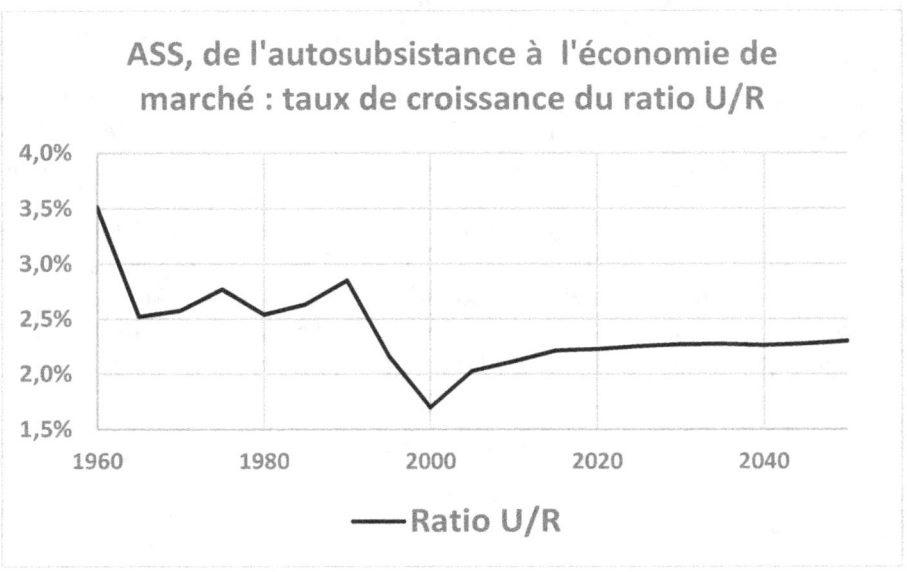

Ces données officielles sur la croissance du ratio U/R et le graphique précédent sont intéressants à plus d'un titre. Ils mettent d'abord en évidence le bouleversement structurel intervenu en ASS en deux ou trois générations, bouleversement qui montre à quel point les commentaires habituels sur la stagnation apparente de l'économie et des modes de vie en ASS sont éloignés de la réalité ; ensuite ils mettent en évidence le net ralentissement du taux de croissance du ratio U/R entre 1990 et 2000. Enfin ils attirent l'attention sur le contexte dans lequel l'agriculture africaine est appelée à se transformer dans les décennies à venir, question sur laquelle je reviens dans la dernière section de ce chapitre.

Ce ralentissement de la décennie 1990-2000 était-il structurel ou s'agissait-il d'un incident de parcours ? Il était à la fois l'un et l'autre. Sur la longue durée, le taux de croissance de U/R va inévitablement baisser avec la fin de la transition démographique et avec le ralentissement des flux migratoires internes. Mais le moment où devrait se produire cette inflexion structurelle de la croissance de U/R n'est pas encore venu, le niveau moyen d'urbanisation de l'ASS restant encore modeste. L'inflexion constatée est en fait à rapprocher de la crise économique et politique qui a frappé l'ASS à cette époque. Les processus d'*ajustement structurel* qui ont alors été mis en œuvre pour remédier aux problèmes d'endettement des Etats ont eu pour effet impensé et indésirable de freiner la mobilité géographique et sociale et donc de retarder l'ajustement structurel au vrai sens du terme.

Demande alimentaire urbaine et transformation de l'agriculture

L'urbanisation est-elle le principal moteur de la transformation du secteur primaire et de l'économie rurale et constitue-t-elle une condition nécessaire de la sécurité alimentaire et du développement durable ?

La meilleure définition de la taille du marché alimentaire total (non compris l'autoconsommation) par agriculteur le ratio PNP/PP du nombre de consommateurs non producteurs de denrées alimentaires (la population non primaire PNP) par producteur de ces denrées alimentaires (la population primaire PP). Ce ratio PNP/PP ne peut malheureusement pas être déduit simplement des bases de données existantes.

A défaut, et en attendant mieux, on doit se contenter du ratio U/R, qui a le mérite d'être disponible à toutes échelles spatiales Comme on l'a vu, ce ratio a quadruplé entre 1960 et 2020. Puisque le bilan alimentaire global de l'ASS ne s'est pas dégradé et que la ration alimentaire moyenne s'est quantitativement et qualitativement améliorée, cela signifie que, compte non tenu des cultures d'exportation, un agriculteur africain vend en moyenne cinq ou six fois plus de denrées alimentaires aux consommateurs de la région qu'en 1960 : la productivité agricole marchande, et donc la partie monétarisée du revenu brut par agriculteur provenant du secteur primaire, a plus que quintuplé.

Ce n'est pas ce que nous disent les chroniques des comptes nationaux rassemblées dans les WDI : à en croire ces indicateurs macro-économiques en dollars constants (base 2001), la valeur ajoutée primaire par habitant total A/P aurait continûment baissé de 117 USD en 1970 à 82 USD en 2000 (voir chapitre 6). Puisque le bilan import-export de produits alimentaires ne s'est pas dégradé, il faudrait conclure de ces estimations officielles que les africains sont aujourd'hui dramatiquement sous alimentés, ce qui n'est pas le cas.

Une analyse spatialisée de ces relations entre urbanisation et production alimentaire montre que ce n'est pas la croissance de l'offre alimentaire qui rend la croissance urbaine possible mais la demande alimentaire urbaine qui est le moteur de l'offre alimentaire. Pour faire face aux besoins des consommateurs non producteurs de denrées alimentaires et autres produits d'origine agricole et compte tenu de l'amélioration constatée et projetée de la ration alimentaire, le surplus que chaque agriculteur doit, en moyenne, mettre sur le marché au-delà de son autoconsommation aura approximativement centuplé en un siècle !

Malgré la baisse structurelle des prix relatifs des produits agricoles et l'augmentation du coût des intrants engendré par l'intensification, on peut montrer que, en moyenne, le revenu monétaire net (hors autoconsommation) par agriculteur suit un trend de croissance à long terme de 3 % par an, dans l'hypothèse où la balance des échanges de produits primaires entre la région et le reste du monde reste proche de l'équilibre. C'est grâce à cette augmentation continue du revenu monétaire net que les agriculteurs peuvent investir dans leur exploitation et se procurer les biens et services non agricoles, d'origine principalement urbaine : la croissance de la demande alimentaire adressée par les consommateurs à chaque agriculteur exige et rend possible la croissance de la productivité de cet agriculteur et facilite l'intensification de la production agricole, en donnant naissance à une économie rurale de plus en plus intégrée à l'économie nationale.

La capacité des agriculteurs à répondre à la demande urbaine et leur propension à s'adapter aux sollicitations du marché ne sont évidemment pas les mêmes partout. La confrontation entre demande et offre agricole s'effectue dans un espace structuré par les réseaux de transport et de communication, avec des coûts de transaction et dans des conditions de compétition interne et externe qui sont très dépendants de la localisation.

Pour mesurer l'intensité des interactions entre les zones de production de denrées alimentaires, qui sont essentiellement rurales, et les lieux de transformation et de consommation de ces produits que sont les villes, l'étude WALTPS utilise un indicateur représentatif de l'intensité du *signal* émis par les villes en direction de l'espace rural (Chapitre 8). Cet indicateur des *tensions de marché* tient compte :

- du poids des différents marchés et de l'éloignement de ces marchés ;
- de l'hétérogénéité des coûts de franchissement des distances, due aux infrastructures, au relief, à l'hydrographie... ;
- des conditions de l'offre de surplus de denrées agricoles (caractéristiques agro-climatiques, niveau de peuplement rural...) ;
- des effets de concurrence entre les différents marchés dans l'allocation de ces surplus ;
- de la concurrence des produits importés.

Les cartes de tensions de marché permettent en outre de visualiser les "bassins de marché". On voit sur ces cartes que, jusqu'en 1990, les principaux marchés restaient disjoints, et qu'il était prévu qu'ils se connectent fortement à l'horizon 2020, avec pour conséquence une forte croissance du commerce agro-alimentaire entre pays voisins.

Evolution des tensions de marché en Afrique de l'Ouest

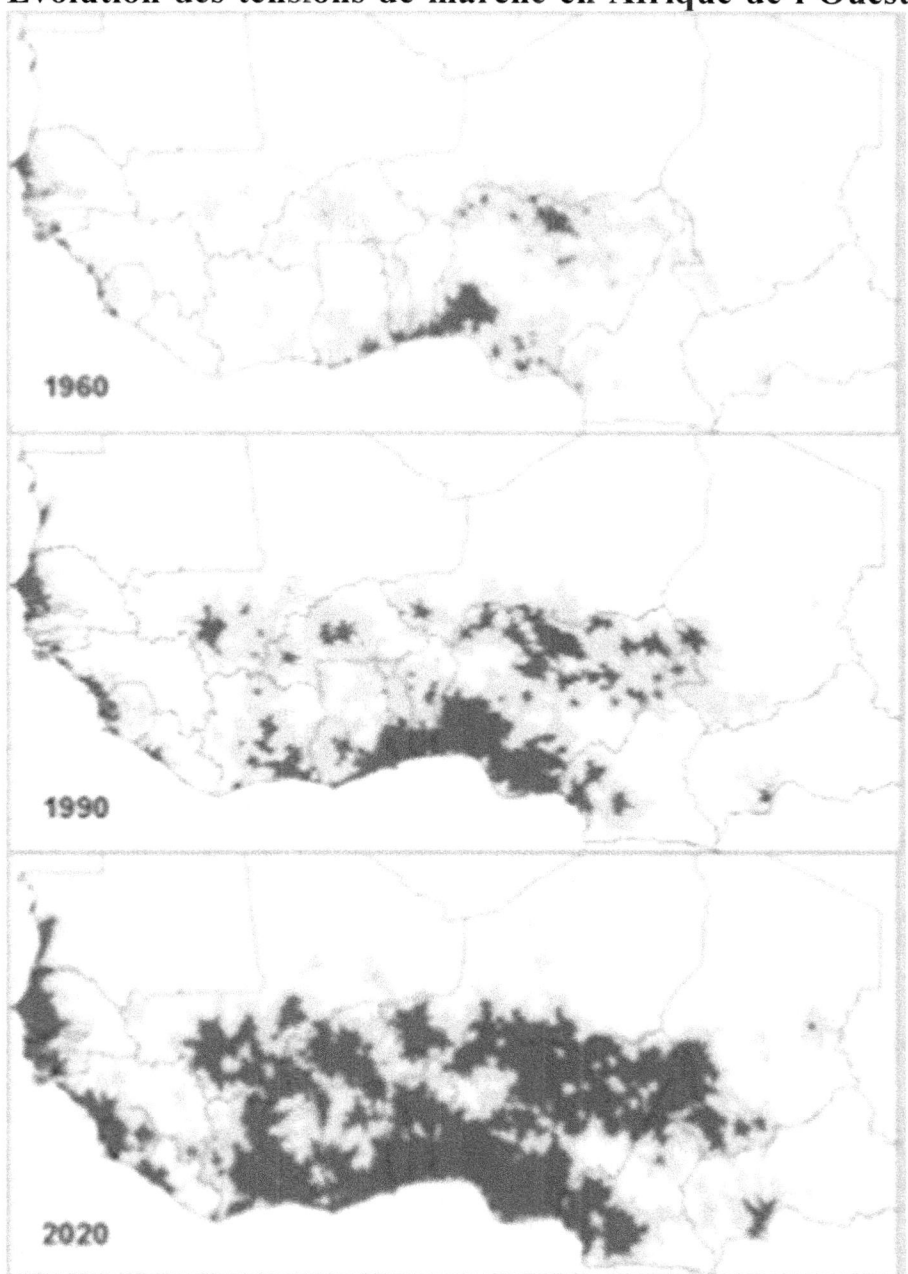

Retenons de cette analyse que, à l'échelle macro-régionale, le marché, représenté par un ensemble de villes reliées par des réseaux de transport et de communication, est bien l'un des principaux moteurs de la transformation des systèmes de production ruraux et de la croissance de la productivité et des revenus des agriculteurs.

Encore faut-il que ce marché ne soit pas perturbé par le recours massif aux importations et à l'aide alimentaire. La pression exercée par le reste du monde est d'autant plus forte que le continent africain est balkanisé, que les pays riches excédentaires en céréales et autres produits de base s'intéressent davantage à la conquête du marché africain qu'à l'A*ide* proprement dite, et que la production de céréales par agriculteur français ou américain est de l'ordre de mille fois celle d'un agriculteur africain. D'où la nécessité pour le continent africain de protéger son marché alimentaire contre la concurrence extérieure.

Un examen plus attentif des rapports entre urbanisation et transformation agricole montre que la relation entre ces deux variables n'est pas linéaire. Tant que le niveau local d'urbanisation est inférieur à 20 %, les agriculteurs ne sont pas enclins à réagir à une demande alimentaire qu'ils perçoivent comme du même ordre que celle, imprévisible, qui résulte des aléas climatiques. Il faut que la demande urbaine effective (déduction faite des importations et de l'aide alimentaire hors marché) dépasse nettement ce seuil de 20 % de la demande agricole totale et que la collecte correspondante ne soit pas trop aléatoire pour que certaines exploitations prennent le risque de s'organiser en fonction du marché et de produire des surplus programmés, pouvant alimenter des circuits de commercialisation réguliers.

Quant à l'intensification de la mise en valeur agricole, c'est-à-dire le passage à des techniques de production plus élaborées, avec accroissement des rendements, elle n'intervient que dans une étape ultérieure du processus d'urbanisation, surtout en situation de relative surabondance de terre et de main-d'œuvre qui caractérise encore aujourd'hui la majeure partie de l'espace rural. En l'absence de contraintes foncières, une famille d'agriculteurs peut en effet dégager un surplus correspondant aux besoins alimentaires d'une autre famille. Donc, tant que le niveau local d'urbanisation ne dépasse pas environ 30 % ou 40 %, le surplus vivrier pour le marché peut croître sans transformation notable des systèmes de production agricole, c'est-à-dire avec les techniques traditionnelles, manuelles et sans consommation notable d'intrants. Ce n'est qu'au-delà de ces seuils d'urbanisation locale qu'une fraction notable des exploitations agricoles est incitée à adopter des méthodes de culture différentes, à productivité de la main-d'œuvre plus rapidement croissante (grâce à la mécanisation) et, si la contrainte foncière le justifie, à rendements croissants.

En revanche, dans les zones géographiques où le ratio U/R varie peu dans le temps, il est peu probable que les choix technologiques des agriculteurs évoluent rapidement, à moins d'un effort d'encadrement et de vulgarisation très soutenu et donc coûteux : un projet agricole installé en rase campagne, loin de toute ville et de tout marché, a peu de chance de survivre au départ des encadreurs.

En Afrique de l'Ouest, la phase de croissance agricole extensive peut être considérée comme d'ores et déjà achevée dans une bonne partie du Nigéria, de la Côte d'Ivoire, et dans une moindre mesure du Ghana. Dans ces pays, l'occupation de l'espace agricole utile et le marché intérieur résultant de l'urbanisation atteignent des niveaux tels que la reproduction à l'identique des activités agricoles, sans modification technique, est de moins en moins rentable. C'est alors que l'adoption par les producteurs de nouvelles technologies devient probable, parce qu'elle est nécessaire et profitable.

Ces deux processus devraient conduire à une concentration croissante de la production agricole marchande. Schématiquement, en Afrique de l'ouest et en 2020, on peut estimer que quelque 25 millions d'agriculteurs (soit 15 % du total) produisent les quantités nécessaires à l'approvisionnement de 40 % des consommateurs urbains, soit 100 millions de personnes: leur productivité moyenne atteint donc cinq fois le niveau d'autosuffisance, cependant que la productivité moyenne des 150 autres millions d'agriculteurs, qui était de l'ordre de 1.5 fois le niveau d'autosuffisance dans les années 2000, n'est encore aujourd'hui que de l'ordre de deux fois celle exigée par cette autosuffisance rurale.

La mise en place de cette agriculture prioritairement orientée vers le marché intérieur et régional constitue une composante essentielle des stratégies de développement de la région, avec l'extension progressive d'une strate *moderne* du secteur primaire qui comprend des exploitations agricoles de toute taille, dont les besoins d'assistance technique et financière se rapprochent davantage de ceux de l'entreprise industrielle que de la petite exploitation familiale traditionnelle. Ces exploitants agricoles de type nouveau pour la région, moins dépendants que leurs aînés des appartenances familiales et ethniques, seront plus décidés à prendre le contrôle de la gestion des collectivités locales et des villes moyennes et à se faire entendre du pouvoir pour défendre leurs intérêts économiques à moyen terme et obtenir un cadre de vie compatible avec leur rôle grandissant dans l'économie et la société.

Conclusion de ce chapitre

Que doivent faire les pays du Nord et que peuvent-ils faire pour rendre cette croissance du marché alimentaire et de la productivité des agriculteurs des pays en voie de peuplement aussi efficace et soutenable que possible, et, à tout le moins, pour ne pas la gêner ?

- mettre davantage l'accent sur l'organisation des marchés que sur la croissance de la production proprement dite

Il ne sert à rien de pousser à l'intensification ou à l'adoption de nouvelles technologies si celles-ci n'apparaissent pas comme évidemment profitables dans le contexte local. En revanche, et si on ne les empêche pas, ces changements interviendront spontanément si les circonstances s'y prêtent, c'est à dire quand l'augmentation de la production par unité de superficie est rendue intéressante, comme dans le cas des zones péri-urbaines.

Même dans les pays où la famine est récurrente comme l'Ethiopie, ce n'est pas la production qui est le problème n°1 mais le développement et l'organisation des marchés locaux et régionaux. C'est l'accroissement soutenu et régulier de la demande : accroissement de la demande urbaine locale d'abord, qui résulte de l'urbanisation (de l'évolution du rapport urbains/ruraux), et accroissement de la demande régionale ou lointaine ensuite, qu'il appartient aux grands commerçants locaux de démarcher et d'exploiter.

C'est ce processus qui provoque la spécialisation de la production locale, en même temps que le grand commerce la permet, en assurant l'approvisionnement local en produits dont la production est localement abandonnée au profit de ces nouveaux marchés.

La conquête des marchés extérieurs est certes importante, surtout pour la balance des paiements. Mais, sauf exception, les cultures destinées à l'exportation au loin ne peuvent guère représenter plus de 10 % de la valeur ajoutée primaire et ne concernent qu'une fraction de la population paysanne. Le marché intérieur et régional est autrement plus porteur.

- se féliciter que se développe, à côté de l'agriculture familiale en voie de modernisation, un véritable entreprenariat agricole

La mise en place de cette agriculture prioritairement orientée vers le marché intérieur et régional ne constitue en rien une menace pour l'agriculture familiale, bien au contraire. En Afrique de l'Ouest, un des objectifs de l'aménagement du territoire devrait être de favoriser le développement de cet entreprenariat agricole dans la *Zone 2* de l'étude WALTPS qui est située entre la zone littorale de forte densité de peuplement et d'activité économique décrite dans le chapitre 14 et le sud du Sahel, où la disponibilité foncière est encore propice à l'installation d'exploitations agricoles de grande taille, et dans la périphérie des principales villes où la concurrence pour l'usage des sols est forte et exige des productivités et des rendements élevés et croissants. On doit donc se demander si des périmètres irrigués comme ceux de la Société d'Aménagement et d'Equipement du delta (SAED) au Sénégal, de l'Office du Niger au Mali ou de la région de Bobo Dioulasso au Burkina Faso, conçus pour la sécurité alimentaire nationale (produire du riz) et pour maintenir le maximum de population agricole (la petite exploitation familiale) ont encore un sens.

- inscrire les projets agro-pastoraux et ruraux dans le *complexe primaire local*

Pour être efficace, une stratégie de développement local doit donc penser dans une même démarche la conquête des débouchés (ou leur défense), les programmes d'appui aux producteurs, aux commerçants et aux transformateurs urbains – filière par filière et globalement.

- donner une dimension spatiale aux stratégies de développement local

Le développement local dépend, naturellement, du potentiel agro-climatique local, des sols, de la topographie, plus ou moins favorables à l'utilisation de moyens mécaniques. Il dépend aussi, on l'a vu, de la transformation du peuplement local et de la situation par rapport aux marchés urbains, relais de presque tous les échanges entre la campagne et la ville - y compris pour les produits d'exportation. La combinaison de ces différents facteurs évolutifs commande donc une stratégie de développement différenciée dans l'espace local, à l'appui des dynamiques qui sont à l'œuvre.

- mettre les villes et les projets urbains au service du développement local.

La ville joue naturellement un rôle dans les transformations de son hinterland. Pour qu'elle y parvienne, il faut d'abord que les gouvernements et leurs partenaires extérieurs y croient et ne voient pas dans l'urbanisation la conséquence de mauvaises politiques ou d'un quelconque biais urbain, et qu'ils renoncent à ne voir dans le prétendu *secteur informel* qu'un secteur de survie.

Il faut ensuite que les villes, et plus particulièrement les villes moyennes, s'impliquent dans l'équipement de leur hinterland, et que les opérateurs privés urbains s'impliquent dans l'économie agricole et pastorale et dans les échanges commerciaux entre ville et milieu rural. Et il faut que, grâce à la décentralisation, les collectivités locales comprennent qu'elles peuvent et qu'elles doivent mobiliser davantage de ressources pour le développement local. Ce point est repris en détail dans la présentation du programme ECOLOC dont les vertus pédagogiques mériteraient d'être mieux reconnues : voir le chapitre 23.

- enfin, protéger le marché alimentaire des PVP :

Protéger réellement, et non seulement en paroles, le marché alimentaire régional contre la concurrence extérieure, y compris contre celle résultant trop souvent de *l'Aide alimentaire*.

Chapitre 21
Comprendre l'économie urbaine

Introduction

En un siècle, (1950-2050), la population urbaine des Pays en Voie de Peuplement de l'ensemble du monde aura été multipliée par 80. En 2020, la plupart des 400 millions d'habitants des villes de ces pays sont des nouveaux résidents d'ancienneté moyenne inférieure à 15 ans, et qui dépendent majoritairement de l'économie populaire : les villes de ces pays sont et resteront pour la plupart de création récente, elles doivent être conçues et construites avec le concours de l'économie populaire et pour la servir. L'idée souvent exprimée selon laquelle ces *agglomérations* d'individus ne seraient pas de véritables villes capables comme toutes les autres villes de promouvoir les relations de voisinage entre leurs habitants et de structurer leur hinterland montre à quel point les enjeux du processus de peuplement de la planète restent encore aujourd'hui méconnus.

Processus d'agglomération, comportement des homo economicus et productivité urbaine

A la différence de l'économie rurale où l'autoconsommation joue encore un rôle significatif, la majeure partie de l'activité économique urbaine est monétarisée, de sorte que le processus d'urbanisation incite tous les habitants à adapter leur comportement en conséquence.

On a vu au chapitre 5 que l'ancienneté moyenne des nouveaux résidents des villes africaines qui sont apparus par croissance naturelle ou par migration entre milieu rural et milieu urbain au cours des 40 dernières années est de l'ordre de 17 ans, dont un tiers ont une ancienneté inférieure à 5 ans. La plupart de ces nouveaux résidents se retrouvent dans la strate populaire, avant pour certains de rejoindre la strate moderne.

Et on a vu au chapitre 7 que la redistribution spatiale de la population s'accompagne d'une modification du comportement de chaque homo economicus, considéré comme demandeur et comme offreur de biens et services essentiels, qui se traduit par ce qui a été appelé une source endogène de croissance de l'activité : cette productivité endogène est une composante importante de la productivité populaire urbaine.

La coexistence dans chaque ville des résidents qui sont installés de longue date et des nouveaux venus en voie d'intégration plus ou moins rapide selon la qualité de la gestion des villes est la principale raison de la dualité de l'économie urbaine, partagée entre la strate moderne PNP2 qui assure plus des deux tiers du PIB, et une composante populaire, qui, dès que le niveau d'urbanisation dépasse 30 ou 40 %, constitue la plus importante strate de la population nationale.

Dans cette phase de restructuration du peuplement, l'économie populaire fonctionne nécessairement de façon extensive, puisque la priorité y est donnée à l'accueil et à l'emploi du plus grand nombre de personnes sur la croissance de la productivité et sur la compétitivité. La stagnation ou la faible croissance apparente de la productivité moyenne n'empêche pas une fraction de la population qualifiée d'*informelle* d'augmenter ses revenus et de constituer ainsi une pépinière d'opérateurs économiques. Tous ces nouveaux opérateurs n'émigrent pas vers la capitale ou le reste du monde ; ceux qui restent forment le tissu de PME du milieu urbain et de l'hinterland rural. Ce n'est que lorsque la croissance démographique aura suffisamment ralenti et que le réservoir de migrants potentiels commencera à se tarir que la productivité moyenne de l'économie populaire urbaine pourra s'élever significativement au-dessus du niveau de revenu requis par la seule satisfaction des besoins essentiels, qui est lui-même fonction croissante de la taille des villes.

La productivité moyenne non primaire urbaine, estimée à quelque 2000 dollars par habitant dans le cas de l'Afrique de l'Ouest, est ainsi la moyenne pondérée entre celle d'un secteur moderne, intéressant de 20 à 30% de la population urbaine (et une part infime de la population rurale), avec une productivité moyenne de 4000 à 8000 dollars selon les pays et les tailles de villes, et celle d'un secteur informel, intéressant le solde de cette population urbaine, avec une productivité moyenne de l'ordre de 800 à 1200 dollars.

Voici à titre d'exemple quelques matrices de distribution de la population, du PIB réel et des productivités entre le milieu urbain (dont la ville capitale) et le milieu rural, et entre la strate non primaire informelle (populaire) et la strate moderne : ces matrices relatives à la Côte d'Ivoire sont extraites de l'étude du Schéma Directeur d'aménagement du Littoral d'Afrique de l'Ouest (SDAL). La base de données démo-économiques de cette étude était relative aux 12 pays côtiers d'Afrique de l'Ouest, et à la zone littorale proprement dite qui couvre 5% de la surface totale de ces 12 pays. Les agrégats et indicateurs de l'économie réelle de ces divers territoires couvraient la période 1960-2008, et, pour le futur, deux scénarios aux horizons 2020 et 2050. Seuls sont repris ici les agrégats projetés dans cette étude à l'horizon 2020. Les données en valeur du rapport d'étude, qui date de 2008, sont ici converties en dollars constants base 2010. La dernière matrice montre que, en Côte d'Ivoire, le ratio entre la valeur ajoutée par habitant de la strate non primaire urbaine moderne (PNP2U) et celle de la strate populaire PNP1U était en 2020 de 4.3, il dépassait 6 en 1970. En Mauritanie, ces deux ratios étaient de 6 en 2020, et de 15 en 1970.

Matrice de peuplement à 2 milieux (dont capitale) et 3 strates

millions d'habitants Côte d'Ivoire Année 2020

	Urbains	(dont capitale)	Ruraux	Tous milieux	
Population primaire	3,3	0,6	7,2		10,5
Population non primaire informelle	6,8	2,3	3,3	10,0	15,4
Population non primaire moderne	4,9	2,7	0,6	5,4	
Population toutes strates	14,9	5,6	11,0		26,0

Distribution de la population urbaine (dont capitale) et rurale entre 3 strates

Côte d'Ivoire Année 2020

	Urbains	(dont capitale)	Ruraux	Tous milieux	
Population primaire	22%	10%	65%		17%
Population non primaire informelle	45%	41%	30%	65%	83%
Population non primaire moderne	32%	49%	5%	35%	
Répartition entre milieux	58%	22%	42%		100%

Répartition du PIB entre urbains (dont capitale) et ruraux et 3 strates

milliards de $ 2010 Côte d'Ivoire Année 2020

Année 2020

	Urbains	(dont capitale)	Ruraux	Tous milieux	
PLB primaire	3,4	0,5	6,4		9,8
PLB non primaire "informel"	10,8	4,4	4,1	14,9	49,4
PLB non primaire "moderne"	32,7	26,3	1,9	34,5	
PLB toutes strates par milieu	46,8	31,2	12,4		59,2

Distribution du PIB urbain (dont capitale) et du PIB rural entre 3 strates

Côte d'Ivoire Année 2020

	Urbains	(dont capitale)	Ruraux	Tous milieux	
Strate primaire	7%	2%	52%		41%
Strate non primaire informelle	23%	14%	33%	30%	59%
Strate non primaire moderne	70%	84%	15%	70%	
Distribution du PIB entre milieux	79%	53%	21%		100%

Côte d'Ivoire 2020 : Productivités des urbains (dont la métropole) et des ruraux selon les strates (en $2010 par habitant)

	urbains	dont métropole	ruraux	tous milieux	
Productivité primaire	1020	920	890		930
Productivité non primaire populaire	1590	1910	1260	1490	3200
Productivité non primaire moderne	6740	9670	3370	2380	
Productivité moyenne toutes strates	3140	5590	1120		2280
Productivité non primaire moyenne	3740	6110	1570		

L'économie populaire urbaine, qui contribue à plus du quart du PIB urbain total, n'apparaît pas faute de mieux, elle est au contraire proprement constitutive du processus d'urbanisation, elle en est le principal moteur - même si celui-ci est accéléré par le développement du secteur dit moderne ou, inversement, ralenti par sa récession. L'économie populaire produit et distribue des biens et services demandés par une population disposant de revenus incompatibles, toutes catégories sociales confondues, pour accéder aux multiples biens et services produits et surtout commercialisés par l'économie moderne. Elle réalise cet objectif en faisant un recours minimal au capital - facteur de production d'autant plus rare dans la Région que celle-ci, faute d'accumulation foncière agricole antérieure, ne peut compter sur cette source classique de capital à transférer (ou à gager) au profit des activités non-agricoles. L'économie populaire est souvent seule à offrir des possibilités de mise en œuvre d'une épargne rurale courante faible et dispersée, à travers la mobilisation de réseaux lignagers et familiaux. Enfin, elle produit des mécanismes et des codes de socialisation urbaine - particulièrement pour les jeunes - qui pallient les carences de l'emploi salarié.

L'accroissement de la demande locale résultant du processus de peuplement constitue l'un des principaux moteurs de l'économie populaire urbaine

La capacité de la strate de population urbaine dite *moderne* à faire face aux dépenses d'alimentation ne fait pas de doute. Mais qu'en est-il de la strate populaire, et notamment des immigrants récents ? Le raisonnement développé dans le chapitre 20 précédent selon lequel le principal moteur de la transformation de l'agriculture africaine est la demande urbaine et régionale s'applique aussi aux autres catégories de biens et services essentiels, dont dépend une grande part de l'économie urbaine.

La demande de ces biens essentiels dépend du nombre de personnes et de leur répartition dans l'espace et par strate socio-professionnelle. En moyenne, la migration d'un individu du milieu rural vers les villes se traduit par un triplement de son besoin de dépense totale (y compris l'autoconsommation), auquel correspond un triplement du revenu nécessaire. Sur la longue durée, la forte croissance de la strate populaire montre que celle-ci reste attractive, avec des flux migratoires nets fortement positifs.

Pour les nouveaux migrants qui réussissent leur insertion, le recours aux transferts en provenance de l'épargne antérieure ou de la communauté ne pouvant durer qu'un temps, ce besoin de dépense accru doit se traduire par une augmentation correspondante des revenus et de la productivité ou valeur ajoutée moyenne de cet individu.

Comment cela se passe-t-il ? Comme pour l'alimentation, c'est la demande de biens et services essentiels exprimée par les nouveaux venus qui, dans une large mesure, engendre l'offre correspondante et qui assure, tant bien que mal, l'ajustement local entre besoins de dépense et besoins de revenus de la population urbaine.

En Afrique comme ailleurs, et sous réserve que la croissance urbaine soit à peu près gérée, l'urbanisation est ainsi l'un des moteurs de la redistribution du peuplement, de la croissance économique, de la transformation sociale, de la division du travail, de l'ouverture au marché et au monde.

Le coût de la satisfaction des besoins essentiels ressenti par les individus est fonction de la taille de l'agglomération dans laquelle ils vivent

A niveau de satisfaction comparable, la nourriture, le logement, la consommation d'eau, les transports coûtent plus cher, exigent beaucoup plus de monnaie dans une ville que dans un village et d'autant plus que la ville est plus grande - à quoi s'ajoutent des tentations que le village n'offre pas. Deux implications en résultent, dans une relation circulaire. La production des mêmes biens et services (dont le commerce) génère davantage de valeur ajoutée et de revenus qu'en milieu rural, et davantage dans une grande ville que dans une petite. Et la dépense exigée par l'acquisition de ces biens et services engendre un besoin de revenu monétaire supplémentaire auquel répondent une volonté d'entreprendre - c'est à dire de participer à la production de ces mêmes biens et services - plus affirmée et une productivité du travail accrue. Processus de division du travail que la monnaie facilite, parce qu'elle est un instrument accélérateur de l'échange en se substituant à la lourdeur du troc et qu'elle circule beaucoup plus vite en ville que dans le milieu rural.

Les comptes de l'économie réelle de la région montrent ainsi que plus du tiers de l'accroissement total du Produit Régional Brut s'explique directement par l'augmentation de la valeur des besoins essentiels des ménages résultant de la redistribution spatiale de la population, du fait de l'accroissement de la part de ces besoins essentiels qui est satisfaite en milieu urbain, et de l'augmentation de la taille des villes.

Encore faut-il, pour que cette mécanique interne fonctionne, que l'offre locale de biens et services essentiels ne soit pas trop soumise à la concurrence des biens et services importés - spécialement si cette concurrence est abusivement aidée par les pays producteurs ou constituée de leurs rebuts. Si, à cet égard, le secteur de l'habitat et celui des services domestiques sont, par nature, relativement protégés, le développement d'une offre locale, industrielle ou artisanale, dans l'habillement ou l'équipement (ménager) est en revanche fortement handicapé par l'importation à vil prix d'articles et de biens d'origine extrarégionale.

La valeur ajoutée moyenne par habitant urbain est de l'ordre du triple de la productivité rurale dans les pays les plus avancés, et du quadruple ou plus dans les PVP tardifs. Contrairement à une idée répandue, cet écart ne s'explique pas par un quelconque *biais urbain* mais résulte, comme partout ailleurs dans le monde, des effets bénéfiques sur l'activité économique de l'intensification des échanges permise par la densification du peuplement. Si la productivité moyenne d'un actif ou d'une entreprise est fonction du nombre de voisins auxquels ils peuvent avoir accès, une grande ville devrait être plus productive qu'une petite.

C'est effectivement ce que l'on constate, dans la région Afrique Sub-Saharienne comme ailleurs dans le monde *développé* et *en développement*. Cette corrélation entre la productivité des agglomérations et leur taille est bien établie dans les pays disposant de comptes économiques régionalisés. En ASS, où on ne dispose que de quelques monographies urbaines, la corrélation ne peut être établie que par des méthodes indirectes, reposant sur l'analyse de la dépense des ménages et la construction de matrices de comptabilité sociale locales. On trouve ainsi que la productivité moyenne d'une ville de 50 000 habitants est le double de celle d'une ville de 5000 habitants et inférieure d'un tiers à celle d'une ville de 500 000 habitants, et cette dernière est 20 % moins productive qu'une ville de 2 millions d'habitants. Même si cette échelle de productivité des établissements humains en fonction de leur taille est approximative et sujette à exceptions, on peut la considérer comme valable, en ordre de grandeur.

Si la valeur ajoutée moyenne par habitant d'un lieu croît avec sa taille, c'est parce que ses entreprises et ses ménages ont effectivement accès à un plus grand nombre de voisins, à un plus grand nombre de biens et services marchands et non marchands. L'accès à un marché d'actifs étendu est source de productivité pour l'employeur, et l'accès à un marché d'employeurs étendu est source de productivité pour l'actif. Et l'utilité réelle des infrastructures et équipements collectifs est fonction croissante du nombre d'individus et d'entreprises qui y ont effectivement accès. En accroissant la mobilité au sein des agglomérations et des *RUCHES* et le nombre de partenaires accessibles dans un temps donné et pour un coût acceptable, les infrastructures et les équipements publics accroissent la productivité de tous les agents situés dans leur aire d'influence.

Si la taille de l'agglomération augmente, les gains de productivité engendrés par le processus d'agglomération l'emportent sur les surcoûts et les nuisances liés à l'accroissement des distances à parcourir... tout au moins si l'infrastructure suit. Cela a été très nettement le cas à Abidjan, mais pas à Lagos. Cette ville est la seule où la poursuite de la croissance de la population agglomérée peut être considérée comme contreproductive. Mais les déséconomies d'échelle que l'on constate à Lagos résultent moins de la taille excessive de l'agglomération que de la faiblesse de son management. Si l'on peut en effet considérer que Lagos a atteint une taille critique compte tenu de cette faiblesse de management, toute tentative visant à ralentir ou à stopper la croissance de cette mégapole ainsi que celle des autres grandes capitales régionales comme Abidjan, Accra ou Dakar aurait inéluctablement comme conséquence de freiner la croissance économique globale des pays concernés et de l'ensemble de la région.

On objectera toutefois que la productivité urbaine moyenne de la région Afrique de l'Ouest ne semble pas avoir progressé en trente ans, alors que la taille des villes a fortement augmenté. Cela signifie-t-il que le processus d'agglomération n'engendre pas de croissance de la productivité et que les villes africaines sont économiquement inefficaces ? Tel n'est pas le cas, en général. Pour le comprendre, il faut se souvenir :

- que le milieu urbain, qui englobe l'ensemble des agglomérations de moins de 5000 habitants, compte un nombre sans cesse croissant de petits centres, issus du milieu rural ;

- que le poids relatif de la strate populaire dans la population urbaine a fortement augmenté depuis les années 1960 avec la libéralisation de fait des migrations vers les villes et l'appropriation par les sociétés africaines des villes héritées de la période coloniale ;

- et que l'évolution de la productivité urbaine moyenne (ou valeur ajoutée par habitant urbain) dépend surtout de l'évolution des poids respectifs de la strate populaire et de la strate moderne, plusieurs fois plus productive. Comme on l'a vu, la productivité moyenne de la strate populaire urbaine est modeste, mais, dans un pays donné et à une date donnée, cette productivité moyenne est fonction croissante de la taille des villes, au même titre que le coût de la vie dans ces villes.

Fonctions urbaines et complexes d'activités locales

Le découpage traditionnel de l'économie d'un territoire en secteurs ou branches masque en fait l'interdépendance des activités au sein de complexes d'activités liées. Chaque complexe associe à une activité de base ou motrice, correspondant à une fonction particulière telle que construire et gérer le cadre de vie, les activités qui sont liées de quelque manière à cette activité de base.

Les principales activités de base à chacune desquelles correspond un complexa sont les suivantes :

- se **nourrir** (l'alimentation représente plus du tiers de la dépense totale des ménages) ;

- **construire**, entretenir et gérer le cadre de vie du territoire considéré, ce qui inclut notamment les infrastructures, les équipements et les services résidentiels (les dépenses liées à l'habitation représentent environ 15 % des dépenses des ménages) et ceux nécessaires à l'accueil et au fonctionnement des activités ;

- subvenir aux **autres besoins essentiels** de la population, besoins que les enquêtes budget-consommation des ménages permettent d'identifier par grande catégorie ;

- **produire** des biens et services finaux et intermédiaires autres que ceux mentionnés précédemment ;

- **échanger** (exporter, importer, réexporter) des biens et services avec la zone d'influence rurale, avec les autres villes du système urbain et des autres régions, avec le reste du monde : la fonction commerciale au sens large constitue habituellement l'une des principales bases de l'activité urbaine totale ;

- **faire circuler l'argent** : prélever sur les ménages et les opérateurs locaux, mobiliser et redistribuer l'épargne, capter les fonds publics et privés nationaux et étrangers, éventuellement créer de la monnaie ou des moyens de paiement qui irriguent l'économie locale ;

- **administrer** les villes et leur zone d'influence et contrôler le territoire. Cette fonction est partagée entre les services déconcentrés de l'Etat, l'administration communale et le secteur privé.

Les complexes d'activité constituent un bon outil d'analyse de la structure de l'économie d'un territoire et des liaisons d'interdépendance entre activités. On peut ainsi mettre en évidence divers *multiplicateurs* des activités de base ou motrices. Après le premier besoin essentiel qui est *se nourrir*, le second en importance pour les habitants est : *s'installer*, qui implique en amont et en aval la production et la gestion d'un cadre de vie propice à cette installation, et dont une partie des activités constitue le secteur du Bâtiment et des Travaux Publics (BTP).

Le complexe transport et commercialisation

D'après le modèle macro-économique appliqué au cas de Saint Louis et du département de Dagana au Sénégal, les activités directes du secteur transport et commerce forment 25 % du Produit Local Brut, y compris les marges, droits et taxes afférentes aux activités d'import-export. Il conviendrait d'ajouter les services d'importation. Le complexe transport et commercialisation, défini comme indiqué ci-dessus, explique, avec les activités indirectes amont et aval, 50 % du PLB de la ville de Saint-Louis, 20 % du PLB de l'hinterland, et 36 % du PLB total du département.

Les enquêtes réalisées à l'occasion de l'étude ECOLOC de ce département ont montré que l'importance réelle du complexe transport et commercialisation est inférieure à ces données théoriques. Le secteur transport et commerce ne semble pas jouer pleinement le rôle qui devrait lui incomber dans l'économie locale en raison de la faible implication des opérateurs locaux dans plusieurs domaines : cas du complexe sucrier, de la pêche (les mareyeurs ne sont généralement pas des Saint-Louisiens), du commerce de gros qui est dominé par les opérateurs de Touba, etc.

Demande rurale et production urbaine

Quels biens et services les agriculteurs souhaitent-ils se procurer en ville ? La demande des agriculteurs en biens manufacturés produits en ville n'a pratiquement pas fait l'objet de travaux spécifiques, mais elle est certainement modeste, tant en ce qui concerne les biens de production que les biens de consommation.

Dans un contexte régional de faible densité démographique et de faible appropriation privée de la terre, ce qui est encore la situation dans de nombreux espaces d'Afrique Sub-Saharienne, les agriculteurs n'ont pas intérêt à intensifier. Sauf dans les zones densément peuplées et proches des grands marchés urbains, ils préfèrent souvent les systèmes extensifs qui rémunèrent mieux l'effort que des systèmes intensifs.

Par ailleurs, l'épargne rurale est faible et, sauf exception, ne s'investit pas prioritairement dans l'agriculture : une part importante des revenus est destinée à des dépenses de première nécessité : compléments alimentaires, vêtements ; à des dépenses de santé, de scolarisation ... et à des dépenses à caractère social incontournables (funérailles). Le surplus, s'il y en a, va à des biens manufacturés divers, qui, en Afrique Sub-Saharienne, sont le plus souvent importés : radio, montre, bicyclette, etc.... Les débours plus élevés sont peu fréquents, et n'interviennent qu'en cas de diversification des activités (achat d'une camionnette pour faire du transport, par exemple).

L'utilisation d'intrants coûteux est très risquée, car les résultats de la production dépendent de conditions que le paysan ne maîtrise pas ou très mal (aléas climatiques, disponibilité en main-d'œuvre, etc.) et d'autant moins que les aménagements agricoles qui réduiraient ces aléas (irrigation, drainage, moyens de conservation...) et justifieraient ces intrants, n'ont pas été réalisés. Les agriculteurs incriminent l'inadéquation du crédit rural mais il faut qu'une société d'encadrement propose des avances sur récolte ou garantisse l'achat de celle-ci et que la culture soit suffisamment rémunératrice pour que les producteurs investissent dans les intrants recommandés (cas du coton dans de nombreux pays).

Enfin, une partie des dépenses des ruraux reste, naturellement, dans le milieu rural. C'est le cas des achats de biens produits par un artisanat traditionnel rural vivace (outils agricoles, poterie ou vannerie, des tissages, certaines boissons, construction ...), mais également le cas de biens modernes produits par un secteur informel rural.

L'économie populaire urbaine est-elle en mesure de procurer aux ruraux les biens et services escomptés, en échange de ce qu'elle obtient du milieu rural, principalement sous forme de produits vivriers et de combustibles ? Cette question n'a jusqu'à présent guère été étudiée. Une telle réciprocité dans les échanges entre économie populaire urbaine et économie rurale fournirait à cette économie populaire une source supplémentaire de légitimité, au regard des lois du fonctionnement de l'économie de marché.

L'économie urbaine est-elle plus circulatoire que productive ?

L'étude de la consommation de biens manufacturés par les ruraux renvoie à deux questions : celle de l'efficacité de l'artisanat urbain et celle de la capacité des industries nationales à fournir, à des prix compétitifs, des biens de consommation courante ou d'équipement adaptés aux besoins et aux moyens des populations locales. Ces questions sont également valables pour la consommation urbaine. Or beaucoup de biens qui pourraient être produits dans les villes du pays (aliments de fabrication industrielle, vêtements, petit matériel agricole ...) ne le sont pas (ou ne le sont plus), soit que leur production en masse à l'échelle internationale ne peut pas être concurrencée localement (tee-shirts, papier, stylobilles, tuyaux, pompes, motoculteurs...), sur des marchés étroits, sans protection, soit que la commercialisation de surplus et de produits d'occasion des économies avancées se substitue à une production spécifique. Les progrès de la fabrication de vaisselle plastique ou d'aluminium ou ceux de l'ameublement, par exemple, montrent que lorsqu'une marge de manœuvre existe, elle est exploitée.

Il n'est donc pas étonnant, dans le contexte international de libre-échange prédominant, que les villes de l'Afrique Sub-Saharienne soient, avant tout, à l'égard de leur hinterland comme de leurs résidents, des centres de négoce intermédiaires et de services. L'appareil commercial africain est, dans une large mesure, la ramification extrême du commerce moderne mondial, qui a pour objectif d'élargir le débouché de biens produits en masse et de les substituer à la petite production marchande.

Il faut également comprendre la continuité qui existe, à ce stade du développement entre activités commerciales et activités productives : ce sont souvent des commerçants qui investissent dans la production, opérant, à leur niveau, l'arbitrage entre production et importation.

En Afrique Sub-Saharienne, le poids relatif du commerce et des services par rapport aux activités de production de biens est plus important que dans les pays en développement de l'Asie du Sud, où l'artisanat de production est plus développé et mieux protégé. Mais il est en fait comparable à ce qu'il est aujourd'hui dans des économies avancées, en France ou aux Etats-Unis, et il est faux d'affirmer qu'il vient limiter la productivité de l'activité urbaine. Au demeurant, certains services *informels* (transports urbains, réparations diverses, restauration par exemple) ont une productivité relativement forte, comparable, toutes proportions gardées, à celle des pays du Nord.

Chapitre 22
Gérer le processus de croissance urbaine et produire la ville[5]

Résumé

L'essai montre comment produire en temps voulu un milieu urbain porteur, favorisant l'intégration et l'épanouissement des nouveaux résidents et le développement local. Il faut pour cela répondre à toute la demande, populaire et moderne. Il faut se garder de toute politique visant à ne produire que la ville idéale, ce qui reviendrait à oublier l'essentiel et entrainerait l'exclusion, l'illégalité et la précarité des *bidonvilles* rejetés sur des territoires inconstructibles, et se méfier de toute tentative de modernisation par effraction par la création de *zones économiques spéciales* isolées du *désordre ambiant*. Il faut enfin avoir conscience de l'ampleur des besoins d'Investissements Publics de Fonction Locale qui sera abordée dans le chapitre 24.

Question préalable : la croissance urbaine en ASS serait-elle trop rapide ?

Les économies africaines ont longtemps été considérées comme essentiellement agricoles et rurales et condamnées à le rester pour longtemps. La croissance urbaine y est donc encore perçue comme excessive, artificielle, dangereuse et insoutenable. En l'absence présumée d'industrialisation, les villes qui sont supposées consommer beaucoup plus qu'elles de produisent sont vues comme des prédateurs et des machines à fabriquer des pauvres, et comme la principale source d'insécurité.

Les deux graphiques suivants contribuent à répondre à la question : *l'ASS est-elle sur-urbanisée pour son niveau de développement ?*

Le graphique de gauche confirme que, à l'échelle des 151 pays de la planète autres que les micro-pays, il existe bien une corrélation entre le PIB par habitant en parité de pouvoir d'achat et l'indicateur d'urbanisation (représenté par le rapport entre le nombre de consommateurs et le nombre de producteurs de denrées alimentaires), même si le nuage de points est assez

---

[5] Ce chapitre qui traite de l'urbanisme, de l'équipement urbain et de l'habitat est extrait de diverses contributions de Michel Arnaud, urbaniste, aux études ILTA et WALTPS et au Programme ECOLOC

ouvert : la pente de la droite d'ajustement entre ces deux variables (sur échelles logarithmiques) est de 0.59.

Urbanisation et PIB par habitant : le monde et l'Afrique

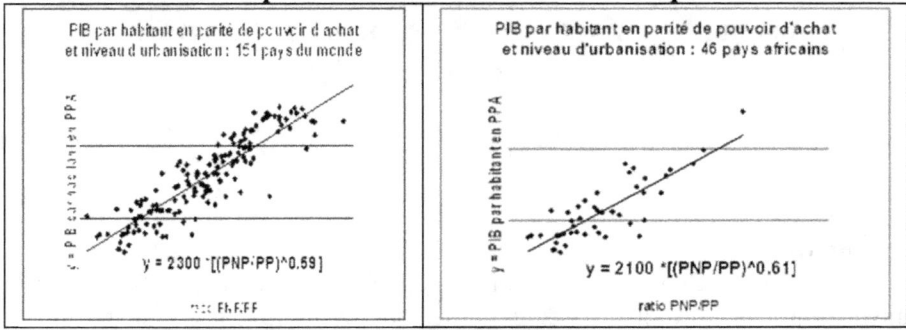

Le deuxième graphique construit sur ces mêmes données mais restreint aux 46 pays d'Afrique révèle le même type de corrélation lâche entre PIB par habitant et indicateur d'urbanisation : la pente de la droite d'ajustement entre ces deux variables est à peu près la même que pour l'ensemble du monde, soit 0.61. L'idée selon laquelle l'ASS serait sur-urbanisée pour son niveau de *développement* n'est donc a priori pas fondée. Et ce n'est pas parce que trois décennies de négligence urbaine ont conduit à la prolifération des *bidonvilles* qu'il faut en conclure que l'ASS se porterait mieux si l'on était capable de freiner la croissance urbaine.

La seule hypothèse de travail acceptable est que, en ASS comme ailleurs, et sauf cas particuliers, l'urbanisation est à la fois une implication et un moteur de la croissance économique : Implication dans la mesure où la croissance économique favorise la division du travail et la concentration spatiale et aussi moteur car la redistribution du peuplement modifie le comportement de tous les acteurs : on reviendra sur ce point essentiel.

Construire la ville : comment va le BTP en ASS ?

Tout compte fait, pas si mal, mais en grande partie grâce à l'économie populaire !

Dans la plupart des pays d'ASS qui sont des pays en voie de peuplement où tout est à construire, la contribution du secteur BTP au PIB total, de l'ordre de 5%, semble étrangement faible, et cette impression est confirmée par le modèle démo-économique appliqué à l'échelle nationale.

Qu'en est-il alors de la contribution de ce secteur du BTP à l'activité locale de tel ou tel territoire et de telle ou telle ville ? En l'absence de spatialisation des comptes, seules des études monographiques peuvent apporter des éléments ponctuels de réponse à cette question.

Ainsi, le modèle démo-économique appliqué aux cas de l'ensemble du département de Dagana au Sénégal, puis à son chef-lieu Saint Louis montre que les activités directes du secteur du bâtiment et des travaux publics devraient former quelque 9 % du Produit Local Brut total de la ville de Saint-Louis, alors que les enquêtes réalisées dans le cadre de l'étude ECOLOC de ce territoire conduisent à une évaluation deux fois plus faible.

Cette différence entre le modèle théorique et la réalité traduit la très faible participation des entreprises locales aux chantiers de travaux publics et de bâtiment engagés par l'administration et par les entreprises publiques et l'état d'abandon dans lequel se trouve une grande partie du patrimoine de bâtiments privés hérités de la période coloniale. Elle traduit également l'absence de toute grande entreprise locale de BTP. Si la participation des entreprises locales était *normale*, le complexe BTP, incluant les activités amont (matériaux, ingénierie...) et les activités aval (logement et location des moyens de production) devrait normalement expliquer 30 % du PLB de la ville de Saint-Louis, 19 % du PLB de l'hinterland, et 25 % du PLB total du département. La réalité est donc sans doute deux fois plus modeste.

Le fort contenu en importation du reste du pays et du monde des investissements publics dont le financement provient presque exclusivement de l'aide extérieure et du budget de l'Etat réduit la capacité du secteur du BTP au sens large (y compris les services liés à l'habitat) à jouer le rôle de moteur de l'économie locale, conformément à l'adage *quand le bâtiment va, tout va*. Les autres études ECOLOC réalisées dans trois autres pays d'Afrique de l'Ouest avant l'abandon de ce programme ont conduit à des conclusions analogues, riches en implications à méditer par les gouvernements et par leurs partenaires des agences d'aide.

Et comment va plus particulièrement le secteur de l'habitat ?

Les ménages urbains consacrent de l'ordre de 15 à 20 % de leurs revenus à l'habitat au sens large (logement, électricité, eau...). La constitution du capital immobilier urbain - la production de la ville - est une activité essentielle, particulièrement mal enregistrée par les comptes nationaux. La doctrine de l'Etat grand maître de la ville continue à inspirer le droit et l'administration dans de nombreux pays. Mais, dans les faits, au ras du sol, et par défaut, ce sont les pratiques populaires qui font l'essentiel de la ville, président à la formation des nouveaux quartiers, produisent le nouveau cadre de vie, de façon officielle dans les pays anglophones et de façon réputée illégale dans les pays francophones. La majorité des ménages urbains, dans les plus grandes villes, et une proportion notable dans les villes secondaires, ont le statut de locataires (ou d'hébergés), jusque dans les quartiers dits précaires.

L'extension continuelle de la ville est alimentée, au plan foncier, par les paysans et par les autorités villageoises de la périphérie (les ayants droit coutumiers). Quelques arpenteurs *informels* divisent hâtivement ce territoire en centaines de parcelles à construire et en quelques emprises à équiper. Evidemment, dans l'attente de son intégration effective à la ville, le quartier ainsi créé reste sous-équipé et incommode. Les gens pallient ce sous-équipement par toutes sortes de transports pénibles et coûteux : transports de personnes vers le centre-ville, transport d'eau à partir de la dernière borne-fontaine ou de l'abonné le plus proche.

La production de logements n'est pratiquement plus le fait de l'auto-construction, même s'il y a participation plus ou moins importante de la famille du constructeur. La production populaire - sans professionnels et hors normes - arrive à loger presque tout le monde, sans trop séparer les sous catégories de revenus et de statuts. Il en va de même pour la construction et l'entretien de bâtiments scolaires par les parents d'élèves, la restauration des ouvriers et employés tout près de leurs lieux de travail dans les *gargotes* ou les *maquis*, le transport rapide par taxi vélomoteur (les *zémidjans* de Cotonou) ... Tous ces exemples portent témoignage d'un savoir-faire populaire qui rend possible et économiquement supportable pour le plus grand nombre le développement de villes qui, dans le même temps, se trouvent immergées dans le marché mondial.

Cette production populaire ou informelle de la ville et du cadre de vie populaire donne à tort l'impression de n'être pas capable de progresser par elle-même. Mais l'introduction d'innovations techniques et économiques ou même juridiques, maintes fois proposée dans les *Projets Urbains*, est souvent à l'origine d'effets pervers. C'est en reconnaissant que le mode de production de la ville populaire par ses habitants est aujourd'hui et faute de mieux incontournable et en le sortant de la clandestinité, sans pour autant en exiger la normalisation et la formalisation, qu'il évoluera en harmonie avec le contexte socio-économique.

L'accroissement et l'amélioration progressive de l'espace bâti constituent l'une des principales formes de l'accumulation publique et privée de capital

L'accroissement de l'espace bâti en milieu urbain et en milieu rural, mesurable sur les photographies aériennes, et l'étude de l'économie réelle de la région permettent d'affirmer que le niveau d'investissement réel de peuplement a été beaucoup plus élevé que ne l'indiquent les comptes nationaux officiels. Jusqu'au milieu des années 70, le besoin d'investissement public et privé exigé par le développement et l'équipement de l'espace habité a été plus ou moins bien assuré.

Pour l'Afrique de l'Ouest (19 pays et 200 millions d'habitants en 1990) et pour l'ensemble de la période 1960-1990, l'étude WALTPS a estimé l'accumulation régionale brute de capital physique correspondante à quelque 500 milliards de dollars en valeur 1990, soit l'équivalent de quatre fois le Produit Régional Brut final à cette date. C'est en grande partie grâce à cette accumulation de capital physique, notamment urbain, que la croissance démographique exceptionnellement forte a pu être globalement absorbée, sans drame majeur. C'est aussi grâce à cette accumulation de capital que l'Afrique des années 1990 était à l'évidence différente - elle l'aurait été encore davantage si l'entretien en avait été mieux assuré -, mieux équipée et finalement plus développée que celle des années 1960, même si les indicateurs macro-économiques officiels donnent à penser le contraire, pour les raisons comptables précédemment évoquées.

L'investissement résidentiel privé en particulier, qui représente environ les trois-quarts de l'investissement de peuplement total, a grossièrement suivi la demande, du moins hors des périodes de crise : dans chaque strate résidentielle des divers types d'établissements humains, d'après les enquêtes, la surface bâtie par habitant et la qualité de l'habitat n'avaient pas significativement varié, sinon dans le sens de l'amélioration jusqu'au début des années 80, et le pourcentage de ménages vivant dans un habitat précaire n'avait pas beaucoup changé (de l'ordre de 15 à 20% de la population urbaine) au cours des décennies 60 et 70.

Emergence d'une strate intermédiaire entre économie moderne et économie populaire en milieu urbain

L'échec des politiques industrielles des années 60 et 70 a provoqué la polarisation de l'attention sur les micro-unités, au point que les institutions internationales (particulièrement la Banque Mondiale) commençaient dès 1987 à leur conférer une fonction essentielle de moyen de lutte contre la pauvreté, du fait de leur capacité supposée à fournir des emplois et des revenus aux plus démunis.

Au-delà du caractère largement illusoire d'un projet économique, et pas seulement social, fondé sur les seules micro-entreprises, une constatation s'impose : ce ne sont ni les grandes ni les micro-unités qui ont le mieux survécu aux années d'ajustement structurel, mais une catégorie intermédiaire, celle des PME : entreprises de quelques dizaines de salariés pour l'industrie, une dizaine ou une vingtaine pour le commerce et les services. L'attention des institutions et des chercheurs s'est fort peu portée sur cette catégorie d'entreprises, ce qui fait qu'elles sont paradoxalement moins bien connues que les micro-entreprises.

Néanmoins, on peut en relever quelques traits saillants. Les PME sont très rarement issues des micro-entreprises, les exceptions se limitant au BTP et aux transports. L'origine du capital de ces nouvelles PME est, très majoritairement, le transfert d'un capital commercial et, plus rarement, l'épargne d'individus directement liés au pouvoir politique, tant du fait que ces catégories sont les seules à pouvoir mobiliser le capital suffisant que du fait de leur possession d'un *capital social* et de leur inscription dans des réseaux souvent transnationaux. Ce second point constitue un atout important, dans la mesure où la création de ces PME et leur développement sont le plus souvent directement suscités par une connaissance des opportunités de commercialisation, non seulement pour le marché proche mais souvent pour toute une région.

Ces PME ont une forte capacité d'évolution technique, obérée cependant par la difficulté d'accès à des services urbains sûrs : électricité, voirie, plus rarement l'eau. Dans les conditions actuelles, l'offre groupée de tels services (via des pépinières d'entreprises ou toute autre modalité) peut être une solution intermédiaire. La rentabilité de tels équipements - bien que non directement mesurable - serait probablement très supérieure à celle de n'importe quel autre type d'investissement.

Commerce régional et urbanisation

En Afrique Sub-Saharienne, le commerce intrarégional, dont la plus grande partie est non enregistrée, contribue à la structuration de l'espace en favorisant la croissance urbaine et l'activité économique le long de certaines frontières. Le développement notable du commerce transfrontalier de voisinage s'explique, outre par les solidarités ethniques et les disparités des politiques nationales, par le fait qu'un nombre croissant de villes proches des frontières ont un hinterland d'approvisionnement en produits de base et de fourniture de services qui s'étend à cheval sur plusieurs pays : ces périphéries nationales, dont la croissance est favorisée par les différences de potentiel créées par les frontières, sont, et seront de plus en plus, des foyers actifs de commerce local.

Conclusion : produire la ville pour l'économie moderne, mais aussi pour et avec l'économie populaire

S'agissant de la production d'un milieu urbain rassurant et porteur qui lance aux gestionnaires nationaux et à l'aide internationale le défi le plus manifeste et le plus lourd à gérer et dont la qualité participe largement de l'attractivité des territoires en développement, il faut, dans les logiques de l'économie populaire :

- répondre à la demande, telle qu'elle se manifeste, populaire comme formelle, sans prétendre à tout normaliser, politique qui produit le rejet, l'exclusion, l'illégalité et jusqu'à la précarité absolue des *bidonvilles* installés sur des terrains inconstructibles par nature (inondables, de trop fortes pentes, pollués ou présentant d'autres risques…). Car la précarité n'est pas le produit de la pauvreté mais du refus d'accepter en ville des personnes qui ne satisfont pas à certaines caractéristiques, voire de la prétention de certains de ne produire que des villes modernes, interdites à ceux qui ne peuvent en assumer le coût (apartheid socio-économique) ;

- accepter donc que la façon de concevoir et de produire la ville offre légalement aux candidats résidents toute la gamme des situations possibles et acceptables (i.e. dès lors qu'elles sont améliorables), car une ville est un organisme vivant, en évolution constante et qu'aucun citadin ne doit y être assigné à résidence. Il faut limiter délibérément la production publique de quartiers entiers aux normes internationales, parce qu'elle ne peut s'adresser qu'aux ménages formels ou modernes (et encore pas à tous), et laisser de telles réalisations à la production privée (la promotion immobilière, formelle ou *informelle*), en réponse à des demandes particulières, comme les *gated communities*, pour lesquelles il appartient au promoteur d'ajuster sa production aux capacités financières de la clientèle visée (incluant d'éventuelles aides publiques transparentes) ;

- donner la priorité au minimum requis en matière d'investissements publics de fonction locale (les IFL) pour accompagner correctement la croissance urbaine, telle qu'elle se manifeste avant de consacrer des moyens importants à des opérations de restructuration de quartiers anarchiques, sans plan ni emprises de voies ou réserves pour équipements publics ou collectifs, qui constituent un passif urbain ;

- dès lors que le sol occupé est constructible et que la trame de voirie est acceptable, donner la préférence à la pénétration progressive des différents réseaux urbains à l'intérieur de quartiers sous-équipés, en réponse à une demande formalisée des intéressés qui fonde le paiement du service (abonnement ou taxe municipale).

La prétention de réaliser la desserte de quartiers ou de lotissements par tous les services en même temps (l'approche intégrée des services urbains) débouche en effet inévitablement et à la fois sur la démobilisation des gestionnaires de ces réseaux dans la recherche technique et juridique du meilleur rapport coût-service rendu, sur une élévation du coût des terrains constructibles et donc de l'accueil de la croissance urbaine, qui exclut les plus démunis, et sur la quasi obligation pour les propriétaires ou ayants droit bénéficiaires réels de l'opération, de louer leur bien à plus offrant pour se procurer des revenus ou de revendre leurs lots démesurément valorisés pour se constituer un capital destiné à des investissements jugés prioritaires ;

- convenir que le réseau viaire est, en vérité, le service urbain qui est absolument essentiel, primordial au sens étymologique, parce qu'il est le domaine public par excellence, indispensable à la fourniture de tous les autres services urbains ou à leur desserte, y compris la sécurité, et parce qu'il est le réseau qui se transforme le moins au fil du temps et le plus coûteux à modifier lorsque la modification est incontournable. A ces titres, pour être implanté, le réseau viaire doit être approuvé et homologué par l'autorité publique, versé dans son patrimoine, sans considération de la réalisation, plus ou moins différée dans le temps, des autres réseaux ou de leurs modifications.

Ce qui implique de séparer la production foncière de la production immobilière et de l'équipement en divers services urbains, marchands et non-marchands. Cette exigence ne justifie pas le monopole d'un service public sur cette production foncière nue. Elle exige, en revanche, l'intervention obligatoire et contrôlée de géomètres assermentés qui trouvent leur efficience dans le fait qu'ils produisent un bornage et des documents fonciers contradictoires, laissant la délivrance des titres fonciers à un service public (cadastre), sous certaines conditions de mise en valeur ;

- enfin, imposer et donner les moyens aux gestionnaires des différents réseaux d'intégrer dans leurs programmations, indépendantes les unes des autres et sans systématisme, la desserte progressive des quartiers ainsi produits régulièrement et occupés mais très variablement sous-équipés.

Le fait que ces quelques principes, là où ils ont été plus ou moins strictement et durablement appliqués avec les adaptations requises par le contexte socio-économique local ont été assez facilement appropriés par le capital social local populaire ou coutumier, rend confiant sur leur généralisation et leur amélioration.

En guise de conclusion de ces trois chapitres 20, 21 et 22 de la dernière partie de cet essai

Le thème général abordé dans ces trois chapitres est la construction progressive au sein des pays en voie de peuplement d'une économie de marché d'essence populaire, résultant principalement de la division du travail entre consommateurs et producteurs de biens et services essentiels. A l'égard de cette économie de marché naissante, le rôle des institutions en charge de l'Aide est moins de se préoccuper da la croissance de la production et de la productivité proprement dite que d'accompagner les changements structurels induits par ce processus de peuplement, de contribuer à l'organisation des marchés centrés sur chaque pôle urbain, et de protéger cette économie populaire qui est d'autant plus précieuse qu'elle est source de croissance endogène pour la préparer à interagir avec la composante dite moderne de l'économie réelle de tout territoire.

Chapitre 23
Gérer l'économie au niveau local des petites villes et de leur hinterland rural

Introduction et résumé

Cette composante locale de toute stratégie de développement était abordée en détail dans le Programme de relance des économies locales en Afrique de l'Ouest, dit Programme ECOLOC. Les principales leçons qui ont pu être tirées de la dizaine de cas concrets de petites régions centrées sur des villes secondaires et incluant leur hinterland rural avant l'abandon de ce programme sont l'existence bien réelle mais à l'état d'embryons à développer de ces *RUCHES*, l'insuffisance manifeste du capital public de fonction locale, et l'absence criante de toute information pertinente et utilisable sur les réalités locales, obligeant les gouvernements et les acteurs locaux à agir à l'aveuglette.

L'économie nationale, congruence d'économies locales des *RUCHES*

On a vu au chapitre 8 que le Produit Intérieur Brut de tout pays peut et doit être analysé non seulement comme la somme des valeurs ajoutées de toutes les branches d'activité de l'économie réelle de ce pays, mais aussi et surtout comme la somme des PIB locaux de toutes les entités spatiales élémentaires appartenant à ce pays, telles que celles résultant du découpage administratif du territoire ou d'autres découpages du territoire de nature plus fonctionnelle, comme les petites Régions Urbano-Centrées à Haute intensité d'Echanges et de Services du Programme ECOLOC, qui a été présenté au Chapitre 13. Ces RUCHES, dont l'étendue évolue avec le processus de peuplement, forment, avec les espaces interstitiels, une congruence d'économies locales associées au maillage urbain du territoire, permettant de tenir explicitement compte des relations entre villes et hinterland et des transformations structurelles sur le temps long.

Rappel des Principaux obstacles au développement local en ASS

La dizaine d'exercices ECOLOC qui ont pu être menés à bien au cours des cinq années de vie de ce programme ont montré que les trois principaux obstacles au développement de ces *RUCHES* étaient :

- d'abord l'ignorance de leur existence : ces objets non identifiés étaient et sont encore largement hors du champ de vision des acteurs nationaux et de leurs partenaires extérieurs ;
- ensuite l'insuffisance manifeste du capital public de fonction locale, notamment dans le pôle urbain dont la taille double tous les dix ou quinze ans, et dans les infrastructures dont dépendent les échanges entre ville et hinterland ;
- enfin, l'absence criante de toute information pertinente et utilisable sur les réalités locales, obligeant les gouvernements et les acteurs locaux à agir à l'aveuglette.

Ces trois catégories d'obstacles sont évidemment liées. Aujourd'hui encore, les systèmes d'information existants de tous les pays africains restent presque exclusivement conçus pour répondre aux besoins des administrations centrales, ce qui est en contradiction flagrante avec les politiques de décentralisation prônées dans presque tous les pays africains.

Ce programme ECOLOC a confirmé qu'il est possible de dresser un tableau complet et réaliste de telles économies locales et de leurs interactions avec d'autres espaces économiques, et ce en y consacrant des moyens raisonnables, grâce surtout à une valorisation d'informations qui restent aujourd'hui en friche faute d'un paradigme adéquat pour les déceler et pour les exploiter. Et ces études de cas ont aussi montré qu'il est ainsi possible de revaloriser les fonctions, le statut et la productivité des services administratifs locaux, à commencer par le service des statistiques.

Le programme ECOLOC avait donc été conçu pour répondre aux besoins bien réels des gouvernements et des opérateurs locaux, il permettait de corriger nombre de faiblesses et d'incohérences des systèmes d'information existants, il ouvrait la voie à une meilleure compréhension des restructurations en cours et de la façon de les accompagner, et il fournissait de l'économie africaine, de sa composante populaire, et du développement du marché intérieur, des outils d'analyse plus réalistes et concrets parce que spatialisés, et tenant compte des dynamiques de peuplement.

Si l'abandon de ce programme ECOLOC était bien une faute et si rien d'équivalent n'a été engagé pour remplacer cette initiative, ne faut-il pas aujourd'hui le reconnaitre ? Et ne faut-il pas alors se replonger dans les archives du Club du Sahel (si elles n'ont pas été égarées) pour relancer ce programme, avec le concours de toutes les institutions concernées, dont en premier lieu la CGLUA, section africaine de Cités et Gouvernements Locaux Unis, qui est la principale organisation de gouvernements infranationaux au monde ? Les modalités concrètes d'une telle relance, que l'aggravation de l'insécurité au Sahel rend incontournable, devront être ajustées au nouveau contexte, mais sans pour autant remettre en cause le paradigme démo-économique et spatial sous-jacent.

Résumé du manuel ECOLOC

Ce manuel ECOLOC, qui devrait pouvoir être obtenu dans sa version intégrale en s'adressant au Secrétariat de Club du Sahel, était destiné à l'ensemble des participants aux exercices ECOLOC, maîtres d'ouvrage locaux, administrations de tutelle et services administratifs locaux, et consultants. Ce manuel ECOLOC est présenté ici parce qu'il constitue une bonne base pour une relance éventuelle de ce programme ou d'un programme de même ambition, et parce qu'il permet à chacun de se faire une idée précise de ce que ce programme pouvait apporter de concret et de formateur tant pour les bénéficiaires que pour les institutions partenaires et les experts appelés à y contribuer.

Le tome I du manuel ECOLOC traitait de la phase d'évaluation et de diagnostic de l'économie locale d'une *RUCHE* constituée d'une ville de niveau 2 de la hiérarchie urbaine nationale et de son hinterland rural. Le tome II traitait de l'organisation de débats locaux et de la définition de stratégies locales de développement par les acteurs, et le tome III traitait plus spécifiquement des processus d'animation des coalitions locales en vue de la relance économique et de la mobilisation des ressources locales.

La relance des économies locales procédait d'une démarche en trois temps :

La phase d'étude

Elle est basée sur le cadre conceptuel démo-économique spatialisé et sur les outils qui ont été développés dans l'étude WALTPS et a pour but de produire un *ensemble d'informations cohérentes, rétrospectives et prospectives* sur l'économie locale, les acteurs, les dynamiques et les enjeux du développement local. Ces informations doivent être exprimées en termes quantitatifs, qualitatifs et spatiaux, et être résumées dans un document de référence dénommé Tableau de bord ou Profil de l'économie locale.

Dès le départ, l'étude doit être suivie par un comité local, dénommé *Comité ECOLOC*, constitué du Maire de la ville-pôle de l'espace étudié, des maires des collectivités locales de l'hinterland, et d'un ou de deux adjoints en charge des problèmes économiques et sociaux. Ce comité s'élargit progressivement aux opérateurs économiques importants, aux représentants des Chambres consulaires, aux organisations professionnelles, et aux représentants du monde associatif et syndical…

La phase d'étude s'achève par une restitution publique des résultats à laquelle sont invités tous les acteurs locaux, publics et privés, les représentants de l'administration centrale et, si possible, des bailleurs de fonds.

La phase de dialogue politique et de concertation

Cette deuxième phase qui fait suite à la restitution publique de l'étude doit déboucher sur *l'adoption d'orientations stratégiques pour le développement local* - que l'on peut dénommer *Cadre local de développement*, par analogie avec le terme *Comprehensive Development Framework*. Conduite sous les auspices de la collectivité locale avec l'appui d'un spécialiste de la concertation et le concours de membres de l'équipe d'étude, cette phase a pour but à la fois de diffuser largement les connaissances acquises par l'étude, de les confronter aux perceptions des intéressés et de permettre aux différentes composantes de la société locale d'exprimer leurs avis et leurs attentes en matière de développement économique local. Le Cadre Local de Développement (CLD) doit :

- établir *un diagnostic* largement partagé sur l'évolution passée et sur les atouts et les handicaps de l'économie locale. Ce diagnostic doit mettre en lumière les interdépendances entre les diverses activités et, notamment, les liens entre économie urbaine et productions agro-pastorales de l'hinterland, entre développement local, urbain et rural, dynamiques entrepreneuriales et aménagement de l'espace, équipement public ou collectif ; entre investissement public et ressources publiques ; entre ressources publiques et fiscalité sur la richesse produite ou sur le capital privé accumulé, notamment immobilier... ;

- proposer *une vision* commune sur les enjeux et les perspectives du développement futur de l'économie locale, sur les fonctions et les activités qui pourraient en constituer la base ou le moteur, sur les stratégies à adopter dans la compétition avec les économies locales voisines et au sein de l'économie nationale et régionale ;

- retenir *des objectifs prioritaires* en termes : 1) d'aménagement et d'équipement public - y compris en matière de gestion et d'entretien du capital existant - dans le but d'abaisser les coûts de transaction internes à l'économie locale et entre celle-ci et le reste du pays ou le monde extérieur ; 2) de développement de secteurs, de filières ou d'activités à fort potentiel de croissance ;

- arrêter *une stratégie d'investissement public* fondée sur la mobilisation des ressources locales, fiscales et autres, sur la capacité d'emprunter et sur le partage des responsabilités avec les différentes instances en charge d'aménagement ou d'équipement public.

La phase de relance de l'économie locale

La phase de relance de l'économie locale proprement dite doit être la mise en œuvre des orientations adoptées et l'affirmation de l'autonomie et de la volonté politique locale pour la maîtrise du développement local ; elle doit évidemment mobiliser tous les acteurs. Cette phase de relance porte sur :

- la négociation et l'application d'un processus de renforcement des ressources locales, fiscales et autres, pour les hisser à la hauteur des objectifs d'investissement et d'entretien du patrimoine public ;

- des actions spécifiques d'appui et l'organisation de partenariats pour certaines activités ou filières d'activités privées ;

- la négociation avec les partenaires extérieurs (État central et bailleurs de fonds) de programmes d'investissements sur la base du CLD qui constitue une référence et un cadre de cohérence pour les différents intervenants ;
- la création, avec d'autres collectivités locales de même rang, d'associations pour défendre des enjeux communs auprès des autorités nationales ou des bailleurs de fonds ;
- l'organisation de concertations avec des collectivités de pays limitrophes pour la négociation de politiques cohérentes ou pour la discussion et la coordination de projets d'intérêt commun, liés à l'aménagement de l'espace, aux échanges régionaux ou à l'organisation des marchés ;
- et l'identification des centres de décision dont dépendent les différentes composantes de l'économie locale, des facteurs extérieurs exerçant une influence majeure sur ces composantes, et de ce que peuvent faire les acteurs locaux, publics et ou privés, pour maximiser les chances de développement local dans un environnement de plus en plus globalisé.

Quelques questions à approfondir dans la perspective d'une relance du programme ECOLOC

Commande économique locale et commande globale

La grande majorité de la population des campagnes et des villes trouve, à l'heure actuelle, sa raison d'être et son activité dans la composante populaire de l'économie locale. Mais une ville ne peut croître, une économie locale ne peut se développer et prospérer durablement que dans la mesure où elles peuvent, l'une et l'autre, s'insérer dans un circuit d'échanges et de marchés dépassant l'autosuffisance locale, s'étendant et se spécialisant progressivement. La ville doit *importer* et *exporter* (ou réexporter) de et à destination du reste du pays et du monde un volume croissant de biens ou de services, faire circuler toujours plus activement les marchandises et l'argent. Les activités qui assurent ces fonctions urbaines appartiennent plus ou moins totalement à la composante moderne et à la fraction marchande de l'économie populaire locale.

Si la fraction non marchande de l'économie d'une ville peut être qualifiée sans conteste de *locale*, en ce sens qu'elle ne dépend pour l'essentiel que de décisions et d'impulsions locales, cela n'est généralement pas le cas pour la fraction marchande de l'économie locale : les centres de décision correspondants sont rarement localisés dans la ville considérée. Ils se situent plutôt dans les niveaux supérieurs de l'armature urbaine nationale, et plus probablement dans la capitale, voire à l'extérieur du pays. Une bonne partie des activités marchandes de la capitale elle-même dépend à l'évidence de centres de décision extérieurs ou d'événements extérieurs, comme la variation des taux d'intérêt, des taux de change, et des prix des matières premières sur le marché mondial, ou les décisions de délocalisation prises par les entreprises multinationales. Face à ces événements extérieurs, la marge de manœuvre des acteurs locaux est très limitée, encore qu'elle ne soit pas nulle, notamment sur les avantages comparatifs (amélioration des services urbains, de la sécurité, réduction de coûts d'installation ou de fonctionnement locaux, réalisation alternative de formations ou de prestations sociales...).

Mesures propres à accroitre la dépense publique locale

Il existe un lien fort entre l'efficacité des opérateurs urbains et ruraux et la qualité du cadre urbain, physique et institutionnel, dans lequel ceux-ci opèrent. En d'autres termes, les économies d'agglomération qui accompagnent la croissance urbaine ne se manifestent que si l'investissement public de fonction locale (IFL) est adéquat, que si ces économies ne sont pas annihilées par une mauvaise exploitation des services, des défauts d'entretien des équipements ou des contraintes d'un autre ordre (insécurité, pollution).

Dans les villes étudiées dans le cadre du Programme ECOLOC, on constate que l'équipement public local est mis en place grâce aux transferts du budget de l'État ou des aides extérieures et accessoirement de prélèvements locaux sur l'activité urbaine ou sur l'activité de l'hinterland. La crise économique des années 80 et 90 a fortement réduit les transferts, avec pour conséquence une baisse très importante de l'investissement de fonction locale. Les études ECOLOC montrent que, au-delà d'un certain niveau, cette baisse équivaut à un désinvestissement qui peut mettre en péril les capacités de l'économie à recouvrer la compétitivité et la croissance. Ceci met à l'ordre du jour l'impérieuse nécessité de se pencher sur le problème délicat de la mobilisation des ressources locales et de la fiscalité locale. Les premières études ECOLOC ont en effet montré que :

- de nombreux secteurs de l'économie sont peu ou ne sont pas taxés, faute de moyens de connaissance de cette économie et d'outils simples de perception des taxes, mais aussi faute de confiance des opérateurs dans la gestion publique. Les informations issues des études peuvent permettre d'enclencher le dialogue nécessaire à l'instauration de la confiance et de cibler les investissements publics en fonction du service qu'ils rendent aux opérateurs ;

- il est nécessaire d'innover en matière de fiscalité foncière. Il est profondément anormal que le capital immobilier des villes soit peu taxé ou ne le soit pas du tout et qu'il ne contribue pas à financer les services urbains dont les acteurs économiques et les ménages ont le plus grand besoin. Les méthodes actuelles d'évaluation de ce capital et de perception de la taxe sont d'une telle complexité qu'on finit généralement par ne plus faire payer personne, sinon les plus pauvres, en les privant des services essentiels ;

- la dépense publique locale peut être utilisée systématiquement comme un moyen efficace de relance de l'économie locale. Les simulations réalisées montrent notamment que, dans le domaine des travaux publics, lorsqu'une collectivité locale dépense 1 FCFA, cette dépense peut se traduire par une croissance du PLB d'au moins 2 FCFA supplémentaires, pour peu que le contenu en importation de cette dépense publique soit faible (cas des dépenses d'entretien et d'embellissement) ;

- il faut rechercher une répartition des responsabilités et des charges juste et efficace entre les différents niveaux de collectivités composant la nation, du quartier urbain ou du village à l'État, de telle sorte que les dépenses de chaque niveau soient aussi bien accordées que possible à ses ressources potentielles plutôt que de multiplier les transferts de ressources, toujours aléatoires, ou les co-financements d'un même projet par différents budgets, source de retards et de déresponsabilisation ;

- il y a intérêt à concéder au secteur privé, aux organisations professionnelles ou au secteur associatif, suivant le cas, la gestion et la réalisation de tout ce qui peut l'être, et cela peut être fait sans pénaliser l'usager, moyennant un contrôle strict des prestataires et concessionnaires. Ceci concerne en particulier les services publics marchands (eau, électricité...), les gares routières et les marchés.

Chacun doit dorénavant compter davantage sur la mobilisation de ses propres ressources, et ne pourra faire appel aux ressources extérieures que s'il fait la preuve que ces ressources seront efficacement utilisées, en complément des ressources propres. Pour les collectivités locales, mobiliser localement davantage de ressources ne sera possible que si l'économie locale, sur laquelle ces ressources seront prélevées, est prospère, et que si la preuve est faite que ce prélèvement public est efficace.

C'est pourquoi, outre les données chiffrées relatives aux ressources fiscales locales et au financement des investissements locaux passés et actuels, et à leur évolution, l'étude préalable au lancement des exercices ECOLOC doit fournir des informations sur la position des différents acteurs de la vie économique locale, sur la nécessité et l'usage des prélèvements publics, fiscaux et autres. Une démarche systématique d'interviews devrait notamment aborder les thèmes suivants :

- la relation entre la qualité de l'environnement des activités économiques et des services assurés par la collectivité, les coûts réels de ces services, d'une part, et la mobilisation de ressources locales correspondante, d'autre part ;
- le rapport entre le résultat des prélèvements et la valeur d'assiette de ces prélèvements ;
- la qualité de la gestion du patrimoine public ;
- la transparence et la concertation dans la décision d'investir et, plus généralement, dans l'utilisation des ressources de la collectivité locale.

La tâche première d'une étude ECOLOC est donc de collecter l'information existante et de la mettre en ordre avant de collecter des informations complémentaires puis d'exploiter le tout suivant le cadre conceptuel ECOLOC.

Quantification de l'économie locale

La quantification de l'économie locale doit rester au centre des préoccupations de l'étude, parce qu'elle est le support des autres volets de l'étude. L'évaluation des données de l'économie réelle de la zone étudiée et la description de la structure de cette économie (la répartition de la valeur ajoutée par secteur, par type d'activité, par milieu de vie, la présentation de divers complexes d'activités) reposent sur l'utilisation combinée de modèles démo-économiques et spatiaux et sur les résultats de la collecte de données locales et d'enquêtes complémentaires réalisées dans le cadre de l'étude. Les modèles fournissent une connaissance théorique mais exhaustive et cohérente de la réalité économique locale et de ses rapports avec le monde extérieur, qu'on ne pourrait entièrement tirer d'investigations locales ; les enquêtes et interviews fournissent des données plus concrètes, mais nécessairement incomplètes et négligeant certaines des composantes de l'économie locale, qui servent à ajuster les modèles.

Maquette et Matrice de Comptabilité Sociale nationale puis locale

La première maquette de l'économie locale a pour objet de refléter l'économie réelle de la zone d'étude, incluant ses deux composantes moderne et populaire, resituée dans le contexte de l'économie réelle du pays, et exprimée dans une première ébauche Matrice de Comptabilité Sociale nationale. Cette MCS est un tableau analogue à un TEI, dans lequel interviennent, à côté de la décomposition de l'activité économique en secteurs et branches, les différents *agents de l'économie* que sont les ménages, suivant leur activité principale (agriculteurs, agents du secteur informel, du secteur privé moderne et du secteur public...), les entreprises (de production et de services), les institutions publiques (État, collectivités territoriales diverses), le reste du pays et le monde extérieur. Les *comptes d'agents* sont équilibrés, en recettes et dépenses (accumulation incluse), suivant le principe que les revenus des uns sont des dépenses des autres.

La prise en compte de la dimension spatiale du développement

L'espace dans lequel s'inscrit une économie locale, ses caractéristiques naturelles (relief, sols, hydrographie...) ou artificielles (réseaux de communication, aménagements et équipements réalisés au fil du temps) et son occupation humaine sont des facteurs majeurs du développement économique local. Même limité à celui d'une économie locale (l'hinterland de la ville-pôle), l'espace n'est pas homogène, et la combinaison des caractéristiques ainsi que la situation relative par rapport à l'environnement local, national ou régional, offrent en chaque lieu des opportunités et des contraintes particulières, que l'étude ECOLOC doit analyser et dégager, sous peine de s'en tenir à des généralités difficiles à exploiter concrètement.

L'expérience des études ECOLOC montre que la façon la plus expressive de présenter une grande partie des résultats donnés par la grille de lecture présentée plus haut est d'utiliser le support d'une représentation cartographique, schématisée, de l'économie locale (une géographie économique locale). L'approche de la dimension spatiale constitue, de ce fait, un pont entre l'approche économique, quantifiée, et le processus d'appropriation-concertation, entre les données quelque peu abstraites de l'économie, si bien présentées soient-elles, et la réalité vécue par les acteurs de l'économie locale.

Le manuel ECOLOC recommande d'abord systématiquement les questions auxquelles le volet spatial de l'étude doit répondre aux trois échelles ou niveaux ci-après - suivant en cela une méthode classique en science géographique :

- *à une première échelle ou niveau régional*, on examinera comment se situent la ville étudiée et son hinterland proche par rapport à l'espace régional, aux grandes divisions agro-climatiques et au réseau de villes de même importance ou plus importantes ; de quels atouts dispose, ou de quels handicaps souffre cette ville dans la compétition avec ses concurrentes pour l'emprise sur l'espace régional, notamment en matière de ressources naturelles, d'accès aux marchés, d'infrastructures de transport et de grands services publics et privés ; sur quelles fonctions elle peut ou pourrait s'appuyer pour assurer son développement et celui de son hinterland ; comment se limite, actuellement et potentiellement, cet hinterland et la mesure dans laquelle le découpage administratif répond à cette potentialité...

- *à une échelle plus grande ou niveau local*, l'analyse s'intéressera à la diversité de l'occupation et de l'exploitation de l'hinterland, aux relations ville-campagne, à leur évolution et à leur organisation par la ville principale et par les centres secondaires de l'hinterland, par le réseau de communications et les marchés locaux : l'aménagement de cet espace en tire-t-il tout le parti possible ? Y a-t-il des priorités dans le développement des différentes parties de cet espace local, des spécialisations à favoriser, une stratégie à mettre en œuvre à cet égard ? Quels services la ville principale assure-t-elle ou, au contraire, lui font-ils défaut pour assumer son rôle moteur au profit de son hinterland et de l'économie locale ?

- *à une échelle encore plus grande ou niveau urbain*, l'étude s'attachera à décrire et comprendre l'organisation interne et l'évolution spatiale de la ville, leurs rapports avec son peuplement (les apports migratoires), leur adaptation au site naturel... et à évaluer l'adéquation, en localisation et en qualité, de cette organisation et des principaux équipements urbains aux fonctions réelles et potentielles de la ville, dans le but de dégager des orientations d'extension, des axes de structuration, des localisations ou relocalisations de grands équipements... au service de l'économie locale et de ses vocations, telles que décrites ou préconisées par l'ensemble de l'étude.

Tout en donnant la priorité aux faits spatiaux ou, plus exactement, à la dimension spatiale des faits analysés, le volet spatial doit intégrer, à l'instar de la géographie humaine, les données économiques et sociales dégagées par les deux autres volets de l'étude. Enfin, l'approche spatiale, comme l'ensemble de l'étude, ne doit pas être statique : en raison du caractère durable des investissements physiques et de l'inertie des structures socio-spatiales (les rapports des sociétés à leur espace), le volet spatial doit tout particulièrement apporter à l'étude une vision du long terme, aussi bien rétrospective que prospective.

Le produit attendu de ce volet spatial de l'étude ECOLOC n'est pas un schéma d'aménagement de la zone d'étude, encore moins un plan directeur de la ville qui en est le pôle, au sens où ces documents sont définis par des textes législatifs ou des pratiques administratives. Le volet spatial de l'étude ECOLOC doit dégager des informations stratégiques pour la gestion de l'espace local, à tous les niveaux, et contribuer au diagnostic d'ensemble de l'étude sur le développement local. Il peut, le cas échéant, faire des recommandations de caractère spécifiquement spatial pour l'adoption d'une stratégie de développement.

L'expérience des études déjà réalisées a conduit les promoteurs du Programme ECOLOC à recommander de faire précéder toute étude ECOLOC de la confection d'une "maquette spatiale" de la zone d'étude. De même que la maquette démo-économique n'est pas le résultat, imposé, de l'approche économique, cette maquette spatiale ne devra pas être considérée comme le résultat de l'approche spatiale à réaliser. Elle devra être le point de départ commun des membres de l'équipe en matière de problématique spatiale du développement local et servir de cadre pour la prise en compte de l'espace dans leurs différents domaines de compétence.

Reconstruction de la maquette initiale

La MCS et la maquette de l'économie locale préalablement établies doivent servir de guide pour la recherche des données complémentaires et l'élaboration du programme d'enquête à réaliser. Elles fournissent également le cadre des extrapolations indispensables des résultats des enquêtes qui sont rarement exhaustives. Réciproquement, les résultats d'enquêtes et de collecte de données locales ont pour premier objet de préciser ou corriger certains paramètres de la MCS et des comptes locaux.

Il importe en effet de limiter la collecte de données, les enquêtes, interviews et autres travaux de terrain à ce qui est indispensable pour rendre au mieux compte de l'économie locale, ce qui implique de porter l'effort sur les compartiments les moins bien connus, le but recherché n'étant pas tant la précision que l'homogénéité des données retenues et la couverture aussi exhaustive que possible de toutes les composantes de l'économie locale, officielles ou non. En règle générale, les données les plus stratégiques sont celles relatives :

- aux revenus, dépenses, transferts et investissements des ménages de diverses catégories ;
- aux comptes d'exploitation des entreprises (analyse exhaustive pour les entreprises modernes et le secteur public, recensement complet pour les PME et les activités informelles et reconstitution des comptes à partir d'un échantillon enquêté...) ;
- aux données sur les flux extérieurs de la zone étudiée (milieu urbain et milieu rural). Il conviendra, dans ce but, de procéder à une étude assez approfondie des lieux où s'opèrent les transactions (places de marché, points de transbordement...) et de leurs opérateurs (transporteurs, grossistes, banques...) ainsi que de l'origine et de la destination des biens finaux et intermédiaires échangés ou consommés ;
- aux comptes des collectivités locales et des administrations ;
- à la mesure du stock de capital public et privé et à sa production.

La mesure des échanges avec l'extérieur (le reste du pays et le reste du monde) reste inévitablement imprécise mais l'obligation de "boucler" la MCS locale (d'équilibrer dépenses et recettes des différents agents) amène à fournir une évaluation corrigée de ces flux qui n'est pas un des moindres résultats de l'étude ECOLOC. Parmi les questions à aborder avec les opérateurs économiques à la suite de l'étude (et même pendant l'étude) figurent en effet : l'intégration progressive de l'économie locale à l'économie de marché ; les niveaux d'ouverture, passé et actuel, de l'économie locale au reste du pays, de la région et du monde ; la maîtrise, la conquête (ou la reconquête) d'un hinterland.

La mesure exhaustive du stock ou capital d'infrastructures et d'équipements publics et les réponses aux questions afférentes à son évolution (qui l'a financé ? Comment est-il entretenu ?...), ainsi que l'évaluation du capital d'investissements privés (essentiellement les logements), indispensables à l'établissement des comptes locaux, au titre de l'accumulation, apportent également une information décisive pour les débats sur la gestion patrimoniale locale (financement des investissements, entretien, renouvellement).

Chapitre 24
Programmer et financer les Investissements de peuplement à la hauteur des besoins

Les investissements publics initiaux de fonction locale (IIFL)

Ces IIFL qui ont été présentés au chapitre 3 ont pour raison d'être de permettre à tout nouveau résident, par naissance ou par migration, d'un territoire quelconque (une ville, une zone rurale, un pays) de s'installer, en tant que personne et en tant que membre d'une communauté, dans des conditions non précaires, donc d'investir progressivement dans la construction de son lieu de vie et d'exercice de ses activités, et d'interagir avec ses pairs. Ils consistent par exemple à changer le statut d'une fraction de l'espace naturel en espace habitable, à essarter et drainer un terrain destiné à être construit pour que s'y installe une communauté humaine et les activités à venir, clarifier le statut foncier, matérialiser les emprises du réseau viaire.

Ces IIFL qui consistent à investir là où il est prévu dans le cadre de l'aménagement du territoire que la planète se peuple peuvent être réalisés progressivement, mais toujours avec une fraction initiale qui anticipe ou au minimum accompagne la demande prévue. Il n'y aura développement durable que si l'humanité dans son ensemble sait consentir les efforts nécessaires pour faciliter, ou tout au moins pour ne pas gêner l'installation de la population au sein de chacun des territoires en voie de peuplement.

On a vu au chapitre 6 que cette forme d'investissement public de peuplement qui est ici appelée IIFL n'a pas de raison d'exister dans le cadre de la comptabilité nationale qui obéit au paradigme de l'économie orthodoxe, elle n'est ni nommée ni a fortiori mesurée en tant que telle puisqu'elle est d'essence locale et attachée à des territoires. Et le fait de nommer ces IIFL oblige à en identifier les modalités de maitrise d'ouvrage, de financement et de réalisation.

Comme expliqué au chapitre 3, la prospérité et la stabilité du monde au cours de ce siècle dépendront en grande partie de la manière dont nous nous serons comportés pour gérer ce processus de peuplement qui se déroule en ce moment à son rythme maximum. Cet essai propose donc de mutualiser ces dépenses d'IIFL à l'échelle de l'ensemble de la planète : le peuplement est un processus planétaire, il faut investir dans les IIFL là où la planète se peuple et non en fonction des capacités de financement de chaque territoire.

Les investissements de peuplement : comment les définir

En tout lieu, l'apparition de nouveaux résidents provenant de la croissance naturelle ou des migrations engendre un besoin d'investissements publics de peuplement que j'appelle les IIFL, Investissements Initiaux de Fonction Locale, auxquels est consacré le chapitre 3 de cet Essai, et des investissements résidentiels privés d'accueil de ces nouveaux résidents.

Au-delà de ces investissements initiaux de peuplement, se pose la question des autres formes d'investissements de peuplement qui accompagnent le développement. Les comptes nationaux n'accordent en général d'attention qu'aux investissements qui sont considérés comme directement productifs, et qui interviennent explicitement dans les modèles économiques. Mais qu'en est-il des investissements de peuplement, qui ne sont pas l'objet d'une nomenclature particulière et sont donc difficilement repérables dans les comptes nationaux ?

Ces investissements de peuplement comprennent par exemple la création et le développement du cadre de vie et d'exercice des activités, la fourniture des biens et services publics indispensables comme les réseaux de transport, d'énergie, d'eau et d'assainissement, l'aménagement et l'équipement des nœuds de ces réseaux et des foyers d'interaction entre les divers acteurs, tels que les centres de logistique et les places de marché, et la création des centres d'information et de formation.

La suite de ce chapitre ne concerne que la fraction de ces investissements de peuplement qui est de caractère local, et qui est appelée dans cet essai les Investissements de Fonction Locale, en abrégé IFL. Ces IFL sont en général financés et réalisés pour environ un tiers par le secteur public ou parapublic et pour les deux tiers par le secteur privé qui exploite et valorise ce cadre de vie et en tire parti, principalement sous forme d'investissements résidentiels.

Que sait-on officiellement des IFL et de l'accumulation de capital qui résulte de ces investissements de peuplement ?

Les comptes nationaux qui ne sont jamais spatialisés rendent très mal compte des IFL publics, qui sont d'essence locale et dont la maitrise d'ouvrage est ou devrait être décentralisée. Il en va de même des investissements privés de peuplement, alors que la fabrication, le transport, la commercialisation et la mise en œuvre de matériaux de construction forment manifestement l'un des complexes d'activité les plus dynamiques des quartiers populaires des villes des PVP. Comment dans ces conditions ne pas douter de la validité des comptes nationaux du Burkina Faso qui évaluent la contribution de l'ensemble du secteur de la construction et des travaux publics à moins de 4 % du PIB, et de ceux du Vietnam où les villes nouvelles poussent comme des champignons mais où la contribution de ce secteur au PIB serait inférieure à 6% ?

Qu'ils soient publics ou privés, les investissements résidentiels sont d'autant plus mal suivis qu'ils sont considérés, bien à tort, comme ne faisant pas vraiment partie des investissements qualifiés de productifs, que seule en est officiellement connue et mesurée la composante moderne, et qu'ils n'entrent que très partiellement dans le calcul de la Formation Brute de Capital Fixe, alors que rien n'est plus fixe ni plus facile à repérer et à mesurer que cette forme d'accumulation de capital. L'accroissement du parc résidentiel des villes des PVP, que l'on pouvait estimer depuis des décennies en comparant les photos aériennes des agglomérations à dix ans d'intervalle et que l'on peut aujourd'hui suivre en temps réel avec la télédétection, implique une accumulation de capital privé qui semble incompatible avec les taux d'investissement privé donnés par les comptes nationaux : preuve s'il en est encore besoin de l'u-topie du paradigme de la théorie économique orthodoxe et des modèles et des systèmes d'information qui en découlent.

Investissements publics de peuplement et règles du jeu de l'économie-monde

Le coût de l'urbanisation et de l'équipement des territoires est proportionnellement plus élevé dans les PVP que dans les pays avancés.

L'une des conséquences de l'aggravation continue des disparités de PIB par habitant entre les pays riches et urbanisés et les PVP est que le besoin de financement des investissements publics de peuplement et des importations incluses dans ces investissements est de plus en plus difficiles à supporter. Dans un pays dont le PIB par habitant est de 400 dollars, le mètre linéaire de voie urbaine et le mètre carré de bâtiment public ne coûtent évidemment pas cinquante fois moins cher que dans un pays avancé (au sens de la classification des pays selon le stade de la transition démographique présentée au chapitre 1) dont le PIB par habitant est de l'ordre de 20 000 dollars. Même si on écarte toute référence à un niveau de service objectif, la culture technique que nous développons chez nous et les normes que nous nous imposons à nous-mêmes servent de référence universelle. Une route de rase campagne qui doit supporter un trafic automobile donné exige des dispositions sans rapport avec la valeur des produits transportés, et un réseau d'eau potable peut être moins étendu, il peut distribuer moins d'eau par habitant mais sa réalisation et sa gestion relèvent de techniques sophistiquées, difficilement simplifiables et donc proportionnellement très coûteuses.

Or, à ce gap, l'aide internationale vient périodiquement ajouter, avec les meilleures intentions et l'appui des opinions publiques des pays riches, des objectifs en termes de niveau de service, des recommandations de minima exigibles qui sont sans rapport avec la capacité des économies locales ni avec ce qui se faisait dans nos pays avancés quand nous avions le niveau de vie des pays en question.

Les besoins d'investissements publics de peuplement engendrent des déficits structurels.

Dans tous les Pays en Voie de Peuplement, le besoin de dépense publique de peuplement dépasse le plus souvent les ressources mobilisables au niveau national et a fortiori au niveau local. Sauf exception, les villes des PVP et ces pays eux-mêmes sont donc confrontés à des déséquilibres structurels entre leur capacité d'épargne et leur besoin de financement, et à des déséquilibres corrélatifs en termes de commerce extérieur. Pendant la phase centrale de la transition démographique, le processus de peuplement implique donc des transferts ou prélèvements sur le reste de l'économie, sur les générations futures, mais aussi -sauf dans le cas des pays assis sur un tas d'or- sur le reste du monde.

A ces déséquilibres financiers et commerciaux, s'ajoutent évidemment les déficits en termes de capacités de management et d'encadrement technique : en Afrique, une commune urbaine type de cinquante mille habitants ne dispose au mieux que d'un seul cadre de formation supérieure, le plus souvent sous-payé et ne travaillant donc qu'à temps partiel au profit de la commune.

Les pays déjà peuplés ont pu dans le passé résoudre ces problèmes en recourant à divers procédés comme l'émigration massive, le pillage du voisin, l'esclavage, le recours à la corvée et la création monétaire à l'échelle nationale et locale. De nombreuses villes battaient leur propre monnaie, ou émettaient des bons pas toujours remboursés et elles se protégeaient contre la concurrence extérieure tout en prélevant des ressources sur leur hinterland grâce à l'octroi. Mais ces procédés sont pour la plupart considérés aujourd'hui comme intolérables et proscrits. Cette interdiction de fait doit être réexaminée cas par cas, par exemple pour la corvée, l'octroi et la création monétaire, et il faut si nécessaire trouver d'autres mécanismes pour financer la dépense publique de peuplement, notamment à l'échelle locale.

Les crises économiques et l'ajustement structurel ont fait perdre de vue l'importance des investissements de peuplement.

Les crises des années 1980-2000, les programmes dits *d'ajustement structurel* (un oxymore !) et la tendance très générale des bailleurs de fonds à disperser leurs interventions sur un nombre croissant de sujets à la mode ont eu pour effet de diviser par trois ou par quatre l'investissement public de peuplement par habitant nouveau par rapport aux années 1980.

Or, si les modes changent et si les conditionnalités sont de plus en plus nombreuses, les nécessités du peuplement demeurent. Le transfert de compétences de l'Etat central à des collectivités autonomes qui est engagé dans la plupart des pays dits *en développement* ne peut pas apporter, ipso facto, de solution au déficit d'investissement public. Par habitant, la capacité à dépenser des collectivités locales africaines – mais aussi d'Asie du Sud- est en général incroyablement faible, de l'ordre de mille fois inférieure à celle des municipalités européennes, alors que les taux de croissance urbaine y sont cinq fois plus élevés et que le stock d'équipements publics hérité de l'histoire est inexistant ou en grande partie obsolète.

Pour rattraper le retard accumulé depuis trente ans en matière d'équipement des territoires, et pour accompagner la croissance urbaine et la restructuration du peuplement rural, il faut, certes, rationaliser les dépenses publiques, améliorer la gouvernance, mieux mobiliser les ressources locales, accroître la participation. Mais il faut aussi accroître substantiellement et durablement les dépenses d'investissement public de peuplement, faute de quoi l'objectif du développement durable ne resterait qu'un vœu pieux.

Les systèmes d'information existants ne permettent pas d'estimer convenablement les besoins d'investissement des PVP

J'ai rappelé dans le chapitre 6 que, dans les années 1960, la taille de l'économie réelle des PVP avait été systématiquement sous-estimée, et ce parfois d'un facteur supérieur à deux, avec pour conséquence une sous-estimation dans les mêmes proportions des besoins d'investissement, de financement et de monnaie de ces pays, sous-estimation qui est lourde de conséquences. Les pays s'efforcent de remédier à cette sous-estimation systématique de leurs PIB des années passées en procédant de temps à autre à des opérations de *rebasing* de leurs comptes nationaux, dont j'ai montré qu'ils sont dépourvus de signification et dont le seul effet est de sous-estimer les taux de croissance passés des PIB, cependant que les PIB de l'année courante et ceux projetés à moyen terme sont systématiquement sous-estimés du fait de l'oubli de la croissance endogène qui résulte des dynamiques de peuplement.

Comme expliqué au chapitre 3, les investissements Initiaux de fonction locale (IIFL) qui doivent permettre à tout nouveau résident, par naissance ou par migration, d'un territoire quelconque (une ville, un une zone rurale, un pays) de s'installer, en tant que personne et en tant que membre d'une communauté dans des conditions acceptables, doivent être considérés comme faisant partie de la Formation de Capital Fixe Mondial, relevant de la responsabilité de l'humanité tout entière : ils doivent donc être traités comme des biens publics globaux, au même titre que l'environnement naturel ou la sécurité.

Au-delà de ces IIFL proprement dits, les autres investissements publics de peuplement relèvent naturellement de la responsabilité des pays et des territoires concernés. Mais les modalités de financement de ces investissements doivent permettre à chaque pays de faire face à ses obligations en la matière : c'est à ces investissements publics de peuplement, non compris les IIFL, que le reste de ce chapitre est consacré.

Evaluer les besoins en investissements de peuplement

Le cadre conceptuel démo-économique et spatial qui servait de base à l'étude WALTPS et au programme ECOLOC permet d'évaluer les besoins d'investissements publics entraînés par le processus de peuplement, et ce à l'échelle de temps de la génération qui est le temps du processus de peuplement, et permet de se poser la question des moyens à mobiliser pour faire face à ces besoins, et en particulier des besoins de financement.
C'est à ces deux questions des besoins et des moyens que la suite de ce chapitre est consacrée. La question des moyens sera abordée d'abord à l'échelle nationale : quelles ressources l'état devrait mettre à la disposition des territoires en voie de peuplement ? Puis à l'échelle locale : comment accroître rapidement le niveau des dépenses publiques des villes et des entités décentralisées ? Enfin au plan international : comment organiser durablement les transferts nécessaires de ressources entre pays riches et déjà peuplés et pays en voie de peuplement ?

Le cas d'une ville moyenne et de son hinterland

Les données indicatives ci-après sont dérivées des études d'une dizaine de villes moyennes ou de capitales régionales des pays d'Afrique de l'Ouest qui ont été réalisées dans le cadre du programme ECOLOC. Ces études font à la fois appel à des données d'enquêtes et à un modèle démo-économique et spatial permettant de tenir compte des comportements des diverses catégories de population identifiées dans les matrices de peuplement par strate (primaire, informelle, moderne) et par milieu (capitale, autres villes, milieu rural).

Une ville type de 30 000 habitants de la zone côtière du golfe du Bénin génère directement un Produit Local Brut (PLB) annuel de l'ordre de 100 millions de dollars (base 2010) et en contrôle indirectement et très partiellement une cinquantaine de millions de dollars dans son hinterland peuplé de quelque 40 000 habitants.

La ville proprement dite est le siège d'un capital résidentiel accumulé au fil du temps de l'ordre de 160 millions de dollars, soit l'équivalent de 1.6 année de son PLB. Ce capital comprend 120 millions de dollars de capital privé et 40 millions de dollars de capital public, dont environ 60 % d'investissements de fonction locale ou IFL (voirie, assainissement, eau, énergie, équipements primaires...), et le reste d'investissements de fonction régionale (hôpital...) ou nationale (marché de gros d'intérêt national, université...). De la zone côtière vers l'intérieur, le PLB décroît de moitié et l'accumulation de capital décroît d'un quart à un tiers.

Si le taux de croissance de la population et du PLB de cette ville de la zone côtière est de 5 % par an, elle devrait, au total (privé et public), investir quelque 20 millions de dollars par an, dont environ la moitié pour assurer sa croissance et le solde pour renouveler et transformer le stock de capital existant, sans compter l'entretien courant. Son taux d'investissement résidentiel propre (investissement sur PLB) devrait donc être de l'ordre de 20 %

(hors investissements dits directement productifs). L'investissement public total devrait être de l'ordre de 5 millions de dollars par an pour suivre les besoins. Hors investissements de fonction régionale ou nationale, l'investissement public de fonction locale devrait être de l'ordre de 3 millions de dollars par an dont 1.4 millions pour assurer la croissance urbaine et 1.6 millions pour renouveler et remettre aux normes les équipements existants, soit au total l'équivalent de 3 % du PLB. L'investissement public total devrait donc atteindre quelque 160 dollars par habitant et par an, dont environ 100 dollars par habitant et par an pour l'investissement public de fonction locale, toujours hors entretien courant. Si, au lieu de rester constant, le PLB par habitant de la ville croît de 1 % par an, les ratios ci-dessus doivent être majorés d'environ un sixième.

Dans la pratique, rares sont les villes (en dehors des capitales régionales) et les époques (en dehors des années 1960) où ces ratios d'investissements publics sont atteints. En revanche, les investissements privés réels (en grande partie informels) se rapprochent des chiffres ci-dessus.

Evaluation des besoins en investissements publics de peuplement de l'ASS

L'exemple de l'étude WALTPS montre qu'il n'est pas difficile d'esquisser des images à long terme plausibles du peuplement et de l'économie des sous-régions en voie de peuplement et d'en déduire des ordres de grandeur des besoins d'investissements résultant du processus de peuplement et de la restructuration économique correspondante.

Dans ces évaluations, on ne se fixe nullement l'objectif d'un quelconque rattrapage par rapport à la situation des pays riches ni l'application de normes internationales minimales à atteindre dans un délai donné. L'objectif fixé ici est simplement l'arrêt de la dégradation du stock d'investissements publics de fonction locale par habitant urbain et par habitant rural et des équipements publics de fonction régionale ou nationale par unité de PIB. Une amélioration substantielle du niveau relatif de capital public est en effet nécessairement subordonnée à une élévation du PLB par habitant urbain et du PLB par habitant rural, ne serait-ce qu'en raison des charges récurrentes.

Sur cette base, et compte tenu du ralentissement structurel de la croissance urbaine par rapport aux décennies 1960-1990, on peut évaluer le besoin d'investissement public de peuplement de l'Afrique Sub-Saharienne à quelque 4 à 5 % de son PIB réel, soit de 100 à 130 milliards de dollars par an, croissant à 5 % par an, ou l'équivalent de 90 à 120 dollars par habitant. Ce montant est à comparer à l'APD actuelle totale, qui est de l'ordre de 50 dollars par habitant, dont moins de 10 dollars sont consacrés aux infrastructures.

Se donner les moyens de gérer l'équipement des territoires

Après deux décennies *d'ajustement structurel (!)* qui ont entraîné l'abandon de la planification et une division par trois ou par quatre des dépenses d'investissement public de peuplement par habitant nouveau, suivies d'une période de régression économique et de baisse de l'*Aide* par habitant de 70 dollars en 1990 à 49 dollars en 2018 (en dollars constants 2010), il est temps de reprendre le contrôle du processus de peuplement et d'équipement des territoires et de rétablir des niveaux convenables d'investissement public urbain, rural et territorial, à la mesure des enjeux.

Il faut d'abord s'occuper des villes réelles, dont la superficie doit tripler d'ici 2050, et renoncer à imposer au Sud des normes de niveau de service et d'habitat qui seraient hors de portée de la majorité des collectivités locales et de leurs habitants. Pendant encore une génération, seule la moitié de population urbaine aura un accès direct aux services urbains marchands et la majorité devra se contenter de logements modestes, comme ce fut d'ailleurs le cas en France et en Grande Bretagne au temps de la révolution industrielle et aux Etats-Unis pendant toute la seconde moitié du 19ème siècle. On a d'ailleurs fait depuis longtemps le constat que toute opération d'urbanisme bénéficiant d'un équipement supérieur à celui de nombreux quartiers existants, si modeste soit cet équipement, est inévitablement accaparée par une clientèle aisée.

Il faut aussi accepter d'étaler dans le temps les investissements d'urbanisation. Equiper des quartiers nouveaux avant les quartiers existants, a fortiori avant qu'ils soient occupés, compromet la rentabilité des services publics : on ne compte plus les *lotissements équipés* qui restent trop longtemps seulement partiellement bâtis. Le véritable minimum préalable à la construction individuelle des logements, c'est un découpage parcellaire convenable avec réservation des emprises des équipements futurs.

C'est un minimum, parce que cette condition préalable est loin d'être encore remplie, partout et toujours. C'est un minimum satisfaisant, parce que l'ordre dans le découpage foncier assure effectivement une maîtrise de l'urbanisation et donne l'assurance que les réseaux et services marchands pourront se développer, au fur et à mesure de la solvabilité, d'abord collective puis individuelle, des ménages installés. C'est un minimum à ne pas dépasser, puisque l'obligation d'équipement minimal a presque toujours eu l'effet contraire de celui désiré, savoir de repousser dans la clandestinité et le désordre la production foncière informelle (coutumière) qui n'a ni les moyens ni intérêt à faire un tel investissement, alors qu'il existe une forte demande de terrains non équipés.

Remarquons toutefois que, en régime permanent de croissance urbaine, l'étalement dans le temps des investissements engendrés par la croissance des villes ne change rien aux ratios d'investissement calculés ci-dessus car l'investissement à réaliser l'année n est la somme des besoins engendrés par la croissance présente et des investissements différés des années antérieures.

Comment faire face aux investissements et aux dépenses récurrentes de peuplement ?

On ne retiendra ici de cette vaste question que trois éléments de réponse : à l'échelle nationale, la nécessité de recourir à des prélèvements sur les activités préexistantes, en l'occurrence la plupart du temps le secteur primaire, en vue de financer l'équipement des territoires, l'accueil des activités nouvelles et le processus d'urbanisation ; à l'échelle locale, la nécessité pour les communes urbaines de mobiliser beaucoup plus de ressources et d'énergies locales qu'elles ne le font aujourd'hui ; et enfin, la nécessité de recourir, pendant toute la phase de transition démographique, à des transferts en provenance du reste du monde. Ce dernier point sera repris au chapitre 27.

Prélever sur le reste de l'économie pour financer l'urbanisation : une voie incontournable, mais dont la contribution ne peut que décroître.

Dans tout système, l'apparition d'activités nouvelles donne lieu à prélèvement, direct ou indirect, sur les activités préexistantes. Le prélèvement indirect opéré par l'économie sur le milieu rural et l'agriculture, notamment via les termes de l'échange entre l'agriculture et les autres secteurs et par les transferts spontanés des populations rurales au profit des populations urbaines est souvent et à tort dénoncé comme étant l'une des causes de la prétendue sur-urbanisation de l'Afrique et du marasme du monde rural. En fait, toute tentative de freinage de l'urbanisation par quelque moyen que ce soit ne peut que freiner la croissance du marché sur lequel repose le développement rural.

En Afrique, une baisse lente et continue, de l'ordre de 1 % par an en longue période, des prix agricoles par rapport aux prix des biens manufacturés et des services relatifs serait compatible avec une croissance du pouvoir d'achat moyen par agriculteur de l'ordre de 3 % par an (voir chapitre 20), ce qui serait impossible si les prix agricoles relatifs et le niveau d'urbanisation restaient constants.

A long terme, lorsque le processus d'urbanisation sera très avancé, le sens de ces transferts nets entre le secteur primaire et le reste de l'économie pourra être inversé. Comme c'est le cas aujourd'hui dans les pays dits *développés*, l'économie urbaine subventionnera alors l'économie rurale de manière à maintenir un niveau optimal d'occupation et d'entretien de l'espace rural et de l'environnement.

Mais, avec la croissance du niveau d'urbanisation, les ressources qui peuvent être prélevées par le milieu urbain sur le milieu rural ne peuvent que décroître en proportion des besoins liés à cette urbanisation. D'où l'importance croissante des autres sources de prélèvement que la décentralisation est censée favoriser.

Accroître la capacité à dépenser des collectivités locales.

Les études des économies locales urbano-centrées qui étaient menées dans le cadre du programme ECOLOC montrent que, au moins en Afrique sub-saharienne, l'un des principaux obstacles à la mobilisation pour le développement est l'insuffisance –et non l'excès- de la dépense publique locale. Le niveau actuel de mobilisation des ressources locales par les communes urbaines d'Afrique de l'Ouest ne s'élève en moyenne qu'à un demi pour cent du produit local brut, soit un niveau relatif dix à vingt fois plus faible que dans les pays déjà peuplés. Les collectivités urbaines africaines sont en général bien plus pauvres que leurs habitants, et leur indigence actuelle est plus choquante et plus lourde de conséquences que celle de leurs habitants (voir chapitre 24).

Les exercices ECOLOC montrent que moins une municipalité dépense, moins elle peut mobiliser de ressources, moins elle est capable de concevoir l'avenir et de convaincre ses administrés de l'utilité du service public, et moins le secteur privé est capable de prendre des initiatives, d'accumuler du capital et d'épargner. Ces exercices montrent aussi qu'il est possible de décupler le niveau actuel de prélèvement sur le capital privé, via l'impôt foncier, et de tripler le niveau actuel de taxation sur les activités locales, à condition toutefois que toutes les parties concernées comprennent l'utilité de ce prélèvement et acceptent de se mettre au travail au service de leur cadre de vie collectif : les exercices ECOLOC avaient à cet égard une vertu pédagogique incontestable (chapitre 23).

L'objectif qui était proposé dans le cadre du programme ECOLOC est que, à l'horizon d'une dizaine d'années, les communes urbaines assument la totalité du coût de l'entretien du patrimoine public communal existant, qui est actuellement si négligé, et qu'elles soient en mesure de financer sur leurs ressources propres, outre les dépenses courantes, une fraction de l'ordre du dixième des investissements de croissance urbaine et de modernisation des équipements publics existants.

Comment amorcer la pompe ? Le prélèvement fiscal peut-il précéder la dépense publique et la fourniture d'un service meilleur de nature à convaincre les bénéficiaires de payer leurs impôts et taxes ? A défaut de prélèvement en espèces, peut-on envisager un prélèvement en nature, c'est-à-dire surtout en travail ? La réponse à ces deux questions est négative. La crédibilité des autorités locales est généralement aussi faible que leur capacité à dépenser. Et la corvée est aujourd'hui (à tort !) considérée comme dégradante et inacceptable, peut-être pour les mêmes raisons qui font que l'impôt est mal accepté.

Dans la plupart des cas, il faut donc commencer par dépenser. Mais comment faire, alors que, bien souvent, les économies locales manquent cruellement de moyens de paiement ? Alors que le secteur privé peut se débrouiller en recourant au troc ou à des mécanismes de financement *informels* (tontines, trafic illicite...), les collectivités locales ne disposent généralement pas de telles facilités.

Si l'on veut éviter les effets démobilisateurs des projets urbains octroyés par l'Etat ou par les bailleurs de fonds et financés sous forme de dons, il reste la voie du recours à l'emprunt. Si la croissance économique locale peut se maintenir sur un trend à long terme de l'ordre de 5 % par an, l'emprunt, progressivement substitué aux dons, permet de décupler le flux de ressources locales consacrées à l'investissement sans obérer l'avenir.

Encore faut-il que les durées d'amortissement et les taux d'intérêt réel de ces emprunts soient adaptés à la nature des investissements publics ainsi financés : en France, les investissements publics de fonction locale ont pu bénéficier de prêts assortis de durées d'amortissement de l'ordre de 30 ans dont 10 ans de différé, et de taux d'intérêt réel négatifs. Ce type de financement n'a pu être durablement assuré qu'en détournant au profit des collectivités locales des ressources à bas prix provenant par exemple des livrets des Caisses d'Epargne par l'intermédiaire d'institutions spécialisées, telles que les filiales de la Caisse des Dépôts et Consignations en France ou le Crédit Local de Belgique. Dans d'autres régions comme l'Amérique du Nord, le mode principal de financement local pendant la période de forte urbanisation était l'émission de bons municipaux qui n'étaient pas toujours remboursés.

Pourquoi les villes des pays en voie de peuplement devraient-elles payer leur croissance au comptant, sans dépenser plus qu'elles ne génèrent de ressources ? Il est vrai que, au moins en Afrique, la crédibilité de l'institution municipale est encore des plus fragile. Cette situation ne peut changer rapidement que si les communes font la preuve qu'elles sont au moins capables d'entretenir convenablement le patrimoine existant, d'où l'importance accordée à l'entretien courant, qui était qualifié de dépense obligatoire dans le programme ECOLOC.

On a aussi tellement dit et répété que les villes africaines ne vivent qu'au crochet de l'agriculture et du reste du monde qu'il faudra du temps avant que la confiance s'établisse et que le recours à l'emprunt soit effectivement possible sur une grande échelle.

De toute façon, la solution de l'emprunt déplace le problème de la collectivité locale à l'Etat ou à une instance nationale (du genre de la Caisse des Dépôts en France), et repose la question du rôle des transferts entre pays déjà peuplés et pays en voie de peuplement.

A défaut d'autres mécanismes de financement ad hoc, reconnaitre le droit des entités décentralisées à recourir à des monnaies locales

Si le recours à l'emprunt ne peut se généraliser qu'à terme, que faire entre temps ? On doit d'abord se demander si et dans quelles conditions des mesures d'ordre monétaire pourraient aider à sortir de l'impasse actuelle. Partant du constat que l'économie locale -et en premier lieu la dépense publique- est souvent paralysée par l'insuffisance des moyens de paiement disponibles dans les circuits économique locaux, et en s'inspirant des solutions mises en œuvre en d'autres temps dans les pays aujourd'hui arrivés, pourquoi ne pas expérimenter la formule consistant à mettre en circulation dans l'économie locale une sorte de *monnaie locale* à convertibilité limitée et différée dans le temps ? Après tout, les *municipal bonds* des villes du *Middle West* n'étaient-ils pas une forme de monnaie locale permettant de mettre tout le monde au travail ? La réflexion sur la nécessaire humanisation de la monnaie, dont un aspect est la question du bilan avantage-cout de l'existence de monnaies locales, est l'un des thèmes de recherche qui sont proposés dans le chapitre 28. Quels que soient les mécanismes de mobilisation des ressources qui seront mis en place au niveau national ou au niveau local, avec ou sans report sur les générations futures via l'emprunt, le recours, partiel, au financement des investissements de peuplement par l'économie-monde reste durablement nécessaire. Comme il n'est malheureusement pas question de modifier les termes de l'échange au profit des pays en voie de peuplement en payant mieux (ou moins mal) leurs exportations, il reste à considérer le rôle des transferts entre pays déjà peuplés et pays en voie de peuplement et leurs implications pour la coopération internationale : ces questions sont abordées dans le chapitre 27.

Chapitre 25
Repenser la lutte contre les inégalités et contre la pauvreté

Introduction et résumé

Inégalités et pauvreté sont des concepts relatifs et étroitement interdépendants. En les abordant conjointement comme les deux faces d'un même problème, on comprend qu'il ne peut y avoir de résultat tangible en matière de lutte contre la pauvreté sans remise en cause du paradigme de l'économie capitaliste de marché en voie de globalisation, qui s'avère incapable de maîtriser les disparités de niveau de vie entre pays, qui sont aujourd'hui de l'ordre de 100 à 1, et par conséquent des disparités entre le premier et le dernier centile au sein de chaque pays, qui sont encore dix fois plus importantes. En incitant chaque acteur à devenir le premier de cordée, cette forme d'économie capitaliste encourage en effet le développement d'une *hyper-élite* mondialisée dont le revenu net après impôt reste de l'ordre de plusieurs milliers de fois le revenu moyen et qui, par contagion, aggrave les inégalités de revenus au sein de chaque pays. Je propose donc comme première mesure d'instaurer une nouvelle forme d'impôt sur le revenu dans lequel, contrairement au cas de l'actuel Impôt sur le Revenu des Personnes Physiques, la progressivité ne s'arrête plus là où elle est le plus nécessaire.

Quant à la lutte contre la pauvreté dans les pays en voie de peuplement, qu'on devrait plutôt appeler la lutte pour l'enrichissement des personnes, elle devrait d'abord et avant tout consister à faciliter la mobilité des personnes et les relations de voisinage entre territoires, et à lutter contre la pauvreté du cadre de vie qui est octroyé aux habitants de ces territoires, car c'est l'insuffisance manifeste de la dépense publique locale et par conséquent du capital public de fonction locale qui constitue l'un des principaux freins à l'activité locale et qui se traduit par ce qu'on appelle la pauvreté des personnes.

Inégalités et pauvreté sont deux concepts relatifs et interdépendants

Il est donc logique de les aborder conjointement, au sein d'un même chapitre, comme les deux faces d'un même problème. Ce n'est pourtant pas ce que fait l'ONU qui y consacre deux des dix-sept Objectifs de Développement Durable et qui sont assortis chacun de sept sous- objectifs : l'ODD N° 1 intitulé Éliminer la pauvreté sous toutes ses formes et partout dans le monde et l'ODD N°10 : Réduire les inégalités dans les pays et d'un pays à l'autre. Cette multiplication des objectifs et sous objectifs conduit inévitablement à n'énoncer que des généralités qui n'engagent à rien et qui ne risquent pas de léser qui que ce soit, ce qui n'est pas la meilleure façon d'aborder les problèmes de fond.

La vérité qui dérange est qu'il ne peut y avoir de résultat tangible en matière de maitrise de la pauvreté et des inégalités tant internes qu'entre pays sans remise en cause du paradigme de l'économie capitaliste de marché en voie de globalisation (ECMVG) et de celui de la finance qui est à son service: parce qu'elle prône la compétitivité et la conquête des marché et qu'elle incite chaque pays et chaque acteur à devenir le premier de cordée et le champion toutes catégories, cette ECMVG est condamnée à échouer en matière de maitrise des inégalités et de la pauvreté, concepts relatifs.

Voici donc sur ces deux thèmes des inégalités et de la pauvreté quelques propositions fortes qui découlent du paradigme démo-économique.

1. Est-il possible de mieux gérer les inégalités sans remettre en cause les fondements de l'Economie de marché ?

Je commence par rappeler le contenu de l'Objectif de Développement Durable ODD N° 10 : Réduire les inégalités dans les pays et d'un pays à l'autre, dont les sept sous-objectifs associés font inévitablement double emploi avec ceux de l'ODD N° 1. Voici donc quelques exemples de ces vœux pieux à satisfaire avant à 2030 :

- faire en sorte, au moyen d'améliorations progressives, que les revenus des 40 % les plus pauvres de la population augmentent plus rapidement que le revenu moyen national, et ce de manière durable ;

- autonomiser toutes les personnes et favoriser leur intégration sociale, économique et politique, indépendamment de leur âge, de leur sexe, de leur handicap, de leur race, de leur appartenance ethnique, de leurs origines, de leur religion ou de leur statut économique ou autre, assurer l'égalité des chances et réduire l'inégalité des résultats...

Au-delà de ces banalités, l'élément important du diagnostic est qu'il ne peut y avoir de développement durable sans une réduction des disparités de niveaux de vie entre les pays déjà peuplés et les pays en voie de peuplement.

L'argent ne fait pas le bonheur, mais il y contribue, surtout dans le cas des plus démunis, et plus encore quand chacun est à même de comparer son revenu à celui de ses voisins. Je prends ici comme indicateur des disparités de niveau de vie moyen entre les pays et les régions du monde, en abrégé les disparités, le rapport entre leurs PIB par habitant, mesurés pour simplifier en dollars courants, en dollars constants et ou en *dollars internationaux* (DI), unité de compte censée corriger les différences de coût de la vie entre les pays (voir Annexe 2). Il y a certes mieux que le PIB par habitant pour apprécier le niveau de vie moyen, mais je m'en contenterai ici.

J'appelle divergence (ou convergence) le processus d'évolution sur le temps long de ces disparités entre l'*hyper élite* et par contagion le premier centile, d'une part, et tous les autres ménages d'autre part. Les *hyper élites* de tous les pays sont en effet largement mondialisées et ont à peu près le même niveau de vie mesuré en vraie monnaie et non en DI. L'incidence de cette contagion sur la distribution des revenus au sein des pays les moins avancés est d'autant plus forte que les disparités sont élevées.

Pourquoi cette question de la divergence mérite-t-elle qu'on s'y attarde ? D'abord parce que les disparités, aujourd'hui de l'ordre de 100 à 1, sont manifestement excessives et intolérables : il suffit pour s'en convaincre de voir l'importance accordée dans la presse et dans l'opinion à la question des demandeurs d'asile et des *migrants pour cause économique*. Mais aussi parce que le rappel de l'histoire aide à comprendre que ces disparités ne sont ni naturelles ni inéluctables et qu'il devrait donc être possible de revenir à des niveaux de disparités moins extravagants et plus tolérables. Enfin parce que cette quête de la convergence oblige à remettre en question bien des idées préconçues sur les rapports nord-sud, sur les conditions du développement durable, et même sur le dogme à la mode de la croissance zéro.

Bien que cette question de l'évolution des disparités concerne, à des degrés divers, toutes les régions du monde, elle prend une importance toute particulière dans le cas des pays et régions en voie de peuplement, comme l'Afrique Sub-Saharienne (ASS) dont il sera surtout question ici. Cette région si proche à tous égards de l'Europe offre en effet l'exemple le plus flagrant de l'inconséquence des pays déjà peuplés à l'égard du reste du monde en voie de peuplement.

L'explosion des disparités, un phénomène récent

Depuis l'origine de l'humanité jusqu'aux environs de l'an mille, les économies de la plupart des pays étaient très peu diversifiées et relativement autarciques. En dehors du premier centile de la distribution des revenus, le revenu moyen par habitant des 99 autres centiles était presque partout proche du niveau de subsistance. Le PIB moyen par habitant correspondant, exprimé en parité de pouvoir d'achat et en Dollars Internationaux (DI) constants (base 1990), était presque partout proche de 1 DI par jour ou 400 DI par an. Certaines Cités-Etats du bassin méditerranéen et d'Asie du Sud et le cœur de certains empires pouvaient atteindre des revenus moyens de l'ordre du double de ce seuil. Mais le revenu moyen des grandes régions les plus avancées ne dépassait probablement pas celui du reste de la planète de plus de 50 %. Les deux tableaux ci-après sont dérivés de Maddison[6].

PIB par habitant en parité de pouvoir d'achat (en dollars internationaux, base 1990)

Année	1000	1500	1600	1700	1820	1870	1913	1950	1973	1998
Europe occidentale	400	774	894	1028	1232	1974	3473	4594	11534	17921
Chine	450	600	600	600	600	530	552	439	839	3117
Inde	450	550	550	550	533	533	673	619	853	1746
Japon	425	500	520	570	669	737	1387	1926	11439	20413
Amérique latine	400	416	437	529	665	698	1511	2554	4531	5795
Amérique du nord		400	400	527	1257	2445	5301	9561	16689	27331
Afrique	416	400	400	400	418	444	585	852	1365	1368
Monde	*435*	*564*	*593*	*615*	*667*	*867*	*1510*	*2114*	*4104*	*5709*

C'est à partir du milieu du deuxième millénaire que les économies des diverses régions du monde ont commencé à diverger, avec une forte accélération de la croissance économique en Europe occidentale, en Amérique du Nord, puis au Japon à partir de 1800, alors que le décollage économique dans les pays d'Asie du Sud et d'Amérique Latine n'intervenait que vers la fin du 19ième siècle.

L'écart de revenu par habitant entre le sous-ensemble Europe-USA-Japon et le continent africain (y compris l'Afrique du Nord), qui était longtemps resté inférieur à 2, a ainsi atteint 4 en 1860, 6 à la veille de la première guerre mondiale, 10 en 1975 et 16 en 2000. A l'échelle des grandes régions du monde, de telles disparités des PIB par habitant, pris comme indicateurs des revenus moyens exprimés en parité de pouvoir d'achat, sont sans précédent dans l'histoire de la planète.

Disparité des PIB par habitant (en PPA) entre diverses régions et l'Afrique

Année	1500	1600	1700	1820	1870	1913	1950	1973	1998
Monde hors Afrique / Afrique	1,5	1,5	1,6	1,6	2,0	2,7	2,6	3,2	4,6
(Europe +USA +Japon) / Afrique	1,8	2,0	2,3	2,7	4,2	6,2	6,5	9,6	15,8

Le tableau ci-après montre l'évolution des disparités au cours du quart de siècle passé. Le *pouvoir d'achat moyen* des 80 pays à haut revenu (y compris la Chine) était 13 fois plus élevé que celui des pays à bas revenus en 1990, il est 17 fois plus élevé aujourd'hui.

---

[6] L'Economie mondiale : Une perspective millénaire Angus Maddison et Centre de Développement de l'OCDE (2001)

On notera le niveau élevé et croissant des disparités entre pays proches au sein des régions en développement, comme, dans le cas de l'Afrique, l'Algérie, le Niger et le Nigeria, et la Tanzanie et le Burundi : ces disparités sont souvent plus importantes que celles constatées entre pays voisins des régions plus développées : ce point mérite d'être médité.

Disparité des PIB par habitant entre divers pays ou régions
(PIB par habitant en parité de pouvoir d'achat)

Année	1990	1995	2000	2005	2010	2014
High income with China / Low income	13	15	16	17	17	17
France / Mali	26	27	28	25	24	24
Nigeria / Niger	3,3	3,5	3,7	5,4	6,2	6,3
Algeria / Niger	11,3	11,7	13,2	16,0	15,7	15,1
Tanzania / Burundi	1,4	1,6	2,1	2,7	3,0	3,4

Tous les pays si pauvres soient-ils disposent d'une *hyper élite*, correspondant au premier millile de la distribution des revenus, pour lesquels les données en monnaie locale converties en DI n'ont guère de sens. Les *hyper élites* de tous les pays, riches ou pauvres, sont en effet largement mondialisées, avec des modes de vie beaucoup plus comparables que ne le sont ceux des classes moyennes ou défavorisées. Les revenus réels d'un haut fonctionnaire d'un pays africain pauvre, d'un directeur de projet financé par l'Union Européenne ou par la Banque Mondiale, ou d'un ambassadeur ou d'un cadre détaché auprès de n'importe quelle institution internationale ont tendance à s'aligner sur ceux de leurs homologues des pays riches. Ce phénomène, de plus en plus marqué avec la mondialisation et l'Internet, tire progressivement vers le haut les besoins ressentis par les autres catégories favorisées (le premier centile, voire le premier décile) en contact avec ces *hyper élites*, besoins ressentis qui s'expriment en vraie monnaie (en dollars) et non simplement en parité de pouvoir d'achat (en DI). D'où l'intérêt de disposer aussi d'une mesure des écarts entre PIB moyens par habitant exprimés non plus en DI mais en dollars, comme dans le tableau suivant.

Disparité des PIB par habitant entre divers pays ou régions
(PIB par habitant en dollars constants base 2005)

Année	1985	1990	1995	2000	2005	2010	2014
High income / Low income	61	71	86	94	93	82	75
High income with China / Low income	32	37	45	50	50	46	42
(EU + USA + Japan) / SSA	26	32	38	42	39	36	35
France / Mali	88	91	94	94	85	77	78
UK / Pakistan	51	53	52	57	56	52	50

Les revenus moyens par habitant, exprimés en dollars, des 1400 millions d'habitants des pays classés comme à haut revenu (Chine non comprise) sont aujourd'hui plus de 70 fois plus élevés que ceux des 600 millions d'habitants des pays à bas revenus.

Mais les écarts entre les niveaux de vie réels de le la grande majorité (les neuf derniers déciles) de la population de ces diverses régions sont en fait plus importants que ne le montrent les tableaux précédents, et vraisemblablement de l'ordre de 40 à 1 en parité de pouvoir d'achat et de 100 à 1 en dollars. Les ménages du premier millile et du premier centile de la population des pays pauvres ne peuvent en effet atteindre les niveaux de revenus considérés comme nécessaires par comparaison avec leurs pairs des pays riches et avec leurs proches qu'au prix de prélèvements sur le reste de la population et du monde, aidés en cela par la plupart des acteurs des pays riches en quête de marchés et de partenariats, qui contribuent ainsi à développer la culture de la prédation, l'économie noire, la corruption et la mauvaise gouvernance et les inégalités au sein des pays à revenu faible.

Les disparités constatées aujourd'hui sont-elles naturelles ?

Ce bref rappel de l'histoire des disparités amène à se demander pourquoi la divergence est partie d'Europe de l'Ouest, cette insignifiante péninsule glacée et sauvage de l'Eurasie, plutôt que de Chine, d'Inde, de Perse, du bassin méditerranéen ou d'Afrique, et pourquoi seulement aux environs de l'an 1500 et non trente ou quarante siècles plus tôt, du temps des Pharaons ou d'Hammurabi ? L'historien Yuval Noah Harari[7] montre que la révolution partie d'Europe ne se distingue d'un grand nombre d'autres tentatives semblables que par le fait que, par un heureux concours de circonstances, celle-ci, contrairement aux précédentes, n'a pas avorté. Je cite : *Au 15ième siècle, l'Europe n'avait sur la Chine, l'Inde ou la Perse aucun avantage scientifique ou technologique... La flotte de Colomb en 1492 était un trio de moustiques en comparaison de l'armada du chinois Zheng He qui un siècle plus tôt explora tout l'Océan Indien, l'Afrique de l'est et le golfe persique. Rien, dans le sang caucasien, ne rend les blancs naturellement plus intelligents, plus moraux et plus assidus au travail. La hiérarchie de la richesse n'est pas le fruit inévitable de différences objectives de capacités. Il n'existe aucune différence biologique entre esclaves et hommes libres. La plupart des hiérarchies sociopolitiques ne font que perpétuer des hasards entretenus par des mythes.*

Les pauvres sont pauvres parce que les riches sont riches

Le concept de pauvreté étant relatif, on peut affirmer que les pays pauvres sont pauvres parce que les pays enrichis sont riches. Et ce n'est pas une lapalissade, car les pays qui ne font pas partie des pays riches n'ont plus d'autre choix que de suivre leur exemple, et de façon d'autant plus impérieuse que l'écart de revenu entre ces deux groupes de pays est élevé. Mais on peut aussi affirmer que si les pays pauvres sont si pauvres, c'est non seulement parce

---

[7] SAPIENS : Une brève histoire de l'humanité (2012)

qu'ils seraient intrinsèquement moins doués pour le développement et plus mal gérés que les pays riches, ce qui est peut-être et parfois le cas par exemple en Afrique, mais aussi à cause des effets pervers des disparités de revenus par rapport au reste du monde, évoqués précédemment.
La mondialisation et la libre circulation des idées et de l'information exacerbent le ressenti de la pauvreté et le ressentiment des populations défavorisées. Il ne faut donc pas s'étonner de la croissance du nombre de candidats à la migration vers les pays riches non seulement pour raisons économiques, mais aussi pour raisons politiques et pour cause d'insécurité et de violation des droits humains, selon le mécanisme évoqué précédemment.

Peut-on éviter le chaos qui menace ?

Avant de se stabiliser vers 2050, la population totale de la planète aura encore augmenté de 6 à 9 milliards d'habitants entre 2000 et 2040, dont environ 1.6 milliard en ASS, cependant que la population urbaine aura doublé, de 3 à 6 milliards. Le grand défi de notre siècle est de faire en sorte que ce processus de peuplement se déroule avec le minimum de drames et de dommages collatéraux, ce qui implique un retour à la convergence. C'est la clef de ce que l'on appelle le développement durable, et c'est la responsabilité de tous les pays, déjà peuplés et en voie de peuplement, d'y faire face.

En laissant se creuser ces disparités jusqu'aux niveaux atteints aujourd'hui, a-t-on vraiment pris conscience des risques ainsi encourus pour la stabilité du monde ? A-t-on sérieusement cherché à en prévoir les implications ? S'est-on jamais efforcé de relire l'histoire, au cours des décennies passées, de la coopération internationale, des rapports nord-sud, des stratégies, des politiques et des programmes d'aide au développement, en mettant l'accent sur cette question pourtant essentielle ?

La croissance apparemment incontrôlable du nombre de réfugiés, de déplacés et de candidats à la migration vers les pays les plus riches est bien la preuve que le monde ne tourne pas rond. Sommes-nous condamnés, comme dans le *Désert des Tartares* de Dino Buzzati, à renforcer les murailles de notre citadelle en attendant l'invasion des barbares ? Ou y a-t-il mieux à faire ?
La question n'est pas seulement de savoir s'il y a eu faute et, s'il y a eu faute, à qui elle incombe, mais elle est aussi d'imaginer, compte tenu de l'expérience passée, ce qu'il faudrait faire et ce qu'il ne faudrait plus faire pour assumer au mieux l'héritage des décennies passées et limiter les dommages futurs.

Gérer les disparités internationales de niveaux de vie

Dans la distribution mondiale des revenus que l'on peut obtenir par agrégation des distributions de revenus de chacun des pays de la planète, la divergence entre le revenu médian mondial et le revenu à tous les quantiles au-delà du revenu médian n'a cessé de croître depuis 1980 avec une accélération du phénomène depuis 2005. L'écart entre le revenu médian et celui des cinq derniers quantiles est aujourd'hui sept fois plus important qu'en 1980, comme le montre le graphique suivant que j'ai construit en 2015 et qu'il faudrait réactualiser. Ce constat s'explique en partie par la montée en puissance des grands pays émergents, les *BRIC*, qui a profondément modifié la distribution des PIB par habitant au profit des pays à revenus intermédiaires (deuxième quart et troisième quart de la distribution). Ces questions sont analysées en détail dans l'Annexe 2.

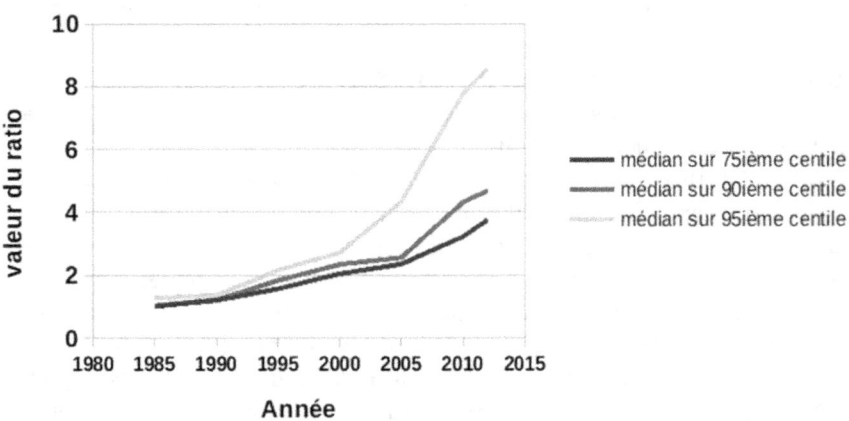

Rapport entre le revenu médian et le revenu à divers centiles

L'une des conséquences de ce processus est une forte augmentation du sentiment de frustration de de la population des pays de tous les quantiles situés au-delà du revenu médian. C'est l'un des facteurs explicatifs de l'augmentation des pressions migratoires des pays à faible revenus, qui sont pour la plupart des pays en voie de peuplement, vers les pays riches déjà peuplés.

Rien ne prédisposait le monde à vivre avec des disparités de niveaux de vie entre pays riches et pays pauvres qui atteignent aujourd'hui de l'ordre de 50 ou 100 à 1, et qui constituent l'un des obstacles les plus sévères à la recherche du développement durable. Si le monde veut vivre en paix, il faut qu'il revienne progressivement à des niveaux de disparités plus supportables. C'est possible, mais cela implique que la communauté internationale prenne effectivement conscience du problème, ce qui est loin d'être le cas, comme le montre la façon dont on aborde aujourd'hui la question de l'afflux de migrants vers l'Europe.

Distribution et utilité des revenus

Pour que la communauté internationale puisse légitimement prétendre maîtriser les inégalités entre pays du monde et les inégalités internes, la première condition est que les pays riches, les mieux informés et les plus influents, commencent par mettre de l'ordre chez eux et se posent par exemple la question suivante : pourquoi certains de leurs citoyens ont-ils des revenus supérieurs à mille fois le revenu moyen, ratio qui est évidemment sans rapport direct avec leur talent ni avec leur contribution au PIB ? L'hypothèse d'utilité marginale décroissante du revenu qui fonde les fonctions d'utilité individuelles à comportement normal des théories de la fiscalité optimale n'est pas fondée, puisque l'âpreté au gain ne décroît pas du tout à mesure que le revenu augmente. Tout se passe comme si le niveau de revenu désiré est déterminé non par référence au coût de la vie ni a fortiori à cette utilité mais par le besoin de s'affirmer par rapport à ses semblables.

Partons donc de ce besoin de s'affirmer pour construire une loi de distribution des revenus qui, contrairement à la loi de Pareto, rende fidèlement compte de la distribution observée, notamment pour les plus hauts revenus. De cette loi et des facteurs explicatifs sous-jacents, je déduis une définition simple et opérationnelle de l'équité dans la taxation des revenus dans chaque pays, quel qu'il soit.

Comment déterminer l'impôt sur le revenu de façon logique et équitable

Le texte suivant est un court extrait de la note éponyme que j'avais soumise au Ministère Français des Finances en 2011, avec l'intention louable de contribuer ainsi à l'objectif de réhumaniser la finance et la monnaie. Voir l'Annexe 2 pour les détails.

Revenu et satisfaction

Une personne dont le revenu est mille fois supérieur au revenu médian ne sera sans doute pas rassasiée si un de ses semblables dispose d'un revenu dix fois supérieur au sien, ce qui confirme que ce n'est pas l'argent en tant que tel qui fait le bonheur, ou plutôt ce que j'appelle la satisfaction. Conformément à la loi de Weber qui relie l'intensité d'un signal à la réponse sensorielle correspondante telle que l'ouïe ou la vue, j'admets que cette satisfaction σ ressentie par une personne de revenu r est fonction du logarithme du rapport r/ρ entre ce revenu et le revenu médian. Au sein d'un pays, une augmentation homothétique de tous les revenus serait donc sans effet sur la satisfaction ressentie par chaque personne. C'est en effet par rapport à la situation de ses semblables, plus favorisés et moins favorisés, que chaque personne évalue sa satisfaction qui est un concept relatif.

Classons toutes les personnes du pays par revenu r décroissant. Je montre dans l'Annexe 2 que la satisfaction σ ressentie par la personne appartenant au quantile x de cette distribution des revenus est une fonction simple du logarithme de la variable $u = (1-x)/x$.

Quand x varie de 0 à 1, w décroît de l'infini à zéro, et vaut 1 pour x=0.5. Si on donne à σ la valeur 0 à la personne de revenu médian ρ qui a autant de dominants que de dominés, σ est négative au-delà : on peut alors parler de frustration.

La fonction σ(u) qui permet de reconstituer l'ensemble de la distribution réelle des revenus français avec des écarts entre le revenu observé et le revenu calculé inférieurs à la marge d'erreur sur la mesure du revenu par enquête, et ce dès le premier centième de centile, soit les 500 personnes les plus riches, est un polynôme de degré 3 en u : cet excellent ajustement confirme le bien fondé du choix de la variable u comme variable déterminante de la distribution des satisfactions et donc des revenus.

Satisfaction σ et revenu r, qui sont liées par la relation $r = \rho * \exp(\sigma)$, sont les deux facettes d'un même phénomène. La variable revenu est celle qui convient pour aborder des questions d'ordre économique : la somme des revenus fournit une mesure du Produit National Brut. La variable satisfaction est celle qui convient pour aborder des questions d'ordre socio-économique : la somme des satisfactions et la distribution de ces satisfactions interviennent dans mesure de l'agrégat Bonheur National Brut.

La satisfaction, qui est un concept relatif, dépend ainsi du rang de la personne dans la distribution des revenus du pays considéré et de la forme de cette distribution. Comparer la satisfaction d'un habitant d'un pays pauvre comme le Burkina Faso à celle d'un habitant d'un pays riche comme les USA n'a de sens que si ces deux personnes appartiennent au même quantile de la distribution des revenus de ces pays.

Comment, sur ces bases, déterminer l'impôt sur le revenu ?

La façon la plus équitable de répartir l'impôt sur le revenu entre tous les contribuables est de faire en sorte que cet impôt modifie la satisfaction de chacun d'un même facteur λ appliqué à tous les quantiles : après impôt, la satisfaction résiduelle est $\bar\sigma(u) = \lambda * \sigma(u)$, et le revenu net après impôt s est alors : $s/\rho = (r/\rho)^\lambda$. Le paramètre λ est déterminé de façon que le prélèvement global sur l'ensemble des revenus soit égal à l'objectif fixé par le Gouvernement.

A tous les niveaux de revenus au-dessus du revenu médian, la perte relative de satisfaction induite par l'impôt est identique : toutes les personnes ont le sentiment de contribuer de façon égale à l'effort de mobilisation de ressources au profit de l'Etat. De même, la frustration ressentie par les personnes de revenu brut inférieur au revenu médian est réduite dans les mêmes proportions.

Dans ce qui précède, l'impôt est nul au revenu médian. On verra dans l'Annexe 2 que l'on peut choisir un autre quantile à partir duquel l'impôt est nul ou négatif. Si par exemple on décide de dispenser de l'impôt les 20% de la population aux revenus les plus faibles, le seuil d'imposition est $x_o = 0.8$

correspondant au revenu r_o =0.47 fois le revenu médian. Au-delà de ce seuil, l'impôt sur la satisfaction qui est négative est négatif, c'est un transfert.

Si l'objectif du Gouvernement est de prélever par l'impôt sur le revenu 13% du revenu total des Français, le paramètre λ qui permet d'atteindre cet objectif vaut, dans ce cas : λ =0.90. Le taux unique d'imposition, ou *flat tax*, sur la satisfaction applicable à tous les contribuables est 1- λ = 10 %. Il lui correspond un prélèvement par l'impôt de 7.5 % pour le revenu médian, 15% pour x=10 %, 23% pour x=1%, 54% pour la centième personne la plus riche, et 66% pour les 5 *happy few*. Pour les quantiles au-delà du seuil d'imposition, le revenu après transfert augmente, il est par exemple multiplié par 6 pour x =999 ‰.

Toutes les personnes sont également affectées au sens défini dans cette note en termes de baisse de la satisfaction (ou de la frustration) et la hiérarchie des revenus avant impôt est conservée, sans aucune anomalie dans les taux marginaux d'imposition. Si elle avait été appliquée, cette nouvelle forme d'imposition sur les revenus aurait été perçue comme équitable, elle aurait été comprise et acceptée par tous les contribuables soucieux de l'intérêt général, y compris par les personnes les plus riches...

Outre l'équité, cette proposition de réforme de l'IRPP avait de nombreux autres avantages, dont celui d'éliminer tout ce qui dans le système en vigueur apparaît comme artificiel, arbitraire et sujet à controverse : il n'y a ici ni tranche d'imposition ni taux prédéfini par tranche ni nécessité de redéfinir chaque année les limites de ces tranches et les taux correspondants, ni référence à un taux maximum d'imposition, qui n'a a priori aucune raison d'être. Elle a malheureusement été considérée comme irrecevable par le Directeur Général des Impôts au prétexte qu'elle faisait référence à la fonction logarithme, argument pour le moins inattendu de la part d'un responsable du ministère des Finances qui est si attentif aux taux de croissance et donc à la fonction exponentielle.

2. Faut-il lutter contre la pauvreté ? Oui, mais contre la pauvreté des gouvernements locaux, et non contre celle des habitants !

La lutte contre la pauvreté telle qu'elle est aujourd'hui pratiquée, c'est pauvre comme job !

Voici un extrait du Document de Stratégie Régionale de Réduction de la Pauvreté (PRSP) en Afrique de l'Ouest de la CEDEAO et de l'UEMOA, datant d'aout 2004, qui surprend par la profondeur, la hauteur et la précision de l'analyse, de face et de profil, de ce phénomène auquel se sont attaqué des myriades d'experts depuis les années 1990 :

La profondeur de la pauvreté qui mesure la vulnérabilité des populations pauvres est de 15,3% en 1993 en Afrique sub-saharienne, de 12,6% pour l'Asie du Sud pour une moyenne mondiale de 9,2%. Cette profondeur de la pauvreté est moins ressentie au Moyen Orient et en Afrique du Nord où le taux est de 0,6%. En Afrique de l'Ouest, ce taux dépasse les 15,0%, variant de 10,3% en Côte d'Ivoire à 13,7% au Burkina Faso, puis à 21,7% au Niger et à 59% en Sierra Leone. La profondeur de la pauvreté, illustrée par le niveau relativement élevé de l'écart de pauvreté, montre bien la forte vulnérabilité à laquelle sont sujettes les populations de l'Afrique de l'Ouest. Le ratio p1/po, calculé pour le Niger et le Mali, qui mesure la distance moyenne des pauvres par rapport au seuil de pauvreté, est respectivement de 2,90 et de 1,51.

Les profils de pauvreté qui servent de base aux documents cadres de stratégie de lutte contre la pauvreté (*Poverty Reduction Strategy Papers, PRSP*) conduisent pour la plupart à des constats et recommandations semblables :

- *quelque 90 % des pauvres sont des ruraux, 80% des agriculteurs sont pauvres, nombre d'entre eux sont trop pauvres pour se nourrir convenablement, et la plupart des pauvres urbains sont des immigrants récents.*

- *pour lutter contre la pauvreté, il convient donc, d'après ces PRSP, d'accorder la priorité au milieu rural et au secteur primaire, considéré comme le premier fournisseur d'emplois et comme le moteur de l'économie nationale, et il faut par conséquent freiner l'exode rural car, pour produire plus de denrées alimentaires, il faut davantage de bras, et il faut plus généralement freiner les migrations puisque la plupart des pauvres sont des personnes ayant récemment changé de lieu de résidence.*

Conclusion à première vue imparable, que la plupart des institutions en charge de l'*Aide* reprennent en chœur depuis trois décennies. Exemple entre mille : le projet européen intitulé NOPOOR (Zéro Pauvre !), dont l'ambition annoncée lors de son lancement en 2012 était d'éradiquer la pauvreté avant 2030. Ce projet qui était financé par l'Union Européenne a mobilisé pendant 5 ans une vingtaine d'institutions universitaires qui ont réalisé *plus de 120 études différentes qui ont exploré de nombreuses dimensions de la pauvreté dans 17 pays émergents et en voie de développement de quatre continents.* Qui se souvient aujourd'hui de ce projet et de la *nouvelle vision à long terme pour éradiquer la pauvreté dans le monde* qui a été présenté à chacun de ces pays et aux institutions en charge de l'Aide lors des séances de clôture en 2017 ?

Éliminer la pauvreté sous toutes ses formes et partout dans le monde, c'est donc l'intitulé de cet *Objectif de Développement Durable N° 1* dont voici les sept sous-objectifs ou cibles, qui me rappellent ce sketch de Fernand Raynaud : *Ici, on vend des oranges pas chères,* ainsi que la Scène 3 de l'Acte 3 du *Maladie imaginaire* de Molière, dont un extrait est rappelé en conclusion de cet essai :

D'ici 2030,

-éliminer complètement l'extrême pauvreté dans le monde entier ;

-réduire de moitié au moins la proportion d'hommes, de femmes et d'enfants de tout âge qui vivent dans la pauvreté sous tous ses aspects ;

-mettre en place des systèmes et mesures de protection sociale pour tous, adaptés au contexte national, et faire en sorte qu'une part importante des pauvres et des personnes vulnérables en bénéficient ;

-faire en sorte que tous les pauvres et les personnes vulnérables aient les mêmes droits aux ressources économiques et qu'ils aient accès aux services de base, à la propriété et au contrôle des terres et à d'autres formes de propriété ;

-renforcer la résilience des pauvres et des personnes en situation vulnérable et réduire leur exposition et leur vulnérabilité aux phénomènes climatiques extrêmes et à d'autres chocs et catastrophes d'ordre économique, social ou environnemental ;

-garantir une mobilisation importante de ressources afin de doter les pays en développement de moyens adéquats et prévisibles de mettre en œuvre des programmes et politiques visant à mettre fin à la pauvreté sous toutes ses formes ;

-mettre en place des principes de politique générale viables, qui se fondent sur des stratégies de développement favorables aux pauvres et accélérer l'investissement dans des mesures d'élimination de la pauvreté.

Au stade où en est aujourd'hui la transition démographique en ASS, et sur la base du taux moyen de croissance du PIB réel par habitant de 1% par an (y compris l'économie endogène) constaté au cours des six dernières décennies, il faudrait 80 ans pour que ce PIB réel moyen par habitant atteigne le double de sa valeur actuelle. Compte tenu des écarts de productivité entre le milieu urbaine et le milieu rural et de la forme des distributions de revenus dont on sait qu'elles ne seront jamais uniformes, l'éradication de ce qu'on appelle *la pauvreté monétaire* ne peut donc être décrétée pour 2030 ni même pour 2050 et ne peut résulter de quelque politique pro-pauvre que ce soit : les choses étant ce qu'elles sont, c'est-à-dire à la fois la nature humaine, l'économie de marché et les institutions, l'éradication totale de la *pauvreté* sous toutes ses formes, donc aussi en termes monétaires, ne peut constituer qu'une composante d'un futur souhaitable à très long terme.

Alors, que faudrait-il faire entre temps ?

Bien que les analyses de la pauvreté atteignent aujourd'hui des niveaux de sophistication ahurissants, on cherchera en vain comment intervient la variable peuplement dans ces analyses. Les cadres dits *stratégiques* de lutte contre la pauvreté (CLSP) ne tiennent aucun compte des migrations futures. Cibler les pauvres et aider ces pauvres à rester où ils sont et à continuer à faire ce qu'ils font, comme le laissent entendre ou l'expriment en clair ces CLSP, ne revient-il pas à prôner l'immobilité ?

La Conférence AFD / EUDN de 2003 sur le thème *Pauvreté, inégalités et croissance : quels enjeux pour l'aide au développement* et celle de 2004 sur le thème : *Aide au développement : pourquoi et comment* fournissent deux exemples frappants de cette ignorance obstinée du facteur peuplement et, plus largement, de la nature des transformations considérables qui s'opèrent dans ces pays, au seul motif que ces transformations ne sont pas celles que les économies modernes connaissent.

Comme je l'avais dit et répété aux responsables du projet NOPOOR sans qu'ils y prêtent attention, la première recommandation à faire à tous les acteurs des Pays en Voie de Peuplement et à tous leurs partenaires pour faciliter l'enrichissement du plus grand nombre de personnes est de faciliter, par tous les moyens, la mobilité géographique et sociale de la population au sein de chaque territoire, et de se garder de toute mesure visant à aider les pauvres à rester là où ils sont. Et je leur redisais que, pour faciliter cette mobilité des personnes, il faut commencer par éradiquer la pauvreté des gouvernements locaux.

Cette autre conception de la lutte contre la pauvreté qui découle du paradigme de l'économie du peuplement était clairement formulée et développée dans l'étude WALTPS. Les milliers de pages d'études et de rapports rédigés depuis par les experts en pauvreté sur la longueur, la largeur et la profondeur de la pauvreté et les dizaines de CSLP qui ont été officiellement approuvés et présentés avec force publicité dans les médias montrent que les messages de WALTPS n'ont pas été entendus.

Je reprends donc ici les grandes lignes du raisonnement en posant d'abord la question : que signifie être pauvre ? après quoi j'en tirerai successivement les conséquences : en milieu rural, puis en ville, et enfin au niveau local des territoires constitués de chaque ville et de son hinterland rural proche.

Un préalable : que signifie être pauvre ?

Comme la richesse, la pauvreté est un concept relatif : aujourd'hui comme au temps des cavernes, une personne n'est riche ou pauvre que par rapport à d'autres personnes, proches ou connues, vivant à la même époque. Ce qui n'empêche pas ce concept de pauvreté d'être multidimensionnel.

Mais commençons par savoir ce qu'il en est en termes de besoins, de possibilité de satisfaire ces besoins, par soi-même, par accès à des biens ou services communs, ou par échanges avec d'autres personnes. La plupart de ces échanges étant aujourd'hui monétarisés, quel revenu faut-il pour satisfaire ces besoins ? Ce revenu minimum peut-il être apprécié par rapport à un seuil standard, par exemple de 1.235 dollar constant de 2010 par jour ? Ou plutôt par rapport au revenu des autres personnes connues, et plus particulièrement par rapport au revenu des voisins, qui sont à telle ou telle distance, et avec lesquels il devrait être possible d'interagir ? Et de quoi dépend cette possibilité d'interaction ?

Pauvreté et choix des mots

Cette question de la pauvreté incite donc aussi à s'interroger sur le choix des mots. Tous ces concepts *de pays sous-développés, de pays les moins avancés, de pays faillis, de pays émergents* (émergeant d'où ?), *de pauvreté abjecte, d'exode rural, d'explosion démographique, d'urbanisation galopante, de bidonvilles (shanty towns)*, et même de *pauvreté* sont des mots et concepts à connotation inutilement négative. Plutôt que de *lutter contre la pauvreté*, ne vaudrait-il pas mieux lutter pour l'enrichissement du plus grand nombre de personnes ? Et quand j'emploie le mot *besoin*, je parle de besoins essentiels, objectifs, certes conformes aux usages du temps mais réels, et non de simples envies qui sont suscitées par les marchés et que le *merchandising* transforme en besoins.

Comment lutter contre la pauvreté rurale ?

Je renvoie pour cette question au chapitre 20 qui concluait ainsi : *si l'agriculteur burkinabé est plus pauvre et moins productif que son homologue européen, c'est d'abord parce qu'il dispose d'un nombre de consommateurs à satisfaire, c'est-à-dire d'un marché intérieur, plusieurs centaines de fois plus petit. Demain, cet agriculteur ne pourra produire davantage de surplus, adopter des techniques de production plus intensives, acheter davantage d'intrants et spécialiser son exploitation que pour autant que le marché dont il disposera alors lui en offrira l'opportunité. Sans cette croissance du marché intérieur, les politiques et les projets agricoles ne pourront avoir à cet égard qu'une influence limitée. Les cultures d'exportation vers le marché mondial représentent en général moins de 10 % de la production primaire totale, et,* **par agriculteur**, *les perspectives de croissance du revenu correspondant sont au mieux voisines de zéro, alors qu'elles sont illimitées pour toute production primaire destinée au marché intérieur, qui croit comme le rapport U/R, ou mieux comme le rapport PNP/PP, population non primaire /population primaire.*

Plus généralement, si la population rurale d'un pays en voie de peuplement est plus *pauvre* que la population urbaine de ce pays, c'est, pour l'essentiel, parce que le marché auquel elle a accès est plus étroit et plus aléatoire. Ce que nous percevons comme *pauvreté rurale* majoritaire n'est que la manifestation du niveau de sous-développement relatif des marchés des biens et services auxquels les producteurs et les consommateurs ruraux ont accès.

Au sein du milieu rural, certains ménages sont plus défavorisés que d'autres. Dans la plupart des cas, cette pauvreté extrême est le fait des zones rurales les plus enclavées, où l'accès aux marchés est plus restreint qu'ailleurs, et des zones dans lesquelles le peuplement et les structures rurales s'adaptent plus difficilement aux changements imposés par la transformation des marchés.

Si ce qui précède est exact, la pauvreté rurale ne peut être effectivement combattue, c'est à dire en s'attaquant aux causes du phénomène et non à ses seules manifestations, que par des mesures structurelles tendant à favoriser le développement des marchés et leur accessibilité et à faciliter l'adaptation au changement, et par conséquent à faire en sorte que les agriculteurs aient accès à un nombre de consommateurs non producteurs de denrées alimentaires croissant. Et ce marché, c'est d'abord celui des habitants urbains proches.

Pour lutter contre la pauvreté rurale, il faut donc commencer par se tourner du côté des villes, comprendre comment elles fonctionnent, pourquoi et comment elles attirent les migrants et ce qu'il advient de ces nouveaux citadins. Et il faut comprendre comment le milieu rural et le milieu urbain interagissent, et tout faire pour faciliter la circulation des personnes des biens, des services, de l'information et des flux financiers entre ces deux milieux.

Que signifie lutter contre la pauvreté urbaine ?

En milieu urbain, le problème de la *pauvreté* se pose différemment. Pour lutter contre la pauvreté urbaine, faudrait-il freiner le rythme de l'urbanisation ?

Si, en application du paradigme démo-économique, les villes des pays en voie de peuplement ont pour vocation de contribuer à la division du travail entre consommateurs et producteurs de biens et services essentiels comme la nourriture et donc de faciliter la redistribution spatiale et socio-économique de la population en attirant le maximum de personnes compatible avec les conditions de vie, il ne faut pas s'étonner que la proportion de pauvres d'une ville soit une fonction croissante du taux de croissance de la population de la ville : dans la majeure partie des cas, il faut s'attendre à ce que la proportion de personnes comptées comme pauvres dans la population urbaine totale ne régresse pas de façon significative avant que des niveaux d'urbanisation de l'ordre de 50 % ne soient atteints et que les disparités de niveaux de vie entre pays voisins ne baissent notablement, grâce aux migrations.

Les nouveaux citadins découvrent que le coût de la survie est trois fois plus élevé en milieu urbain que dans leur milieu ou pays d'origine. En migrant, ils deviennent, par rapport à leurs voisins, de *nouveaux pauvres*. Mais, si ces migrants ont pris la décision de migrer, c'est qu'ils ont un projet, le projet de progresser. Ils se donneront donc les moyens de se hisser au niveau de vie imposé par leur nouveau milieu, et l'expérience montre qu'une fraction importante d'entre eux y parviendront.

Ce n'est donc pas de la présence de pauvres en ville qu'il faut s'inquiéter (une ville sans pauvres serait une ville d'apartheid, ne jouant pas son rôle), mais du temps moyen d'assimilation des migrants. La qualité première des villes est donc d'aider ces nouveaux résidents, ces nouveaux pauvres, à s'assimiler rapidement, puis à accueillir de nouveaux venus qui, par leur demande de biens et services essentiels, contribuent à la prospérité des populations déjà installées.

Les conditions pour que ce temps d'assimilation soit faible sont la disponibilité en capital public de fonction locale, qui comprend les équipements publics et les infrastructures urbaines, la qualité des sites ouverts à l'urbanisation qui détermine la qualité de l'habitat et la productivité des quartiers populaires, le dynamisme de l'économie moderne dont dépendent les grands investissements publics et l'attractivité des villes, et la facilité des relations de voisinage entre chaque ville et son hinterland.

En résumé, pour que le miracle urbain opère, il faut chercher qui, dans la ville d'aujourd'hui, est l'équivalent du *strategos politikos*, celui des dix magistrats élus qui était en charge de la ville au temps de la Grèce classique que j'ai évoqué au chapitre 4, et chercher à comprendre comment cette personne ou cette institution, le gouvernement local, peut faire face à ses responsabilités de *strategos politikos*, littéralement de stratège de la ville. L'un des objectifs du programme ECOLOC de relance des économie locales en Afrique Sub-Saharienne était de répondre à ces questions.

Les collectivités locales sont presque toujours plus pauvres que leurs habitants

Les trois conclusions les plus frappantes des exercices ECOLOC (chapitres 13 et 23) sont :

- l'absence de toute information pertinente dont dispose le gouvernement local pour exercer les responsabilités qui lui incombent du fait de la décentralisation administrative ;
- l'incapacité de ce gouvernement local à prélever les ressources nécessaires au bon fonctionnement de l'économie locale, dont il ne sait officiellement rien ;
- et l'extrême faiblesse de sa capacité à dépenser, à la fois par manque d'information et de ressources. Dans la majeure partie des cas, le prélèvement opéré sur l'économie locale équivaut à quelque 0.3 % à 0.5 % du produit local brut (PLB) de la ville, mais cela ne se sait pas parce que personne ne connait ne serait-ce que l'ordre de grandeur de ce PLB ni la façon dont il évolue. Le prélèvement sur le patrimoine foncier est la plupart du temps inférieur à 0.1 % de la valeur de ce patrimoine mais cela ne se sait pas davantage que pour le cas du prélèvement sur le PLB puisque personne n'a la moindre idée de la valeur de ce patrimoine foncier.

La capacité à dépenser des communes urbaines en ASS est, par habitant, mille fois plus faible que dans les pays développés et déjà peuplés, alors que, en ASS, tout est à faire, et c'est en laissant cette anomalie se perpétuer que l'on fabrique les *bidonvilles* de demain.

L'incapacité des gouvernements locaux à dépenser, ne serait-ce que pour l'entretien du cadre de vie existant, est à l'origine d'un cercle vicieux dans lequel la pauvreté du cadre de vie entraîne la stagnation, voire la régression relative de l'économie locale : moins une collectivité locale prélève et dépense, plus tout le monde finit par s'appauvrir. L'insuffisance de la dépense publique locale constitue ainsi l'un des principaux freins à l'activité locale.

Les études ECOLOC montraient pourtant que la dépense publique locale, dont le contenu en importation du reste du pays et du monde peut être très modeste, a un effet d'entraînement sur l'activité locale, sur l'investissement privé et sur la mobilité des personnes. Un Franc CFA supplémentaire prélevé par les collectivités sur les ressources locales des *RUCHES* pour alimenter la dépense locale peut se traduire à court terme par un surcroît d'activité locale de ces *RUCHES* et donc de revenu des ménages d'au moins deux Francs CFA.

Il est nécessaire et possible de tripler à très court terme le niveau actuel de ce prélèvement, pour le plus grand bien des ménages et des opérateurs locaux. Mais une telle ambition passe par l'instauration d'un dialogue informé sur les réalités locales et une gestion efficace et transparente de la part de la municipalité. Et c'est à l'échelle de l'économie locale, urbano-rurale, et non de la ville et des villages pris isolément, que ce dialogue informé doit être instauré et que ce prélèvement doit être organisé et réinjecté, et la condition première pour que ce dialogue informé se développe est que l'information sur les réalités locales existe.

Aussi longtemps que rien n'est fait ni tenté pour décentraliser l'information économique et sociale, je n'hésite pas à affirmer qu'il est irresponsable de vanter comme on le fait les mérites de la décentralisation et de reprocher aux gouvernements locaux les insuffisances de leur gouvernance, comme il était irresponsable de mettre prématurément fin, sans le remplacer par rien d'équivalent, au programme ECOLOC, qui montrait comment procéder pour en finir avec cette u-topie si contraire à l'idée même de la décentralisation.

Quelques leçons à retenir en matière de *lutte contre la pauvreté*

Favoriser la mobilité, première condition de la gestion du peuplement

Dans les pays en voie de peuplement, toute stratégie qui se limite à la résolution des problèmes immédiats et qui se refuse à anticiper les restructurations inéluctables est vouée à l'échec. S'il est un domaine où la prospective et la projection à long terme sont relativement simples et peu risquées, c'est bien celui de la démographie, ou plus précisément du peuplement. Se doter d'une vision de la répartition future de la population et des activités et de l'organisation de l'espace est le meilleur moyen de prendre conscience des impératifs de ce peuplement, à commencer par la mobilité, et d'agir en conséquence. Favoriser la mobilité géographique et sociale, cela signifie aussi qu'il faut accepter une certaine concentration spatiale des personnes et des activités, non seulement dans des villes, mais à l'échelle des territoires urbano-centrés, des *RUCHES* du programme ECOLOC, seule façon de réduire à terme les inégalités sociales. Cela signifie encore qu'il faut renoncer à cibler les pauvres et à les inciter à rester là où ils sont.

Et, par conséquent, lutter contre la pauvreté non des personnes, mais des gouvernements locaux

Lutter contre la pauvreté, c'est d'abord et avant tout contre la pauvreté du cadre de vie qui est octroyé aux habitants des quartiers populaires, grâce à quoi l'enrichissement du plus grand nombre des ruraux et des urbains n'en sera que plus aisé.

Que doit faire la coopération internationale dans ce domaine ?

Voir à ce sujet le chapitre 27 dans lequel je propose de redéfinir le rôle et les missions des institutions en charge de l'*Aide* en les convertissant en Agences de Partenariat Nord-Sud pour le développement. Une mission essentielle de ces Agences de Partenariat sera d'assurer l'interface entre les pays du Nord déjà peuplés et les pays du Sud en voie de peuplement : rien de durable n'est en effet possible au Sud sans changement du comportement du Nord.

Chapitre 26
Reconnaitre que le monde a besoin d'une gouvernance planétaire, qui dispose de moyens propres pour affronter les nouveaux défis

Introduction

Le besoin d'une institution en charge de la gouvernance mondiale ne date pas d'hier, comme en témoigne la bulle *Inter Caetera* du Pape Alexandre VI, autorité suprême du monde chrétien, qui accordait en 1493 l'exclusivité des droits d'exploration, d'exploitation et d'annexion de toutes les terres déjà identifiées et à découvrir dans la partie méridionale du continent américain à l'Espagne et au Portugal, ordre papal entériné en 1494 par le Traité de Tordesillas. La ligne de partage entre ces deux pays, qui était d'abord une portion de méridien, a été progressivement ajustée et étendue par une série d'autres bulles jusqu'aux pôles, aboutissant ainsi au partage de l'intégralité du monde entre ces deux nations.

Les autres nations catholiques, pourtant soumises à l'autorité de ce Pape, ont évidemment refusé de se plier à ces dictats. Mais le fait est que, sans ces bulles successives, le continent sud-américain en cours de découverte aurait sans doute été balkanisé, comme le sera le continent africain trois ou quatre siècles plus tard : le traité de 1494 a au moins servi à donner naissance à des Etats-nations comme le Brésil au sein desquels les complémentarités entre zones climatiques différentes pouvaient ou auraient pu être gérées plus facilement qu'en Afrique.

Chaque siècle a ainsi vu se constituer, par la force ou par l'entremise d'une autorité religieuse, une forme de gouvernance mondiale jugée la plus compatible avec les enjeux de l'époque. Les principaux protagonistes de ces institutions supra nationales ont toujours été des Etats-nations officiellement reconnus, partageant des valeurs communes, comme celles portées par les principales religions monothéistes, ou appartenant au même système économique. Mais ces institutions étaient forcément précaires, parce que, faute d'un véritable pouvoir transcendant les intérêts nationaux, chaque Etat signataire n'hésitait pas à recourir à son droit de veto quand il jugeait que ses propres intérêts étaient compromis par l'évolution de l'équilibre des forces entre tous les Etats signataires de ces traités.

Après la SDN et l'ONU, de quelle nouvelle forme de gouvernance globale avons-nous aujourd'hui besoin ?

La Société des *Nations* qui avait été créée en 1919 au lendemain de la première guerre dite mondiale n'a pas su empêcher que se reproduise une vingtaine d'années plus tard une catastrophe comparable, mais qui ne mettait toujours pas en jeu la survie de la planète. Pour succéder à cette SDN défaillante, l'Organisation des *Nations* Unies qui a été créée en 1945 au lendemain de la deuxième guerre qui était également qualifiée de mondiale a jusqu'ici permis d'éviter que les nombreux conflits locaux ou régionaux dont la planète a été le théâtre au cours de ces quelque 70 ans passés ne conduisent au pire. Ces conflits récents qui ne sont pas tous définitivement éteints doivent nous inciter à nous demander si l'ONU proprement dite et ses diverses agences spécialisées sont à la hauteur des nouveaux défis qui, de régionaux peuvent devenir planétaires.

Les nouveaux dangers d'importance planétaire auxquels le monde est confronté

Quels sont aujourd'hui les principaux dangers d'importance planétaire qui nous menacent ? Les deux premiers auxquels on pense évidemment sont l'impact de l'activité humaine sur la nature, et la prolifération des Armes de Destruction Massive (ADM) et des autres armes offensives qui sont de plus en plus sophistiquées et meurtrières. Ces deux dangers sortant du champ de cet essai, ils ne sont cités ici que pour rappeler que tous les dangers mortels qui nous menacent sont interdépendants, comme illustré dans cette boucle d'interaction qui annonce les deux suivants et qui montre que ces dangers ne peuvent être effectivement affrontés que dans le cadre d'une seule et même stratégie :

Aveuglement et court-termisme de l'ECMVG ⟶ négligence du peuplement ⟶ migrations ⟶ insécurité ⟶ prolifération des ADM ⟶ destruction de l'environnement ⟶ changement climatiques ⟶ insoutenabilité du peuplement

Cet essai attire donc l'attention sur deux autres dangers potentiellement mortels : le premier est l'incapacité à faire face aux enjeux du peuplement de la planète, sujet qui est longuement abordé dans cet essai pour dénoncer la désinvolture et l'irresponsabilité de la façon dont on est traitée la question des *migrants sans papiers*[8], et qui sera repris en détail dans le chapitre suivant consacré à la refondation de l'Aide ; et le second concerne les dérives de

---

[8] Relire à ce propos le chapitre 18 où je rappelle comment un grand pays européen compte s'y prendre pour se débarrasser de ses immigrants sans papiers

l'Economie Capitaliste de Marché en Voie de Globalisation (ECMVG) et du Système Monétaire et Financier actuel.

Pourquoi faire figurer l'ECMVG et le système financier parmi les dangers mortels qui menacent la planète ?

Après la faillite accidentelle du socialisme, cette Economie Capitaliste de Marché en Voie de Globalisation est aujourd'hui le système économique dominant et probablement destiné à le rester, car elle a fait la preuve de son efficacité en termes de production et de productivité, ce qui explique son succès. Mais cette ECMVG et le système financier mondialisé qui en est l'un des avatars ont aussi fait la preuve de leur efficacité en tant que formidables machines à privatiser et à financiariser les services publics et l'accès aux ressources naturelles, à étendre le champ de la spéculation financière, et à concentrer et accaparer la richesse, toutes tares qui contribuent aussi à leur succès dans la quasi-totalité des pays de la planète, notamment dans les anciens pays du camp socialiste comme la Chine et la Russie. Tous ces pays et leurs opinions publiques ont parfaitement compris que cette ECMVG et la financiarisation sont, pour eux, beaucoup plus qu'un pis-aller. Ils sont conscients du parti qu'ils peuvent en tirer, moyennant les ajustements qu'ils doivent y apporter par exemple en matière de conception de leur propre gouvernance.

Si rien n'est fait pour débarrasser l'ECMVG de ses propres tares telles que la tendance à l'impérialisme de la compétitivité érigée comme valeur suprême, ou la fragmentation à l'infini des chaines de valeur, ou encore le court-termisme inné de la finance et le mépris pour les enjeux à long terme, les incontestables mais discutables succès de ce système en voie de mondialisation risquent de provoquer son effondrement et de conduire à une catastrophe planétaire.

L'ECMVG est, par nature, une économie d'offre, dont l'objectif est de produire toujours plus de biens et de services toujours plus sophistiqués, et qui doit constamment et par tous les moyens susciter la demande correspondante, voire l'imposer quand il s'agit de drogues et d'autres poisons comme le tabac ou les armes. En focalisant toutes les énergies sur la conquête de nouveaux marchés permettant d'écouler tous ces produits, cette économie d'offre incite tous les acteurs à perdre de vue les besoins essentiels.

Les crises locales et régionales qui secouent périodiquement cette ECMVG au risque de la mettre en péril montrent qu'on ne peut espérer se contenter de rafistoler le système existant sans remettre en question son cadre conceptuel, le système de valeurs sur lesquelles il se fonde, en résumé son paradigme. Cette ECMVG ne pourra durablement survivre que si elle est perçue par tous comme compatible avec les enjeux à long terme de la planète, et que si les opinions publiques des pays en voie de peuplement n'y voient pas une menace pour leurs propres aspirations et valeurs : d'où le besoin impérieux de la réhumaniser en la recentrant sur les besoins essentiels, de la rendre plus respectueuse de la diversité des cultures, donc de la relocaliser, de mettre fin à cette course à la globalisation qui n'est rien d'autre que l'étape ultime de l'oubli de l'histoire et de la géographie, de la mettre en mesure de mieux maitriser les inégalités internes et externes et les frustrations et l'insécurité qui en résultent, enfin de la remoraliser et de la soumettre à un ensemble de valeurs qui transcendent la liberté d'entreprendre dans des domaines comme la production et la dissémination d'armes léthales.

Comment faire pour que la question des ADM et des autres armes léthales soit enfin abordée sérieusement ?

Petite remarque préliminaire : comme on sait le faire pour les imprimantes ou pour les grille-pains, une mesure simple pour éviter l'accroissement continu du nombre de ces armes conventionnelles qui sont en état de fonctionnement serait de les équiper d'un dispositif d'obsolescence programmée : qui pourra expliquer pourquoi une telle mesure de bon sens n'a jamais été imposée par l'ONU ? Est-ce pour ne pas nuire aux intérêts des marchands d'armes, qui pourraient craindre de ne plus trouver d'acheteurs si des exceptions à la règle pouvaient être *négociées* ? Argument qui ne tiendrait pas s'il existait une gouvernance planétaire non soumise au droit de veto des Etats et disposant de moyens de rétorsion à la hauteur de ses missions.

Concernant les armes nucléaires, l'expérience montre que, dans l'état actuel de notre gouvernance planétaire, la prolifération de ces ADM est incontrôlable. La seule façon d'éradiquer ces armes et par conséquent d'éviter la catastrophe dont la probabilité croit comme le carré du nombre de pays qui auront un jour la bombe est de détruire l'intégralité des stocks existants, qui ne constituent en fait pour leurs détenteurs qu'une protection illusoire, et ce n'est qu'après cette destruction intégrale des stocks qu'il sera possible d'en interdire effectivement la fabrication, interdiction qui ne peut être imposée que par cette institution qui serait garante de la survie à long terme de l'espèce humaine et de la civilisation.

La condition sine qua non pour que les principaux pays détenteurs de l'arme nucléaire acceptent de prendre le risque de détruire leurs propres stocks est que cette institution soit dotée des moyens de persuasion et de coercition dont ne disposait pas le Pape Alexandre VI et qui font aujourd'hui défaut au système ONU. De quel gros bâton pourrait-il s'agir ? C'est à cette question qu'il faut maintenant réfléchir sans s'imposer le respect du politiquement correct ou des intérêts des lobbies, comme dans le cas des armes conventionnelles ou de l'industrie du tabac et d'autres drogues, dont les marchés n'ont jamais été aussi florissants.

Quelques propositions pour préparer l'avènement de la gouvernance planétaire

Voici pour commencer deux axiomes complémentaires et peu contestables qui peuvent aider à y réfléchir :

- **aucun paradigme n'a vocation à l'immortalité**. Les institutions dont l'humanité se dote sont ce qu'elles sont parce que nous en avons ainsi décidé à un certain moment de notre histoire, et parce qu'elles étaient alors le meilleur compromis possible compte tenu de l'état du monde. Il est donc interdit d'interdire de contester le dogme établi, comme le rappelle cet adage : *Est-ce un tort d'avoir raison contre toutes sortes de personnes qui ont toutes les bonnes raisons de croire qu'elles n'ont pas tort ?*

- **ce qui doit être fait pour conjurer un risque mortel est nécessaire, et puisque c'est nécessaire, c'est possible.** Il ne faut donc pas attendre de tout savoir ou d'avoir écouté tous les avis contraires pour imaginer ce qu'il faut avoir fait entre temps pour arriver à ses fins, mais il faut au contraire se doter à chaque instant d'une image progressivement affinée de l'objet visé, en comptant sur ce processus itératif pour éclairer le chemin.

L'Institution en charge de la Gouvernance de la Planète (IGP) dont l'humanité devra un jour se doter ne peut exister que si elle est porteuse et garante de valeurs qui, par consentement mutuel, sont considérées comme transcendant celles qui régissent les nations et les institutions existantes.

Ces valeurs sans lesquelles il ne pourrait y avoir de gouvernance planétaire sont de même nature transcendantale que celles que véhiculent la plupart des religions. Ces religions sont les institutions immatérielles, instaurées par les êtres humains, capables d'emporter l'adhésion de personnes partageant ces valeurs, et ces groupes d'adeptes sont d'importance variable selon l'état des sociétés, des mœurs, de la culture, de la technologie et du monde alentour, et chacune de ces religions est dotée de moyens de persuasion et de dissuasion par consentement mutuel qui sont tout aussi immatériels, comme le paradis et l'enfer.

A quoi pourrait concrètement ressembler cet OVNI appelé Institution pour la Gouvernance de la Planète ?

Si cette IGP est un jour instaurée, on peut donc l'imaginer comme une nouvelle religion, immatérielle, porteuse d'une valeur transcendantale consistant à sacraliser le système Terre, portion de l'espace tridimensionnel dans laquelle la planète Terre se meut, bien commun par excellence, et à protéger ce système Terre contre les intérêts particuliers des autres institutions humaines, à commencer par les Etats-nations, et à ce sur la très longue durée, bien au-delà des générations.

Mais à quoi pourrait bien ressembler une telle IGP conçue comme une nouvelle religion et donc de nature immatérielle ? Existerait-elle vraiment ? Ni plus ni moins que les religions existantes. Et de quels pouvoirs pourrait-elle être dotée ? Comme pour les autres religions, des pouvoirs que les humains seront convenus de la doter. Où serait physiquement situé l'organe central, le siège d'une telle institution ? Comme pour les autres religions, il serait à la fois partout et nulle part, u-topique et pan-topique. Ce qui ne l'empêcherait pas de disposer d'une congrégation pour la doctrine de la foi comme la Curie romaine et d'autant d'agences d'exécution que nécessaire, dotées chacune de locaux et peuplées de personnes en chair et en os, comme la Banque Mondiale et le FMI qui sont deux des agences d'exécution de la nouvelle religion orthodoxe du marché appelée ECMVG.

Quel serait son domaine de souveraineté ?

Pour que cette IGP existe et soit en mesure d'agir, il faut commencer par définir précisément la fraction de l'espace physique qui constitue son domaine de souveraineté exclusive, avec lequel les Etats-nations n'ont aucune possibilité d'interférer, de contester les décisions de cette institution qui les transcende, d'exercer un quelconque droit de veto. L'espace en-deçà de ces limites est le lieu où s'exerce la coresponsabilité, la cogestion et la confrontation entre l'IGP et les institutions humaines existantes, et dans lequel les Etats-nations peuvent exercer leur droit de veto pour protéger leurs intérêts particuliers.

Dans cette perspective, cet essai propose de limiter le domaine de souveraineté de chaque Etat-nation à une portion d'espace dans laquelle, compte tenu de l'état actuel de la technologie, s'exerce ou peut s'exercer l'activité humaine : soit, par exemple, un volume de quelque 10 kilomètres d'épaisseur sous la surface du sol de cet Etat et d'une hauteur au-dessus du sol à définir, de l'ordre de quelques dizaines de km. Une nation comme la France se définirait ainsi, non pas comme une portion d'espace de la forme d'un cône de hauteur indéfinie (ou de plusieurs cônes, en cas de possessions outre-mer) dont le centre est le centre de la terre et dont les génératrices sont les tangentes à ses frontières terrestres et maritimes, à la limite des eaux territoriales, mais comme une fraction de ce cône dont les parties terrestres et aériennes ont ces mêmes épaisseurs. Tout l'espace extérieur à ces fractions de cônes où s'exerce la souveraineté des Etats-nations constitue le domaine de souveraineté exclusive et non cessible de l'IGP, qui comprend donc aussi les fractions d'océans et de continents non encore appropriées, comme l'antarctique.

Le droit des Etats-nations à exploiter les ressources de leur sous-sol et de leur espace aérien qui sont déjà connues ou qui restent à découvrir et le droit d'en tirer des revenus fiscaux seront donc dorénavant limités à leur domaine de souveraineté ainsi redéfini. Au-delà de cette limite, c'est à l'IGP que reviendra, en tant que seule autorité souveraine, le droit de refuser ou d'autoriser l'accès aux ressources existantes, de délivrer les permis d'exploitation, et de percevoir les revenus fiscaux correspondants.

Une telle démarche de partage de la planète et même du système solaire et de l'Univers serait assez comparable dans son principe à celle imposée il y a près de six siècles par le Pape Alexandre VI et par ses successeurs après la découverte du continent sud-américain, mais, contrairement à cet ancien partage ordonné par un Pape et au profit de nations soumises à son autorité, ce nouveau partage du monde ne se ferait pas à la demande ou au profit de tel ou tel ensemble d'Etats-nations, mais en raison de valeurs qui transcendent celles des nations, et qui concernent l'intérêt général et la pérennité du système Terre.

De quelles ressources propres serait dotée cette IGP ?

Pour s'imposer dans ce monde soumis au pouvoir de la finance, cette IGP doit disposer de ressources financières propres qui ne dépendent pas du bon vouloir des Etats-nations ni de quelque autre centre de décision que ce soit. C'est pourquoi je propose de réfléchir aux deux sources suivantes de financement qui pourraient assurer à l'IGP un flux annuel de ressources propres de l'ordre de 3% ou 4% du PIB mondial : la première proviendrait des redevances d'exploitation de toutes les ressources de son domaine de souveraineté exclusive, et la seconde consisterait en la création programmée de monnaie centrale par le FMI actuel, qui deviendrait une des agences d'exécution de l'IGP. Les DTS ainsi créés de façon planifiée et programmée sur la longue durée, c'est-à-dire indépendamment de la conjoncture, devraient être d'un montant annuel de l'ordre de 1% ou 2% du PIB mondial.

Ces ressources propres permettraient à l'IGP :

-de contribuer au financement des dépenses d'investissement à long terme tels que ceux prévus par le GIEC pour la lutte contre le changement climatique et pour la défense et restauration de l'environnement ;

-de contribuer au financement des investissements de peuplement et au rattrapage du retard accumulé par les PVP dans ce domaine. L'IGP pourrait ainsi contribuer à divers fonds spécialisés, dont celui destiné à la mutualisation des dépenses d'Investissements Publics Initiaux de Fonction Locale (IIFL) décrites dans le chapitre 3 et d'autres dédiés par exemple au renouvellement périodique des fonds de l'IDA et autres institutions permettant aux PVP de bénéficier de possibilités d'emprunt à conditions de taux et de durée d'amortissement privilégiées pour rattraper leur retard en matière d'investissements de peuplement ;

-enfin d'apporter aux Etats les garanties et avantages financiers nécessaires pour qu'ils acceptent par exemple de détruire la totalité des quelque douze mille armes nucléaires existantes ainsi que des autres armes de destruction massive, et en cas de refus, de décourager les pays récalcitrants en les privant de l'accès à tous les bénéfices des activités, programmes et sources de financement que cette IGP et ses agences d'exécution partenaires apporteraient au reste du monde.

Enfin, pour s'imposer, cette IGP devrait aussi pouvoir compter sur des agences d'exécution disposant d'outils techniques adaptés à l'exercice de leurs missions, comme par exemple une nouvelle technique de l'actualisation permettant d'imposer les valeurs de l'IGP en matière d'équilibre intergénérationnel dans les procédures de sélection et de programmation des investissements (voir le chapitre 28).

Conclusion

A quoi bon ces élucubrations à propos d'une nouvelle conception de la gouvernance de la planète ? Ne sont-elles qu'un rêve un peu fou, qui plus est hors sujet de cet essai ? Je réponds à cette observation par l'affirmative : rien de ce que j'évoque n'a la moindre chance de voir le jour... tant que ne se produira pas un événement assez grave pour nous faire prendre conscience que nous sommes au bord du précipice.

Peut-être avons-nous frôlé ce point de non- retour il y a quelques mois avec l'*opération spéciale* de la Russie en Ukraine et la menace brandie par la Russie de faire usage de son arsenal nucléaire ? Mais rien de tel ne s'est passé, et tout va continuer comme avant, à la seule différence près que les détenteurs actuels de l'arme nucléaire savent maintenant qu'ils peuvent menacer de s'en servir pour engager d'autres opérations spéciales servant leurs propres intérêts. Donc, cette guerre entre la Russie et l'Ukraine n'est semble-t-il pas suffisante pour nous convaincre de renoncer au *business as usual*.

Quelle pourrait être la prochaine étape, qui nous amènerait vraiment au bord du précipice sans toutefois nous y faire tomber, pour que nous puissions proclamer une nouvelle fois : plus jamais ça ? S'agissant du risque nucléaire, cela pourrait-il être une simple cyberattaque, qui semble aujourd'hui tout-à-fait possible, et dont le but serait de détruire en un instant l'intégralité des codes de contrôle des milliers d'armes nucléaires existantes ? Et, s'agissant des risques associés à la lutte entre nations pour la colonisation ou l'exploitation des ressources de la Lune et d'autres planètes aujourd'hui accessibles, ce facteur déclenchant pourra-t-il être le prochain lancement du programme Artémis de la NASA ?

Chapitre 27
Refonder l'économie du développement et redéfinir les missions des Partenariats d'Aide au développement

Résumé

Les nouvelles Institutions de partenariat auront comme principale raison d'être de contribuer à gérer le peuplement de la planète et d'assurer l'interface entre le Nord, déjà peuplé, et le Sud, en voie de peuplement, afin que chacun assume ses propres devoirs en vue d'un progrès commun. Entre autres missions prioritaires, ces Institutions devront assurer la stabilité et la pérennité du financement des investissements de peuplement à la hauteur des besoins, elles devront veiller à ce que tous les acteurs qui sont impliqués dans le développement remettent les fondamentaux qui sont la population, l'espace, le temps long et l'interaction entre population et économie au cœur de leurs préoccupations, et à penser en conséquence l'aménagement et l'équipement de leurs territoires, les politiques sectorielles, la gestion des migrations, la coopération régionale, la décentralisation et le développement local.

Bref rappel de l'histoire de l'Aide officielle et de ses errements passés

Les propos qui suivent ne concernent que l'Aide officielle et non l'aide humanitaire et désintéressée qui doit être réservée aux seules organisations caritatives, ONG et autres initiatives privées. L'analyse critique de la façon dont l'Aide publique est aujourd'hui pratiquée montre en effet que cette aide humanitaire pourrait être encore plus bénéfique si ces organisations caritatives n'étaient pas condamnées à œuvrer en concurrence avec les Institutions d'Aide officielle et dans un environnement si perméable aux modes, si compréhensif à l'égard du monde des affaires, et si rarement bien inspiré.

En un demi-siècle, depuis l'invention de l'*Aide* au développement consécutive au démantèlement des empires coloniaux, les Institutions internationales et les Agences en charge de la mise en œuvre de cette *Aide* ont presque tout essayé, en promettant à chaque changement de cap qu'elles tenaient enfin la clef du problème, au lieu de se remettre elles-mêmes en question.

De la priorité aux infrastructures qui était caractéristique des débuts de la Banque Internationale pour la Reconstruction et le Développement (BIRD), on est rapidement passé à l'investissement urbain, accusé par la suite d'être responsable du biais urbain des gouvernements des pays aidés, puis à la priorité à la sécurité alimentaire et à la lutte contre l'exode rural, à la privatisation et à l'ajustement dit structurel (!), à la dimension sociale de l'ajustement et à la lutte contre la pauvreté mise à toutes les sauces, à l'industrialisation et à la modernisation par effraction, à la décentralisation, à la démocratisation et à la gouvernance, à la compétitivité sur les marchés mondiaux, à la protection de l'environnement, à la réinvention des communs et des Biens Publics Mondiaux dont on attendait de nouvelles sources de financement de l'*Aide*, à la fragmentation des chaines de valeur comme condition de l'émergence, le tout couronné par les 8 Objectifs du Millénaire pour le Développement (OMD) proclamés par l'ONU en 2000 auxquels ont succédé en 2016 les 17 Objectifs et les 169 sous-objectifs ou cibles de Développement Durable (ODD) adossés à 244 indicateurs, dont aucun ne fait allusion au processus de peuplement de la planète ni à ses implications, puis enfin aux stratégies à long terme bas carbone et résilientes.

Commençons par un bref rappel des modalités d'intervention de deux des principaux acteurs de l'Aide officielle qui sont le Groupe de la Banque Mondiale, qui se présente elle-même comme le leader en matière de Recherche sur l'économie du développement, et l'Union Européenne.

Le cas de la Banque Mondiale

Ce n'est pas un simple hasard si, de la BIRD initiale, cette Institution est devenue pour le grand public la Banque Mondiale : cette dénomination est en effet plus conforme à la façon dont cette institution conçoit son propre rôle et à l'image qui en résulte, celle d'une Institution culturellement plus proche du milieu de la finance et de l'économie capitaliste de marché en voie de globalisation (ECMVG) que de l'appui au développement des pays les moins avancés.

L'extrait ci-dessous d'un article écrit en 1991 par Lawrence Summers, au lendemain de sa nomination comme Chef Economiste, et aussitôt après démenti par son auteur pour lui permettre de rester à ce poste, en dit long sur sa conviction intime à propos du développement (voir Annexe 3) :

Les pays sous-peuplés d'Afrique sont largement sous-pollués. La qualité de l'air y est d'un niveau inutilement élevé par rapport à Los Angeles ou Mexico. Il faut encourager une migration plus importante des industries polluantes vers les pays moins avancés. Une certaine dose de pollution devrait exister dans les pays où les salaires sont les plus bas. Je pense que la logique économique qui veut que des masses de déchets toxiques soient déversées là où les salaires sont les plus faibles est imparable. [...] L'inquiétude à propos des agents toxiques sera de toute évidence beaucoup plus élevée dans un pays où les gens vivent assez longtemps pour attraper le cancer que dans un pays où la mortalité infantile est de 200 pour 1 000 à cinq ans.

Et ce n'est pas avec Paul Romer, un des lointains successeurs de Lawrence Summers à ce poste de Chef Economiste, qui projetait de créer en Afrique des *charter cities* copiées sur le modèle de Shenzhen, que le doute sur l'intime conviction des responsables de la Banque Mondiale quant à la vraie nature du développement pourra être dissipé (voir le chapitre 28 et l'Annexe 3).

Le cas de l'Union Européenne

La série des conventions de coopération entre l'Union Européenne, autre acteur majeur de l'*Aide* au Développement, et les Pays d'Afrique, des Caraïbes et du Pacifique offre un bel exemple de la façon dont la prétendue *Aide* octroyée par l'Europe aux pays du Sud a toujours été conçue en fonction des thèmes à la mode dans les pays du Nord et subordonnée aux intérêts de ces pays.

Dans la foulée de la reconstruction des pays du Nord après la guerre mondiale, les premières conventions de coopération de Yaoundé I et II (1963-1975) mettaient l'accent sur les infrastructures, ce qui était conforme au simple bon sens, qui a été hélas rapidement perdu de vue, avec le nouveau cycle des conventions dites de Lomé.

Dès Lomé I et II (1975-1985), tout en affichant des objectifs d'ordre social ou humanitaire, les relations entre l'Europe et les pays ACP ont été rapidement recentrées sur la question des protocoles commerciaux régissant les échanges entre ces pays et l'UE : protocoles de la banane, du sucre, de la viande, puis des produits miniers et industriels. La Convention de Lomé I, signée en 1975, a ainsi porté principalement sur la question des exportations des pays ACP vers la CEE, avec le régime STABEX, offrant aux pays ACP une compensation pour les pertes éventuelles de recettes d'exportation. La convention de Lomé II, signée en 1979, y a ajouté le régime SYSMIN, visant à aider l'industrie minière des pays ACP et donc à favoriser les investissements étrangers dans ces domaines. Celle de Lomé III (1985-1990) a mis l'accent sur la dénonciation du biais urbain et sur la priorité à l'autosuffisance alimentaire, pour répondre aux inquiétudes de l'opinion publique et des médias à propos des risques sanitaires et de famine, de la mauvaise gouvernance, et de leurs conséquences sur l'avenir des grands investissements miniers et industriels étrangers en ASS. Celle de Lomé IV (1990-2000) a poursuivi cette même tendance à la diversification des objectifs de l'*Aide* avec l'introduction de l'ajustement structurel (!), des droits de l'homme, du genre, de la démocratie, de la dimension sociale de l'ajustement, de la lutte contre la pauvreté et de l'aide d'urgence, cependant que l'Aide Publique au Développement passait de 0,3% à 0,2% du PIB de l'Europe ! Enfin, la convention de Cotonou (2000-2020) a mis l'accent sur la nécessité d'intégrer les pays ACP dans l'économie mondiale et de libérer de toute contrainte les échanges entre l'Union Européenne et les pays ACP, et ce tout en promettant de lutter contre la pauvreté et de favoriser le retour des migrants dans leurs pays d'origine.

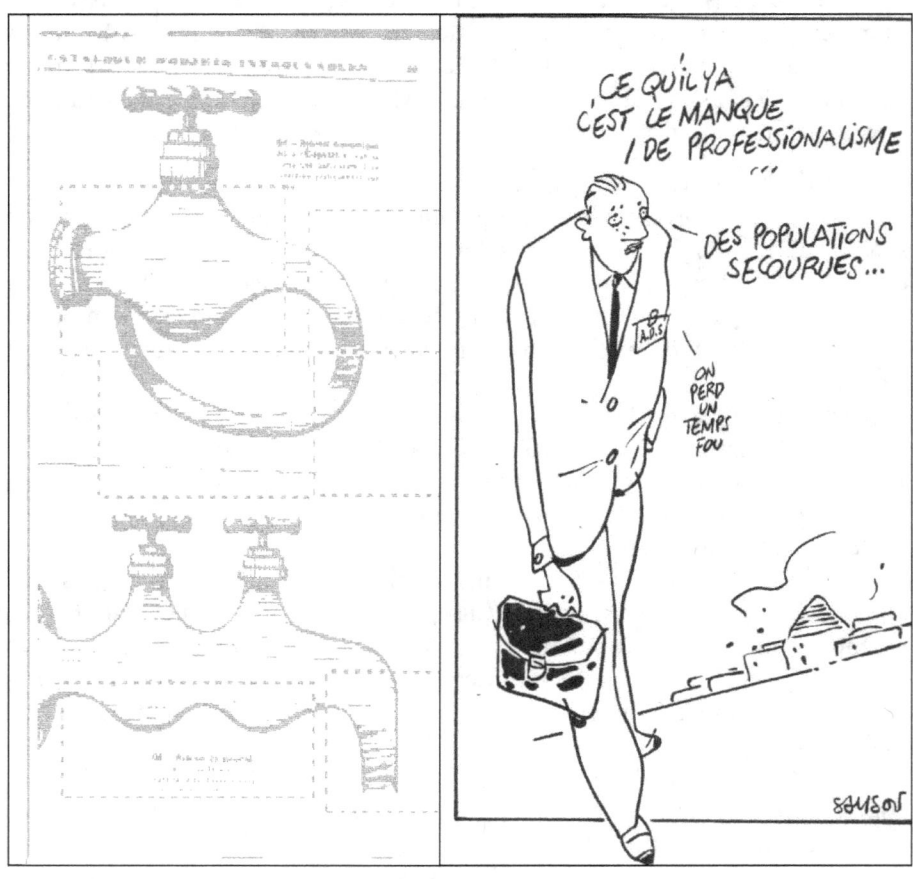

Ce rapide survol de l'évolution des accords de coopération entre L'Union Européenne et les pays ACP montre comment, en dépit des affirmations officielles, la Commission Européenne a trop souvent conçu son *Aide* en tant qu'un instrument parmi d'autres pour défendre ses propres intérêts économiques et géostratégiques, comment elle a suivi sans état d'âme les recommandations du Consensus de Washington pour orienter cette *Aide*, et comment elle a pu profiter de la multiplication des initiatives de l'ONU et des objectifs et sous-objectifs de développement durable pour noyer le poisson, sans pour autant se remettre en question, comme le confirme la pratique consistant à se débarrasser des excédents et des déchets sur le continent africain.

Depuis 1990, les poulets devenus invendables en Europe sont exportés à prix zéro départ du port européen au Ghana où ils inondent le marché et tuent dans l'œuf la production locale	
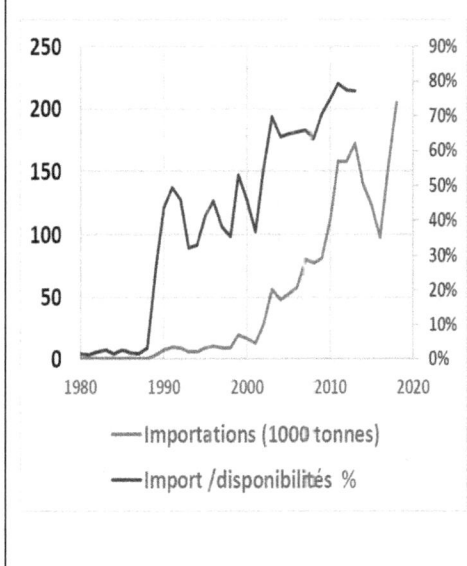	

La course à la sectorialisation, à la spécialisation et à la sophistication à laquelle se sont livrées la plupart des Institutions actuelles en charge de l'Aide procède sans doute de la même démarche que celle des entreprises qui, pour rester compétitives, s'évertuent à fragmenter toujours plus finement leur propre chaine de valeur. Si cette sectorialisation permet en effet à ces Institutions de publier toujours plus dans les revues de rang A les plus pointues, elle a aussi pour effet de les empêcher de garder le contact avec le réel, de les décourager de résister aux modes et aux dogmes, de les inciter à raisonner à l'échelle de temps des programmes et des projets et non à celle des générations, et de les empêcher de tirer le meilleur parti du bon sens et des compétences de leur personnel en les enfermant dans un cadre de pensée et de fabrication de produits prédéfinis, comme les *Poverty Reduction Strategy Papers* (PRSP) du FMI (!) et de la Banque Mondiale, que tout pays éligible au guichet de l'IDA doit rédiger et s'engager à respecter, alors que ces PRSP incitent en fait ces pays à aborder les questions de changement structurel à reculons.

L'absence totale de curiosité et d'intérêt de la plupart de ces Institutions pour les divers exercices de prospective qui leur étaient destinés est en partie imputable à la structure de leurs organigrammes et à la quasi-absence au sein de ces Institutions de disciplines ou de champs de réflexion et d'action qui, par nature, sont interdisciplinaires, comme l'histoire, la géographie, le peuplement, la prospective, la planification, l'aménagement du territoire, en un mot l'oïkonomia. On aurait pu espérer que la nouvelle attention portée aux questions concernant l'environnement contribue à restaurer une forme de dialogue interdisciplinaire au sein de ces Institutions, mais il n'en a rien été car, faute de remise en cause du paradigme dominant, l'expérience montre que cette nouvelle discipline est le plus souvent traitée au sein de ces Institutions comme un secteur, avec lequel chacun des autres secteurs pris individuellement doit maintenant compter.

Pour préciser ce point, voici comment la Banque Mondiale a procédé en 1986 à la restructuration de l'organigramme de son siège, à l'occasion de l'entrée en fonction de son 7ième Président Barber Conable, soit quelques mois après que j'aie moi-même rejoint le siège de cette Institution. Ce nouveau Président qui avait du mal à comprendre comment fonctionnait cette étrange entreprise dont il venait d'hériter a décidé de licencier tout son staff un vendredi soir, pour rouvrir une toute nouvelle entreprise plus conforme à ses propres vues le mardi suivant.

Cette restructuration intégrale, qui était censée améliorer la compétitivité et la productivité de cette institution, a eu pour effet impensé et insensé d'aggraver encore la distanciation sociale au sein du staff entre les économistes et les spécialistes des diverses disciplines, et entre la recherche économique, toujours plus sophistiquée, et l'action concrète qui ne peut se passer du concours de ces spécialistes. Chaque Vice-Présidence régionale a été ainsi dotée de divisions qualifiées d'opérationnelles où se retrouvaient les *économistes*, qui étaient chargés des relations avec les pays clients, de la conception et de la conduite des programmes, et d'un département technique, sorte d'atelier de fabrication de produits intermédiaires et de produits finis conformes aux normes , organisé en cinq ou six divisions sectorielles, auxquelles étaient affectés les spécialistes du *secteur* correspondant comme l'agriculture, l'infrastructure, l'industrie ou le commerce. Et, à part les cafeterias, plus aucune structure interne n'incitait ces spécialistes ainsi sectorisés à échanger entre eux ni à dialoguer tous ensemble sur le fond avec les économistes.

Mais que se passe-t-il en réalité au Sud ?

En dépit de ces tergiversations de l'*Aide*, les pays en voie de peuplement ont suivi et continuent à suivre une belle ligne droite, comme l'a montré l'analyse de l'économie populaire et de la croissance endogène. En un siècle, la population totale de l'Afrique Sub-Saharienne aura été multipliée par douze et la population urbaine par soixante-dix. Au Vietnam, la population totale aura été multipliée par six et la population urbaine par cinquante. Le bon sens commandait d'observer avec soin cette transformation du peuplement, de se demander comment les sociétés et les institutions locales s'y prennent pour s'accommoder d'un tel bouleversement, de s'inquiéter de ce que les pays déjà peuplés devraient faire ou ne pas faire pour faciliter la tâche des pays qui sont encore en voie de peuplement.

Alors, pourquoi avons-nous été si peu curieux de ce qui se passait vraiment dans l'économie populaire, dite informelle, et pourquoi avons-nous si peu cherché à savoir en quoi l'*Aide* aurait pu contribuer à dynamiser cette économie populaire, au lieu de la traiter comme un moindre mal, ou au mieux comme un refuge temporaire ?

Si l'économie réelle de l'ASS a en fait beaucoup plus progressé que ne l'indique la quasi-stagnation de son PIB officiel par habitant depuis les années 1960, pourquoi n'avons-nous pas encore décidé de changer de thermomètre ? Si les performances de cette région du monde en voie de peuplement n'ont pas été à la hauteur de nos espérances, était-ce à cause du manque de professionnalisme des Africains ? Ou bien n'aurions-nous pas dû nous demander si notre façon d'appréhender ces performances de nos voisins du Sud et notre comportement à leur égard étaient adéquats ?

Et que comptons nous faire dans le futur pour que cette Afrique Sub-Saharienne soit en mesure d'accueillir la moitié des deux milliards de nouveaux habitants qui sont attendus dans le monde d'ici une trentaine d'années ? La réponse à ces questions semble hélas : *business as usual* : chaque nouvelle mode, chaque nouvel objectif ou sous-objectif des ODD apporte son surcroît de sophistication qui atteint aujourd'hui des sommets invraisemblables dans les études sur la profondeur de la pauvreté et sur le différentiel de ciblage entre les pauvres et les non pauvres. Mais où donc sont mentionnés les enjeux du peuplement dans cette litanie des 169 cibles associées aux 17 ODD, ou dans la collection des 10 500 *Policy research working papers* de la Banque Mondiale ?

Les Institutions en charge de l'*Aide* s'intéressent-elles au peuplement de la planète et à ses implications ?

La réponse est claire : préférant ne pas regarder l'avenir en face, de nombreuses Institutions, pressées par leurs opinions publiques mais aussi par une fraction agissante de la communauté des sachants, n'ont pour toute réponse aux défis du peuplement que de recommander l'adoption de politiques visant à maitriser la fécondité. Alors que la croissance démographique et l'intégration à l'économie de marché impliquent nécessairement une profonde redistribution de la population qu'il faut faciliter et non freiner, les migrations et l'urbanisation sont le plus souvent présentées comme la conséquence de mauvaises politiques et comme la principale source de désordre social, de pauvreté et d'atteinte à l'environnement. C'est sans doute ce déni de réalité qui est la cause majeure des piètres performances de l'*Aide* et, subséquemment, de son repli.

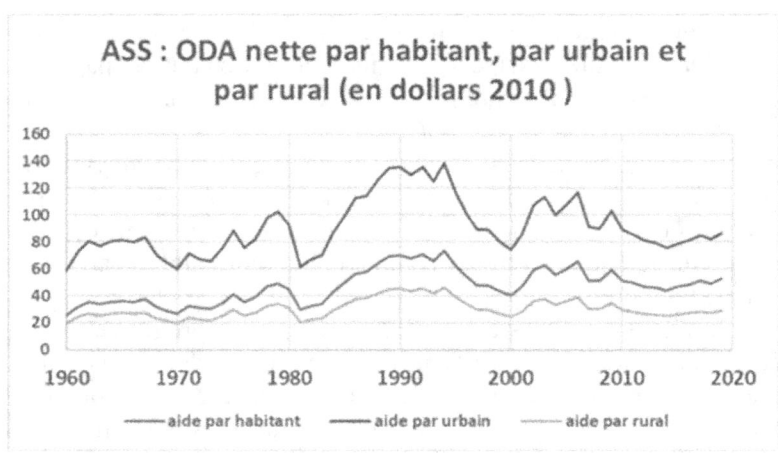

Si nombre de bailleurs de fonds ont aujourd'hui officiellement renoncé à persévérer dans la lutte contre le *biais urbain* des décennies 1970-90, ils n'en ont pas encore tiré les leçons, comme le montrent la baisse des ressources consacrées à l'*Aide* par habitant et de la fraction de cette *Aide* qui est consacrée aux infrastructures physiques, c'est-à-dire en dur (faute de données récentes, le graphique suivant, établi en dollars 2000, n'a pas pu être réactualisé).

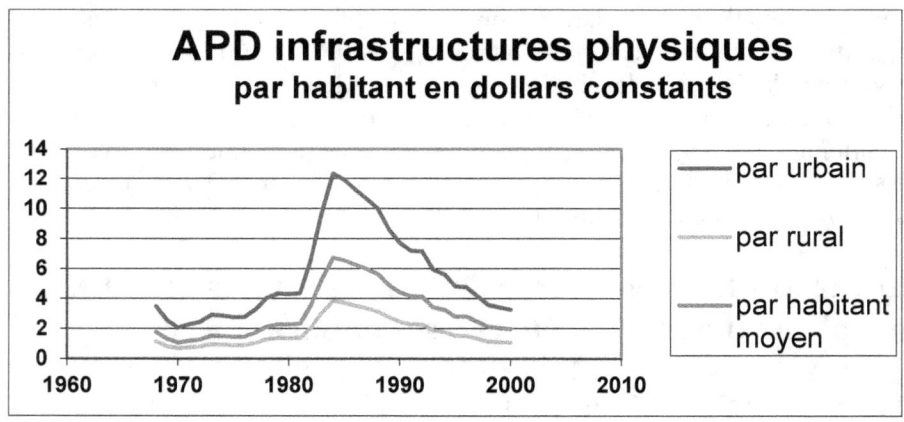

On a vu au chapitre 24 que les besoins futurs d'investissements publics de peuplement de l'Afrique Sub-Saharienne peuvent être estimés à quelque 4 à 5 % de son PIB, soit de 100 à 130 milliards de dollars par an, croissant à 5 % par an, ou l'équivalent de 90 à 120 dollars par habitant. Ce montant est à comparer au total de l'*Aide* Publique au Développement actuelle, qui est de l'ordre de 50 dollars par habitant, dont moins de 10 dollars sont consacrés aux infrastructures.

Si les besoins ainsi déterminés nous apparaissent énormes et hors d'atteinte, c'est parce que nous sommes myopes et obnubilés par le court terme, et que nous n'avons toujours pas compris que la première forme d'accumulation de capital de l'humanité est la gestion raisonnée de son processus de peuplement qui est un enjeu mondial. Nous devons nous faire à l'idée que, en 2050, la majorité des trois milliards d'habitants urbains des pays en voie de peuplement ne vivront pas dans les caniveaux et les tas d'ordures et que la plupart d'entre eux auront alors accès aux services nécessités par le mode de vie urbain. L'intérêt de la prospective – qui ne s'apparente pas à la méthode Coué- est de se demander comment cette transformation aura été possible, et quelles inflexions cela implique dans notre façon de nous comporter nous-mêmes, pays déjà peuplés, pour faciliter la tâche des autres pays qui sont encore en voie de peuplement.

Qu'est-ce que le développement, et quels sont les pays auxquels s'adresse l'Aide ?

Revenons aux premières questions posées dans l'introduction de cet essai : qu'est-ce d'abord qu'un pays développé ? C'est, ou plutôt ce serait un pays qui aurait achevé l'aménagement et l'équipement de son territoire, et dont par conséquent tous les lieux se vaudraient, de sorte que tous les habitants et les activités pourraient librement décider où s'installer pour saisir les opportunités qui se présenteraient. Qu'est-ce d'autre part qu'un Pays en voie de peuplement ? C'est un pays dont la population totale croît et qui est engagé dans un processus d'aménagement, d'équipement et de gouvernance des diverses parties de son territoire dans lesquelles la population et les activités doivent trouver place et s'épanouir le mieux possible : dit plus simplement, c'est un pays en voie de développement (PVD), au sens qu'il convient de donner à ce concept, et non à celui utilisé jusqu'ici et qui est dépourvu de ses dimensions essentielles qui sont la dynamique de peuplement, l'espace, les territoires et les interactions population-économie. C'est donc avant tout à ces pays en voie de développement ainsi redéfinis et qui ne peuvent assumer seuls le cout des investissements de peuplement que doit être destinée l'Aide publique proprement dite, débarrassée de tout risque de confusion avec la charité en dépit de l'usage du même vocable d'Aide.

L'Aide au Développement et la gestion du peuplement de la planète

Dans le monde et à toutes époques, il n'y a certes pas que les défis du peuplement auxquels sont confrontés les PVD ainsi définis qui doivent figurer dans l'agenda des relations Nord-Sud. Mais ces défis du peuplement ont été à tel point refoulés au cours du demi-siècle passé que la priorité doit être aujourd'hui de mettre fin à cette anomalie et de rattraper le retard ainsi accumulé dans ce domaine essentiel. L'importance ainsi accordée à ces défis du peuplement ne revient évidemment pas à oublier qu'il existe d'autres défis appelant d'autres formes d'Aide, de nature géostratégique (l'A*ide* destinée à conquérir des marchés, à conforter des zones d'influence, à maintenir l'ordre) ou conjoncturelle comme l'Aide d'urgence ou concernant l'environnement, mais sur lesquels cet essai n'a rien de particulier à proposer.

Peuplement et besoins de transferts

Contrairement à leurs prédécesseurs des siècles passés, les nouveaux PVD ne peuvent plus recourir aux diverses pratiques telles que la conquête de nouveaux territoires, le pillage du voisin ou l'esclavage, qui étaient alors d'usage courant pour gérer leur peuplement. L'introduction à cet essai a rappelé que ces nouveaux PVD ont six fois moins de temps que n'en ont eu les pays aujourd'hui peuplés pour faire face aux enjeux de leur propre processus de peuplement, et le chapitre 24 a montré que la plupart de ces PVD ne peuvent assumer seuls le cout des investissements initiaux de peuplement (IIFL) qui sont indispensables à l'épanouissement de leur économie populaire, et sans lesquels les risques associés à ce qu'on appelle les crises migratoires ne peuvent que croître, d'où la proposition de mutualiser le cout de ces IIFL qui doivent être réalisés là où la planète se peuple.

A la nouvelle définition des PVD proposée ci-dessus, correspond une nouvelle classification évolutive dans le temps de **tous** les pays de la planète selon un nouveau critère synthétique qui tient compte à la fois de la dynamique de peuplement et du niveau de revenu : cet indicateur est le cout relatif des investissements initiaux de peuplement (IIFL) par rapport au PIB de chaque pays, qui varie en 2020 de plus de 50% du PIB dans le pays le plus *sous-développé* qui est le Burundi à moins de 0.1% du PIB pour les 14 pays les plus *développés*.

Voici, pour cette année 2020, le tableau de répartition en 7 tranches de cout relatif des IIFL des 178 pays du monde pour lesquels les données nécessaires sont disponibles. Les pays des cinq premières tranches doivent recevoir des transferts pour financer la fraction du cout de leurs IIFL qu'ils ne peuvent autofinancer : ces 91 pays, qui rassemblent les trois quarts de la population mondiale totale, sont les PVD partenaires privilégiés des institutions d'Aide, dont ils reçoivent en moyenne l'équivalent de 3.6% de leur PIB, soit au total 470 milliards de dollars par an sous forme de transferts définitifs, ou 0.6% du PIB mondial total. Si le total des transferts nets destinés au financement des IIFL de l'ensemble du monde est nul, c'est-à-dire si le fond international à créer et qui sera exclusivement destiné à la mutualisation du financement des IIFL est équilibré, ce sont les 87 pays des deux dernières tranches, qui forment l'ensemble des *pays développés*, qui doivent verser cette somme nette à ce fond dédié, et qui équivaut en moyenne à 0.8% de leur PIB total.

Pays classés par importance du cout ds IIFL en fonction du PIB (année 2020)

Tranches d'IIFL /PIB	nombre de pays	% de la population	% des nouveaux résidents	% du PIB total	PIB par habitant	% des IIFL totaux	IIFL en % du PIB
>20%	17	5%	10%	0,3%	586	8%	30,2%
10% à 20%	14	5%	9%	0,5%	1118	7%	15,0%
5% à 10%	19	29%	34%	5,0%	1821	32%	6,8%
2,5% à 5%	19	10%	11%	3,4%	3553	11%	3,5%
1,2% à 2,5%	22	25%	25%	21,0%	8925	26%	1,3%
0,5% à 1,2%	24	9%	6%	8,4%	10135	7%	0,9%
<0,5%	63	17%	6%	61,4%	37750	8%	0,1%
Total et moyenne	178	100%	100%	100,0%	10563	100%	1%

L'analyse sur la longue durée du processus de peuplement et de ses implications qui a été présentée dans les trois premières parties de cet essai permet ainsi de construire une loi d'évolution des besoins de transferts nets de ressources au profit de ceux des PVD qui ne peuvent autofinancer l'intégralité du cout de leurs IIFL. Une telle loi symbolise une stratégie qui est autrement plus facile à expliquer aux parlements des pays riches que celle qui consiste à leur demander la charité de 0.7 % de leur PIB. Elle permet d'échapper aux considérations habituelles sur la fatigue de l'*Aide*, puisque la communauté internationale n'a pas le droit de baisser les bras avant la fin du processus de peuplement, et elle a aussi le mérite de rappeler l'importance des infrastructures : n'oublions pas que dans l'expression développement durable, il y a *dur*.

Faute de raisonner dans le cadre d'un paradigme adéquat, les Institutions d'*Aide* qui étaient les mieux placées pour évaluer l'ampleur de ces besoins de transfert n'ont pas pu mettre les Institutions financières internationales en face de leurs responsabilités pour que soient inventés les mécanismes de financement nécessaires, comme cela a été dit dans le chapitre 3 pour le cas des IIFL.

Implications pour les futures Agences de Partenariat

La condition sine qua non de conversion des Institutions et agences actuelles d'Aide en Institutions de partenariat Nord-Sud dignes de ce nom sera de se convaincre elles-mêmes et de convaincre progressivement tous les intervenants, au Nord comme au Sud, de la nécessité de revenir aux fondamentaux qui sont la population, l'espace et les interactions entre processus de peuplement et économie, et d'adopter le paradigme démo-économique et spatial dont dépend l'économie populaire.

Dans ce cadre, la toute première mission des nouvelles Institutions de partenariat entre les pays du Nord, riches et déjà peuplés, et les PVD du Sud sera de gérer les transferts nécessaires au financement des IIFL et de contribuer ainsi à la gestion du peuplement par l'aménagement, l'équipement et la gouvernance de ces PVD, et ce à diverses échelles, depuis le niveau micro-local des entités ville-hinterland jusqu'au niveau national et eu niveau régional.

Mais ces Institutions de partenariat ont aussi pour vocation d'apporter leur appui à l'économie **réelle** de chaque territoire dans lequel elles interviennent, alors que les deux composantes populaire et moderne de cette économie réelle sont condamnées à coexister au sein des mêmes espaces et doivent pouvoir coprospérer sans se nuire : la seconde mission de ces Institutions sera donc d'assurer l'interface entre ces deux composantes, et ce de nouveau à toutes échelles spatiales.

Leur troisième mission sera de convaincre tous les intervenants, au Nord comme au Sud, de la nécessité de revenir aux fondamentaux qui sont la population, l'espace et les interactions entre peuplement et économie, et donc de se préparer à la révolution paradigmatique annoncée.

En tant qu'agences d'exécution au service de l'Institution de Gouvernance Planétaire qui est proposée au chapitre précédent, les Institutions et agences de partenariat contribueront ainsi indirectement par leur action en faveur de l'aménagement du territoire à la lutte contre le changement climatique et contre les atteintes à l'environnement, et elles contribueront plus directement à la lutte contre deux autres dangers potentiellement mortels pour la planète qui sont l'incapacité actuelle des nations à gérer le peuplement et les migrations internationales et l'incapacité du système capitaliste de marché en voie de globalisation et du système financier à maitriser leurs propres démons.

Ce qui est proposé dans cet essai revient donc à libérer les Institutions et les agences d'Aide actuelles du carcan imposé par le dogme de l'économie dite *orthodoxe,* pour leur permettre d'élargir leur perspective, leur champ de compétence et leur efficacité, de réhumaniser, de relocaliser et de redynamiser leur action et d'accompagner les restructurations spatiales et sociales impliquées par le processus de peuplement : en bref, cet essai propose de réinventer ou de refonder le concept et la pratique de ce qu'on appelle l'Aide.

Autres enjeux auxquels les Institutions et Agences de partenariat doivent apporter leur concours

La prospective et de la planification

Il faut que tous les partenaires impliqués dans le développement retrouvent le sens et la raison d'être de la prospective, de la stratégie et de la planification à long terme. Aujourd'hui, par exemple, c'est en grande partie l'économie moderne qui détermine la dotation en infrastructures et l'attractivité des territoires et qui influence de ce fait et involontairement la redistribution spatiale de la population. Cet effet d'entraînement ne doit pas être simplement subi mais être pensé et géré en tenant compte de la stratégie de gestion du peuplement durable de la planète et des besoins de l'économie populaire.

C'était l'un des principaux messages de l'étude ILTA pour l'ensemble de l'ASS puis de l'étude WALTPS pour l'Afrique de l'Ouest, puis encore du programme ECOLOC à l'échelle des *RUCHES*, toutes initiatives restées lettre morte par la faute des institutions d'*Aide* elles-mêmes, qui ont donc gravement manqué à leur mission qui était d'inciter les pays partenaires à gérer les changements structurels.

Une des premières tâches des futures Agences de Partenariat Nord-Sud sera de reprendre à leur compte ces exercices de prospective et d'inciter les pays du Sud à refaire de tels exercices de prospective tous les dix ans et à penser en conséquence l'aménagement et l'équipement de leurs territoires, la protection de l'environnement, les politiques sectorielles, la gestion des migrations, la coopération régionale, la décentralisation et le développement local.

Pour que tous les acteurs impliqués dans le développement renouent avec l'approche stratégique, il faut renoncer à la fuite en avant qui consiste à multiplier sans cesse les objectifs et sous objectifs du développement. Cette fausse bonne idée a en effet comme conséquence l'éparpillement de la pensée et des ressources au détriment des fondamentaux, comme l'aménagement et l'équipement des territoires qui doivent être compris comme la première forme d'accumulation de capital dont l'humanité doit se doter.

L'accompagnement des changements structurels

Une condition pour que les institutions actuelles en charge de l'*Aide* soient en mesure de recentrer progressivement leurs interventions sur l'accompagnement des changements structurels et sur la préparation du futur est qu'elles se désengagent de tout ce qui relève ou pourrait relever de l'aide humanitaire, que d'autres institutions publiques ou privées comme les ONG sont mieux à même d'assumer.

Après réexamen de leurs programmes d'activité courants et abandon des objectifs et programmes superflus, les institutions d'*Aide* actuelles devront repenser complètement la façon d'aborder ceux de ces objectifs qui doivent être poursuivis, comme la lutte contre la pauvreté (voir chapitre 25).

La prévention des conflits en tenant compte des impératifs du peuplement.

La multiplication des conflits locaux et sous-régionaux résulte en partie de notre incapacité à gérer le peuplement. Exemples : les Pays des Grands Lacs, la Corne de l'Afrique. Selon l'ONU, 300 millions de personnes, soit 10 % de la population des régions en voie de peuplement, vivent en zones de conflit et 30 millions de personnes sont réfugiées. Outre ces conflits officiellement déclarés, de nombreux pays vivent dans l'instabilité chronique.

La gestion des sorties de crise

Les Agences de partenariat devront surtout prendre en compte les problèmes structurels et contribuer à réhabiliter la gouvernance locale. Il faut pour cela faciliter l'émergence de consensus sur des visions sous-régionales à moyen terme : exemple du Rwanda et du Burundi où cette vision a fait cruellement défaut. Il faut aussi comprendre et admettre que, une fois la paix rétablie, la majeure partie des réfugiés pourra ne pas souhaiter retourner dans sa zone d'origine, surtout s'il s'agit d'une zone rurale à faible potentiel d'insertion dans l'économie de marché. Il faut en toutes circonstances faciliter, et en tout cas ne jamais freiner la mobilité géographique et sociale au sein des zones affectées de conflits, et, pour ce faire, établir à cet égard une charte de bonne conduite des partenaires extérieurs. Et il faut enfin donner la priorité dans les opérations de reconstruction après conflit au renforcement des institutions locales et au développement local.

Chapitre 28
Repenser la recherche économique pour mieux répondre aux enjeux du peuplement

Introduction

Où et comment s'élabore la doctrine en matière de développement, dont les institutions multilatérales du système des Nations Unies et les agences de coopération en charge de l'Aide sont invitées à s'inspirer et qu'elles sont censées appliquer ? Vaste question, qui sera surtout abordée ici du point de vue particulier qui est adopté dans cet essai et qui concerne la gestion du peuplement.

Dans ce qui suit, nous allons donc d'abord chercher à comprendre comment est structurée et gérée la recherche sur l'économie du développement et tenter d'évaluer l'importance qui est accordée dans les agendas de recherche aux questions concernant le processus de peuplement et les multiples implications de ce processus sur le développement. Après quoi nous passerons en revue quelques thèmes qu'il conviendrait d'inclure dans les agendas de recherche en application du paradigme démo-économique, et nous évoquerons au passage quelques implications en matière de formation des experts des pays en voie de peuplement.

Où et comment s'élabore la recherche sur le développement ?

Sans pour autant ignorer l'existence de dizaines d'autres institutions actives dans ce domaine (voir Annexe 5), contentons-nous ici d'analyser le cas de la Banque Mondiale, qui se présente elle-même comme le principal foyer de la recherche sur le développement dans le monde, et qui exerce un leadership incontesté. C'est en tout cas ce qu'affirmait récemment l'un des responsables de cette institution : *The World Bank is considered a major source of development research, ranking first among institutions in terms of the number of times its work is cited, ahead of Brown University, the London School of Economics and Harvard University. The Development Research Group is the World Bank's principal research department. With its cross-cutting expertise on a broad range of topics and countries, the department is one of the most influential centers of development research in the world.*

Le Chef Economiste et la Vice-Présidence *Development Economics* de la Banque Mondiale

Le personnage central est ou plus exactement devrait être le Chef Economiste puisqu'il a pour principale mission d'assurer le leadership intellectuel de la recherche à la Banque. Pour limiter les risques d'endogamie, garantir l'ouverture au monde et suivre au mieux l'actualité, ce Chef Economiste est toujours un expert non-membre du staff permanent de la Banque, qui est recruté dans le milieu bancaire ou dans le milieu académique, et dont le mandat est volontairement limité à environ trois ans. A la fin de leur mandat, ces experts retournent dans leur institution d'origine, ou rejoignent le FMI pour y exercer des fonctions comparables à celles qu'ils exerçaient à la Banque Mondiale, ou font carrière dans des banques privées. L'Annexe 3 présente un bref portrait de chacun des treize Chefs Economistes qui se sont succédé à ce poste depuis 1972. Ces portraits mettent en évidence leurs domaines d'expertise respectifs et les thèmes sur lesquels ils tentaient, souvent en vain, de faire réfléchir leurs collègues économistes de la Banque pendant la durée de leurs mandats.

Seuls trois de ces Chefs Economistes semblent s'être professionnellement intéressés aux pays en voie de développement les moins avancés avant ou pendant leur mandat, et la plupart ne connaissaient du continent africain que l'Afrique du Sud et un ou deux pays anglophones de l'Afrique australe.

A côté du Chef Economiste qui ne dispose que d'un tout petit staff personnel, l'autre structure clef de la Banque Mondiale en matière de recherche est la Vice-Présidence *Development Economics,* en abrégé *DEC*, qui est ou qui devrait être placée sous l'autorité effective du Chef Economiste, qui a rang de Vice-Président de la Banque. Le *DEC* est un service permanent de la Banque, doté de quelque 500 économistes orthodoxes permanents, tous membres du staff de la Banque.

Actuellement, l'activité du *DEC* comprend les six programmes de recherche suivants, dont les intitulés et les contenus officiels sont ici repris in extenso :

Finance and Private Sector Development: *This research program focuses on understanding the role of the financial and private sectors in promoting economic development and reducing poverty and identifying policies to improve their effectiveness.*

Human development, *which is at the core of the World Bank's strategy to improve people's lives and support sustainable development*: *This research program spans education, health, social protection, and labor.*

Macroeconomics and Growth: *This research program seeks to identify the factors behind the diversity in aggregate economic performance across the world and understand how it is affected by policy and institutional changes under different country circumstances.*

Poverty and Inequality: *This research program aims to improve current data and methods of poverty and inequality analysis and use it to better understand the effectiveness of specific policies to reduce poverty and inequality.*

Sustainability and Infrastructure: *Lasting poverty reduction requires sustainable natural resource management as well as infrastructure development. This research program encompasses energy, environment, land, agriculture, water, climate change, biodiversity, and urbanization.*

Trade and International Integration: *The Trade and International Integration Research Program aims to improve understanding of the role of global economic integration in development and poverty reduction. We are also developing databases and analytic tools to analyze the impact of policy reforms.*

Voici la liste des 24 **World Bank Policy Research Reports** qui ont été publiés à ce jour dans le cadre de ces six programmes. Ces **Reports** sont des produits finis, engageant la Banque Mondiale, contrairement aux *Research Papers* qui sont évoqués plus loin : *Adjustment in Africa (1993); Averting the old age crisis; Bureaucrats in business; Private capital flows; Confronting AIDS; Greening industry; Trade blocs; Engendering development; Finance for Growth; Globalization, Growth, and Poverty; Land Policies for Growth and Poverty Reduction; Reforming Infrastructure : Privatization, Regulation, and Competition; Agricultural Expansion, Poverty Reduction, and Environment in the Tropical Forests; Finance for All ? Policies and Pitfalls in Expanding Access; Conditional Cash Transfers: Reducing Present and Future Poverty; Does Participation work? A Measured Approach to Ending Poverty; Harnessing Transparency and Citizen Engagement; Moving for Prosperity : Global Migration and Labor Markets (2018); Violence without borders (2020).*

Voici un court extrait du premier de ces *World Bank Policy Research Reports*, qui présente l'évaluation ex post des politiques d'ajustement structurel en Afrique :

The structural adjustment programs are designed to pave the way for long-term development and prosperity by fundamentally restructuring African economies. Continent-wide growth of Gross Domestic Product per capita remains low, however, leading many to question the effectiveness of adjustment efforts. In countries where policies deteriorated, economic performance generally worsened. Part of the explanation, then, for Africa's disappointing aggregate growth is **the lack of sustained reform, not a failure of the reforms themselves.** *The challenge for the future is to pursue policy reforms with stronger commitment.*

Ce rapport donne envie de relire le Malade imaginaire de Molière, dont les médecins veillaient à ce que leurs malades qu'ils saignaient à tour de bras meurent en bonne santé : souvenons-nous que Georges Washington lui-même est décédé prématurément non de son mal de gorge, mais comme conséquence des quatre saignées que ses chirurgiens lui ont administrées pour *affaiblir le corps au point où la maladie n'aurait plus rien sur quoi travailler*, alors qu'il leur demandait de *pouvoir mourir sans autre interruption* !

Le seul de ces 24 Research Reports qui aborde la question de la mobilité est l'avant dernier intitulé *Moving for Prosperity*..., mais ce rapport ne traite que de la question des migrations internationales. Je note qu'il en sera de même pour le prochain World Development Report de 2023, qui prendra pour thème central la question des migrations, mais restreintes au sens de *movements across an international border*, sans considération pour la géographie, ni pour la finesse du découpage de la planète en entités entre lesquelles sont mesurés ces mouvements, en un mot de façon tout aussi *u-topique* que le paradigme dont dérive l'économie orthodoxe…

Le *DEC* est par ailleurs chargé de compiler et de diffuser les bases de données sur le *développement* dans le monde, avec notamment les *World Development Indicators* (WDI) dont il est question au chapitre 5. A noter que l'édition 2021 du Rapport sur le développement dans le monde, intitulé *: Des données au service d'une vie meilleure*, traite de cette question clef du bon usage des données qui sont publiées dans les annuaires, mais uniquement sous l'angle de la sécurité : il n'y a évidemment pas un mot sur les problèmes posés par l'u-topie et par l'uchronie de ces bases de données qui sont discutées dans les chapitres 4 et 6. L'Annexe 3 présente les autres rapports et documents publiés par le *DEC*.

Qui commande véritablement la recherche sur le développement à la Banque Mondiale ?

Est-ce le Chef Economiste, qui est recruté hors de la Banque et qui ne reste en poste que trois ans, ou la structure permanente *DEC* qui est forte de plusieurs centaines d'économistes permanents ? Comment s'organise la concertation entre ces deux pôles ? Si conflit il y a, que se passe-t-il ?

C'est avec mes lunettes de démo-économiste que j'ai été amené à poser ces questions, pour comprendre pourquoi il est si difficile de contester le paradigme de l'économie du développement, et ce avec quelque institution concernée par le développement que ce soit, à commencer évidemment par la Banque Mondiale qui est la gardienne du dogme.

- Qui commande véritablement la recherche ? C'est, *de facto* et non *de jure*, la structure permanente du *DEC* et non le Chef Economiste, même si celui-ci est choisi pour répondre à une attente forte de l'opinion du moment : d'où la comparaison que je suis tenté de faire entre le *DEC* et la Curie à Rome, dans leurs rapports respectifs avec le Chef Economiste et le Pape.

- Comment s'organise la concertation ? D'abord évidemment par les modalités de recrutement du Chef Economiste : bien qu'extérieur à l'institution, le Chef Economiste une fois nommé ne peut accomplir son mandat que s'il a un génome compatible avec celui des membres du *DEC*, ce qui s'avère être une condition impossible à respecter.

- Donc, si conflit il y a, que se passe-t-il ? C'est évidemment le Chef Economiste qui doit s'incliner : soit en se résignant à adopter un comportement aussi neutre et inoffensif que possible, soit en étant prématurément remercié ou privé de l'essentiel de ses attributions. Exemples :

- l'Indien Kaushik Basu (2012-2016), qui était avant son arrivée à la Banque le conseiller économique en chef auprès du gouvernement indien, donc une personnalité éminente, a choisi la première voie : pour durer, ne rien dire qui puisse froisser, ne pas faire de vagues. Voici un extrait de son discours d'adieu à la Banque (septembre 2016) : *It has been four wonderful years. Hard work, engagement with the big wide world, and lots of love and warmth in the workplace. The only alarming fact is that the love and warmth seem to have increased after people learned that I was leaving!*

- Paul Romer, qui a été imprudemment désigné comme successeur de Kaushik Basu parce qu'il était nobelisable, a quant à lui choisi la seconde voie : six mois après sa nomination, il a été démis de son titre de Vice-Président du *DEC*, dont il a eu l'audace de critiquer à la fois le *Bankspeak, a codified, self-referential, and detached from everyday language, a vague technical code that symbolizes the lender's organizational drift*, et l'abus des modèles macro-économiques les plus abstraits qui soient concevables et dont les économistes du *DEC* se délectent. Jusqu'à son départ de la Banque en 2018, Paul Romer n'a plus été autorisé à interférer avec les membres du *DEC*.

On pourrait regretter cette mise au ban de Paul Romer, qui contrairement à tous ses prédécesseurs a défendu l'idée du rôle moteur de l'urbanisation dans le développement. Mais on doit pourtant se féliciter qu'il n'ait pas pu concrétiser son projet de modernisation par effraction de l'Afrique qui consistait à y implanter des clones de Shenzhen baptisés *charters cities* (villes sous charte), qui devaient être mises à l'abri des vicissitudes de la politique, de la société et du désordre ambiant, pour vaincre les résistances au changement.

Une fois débarrassée de Paul Romer, la Banque a choisi comme nouveau Chef Economiste Pinelopi Koujianou Goldberg, grande spécialiste des effets de la libéralisation des échanges mondiaux sur la croissance économique et sur la distribution des revenus. Pinelopi a tenu deux ans avant de retourner à l'Université de Yale dont elle venait, pour cause de *displeasure at senior World Bank officials*. L'actuel Chef Economiste est Carmen M. Reinhart, spécialiste de la finance internationale et de la contagion des crises financières : *business as usual*.

Que faut-il penser du *DEC* ?

Alors se pose la question : qui sont les quelque 500 économistes orthodoxes et membres permanents du staff de la Banque qui détiennent le véritable pouvoir au sein du *DEC* ? La plupart d'entre eux sont issus du même réseau d'universités prestigieuses, ont des cursus comparables, et veillent à la fois au respect du dogme, de l'air du temps, et de leur propre carrière universitaire.

Depuis 1988, le *DEC* a publié 10 500 *Policy Research Working Papers* (PRWP), qui témoignent des efforts accomplis par cette structure en matière de recherche sur l'économie du développement des pays clients de la Banque Mondiale.

En explorant rapidement le contenu de ces PRWP à l'aide du moteur de recherche par mot clef, j'en ai trouvé un, datant de 1988, dont le titre donne à penser que le processus de peuplement, au sens de la redistribution de la population entre milieu aggloméré et milieu diffus, méritait qu'on y prête attention. Voici le titre de ce document : *Demography, urbanization, and development. Rural push, urban pull, and urban push?*

Et voici un résumé des conclusions de ce document :

Using new historical data on urban birth and death rate, the authors argue that a non-negligible part of developing countries' rapid urban growth and urbanization may also be linked to demographic factors, that is, rapid internal urban population growth, or an urban push. High urban natural increase in today's developing countries follows from lower urban mortality, relative to industrial Europe, where higher urban deaths offset urban births. This compounds the effects of migration and displays strong associations with urban congestion, providing additional insight into the phenomenon of urbanization without growth. Nous voilà bien avancés sur la question du rôle de l'urbanisation dans le processus de développement !

Une lecture attentive de cette collection de 10 500 PRWP devrait permettre de reconstituer l'histoire de la pensée de la Banque en matière de développement, si tant est qu'il y en ait une. Si oui, cette histoire de la pensée doit être portée à la connaissance des Administrateurs de la Banque, qui doivent dire ce qu'ils en pensent. Sinon, il faudra conclure que le principal souci des membres du DEC n'est pas le développement, mais plus simplement le besoin pour les auteurs de ces rapports de suivre la mode pour leur permettre d'être cités le plus souvent possible dans les revues les plus prestigieuses avant de poursuivre leur carrière universitaire : *publish or perish.*

Que conclure de cette revue du rôle de la Banque dans la Recherche sur le développement ?

Comme son nom actuel l'indique, cette institution aujourd'hui connue sous le nom de Banque Mondiale semble avoir été conçue avant tout comme une institution financière, dont les organes dirigeants sont culturellement plus proches du milieu de la finance et de l'économie capitaliste de marché en voie de globalisation que ne le sont la plupart des autres institutions spécialisées du système des Nations Unies. Bien que la raison d'être de la Banque Mondiale soit l'appui au développement des pays les moins avancés, l'intérêt tout particulier que la Banque Mondiale porte à la dimension financière et monétaire du développement amène à se demander si l'on ne devrait pas la considérer comme une institution cousine ou comme une annexe du Fonds Monétaire International.

L'importance accordée au dogme de l'économie confirme le retour en force du religieux dans le monde contemporain. Si le *DEC* est bien l'équivalent de la Curie Romaine pour l'église Catholique, il est forcément et avant tout préoccupé par la sauvegarde du dogme, et il ne peut donc qu'être farouchement opposé à toute idée de révolution paradigmatique.

Ce n'est donc pas à partir du *DEC* tel qu'il fonctionne depuis des décennies que l'on peut attendre une quelconque réflexion sur le bienfondé de ce paradigme ni sur le besoin de revenir aux fondamentaux rappelés dans le chapitre 5 pour répondre aux défis auxquels sont confrontés les pays en voie de peuplement, qui constituent pourtant le cœur de cible des institutions en charge du développement.

Même si, les choses et les hommes étant ce qu'ils sont, on considère qu'il est encore trop tôt pour remettre en cause ce paradigme sur lequel reposent la théorie économique orthodoxe et l'économie moderne, il faudrait à tout le moins que la Banque Mondiale, dont la mission est de s'occuper de pays dont la majorité de la population dépend et dépendra encore longtemps d'un autre système économique, soit, à son tour, soumise à un audit par une instance indépendante, donc totalement à l'abri du *DEC* et de la personne occupant la fonction de chef économiste telle qu'elle est aujourd'hui choisie, mais bénéficiant de l'accès à toutes les informations nécessaires.

Un tel audit est d'autant plus important que c'est la Banque Mondiale qui donne le ton à l'ensemble des institutions du monde qui sont concernées par les questions de développement. Cette instance pourrait-elle être une Commission constituée majoritairement de ceux des administrateurs de la Banque qui représentent les pays en voie de peuplement ?

Cette analyse critique du fonctionnement de la Vice-Présidence *Development Economics* de la Banque Mondiale sera sans doute jugée par certains lecteurs comme trop caricaturale, trop partisane et peut-être même comme trop fausse pour être prise au sérieux : pour répondre une dernière fois à ces interrogations, je me contente ici de rappeler ce qu'a écrit le Directeur du Département Technique Afrique de la Banque Mondiale qui présidait le comité de suivi de l'étude WALTPS (voir le Chapitre 12) : *WALTPS has been captured conceptually by Jean-Marie Cour (our Bank's contribution !!) Focusing on the impact of likely demographic change is extraordinarily narrow. Demographic change in the direction suggested by Mr. Cour is not a natural law. Personally, I believe that the Cour model is very flawed, as I said at the meeting.*

De tels propos du chef économiste pour l'Afrique de la Banque Mondiale et qui n'ont jamais été démentis confirment que les questions que je pose au sujet du rôle du chef économiste d'institutions semblables et qui ont aussi en charge ce qu'on appelle le développement et non la défense du système économique dominant méritent d'être posées. Ces questions concernent la définition des fonctions de ce chef économiste, les modalités de son recrutement, les modalités d'interaction de cette personne avec la hiérarchie et avec les responsables opérationnels de l'institution à laquelle il appartient, ses rapports avec les autres institutions de développement, avec les institutions internationales et surtout avec les pays du Sud partenaires qui doivent être régulièrement consultés.

Cette analyse critique du mode de fonctionnement de la Vice-Présidence *Development Economics* de la Banque Mondiale m'a aidé à comprendre pourquoi ni l'Union Européenne, ni l'Agence Française de Développement, ni le Centre de Développement de l'OCDE n'ont à ce jour prêté la moindre attention à la thèse développée dans cet essai, thèse selon laquelle le paradigme de l'économie orthodoxe est aux antipodes de ce qu'il devrait être pour aborder les problèmes auxquels sont confrontés les pays en voie de peuplement. Puisque tout semble indiquer que la Banque Mondiale, leader incontesté en matière de réflexion sur le développement, a de fait décidé que cette thèse n'est qu'une *foutaise*, pourquoi les autres institutions semblables devraient-elles perdre leur temps à s'y intéresser ? C'est sans doute ce qui explique pourquoi aucun des douze projets de tribunes que j'avais soumis pour publication au responsable du blog *ID4D* (*Ideas for Development*) de l'AFD n'a été retenu, et aucun de ces projets n'a fait l'objet du moindre commentaire.

Quels thèmes de recherche faut-il développer en application du paradigme démo-économique ?

Pour répondre simplement à cette question, je commence par rappeler ce que je disais dans le chapitre précédent à propos de l'Aide au développement : *il n'y a pas que les défis du peuplement qui doivent figurer dans l'agenda des relations Nord-Sud, mais ceux ci- ont été à tel point refoulés et négligés depuis un demi-siècle qu'il vaut la peine d'oublier pour un temps les autres soucis de l'humanité et de la planète.* Le même constat et la même recommandation valent pour la recherche en économie et finance et pour la formation dans ces disciplines.

Il me semble aussi opportun de rappeler ce court extrait du chapitre 18 qui illustre la démarche suivie dans tout cet essai, par exemple à propos de la prospective :

Si les images à long terme sont bien le mode d'expression le plus simple permettant de hiérarchiser les enjeux, leur construction doit être considérée comme nécessaire. Et si cette construction est nécessaire, alors, elle est possible ... L'erreur à ne pas commettre serait d'attendre d'avoir toute l'information nécessaire avant de se lancer dans la construction de ces images à long terme, compatibles avec un nouveau paradigme, car cette information n'a de chance d'être produite que si l'on sait qu'on en a besoin. Et pour le savoir, il faut commencer par révéler ce besoin, ce qui implique de procéder par approximations successives... Ainsi, ce qui apparaissait a priori comme impossible et inconcevable, comme la cartographie du PIB et d'autres agrégats de la comptabilité nationale, devient possible parce que, dans le nouveau paradigme, elle est nécessaire.

Chaque chapitre de cet essai conduit ainsi à identifier de nombreux thèmes de recherche qui ont été jusqu'ici délaissés parce qu'on en ignorait le besoin, et qui doivent concourir à réinventer la **démo-économie**, cette branche de la théorie économique qui a été si malencontreusement abandonnée au moment où on en avait le plus besoin.

Si elle est poursuivie, cette démarche par approximations successives devrait permettre de transformer cet essai en un véritable manuel d'économie du peuplement à l'attention tant des étudiants en économie que des personnes qui, au Nord comme au Sud, sont impliquées dans le développement, car les deux parties ont fort à faire.

En complément des propositions formulées tout au long de cet essai en application du paradigme démo-économique, comme par exemple celles relatives à la dualité intrinsèque de l'économie réelle, à l'interaction entre peuplement et économie et à la croissance endogène (voir en particulier les chapitres 5 et 7) sur lesquelles je ne reviens pas, voici, du plus simple et du plus technique au plus général et conceptuel, quelques de pistes de réflexion qui mériteraient d'être approfondies et qu'il faudrait inclure dans l'agenda de recherche sur le développement : elles concernent respectivement la spatialisation des comptes de l'économie réelle, la prise en compte du long terme, l'humanisation de la finance et de la monnaie, la dimension spatiale des processus économiques, et la gouvernance planétaire.

Spatialiser les systèmes d'information de l'économie réelle

Le premier des impératifs découlant du changement de paradigme que propose cet essai et le plus difficile à satisfaire concerne la spatialisation des comptes économiques et des modèles et autres outils de suivi et de prévision économique à court terme et à long terme. Le chapitre 8 explique comment procéder pour construire, par approximations successives, des comptes démo-économiques spatialisés de l'économie réelle de tout territoire, du niveau national au niveau de chaque entité territoriale élémentaire. Je ne prétends pas que ce que je propose est la meilleure solution : toute une cohorte de statisticiens et de démo-économistes doit se mettre au travail pour construire les outils, modèles, programmes d'enquêtes, etc. qui à l'usage paraîtront les mieux adaptés. Mais, plutôt que de faire comme si les ébauches d'outils qui sont proposées dans cet essai n'existaient pas, il serait plus raisonnable de chercher à les perfectionner, tout en respectant le paradigme sous-jacent.

Pour mieux prendre en compte le long terme, concevoir une autre approche de l'actualisation dans le calcul économique

Le second impératif découlant du changement de paradigme que propose cet essai est de remédier à ce que j'appelle l'uchronie de la théorie économique orthodoxe, au sens de l'ignorance de la variable temps passé et temps futur à divers horizons. Cette question essentielle concerne par exemple la relecture du passé, la prévision à court terme et à moyen terme, la prospective à plus long terme de l'économie réelle et la conception des modèles et autres outils permettant de construire des chroniques de comptes économiques et des images du futur à divers horizons temporels qui soient effectivement utilisables.

La technique d'actualisation, remède à l'uchronie de la théorie économique orthodoxe.

Le remède qui est aujourd'hui employé pour contourner cette uchronie sans toutefois remettre en cause le paradigme dont s'inspire cette théorie économique consiste à recourir à la technique de l'actualisation, qui permet de produire des agrégats et indicateurs dont la construction tient compte du temps qui passe, mais sans que ce temps apparaisse explicitement. Cette technique est une application, la plus rudimentaire et la plus impensée qui soit, de l'outil mathématique appelé Transformation de Laplace. Je décris en détail dans l'Annexe 4 comment cette technique est aujourd'hui appliquée, et je montre comment, dans un premier temps, il est possible de l'améliorer sans rien changer sur le fond, en profitant simplement des multiples propriétés de cet outil mathématique. Une de ces améliorations élémentaires consiste à produire d'autres agrégats et indicateurs utiles, comme la fraction s du revenu net actualisé total qui est apportée par les revenus nets postérieurs à une date quelconque T, par exemple au-delà de l'horizon à moyen terme de T = 10 ans, ou de l'horizon à long terme par exemple 30 ou 50 ans. Cet indicateur montre que plus le taux de rentabilité interne d'un investissement est fort, plus la fraction s est faible, et que, pour un projet dont le taux de rentabilité interne est de l'ordre de 8%, qui peut sembler modeste, cette fraction s à l'horizon de 40 ou 50 ans ne représente plus que de 1% à 4% selon la forme de la courbe d'évolution des revenus nets futurs que l'on peut rencontrer dans la pratique. Maintenant que l'on a pris conscience des risques majeurs encourus par l'environnement du fait de l'activité humaine et de la nécessité vitale d'y remédier, cet écrasement du futur est manifestement inacceptable.

Le monde dans lequel nous vivons incite à tout mesurer en termes monétaires, pour permettre aux responsables d'allouer les ressources rares et de choisir entre diverses alternatives en fonction de leur rentabilité, ou espérance de profits futurs, quitte à traiter tous les domaines d'intervention à l'aune des mêmes indicateurs, comme on le fait aujourd'hui. Puisque que l'économie orthodoxe n'a par ailleurs à peu près rien à dire de sérieux sur le temps qui passe, le recours à cette technique de l'actualisation n'est pas un simple jeu dont on pourrait se passer, mais le seul moyen dont disposent les économistes pour exprimer en termes chiffrés ce qu'ils ont à proposer aux décideurs, aux financiers, aux ingénieurs et aux autres acteurs à propos du futur.

Tant qu'à tout chiffrer, comme les bilans couts-avantages, le taux de rentabilité ou le risque, autant le faire aussi rationnellement et efficacement que possible, en mettant pleinement à profit ce que peuvent apporter les outils mathématiques, comme cette Transformation de Laplace, dont je rappelle dans l'Annexe 4 les remarquables propriétés. Cet outil permet en effet de reconcevoir la technique de l'actualisation de façon à laisser davantage de liberté aux responsables pour leur permettre d'imposer leurs choix d'ordre politique ou social dans la façon de traiter les différents secteurs d'activité ou en ce qui concerne l'attention qu'il faut apporter au long terme, à l'échelle des générations.

Cet exemple de l'actualisation montre au passage que le recours raisonné aux outils mathématiques existants dans les sciences sociales et politiques ne laisse pas obligatoirement moins de liberté aux décideurs pour la prise en compte de la dimension humaine et politique de leur action, comme je l'ai déjà montré dans d'autres domaines comme la construction de chroniques de comptes économiques qui soient chargées de sens, la réinvention de la fiscalité des revenus, ou le recours aux monnaies locales.

L'Annexe 4 revient en détails sur cette question, en commençant par donner quelques exemples des aberrations auxquelles conduit cette technique de l'actualisation quand elle est insuffisamment pensée et qu'elle est appliquée sans précaution à l'avenir ou au passé. Premier exemple : Colbert, qui était le Contrôleur Général des Finances de Louis XIV, n'a pas hésité à créer la célèbre forêt de chênes de Tronçais dont l'objectif était de garantir l'approvisionnement en bois de charpente de haute qualité nécessaire à la construction et à la réparation des châteaux, des cathédrales et des navires auraient besoin dans un ou deux siècles. Pourquoi est-il aujourd'hui inconcevable dans notre pays incomparablement plus riche que ne l'était la France de Louis XIV que se prenne une telle décision d'engager un projet dont les premiers revenus ne devraient apparaitre que dans un ou deux siècles ?

Deuxième exemple, concernant cette fois l'application rétrospective de cette technique d'actualisation : pourquoi, dans les années 1980, pratiquement aucun des responsables de la planification urbaine des pays en voie de peuplement n'a-t-il eu le réflexe de réserver l'espace nécessaire à l'expansion future des villes, alors que l'on savait pertinemment que la surface totale urbanisée avait de fortes chances de quadrupler d'ici moins d'une génération ? Enfin, pourquoi faudrait-il traiter tous les domaines d'activité, des infrastructures à la culture et à l'environnement, avec les mêmes outils ?

Pour cette dernière interrogation, il ne peut y avoir d'autre réponse des théoriciens de l'économie que de se résigner à changer de paradigme. Pour répondre aux deux premières qui n'exigent pas comme préalable cette révolution paradigmatique, la conclusion habituelle à laquelle les économistes sont conduits est la suivante : compte tenu de l'incertitude et du degré d'amortissement (d'effacement) des valeurs actualisées des couts et des bénéfices futurs qui croissent avec l'horizon de projection, la technique d'actualisation n'a aucune utilité pratique pour réfléchir au futur à plus de quelques décennies, et il faut donc y renoncer.

Conclusion un peu courte, qui n'aide en rien à concevoir les Stratégies à Long Terme que chaque pays doit rédiger dans le cadre des Accords de Paris, ni à prendre les bonnes décisions si l'on ne dit pas aussi par quoi il faut remplacer cette technique, ni à partir de quel horizon du futur il faut le faire. Je pense au contraire qu'il est nécessaire et donc possible de réinventer cette technique pour la rendre exploitable à tout horizon de projection, par exemple à 10 ans, qui correspond à peu près à celui du moyen terme des programmes d'investissements, des prévisions budgétaires du renouvellement des équipements productifs dans nombre de secteurs et de l'obsolescence programmée, mais aussi à l'horizon long ou très long terme, à l'échelle des générations.

Alors, que faire ? Il faut concevoir une autre technique d'actualisation plus respectueuse du temps long, et c'est possible.

J'ai dit que la technique utilisée aujourd'hui n'est rien d'autre que l'application la plus rudimentaire et impensée qui soit de l'outil mathématique appelé Transformation de Laplace. En effet, elle ne tient compte que d'une toute petite partie des nombreuses propriétés de cette Transformation dont je rappelle les plus utiles et dont je montre dans l'Annexe 4 la façon de s'en servir.

Pour réinventer cette technique, il faut évidemment renoncer à l'hypothèse artificielle et contre intuitive qui consiste à considérer le taux d'actualisation comme indépendant de l'horizon auquel il s'applique et du domaine d'activité concerné. Pourquoi laisser aux seuls économistes et aux financiers le pouvoir de décider du taux d'actualisation à retenir ? Pourquoi priver ainsi la société et le pouvoir politique de la possibilité d'exercer pleinement leurs prérogatives en matière de choix de société ? Serait-ce par souci de simplification, ou de rigueur, ou de refus de remettre en question le présupposé de l'équilibre général et calculable, ou pour des raisons de simple technique ?

Cet essai montre en tout cas que la question d'ordre technique ne se pose pas. L'Annexe 4 présente en détail une loi d'évolution dans le temps du taux d'actualisation $j(t)$ qui permet de profiter de toutes les vertus de la Transformation de Laplace originelle et par conséquent de produire des indicateurs et des agrégats aussi simples et aussi faciles à calculer que le bilan actualisé, le taux de rentabilité interne, la fraction **s** représentative du poids relatif du futur, et bien d'autres si nécessaire, et ce pour toutes les formes de chroniques des avantages nets f(t) qui soient imaginables.

Cette autre conception de l'actualisation laisse en outre entrevoir la possibilité d'autres applications qui pourraient être fort utiles dans des domaines tels que la mesure du capital fixe accumulé au fil du temps par chaque établissement humain ou chaque pays, qui pourrait donner naissance à un nouveau classement des pays du monde, ou comme celui de la prise en compte de l'incertitude, qui dépend de l'horizon de temps considéré.

Humaniser la finance et la monnaie

Faut-il repenser le rôle de la monnaie et les politiques monétaires en tenant compte des nécessités du peuplement ? On peut en effet se demander si la rigueur de la gestion monétaire et l'unicité de la monnaie, bénéfiques d'un point de vue macro-économique, ne constituent pas aussi un frein à l'épanouissement des économies locales et donc au développement durable.

La sous-estimation générale de l'économie populaire dans les comptes nationaux et la méconnaissance du caractère local d'une grande partie de l'économie réelle des pays en voie de peuplement conduisent probablement les autorités monétaires à rationner excessivement la monnaie, medium d'échange, et ce rationnement pénalise avant tout l'économie populaire : il suffit de prendre un taxi ou d'aller au marché pour voir à quel point la monnaie est rare et les billets sont usés jusqu'à la corde.

Ce rationnement pénalise aussi davantage les régions éloignées de la métropole nationale où l'injection de liquidités par la dépense du secteur moderne, public et privé, est largement concentrée. Et il pénalise davantage les collectivités locales, qui, à la différence du secteur privé, ne peuvent emprunter aux conditions du marché ni vendre des actifs.

Pour remédier à l'extrême pauvreté des collectivités locales, qu'attend-on pour promouvoir, ou tout au moins tolérer l'existence, à côté de la monnaie officielle, d'une seconde monnaie leur permettant d'accroître la dépense publique locale et de mettre ainsi la population locale au travail ? Pourquoi ce refus maintes fois affirmé mais impensé de toute proposition allant dans ce sens et dont l'utilité économique et sociale était pourtant démontrée (voir chapitre 23) ?

Confrontées à la multiplication des cryptomonnaies, qui représentent aujourd'hui plus de 1% de la masse monétaire mondiale, les autorités monétaires et financières du monde entier n'ont-elles pas fini par faire preuve de réalisme et par tolérer ces actifs d'un genre nouveau, qui ne seraient pas créés s'ils ne servaient à rien ? Et ne servent-elles pas aussi au passage à créer de nouveaux supports de la spéculation financière et de nouveaux moyens de concentrer la richesse, sans pour autant que les autorités monétaires s'en offusquent ?

Les cryptomonnaies ne sont certes pas de la monnaie réelle mais elles ne cessent de s'en rapprocher comme le montre cet extrait du code monétaire et financier français : les actifs numériques, qui comprennent les cryptomonnaies, sont une représentation numérique d'une valeur qui n'est pas émise ou garantie par une banque centrale ou par une autorité publique, qui ne possède pas le statut juridique d'une monnaie, mais qui est acceptée par des personnes physiques ou morales comme un moyen d'échange et qui peut être transférée, stockée ou échangée électroniquement.

Alors, pourquoi les autorités monétaires ne feraient-elles pas également preuve de réalisme en tolérant et officialisant l'existence de ces monnaies locales, dont la principale différence avec les cryptomonnaies est qu'elles n'ont certes pas pour vocation d'accroitre le marché de la spéculation financière et de favoriser la concentration de la richesse, mais de rendre un réel service à l'humanité en facilitant l'accumulation de capital physique de peuplement dont la planète a besoin ?

Tenir compte de la nature et des caractéristiques de l'espace dans lequel se déploie l'activité économique.

A l'exception de la toute petite minorité de *platistes* qui sont toujours persuadés que la terre est plate, à deux dimensions, il n'y a plus guère sur terre d'autres acteurs influents que les économistes orthodoxes qui continuent d'ignorer la géographie et le fait que toute activité humaine est conditionnée par l'environnement physique et par l'organisation et l'occupation de l'espace où cette activité se déploie : position aujourd'hui intenable, et dont il n'est possible de se départir qu'en changeant de paradigme, et ce quoi qu'il en coute pour les tenants de l'orthodoxie qui sont persuadées d'avoir toutes les raisons de penser qu'ils n'ont pas tort.

Puisque, pour gérer le peuplement, le moment est venu de réintroduire non seulement le temps mais aussi l'espace physique au cœur de la théorie économique, il faut profiter de cette occasion pour se demander si l'espace en question est à une dimension, comme pour les frontières entre entités territoriales, ou à deux dimensions, comme pour les activités qui prennent place au sein de territoires, ou à trois dimensions, comme dans le cas des phénomènes concernant l'ensemble de la planète terre immergée dans le système solaire. Les opérateurs et les institutions qui les gouvernent sont-ils ainsi selon les cas de nature uchronique ou dynamique, et linéaire, superficielle ou volumique et sensibles à l'étendue de la portion d'espace dans quelle ils agissent ?

Les progrès de la technologie et la géobiologie nous permettent aujourd'hui d'explorer et d'exploiter les fosses océaniques et les gisements de matières premières jusqu'à 8 ou 10 km de profondeur. La globalisation de l'économie, la gestion des risques encourus par les écosystèmes et l'environnement et les menaces de dérèglement du climat nous amènent à considérer des étendues de territoires de plus en plus vastes, allant de districts de quelques km² sans profondeur ou hauteur notable, assimilables à des portions d'espace à deux dimensions, jusqu'à des pays et des régions de plusieurs millions de km² et qui sont de moins en moins assimilables à de simples portions d'espace plat et bidimensionnel, et dans lesquels l'activité se déploie sur une épaisseur qui n'est plus négligeable. Pour des entités territoriales de grande extension, on doit donc se poser la question de l'étendue en trois dimensions spatiales des notions de propriété, de souveraineté, de droit et de devoir de protection, d'exploitation, de concession à des tiers et de taxation, sans toutefois aller jusqu'à fiscaliser le paradis...

La prise de conscience de la finitude de la planète et des stocks de ressources exploitables nous oblige à tenir explicitement compte de la variable temps dans toute son extension, au moins à l'échelle des générations. Il faut donc aussi se demander si l'espace-temps de l'économie est à une, à deux ou à trois dimensions spatiales plus la dimension temps, comme dans le cas des processus et des phénomènes dynamiques qui interviennent dans la vie réelle tels que le peuplement, les migrations, l'accumulation de capital physique ou humain, la logistique, ou les interactions entre l'homme et l'environnement.

Redéfinir le domaine de souveraineté des Etats-nations pour permettre à la gouvernance planétaire de s'imposer

Ces mêmes questions se posent *a fortiori* pour l'Institution qui sera un jour en charge de la Gouvernance de la Planète et que j'ai évoquée au chapitre 26. Cette IGP qui devra régner non seulement sur l'ensemble des terres et des mers mais aussi sur la totalité du globe terrestre, jusqu'au centre de la terre que l'on pourra peut-être explorer un jour, et sur la totalité de l'espace aérien, voire du système solaire, qui doit être mis à l'abri de la privatisation et de la financiarisation.

Cette menace de privatisation de l'espace extraterrestre est bien réelle, comme en témoigne le projet Artemis de la Nasa qui devrait installer dès 2024 une base permanente d'exploration et d'exploitation des ressources du sous-sol lunaire, en collaboration avec plusieurs entreprises privées. Et il ne devrait s'agir selon la Nasa que d'une première étape d'appropriation de l'espace par un Etat nation : après la Lune, la Nasa commence déjà à jeter les bases d'un programme de colonisation d'une autre planète du système solaire, baptisé Moon to Mars.

Pourquoi se poser de telles questions à propos de la recherche en économie ?

A quoi bon se demander si un pays comme la France, y compris sa zone maritime exclusive, peut se définir comme un territoire de x km², soit une fraction y% de la surface de la terre, ou comme une fraction du volume de la terre en forme de cône dont le sommet est le centre de la Terre, ou encore comme un feuillet de profondeur z km et de hauteur h au-dessus de la surface du sol et correspondant à son propre espace aérien ? Ce pays est-il souverain dans ces limites superficielles ou tridimensionnelles ? Et quid de l'activité qui peut un jour se déployer au-delà de ces limites ? Qui doit fixer la valeur des paramètres z et h à prendre en compte ? Et comment ces paramètres peuvent-ils ou doivent-ils varier en fonction de l'état de la technologie, du niveau de globalisation économique et du degré de préoccupation pour l'environnement ? Toutes questions qui me semblent mériter d'être posées aujourd'hui, et que l'on aurait peut-être dû se poser beaucoup plus tôt, par exemple avant la découverte des gisements de pétrole : les modalités de financement des biens publics mondiaux comme les IIFL seraient aujourd'hui plus faciles à déterminer, et la maitrise des inégalités internationales pourrait enfin devenir réalité et se déployer dans un contexte géopolitique mondial probablement plus propice.

Conclusion

La théorie de l'économie dite orthodoxe a été conçue et formalisée à l'époque de la révolution industrielle par des experts des pays européens pour accompagner l'explosion de la production de biens marchands engendrée par cette révolution industrielle. Dans ces pays qui sont aujourd'hui qualifiés de développés, les problèmes du peuplement ne se posaient **pas du tout** comme ils se posent aujourd'hui dans les pays qui sont aujourd'hui en voie de peuplement, et c'est une des raisons pour lesquelles la population n'intervient dans le paradigme de cette économie orthodoxe que sous la forme de la *force de travail* des fonctions de production et que comme dénominateur pour calculer des ratios par tête.

Le concept d'Aide au développement du *tiers monde* est officiellement apparu pour la première fois 1949, dans le discours d'investiture du Président Truman. Au lendemain de la deuxième guerre qualifiée de mondiale, ce mot de développement faisait surtout écho au besoin de reconstruction des pays dévastés par la guerre puis au besoin d'infrastructure et d'équipement des territoires pour accompagner cette reconstruction. Mais ce concept initial de *développement* qui était ainsi initialement focalisé sur les territoires à équiper a été rapidement rattrapé par l'ECMVG et la conquête des marchés, comme le montre le changement de petit nom pour désigner la première des institutions de développement qui, de BIRD, banque pour la reconstruction, est devenue la Banque Mondiale, une banque d'investissement et d'appui à l'économie de marché parmi d'autres, et seulement matinée de considérations humanitaires.

Ce que n'ont pas compris les concepteurs de l'économie du développement dont le besoin est apparu avec l'invention de cette Aide est que les pays auxquels cette Aide devait être destinée étaient d'abord et avant tout des pays en voie de peuplement : ces pays doivent s'accommoder de taux moyens de croissance démographique qui sont plus de dix fois supérieurs à ceux qui ont été enregistrés depuis l'origine de l'humanité, et ils ont six fois moins de temps que n'en avaient les pays européens de l'époque de la révolution industrielle pour aménager et équiper leurs territoires en conséquence.

Baser l'économie du développement sur le paradigme de l'économie orthodoxe, qui est en totale contradiction avec les besoins de ces pays en voie de peuplement, était une erreur manifeste dont on voit tous les jours les conséquences, par exemple avec ce qu'on appelle les *crises migratoires,* dont nul ne sait aujourd'hui comment venir à bout, et qui sont surtout le résultat de notre négligence des enjeux du peuplement de la planète et de notre incapacité à gérer ce processus.

Les défis du peuplement ont été à tel point refoulés au cours du demi-siècle passé qu'il est urgent de mettre fin à cette anomalie et de comprendre que, si le monde a aujourd'hui besoin de ce qu'on appelle l'Aide publique au développement, ce n'est pas pour inciter les pays en voie de peuplement à nous ressembler, mais **pour prêter attention à leur économie populaire, que l'économie moderne ignore.**

Plutôt que de se contenter comme on le fait depuis des décennies de réviser de temps à autre les indicateurs comme le PIB qui oublient cette composante populaire de l'économie réelle, la seule solution raisonnable est de refonder l'économie du développement sur un tout autre paradigme que celui de la théorie économique orthodoxe et d'oublier tout ce qui en dérive, comme les objectifs de lutte contre l'exode rural, contre l'urbanisation sans industrialisation, contre les migrations ou même contre la pauvreté telle quelle est aujourd'hui pratiquée.

Cet essai propose donc de libérer les Institutions et les Agences d'Aide actuelles du carcan imposé par le dogme de l'économie dite *orthodoxe,* pour leur permettre d'élargir leur perspective, leur champ de compétence et leur efficacité, de réhumaniser, de relocaliser et de redynamiser leur action, de retrouver le sens et l'importance de l'aménagement du territoire et d'accompagner les restructurations spatiales et sociales impliquées par le processus de peuplement : en un mot, cet essai propose de refonder le concept et la pratique de ce qu'on appelle l'Aide.

Outre le retour au bon sens en matière de Partenariat Nord-Sud, cette proposition de refondation de l'Aide a le mérite de faire prendre conscience de l'extraordinaire étroitesse et du caractère irréel (déconnecté du réel) du cadre conceptuel de la théorie économique orthodoxe, et de la nécessité de réécrire son paradigme.

Mais changer de paradigme est toujours une opération douloureuse, que l'on préfère repousser à plus tard. Quand ce changement de paradigme finira-t-il par s'imposer ? C'est, à mon avis, lorsque ces crises migratoires qui déstabilisent tous les pays du monde seront devenues littéralement insupportables : le moment sera alors venu de refermer la parenthèse ouverte par la révolution industrielle et par la théorisation aveugle de l'économie et de faire évoluer en conséquence notre modèle de comportement de pays dits *développés.*

Dix commandements aux Institutions de développement

Voici donc pour conclure cet essai dix commandements que je me permets d'adresser aux responsables et aux membres du personnel des Institutions impliquées dans le développement, ainsi qu'aux pays partenaires de ces

Institutions et à leurs conseillers et maîtres à penser, pour les aider à se préparer à l'inévitable révolution paradigmatique annoncée :

1. Tu ne mépriseras plus les sociétés primitives, tu respecteras leur droit à la différence, et tu t'abstiendras donc à leur égard de toute tentative de modernisation par effraction.

2. Tu n'oublieras jamais que, quelque miraculeux que paraissent les progrès de la science et de la technique, l'économie, science humaine, est en dernier ressort faite par les hommes, et pour les servir tous, et qu'il ne saurait y avoir d'homme inutile.

3. Tu n'oublieras jamais que, comme en toute science humaine, la vraie nouveauté réside dans le retour aux sources, et tu reliras donc les traités des fondateurs de la discipline appelée économie, à commencer par les traités d'oïkonomia des philosophes de la Grèce classique.

4. Tu te souviendras qu'aucun paradigme n'a vocation à s'imposer éternellement, et que refuser toute remise en question de ce paradigme quand les circonstances l'exigent est irresponsable.

5. Tu supprimeras les barrières d'entrée aux revues et publications économiques et financières de premier rang, tu ne mépriseras plus les hétérodoxes et tu banniras de ton vocabulaire tous les mots à connotation péjorative à leur égard : deuxième rang, *wishful thinking, Vaudou economics*,...

6. Tu ne chercheras plus à faire du règne de la finance et de la marchandise, de l'équilibre général calculable, de la compétitivité, de la conquête des marchés et de la globalisation la nouvelle religion monothéiste, et tu mettras donc fin à la dictature de la Congrégation pour la doctrine de la foi en l'économie dite *orthodoxe*.

7. Tu te souviendras aussi que tout ce qui brille d'abstraction et de sophistication n'est pas nécessairement le plus pertinent, et que multiplier sans fin les initiatives, les objectifs, les secteurs et les barrières entre les disciplines ne peut qu'accroître la confusion et que noyer le poisson.

8. Tant que tu n'auras pas toi-même redécouvert l'importance de la géographie, du territoire et des relations de voisinage, et que tu n'auras pas compris la nécessité de relocaliser les systèmes d'information, tu t'abstiendras de prétendre t'intéresser à la décentralisation administrative et de critiquer la gouvernance locale.

9. Dans tes relations avec les pays et les Institutions partenaires, tu t'abstiendras de dépasser les limites du domaine d'expertise et de responsabilité qui t'est reconnu, et tu ne confondras plus aide humanitaire et coopération.

10. Avant de proposer ou d'administrer toute forme de politique radicale telle que la réduction des dépenses publiques que l'ajustement prétendument structurel ou que tout autre forme de saignées et de purgations, tu reliras le Malade Imaginaire de Molière :

Acte 3, scène 3 : Argan, Béralde :

Argan : Les médecins ne savent donc rien à votre compte ?

Béralde : Si fait, mon frère. Ils savent la plupart de fort belles humanités, savent parler en beau latin, savent nommer en grec toutes les maladies, les définir et les diviser ; mais pour ce qui est de les guérir, c'est ce qu'ils ne savent point du tout. Toute l'excellence de leur art consiste en un pompeux galimatias, en un spécieux babil, qui vous donne des mots pour des raisons, et des promesses pour des effets.

Votre Monsieur Purgan, par exemple, est un homme tout médecin, depuis la tête jusqu'aux pieds, qui donne au travers des purgations et des saignées. C'est de la meilleure foi du monde qu'il vous expédiera, et il ne le fera, en vous tuant, que ce qu'il a fait à ses enfants, et qu'il ferait à lui-même.

Argan ; Que faire donc quand on est malade ?

Béralde : Rien, mon frère, c'est notre impatience qui gâte tout, et presque tous les hommes meurent de leurs remèdes, et non de leur maladie. Lorsqu'un médecin vous parle d'aider, de rectifier le sang, de tempérer les entrailles et le cerveau, de dégonfler la rate, de raccommoder la poitrine, de réparer le foie, de fortifier le cœur, de rétablir et de conserver la chaleur naturelle, et d'avoir des secrets pour étendre la vie, il vous dit le roman de la médecine.

Annexes

Annexe 1 : Pour l'Afrique, j'accuse René Dumont de lui avoir fait perdre un demi-siècle de développement

Voici ce qu'a écrit **René Dumont** à propos de l'étude ILTA dans son livre intitulé ***Pour l'Afrique, j'accuse.*** Ce trop célèbre pamphlet du plus influent des maitres à penser des années 1980 a durablement contribué à engager l'Aide au développement dans l'impasse que je dénonce dans cet essai. Les extraits de ce livre de René Dumont sont écrits en italique et précédés de la mention RD (René Dumont) et sont suivis (mention JMC) d'un rappel des faits et de mes commentaires.

RD : *La Haute Volta n'est pas un pays en voie de développement mais un pays en voie de destruction. Un pour cent, c'est le rythme de progrès de la production céréalière voltaïque depuis 1950.*

JMC : La production de céréales du Burkina Faso a certes beaucoup fluctué au gré des conditions climatiques, mais le taux moyen de croissance de la production de céréales sur les cinquante dernières années a en fait été de 3.4% par an !

RD : *Depuis 1974, l'objectif de l'autosuffisance alimentaire du Sahel n'a cessé de s'éloigner. L'ordre mondial comme les dominations urbaines locales ont continué d'accentuer la paupérisation des paysanneries... La misère rurale est une cause essentielle de désertification : cercle vicieux, spirale descendante vers l'enfer du désert et de la faim... Si les courbes actuelles de production et de population se maintenaient, l'Afrique ne produirait même plus en l'an 2020, la moitié de ses besoins alimentaires. Et d'ici là, la surpopulation sera déjà devenue la cause essentielle de la ruine de l'écosystème sahélien, de sa désertification croissante, et d'une malnutrition qui ne cesse de s'aggraver.* S'appuyant sur ces affirmations, Michel Rocard a ainsi pu écrire dans la postface : *la situation alimentaire se dégrade dans toute l'Afrique. L'avenir est plutôt au sous-développement cumulatif qu'au décollage. L'orage menace.*

JMC : Toutes ces allégations sont fausses, au moins pour ce qui concerne l'Afrique de l'Ouest, que René Dumont connaissait le mieux. En fait, au cours de la décennie 1980-1990 et malgré la sécheresse de 1983-1984, la production alimentaire par habitant a augmenté de 17% en calories, de 12% en protéines et de 12% en lipides dans les neuf pays du CILSS.

RD : *J'accuse certains des experts comme Jean-Marie Cour, auteur de l'ILTA, de n'avoir absolument rien compris aux différences entre notre développement et celui des africains. Ce Rostov- bis signe cette étude fort couteuse, paraît-il, où on lit : l'urbanisation est un facteur favorable à l'autosuffisance alimentaire à terme... Il n'est pas certain, il est même probablement inexact que la ration alimentaire moyenne ait significativement baissé depuis dix ans.*

JMC : En Afrique de l'Ouest, la disponibilité alimentaire totale mesurée en calories était en 1980 supérieure à celle de 1961, elle a augmenté de 11% entre 1980 et 1990, et de 22% entre 1990 et 2007.

RD *: Monsieur Cour nous promet qu'il y aura 56% d'urbains en 2010. Cependant il pense qu'il n'y a aucune angoisse particulière à avoir... Monsieur Cour propose une masse énorme d'infrastructures urbaines, de communication et de transport car pour lui, l'urbanisation et les échanges sont les vrais moteurs du développement.*

JMC : L'image 2010 de l'Afrique présentée dans l'étude ILTA mettait en évidence les tendances lourdes en matière de restructuration du peuplement et leurs impacts sur le marché régional des biens alimentaires et sur l'économie rurale, et elle évaluait les besoins en investissements publics nécessaires. René Dumont a malheureusement été écouté, et l'Aide Publique au Développement par habitant urbain consacrée aux infrastructures a en fait été divisée par trois entre 1984 et 2000.

RD *: Le niveau des importations alimentaires, dit Monsieur Cour, est faible et appelé à croître, conséquence normale de l'augmentation du niveau de vie, de la modification des habitudes alimentaires induite par l'urbanisation.*

JMC : Les importations alimentaires totales, nettes des exportations, de l'ensemble de l'Afrique de l'Ouest ont toujours été plus faibles que celles de l'Egypte, trois fois moins peuplée, et de l'Italie quatre fois moins peuplée.

RD *: On reste confondu devant une telle accumulation d'ignorance et de présomption. A moins qu'il y ait un intérêt inconscient, à demi caché, à dissimuler la vérité.*

RD (à propos de la réforme des mécanismes de financement des transferts Nord-Sud proposée dans ILTA) : *Nous comprenons bien que les bureaux d'études qui ont réalisé cette étude, ou plutôt cet escamotage, ont le plus grand intérêt à ce qu'on accroisse l'aide à l'Afrique car ils en vivent largement.*

RD (qui se réjouit que son *vieux complice* ait sur l'ILTA le même avis que lui) *: Jacques Giri, lui, est expert : contrairement à ce qu'affirme l'ILTA, l'agglomération des hommes dans les villes est loin d'avoir provoqué l'apparition d'un surplus agricole.*

JMC : Cette affirmation était, dès les années 1980, complètement démentie par les faits. En Afrique de l'Ouest, en dépit des fuites par les importations, le surplus alimentaire mis en marché par agriculteur avait en fait plus que doublé entre 1960 et 1980, et il a encore plus que doublé entre 1980 et 2007.

RD *: Les diagnostics sévères de la Banque Mondiale, du Club du Sahel, de l'OUA sont justifiés. Les perspectives qu'ils font pêchent par excès* *d'optimisme en négligeant le fait que les tendances défavorables identifiées aujourd'hui réagiront les unes sur les autres et dans un sens toujours défavorable : l'avenir du continent africain est plus sombre que ne le laisse supposer la seule extrapolation des tendances. L'image à long terme, en donnant une vue d'un optimisme injustifié, risque d'encourager les gouvernants et les sources d'aide dans le laxisme. En 2010, nous nous retrouverons devant une Afrique de plus en plus dépendante. La maintenir en vie commencera à être pour nos enfants un fardeau pesant. Ce n'est pas en déformant les réalités qu'on évitera l'effroyable catastrophe qui a déjà commencé à s'abattre sur le continent africain, le génocide de la faim, que j'avais annoncé dès 1962... Rendez-vous dans une décennie, Jean-Marie Cour !*

Ce rendez-vous n'a jamais eu lieu. René Dumont n'a pas jugé bon de réagir personnellement à l'étude WALTPS qui reprenait à l'échelle sous régionale les mêmes raisonnements que ceux développés dans l'étude ILTA, à l'échelle sous régionale, ni au programme ECOLOC (relance des économies locales en Afrique) qui traitait des espaces de développement par excellence que sont les territoires constitués d'une ville moyenne et de son hinterland rural. J'aurais pourtant apprécié que René Dumont, qui était encore très influent dans le milieu des ONG et des *experts en développement rural*, prenne position sur cette étude WALTPS et sur le programme ECOLOC, mais il n'en a rien été.

Annexe 2 : Comment déterminer l'impôt sur le revenu de façon logique et équitable

Introduction

Le texte qui suit est extrait d'une proposition que j'avais soumise en 2011 à la Direction Générale des Impôts du Ministère Français des Finances en vue d'une refonte complète de l'Impôt sur le Revenu. Cette DGI m'a aussitôt répondu qu'une telle proposition était inacceptable, au motif que je me servais dans cette note de concepts comme la *satisfaction* et de variables comme le *logarithme* du revenu qui sont beaucoup trop compliqués et que le public ne pourrait comprendre ni accepter. J'ai de nouveau soumis cette proposition en 2019 dans le cadre du Grand Débat mais je n'ai reçu aucune réaction.

.. Quand le milliardaire américain Warren Buffet affirme : *nous les riches nous sommes trop riches, taxez-nous davantage*, ce n'est pas une fanfaronnade. Mais comment procéder ? Certainement pas en stigmatisant les riches et en agitant le chiffon rouge d'une nouvelle tranche d'impôt à 75%. Pourquoi 75 % plutôt que 60 ou 80% ? Puisque le moment est venu de réfléchir à une réforme en profondeur du seul impôt qui ait été initialement conçu comme un outil permettant de tenir compte des inégalités dans la distribution des revenus des ménages, voici une proposition qui, tout en supprimant toutes les tranches d'imposition dont on connait les effets pervers, devrait donner à tous les contribuables le sentiment de l'équité.

Une loi de distribution des revenus applicable du plus riche au plus pauvre

Au lieu de partir du revenu observé, partons de la notion de **satisfaction** ressentie par chaque individu (autre facette de l'utilité). Comme pour tout stimulant, plus le niveau de revenu est élevé, plus il faut augmenter la dose pour obtenir l'unité de satisfaction supplémentaire qui semble nécessaire pour faire aussi bien ou mieux que ses semblables. Selon la loi de Weber qui relie l'intensité d'un signal visuel ou auditif et la réponse sensorielle correspondante, la satisfaction σ procurée par un revenu r devrait être proportionnelle au logarithme de ce revenu. Prenons comme unité de mesure des revenus le revenu médian, auquel correspond une satisfaction nulle et raisonnons en base 2. Au revenu de valeur 2^n correspond une satisfaction de valeur n. La satisfaction σ serait de 1 pour un revenu de 2 (double du revenu médian), et de 10 pour un revenu d'environ 1000 fois le revenu médian. Les valeurs négatives prises par σ pour les revenus inférieurs au revenu médian correspondent à une **frustration**.

Revenu r et satisfaction σ sont deux variables duales. La première intervient dans le calcul du Produit National Brut et autres indicateurs économiques, et la seconde dans la mesure du *Bonheur National Brut* (BNB), somme des satisfactions individuelles, et dans les réflexions sur les inégalités et sur la pauvreté.

Comme nombre de variables utilisées en économie, la satisfaction σ n'est pas directement observable. Mais ce n'est pas une raison pour l'ignorer si elle peut être plus facilement et logiquement modélisée que le revenu r. De la variable **σ**, on déduit alors le revenu **r** par la relation r/ρ =exp(σ), où ρ est le revenu médian.

Postulons que le revenu qu'une personne ambitionne d'obtenir dépend non de son besoin de dépense ou de son talent mais de la perception qu'elle a de sa place dans la société et de son rapport à ses semblables : la satisfaction, comme la richesse et la pauvreté, est relative. Classons les N personnes du pays par revenu décroissant. Une façon simple d'exprimer ce rapport est d'écrire que la satisfaction σ procurée à la personne de rang n par son revenu est fonction du rapport w = (N-n)/n entre le nombre de personnes dont le revenu est inférieur et le nombre de personnes dont le revenu est supérieur, soit w= (1-x)/x, avec x=n/N, quantile de n. Quand x varie de 0 à 1 (du plus riche au plus pauvre), w décroît de l'infini à presque zéro.

Appelons **u** le logarithme népérien de w. Les conditions ci-dessus (σ =0 si le revenu est égal au revenu médian, et σ <0 en dessous du revenu médian) sont satisfaite si σ est fonction linéaire de **u**: **σ = α*u** avec et **α>0**. Cette fonction à un seul paramètre rend compte de l'inégalité générale des revenus, mais non des dissymétries constatées dans tous les pays entre les distributions des revenus au-delà et en deçà de la médiane. Deux paramètres supplémentaires suffisent pour rendre compte de ces dissymétries. La distribution réelle des revenus français peut ainsi être approchée par la fonction **σ(u)** = α*u +β* u² + γ*u³, et ce du premier centième de centile au dernier centième du 99ième centile.

Si vous êtes un peu perdu, voici en résumé la démarche suivie. La donnée de base est la distribution des revenus fournie par enquête. Par centile et centième de centile pour les plus hauts revenus, calcul de u = LN((1-x)/x). A ce quantile x, correspond un revenu par personne observé et normé par le revenu médian r(x)/ρ dont le logarithme donne la valeur de la variable σ observée : σ =LN(r/ρ). Enfin, détermination du meilleur ajustement de σ par la fonction σ(u) = α*u +β* u² +γ*u³, dont on déduit le revenu ajusté **r= ρ*exp(σ)**.

De 10 millions d'Euros par personne (les 500 personnes les plus riches soit 0.001% de la population totale) à 1000 Euros par personne, l'écart entre le revenu observé et le revenu calculé est inférieur à la marge d'erreur sur la mesure du revenu par enquête soit 1 ou 2%, ce qui confirme le bien fondé du choix de la variable u comme variable déterminante de la distribution des satisfactions et donc des revenus. Cette vérification expérimentale n'est pas négligeable : *tout se passe comme si,* un peu comme dans les théories actuelles sur la dynamique de l'univers qui impliquent la présence de la matière noire, inobservable.

La satisfaction est un concept relatif, elle est liée non au revenu proprement dit mais au rapport r/ρ entre le revenu de la personne considérée et le revenu médian, dans le pays considéré. Dans tous les pays du monde et à toutes les dates, les personnes situées à la médiane de la distribution ont la même satisfaction σ(ρ) =0, que leur revenu soit de 100 dollars ou de 10 000 dollars. Comparer la satisfaction d'un habitant d'un pays pauvre à celle d'un habitant d'un pays riche n'a de sens que si ces deux personnes appartiennent au même quantile x. Leurs satisfactions respectives dépendent alors des valeurs des paramètres α, β, γ propres à chaque pays.

La satisfaction cumulée de tous les quantiles x<1/2 et la frustration cumulée de tous les autres quantiles sont d'autant plus fortes que la distribution est plus inégalitaire. Les seules distributions pour lesquelles la satisfaction cumulée des premiers est égale à la frustration cumulée des autres seraient celles pour lesquelles β = γ =0. Ces distributions, s'il en existe, seraient neutres à l'égard du *Bonheur National Brut*, quelle que soit l'inégalité des revenus mesurée par le paramètre α. La distribution des revenus en France et plus encore aux USA a une incidence négative sur le BNB.

Comment déterminer l'impôt sur le revenu ?

Une fois connus les trois paramètres α, β et γ de la loi de distribution des satisfactions et des revenus, la façon la plus équitable de répartir l'impôt sur le revenu entre tous les contribuables est de faire en sorte que cet impôt modifie la satisfaction par un même facteur λ appliqué à tous les quantiles : après impôt, la satisfaction résiduelle est бdash(u) = λ*σ(u). Le revenu net de l'impôt « s » est alors : **s/ρ = (r/ρ)^λ**. Le paramètre λ est déterminé de façon que le prélèvement global sur l'ensemble des revenus soit égal à l'objectif fixé par le Gouvernement.

A tous les niveaux de revenus au-dessus du revenu médian, la perte **relative** de satisfaction induite par l'impôt est identique : toutes les personnes ont le sentiment de contribuer de façon égale à l'effort de mobilisation de ressources au profit de l'Etat. De même, la frustration ressentie par les personnes de revenu brut inférieur au revenu médian est réduite dans les mêmes proportions.

Dans ce qui précède, au revenu médian, l'impôt est nul. On peut, si on le souhaite, choisir un autre quantile à partir duquel l'impôt est nul ou négatif. Si par exemple on décide de dispenser de l'impôt les 20% de la population aux revenus les plus faibles, le seuil d'imposition est x_o =0.8 correspondant, dans le cas de la France, au revenu r_o =0.47 fois le revenu médian. Pour les quantiles au-delà de ce seuil, l'impôt appliqué est négatif, c'est un transfert fonction du quantile.

Si, en base 2010, l'objectif du Gouvernement est de prélever par cet impôt 13% du revenu total des Français, soit 160 milliards d'Euros, le paramètre λ qui permet d'atteindre cet objectif vaut : λ =0.898. Le taux d'imposition vaut

7.5 % pour le revenu médian, 15% pour x=10 %, 23% pour x=1%, 54% pour la centième personne la plus riche, et 66% pour les 5 *happy few*. Pour les quantiles au-delà du au seuil d'imposition, le multiplicateur du revenu après transfert augmente avec le quantile : le revenu est par exemple multiplié par 2 pour x=99% et par 6 pour x =999 ‰.

Si l'objectif de prélèvement total est fixé à un niveau plus élevé, par exemple à 18% du revenu total, le paramètre λ vaut alors 0.852. Par rapport au cas précédent, le taux d'imposition augmente de 3 points pour le revenu médian, de 6 points pour x=10 %, et de 13 points pour les 5 *happy few*, qui ont un taux moyen d'imposition de 79%. La progressivité de l'impôt est d'autant plus marquée que le taux moyen de prélèvement sur les revenus est plus fort.

Quel que soit l'objectif de prélèvement global, toutes les personnes sont également affectées au sens défini dans cette note en termes de baisse relative de la satisfaction (ou de la frustration). Le système d'imposition proposé équivaut donc à ce que l'on appelle une *flat tax* dont le taux est égal à 1-λ: il devrait donc être perçu comme équitable, être compris et accepté par tous les contribuables soucieux de l'intérêt général. Dans le cas ci-dessus, le taux moyen d'imposition de 13% de l'ensemble des revenus se traduit par une *flat tax* de 10 % appliquée à la satisfaction de toutes les composantes de la population, avec en contrepartie une baisse de 10% de la frustration des 20% des ménages aux revenus les plus faibles.

Les deux graphiques ci-après comparent les taux d'imposition moyens **i** et les taux marginaux **j** résultant du système d'imposition pratiqué jusqu'en 2011 (en noir), de la solution proposée par Thomas Piketty dans son livre *pour une révolution fiscale* (en rouge), et de la proposition de la *flat tax* (en vert). Dans tous les cas, le prélèvement global net sur l'ensemble des revenus est fixé à 160 milliards, soit 13 % des revenus totaux. Les divers quantiles sont représentés par la variable w = (1-x)/x, sur une échelle logarithmique.

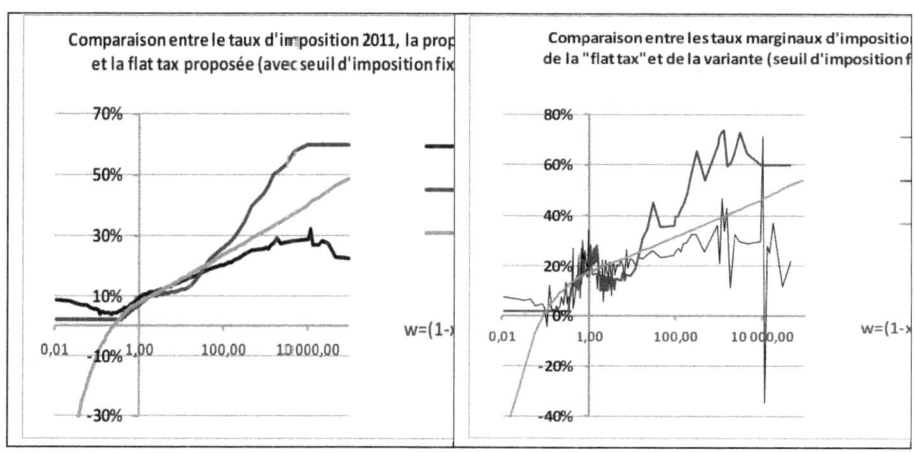

La courbe des taux moyens de la solution Piketty est nettement moins progressive que celle de la *flat tax* pour les niveaux de revenus moyens, ce qui résulte du choix fait par l'auteur de limiter le nombre de perdants jusqu'à des revenus de trois ou quatre fois le revenu médian. Ce choix avait pour conséquence de nombreuses anomalies dans la courbe des taux marginaux d'imposition, mises en évidence dans le graphique de droite. Ces anomalies rendaient la solution proposée dans le livre incompréhensible par les contribuables et donc inapplicable. Les taux moyens et marginaux d'imposition de la solution *flat tax* ont au contraire des évolutions parfaitement régulières.

En conclusion

La proposition faite ici élimine tout ce qui dans le système en vigueur apparaît comme artificiel, arbitraire et sujet à controverse : il n'y a ici ni tranche d'imposition ni taux prédéfini par tranche ni nécessité de redéfinir chaque année les limites de ces tranches et les taux correspondants, ni référence à un taux maximum d'imposition, qui n'a a priori aucune raison d'être.

Un tel système d'imposition aurait pour principal inconvénient de priver l'Etat de beaucoup de ses possibilités de négociation et d'intervention en fonction de la conjoncture, puisque les seuls paramètres sur lesquels il pourrait jouer seraient le taux de prélèvement moyen global sur l'ensemble des revenus (13% dans l'exemple ci-dessus) et le centile au-delà duquel le revenu n'est pas imposable (ici 80%). Pour qu'un mode d'imposition des revenus semblable à celui proposé puisse être adopté et maintenu longtemps à l'abri des manipulations habituelles, la seule solution serait de laisser au Gouvernement à peu près la même marge d'intervention conjoncturelle ou sectorielle de pilotage et de négociation que ce que lui procure le système d'imposition actuel, mais au prix de toutes les dérives et distorsions bien connues. Cet objectif pourrait être atteint en fixant chaque année dans la loi de finance le centime additionnel, ou taux supplémentaire de prélèvement sur l'ensemble des revenus dont le produit serait, si la conjoncture l'exige, affecté au seul budget d'intervention, sans aucune dérogation.

Annexe 3 : Evaluation de la contribution de la Banque Mondiale à la recherche sur l'économie du développement au cours des trois dernières décennies

Le texte ci-après est extrait d'une note adressée en 2017 à l'OCDE sur les questions de recherche en économie du développement.

.. En ASS comme ailleurs, d'ici moins d'un tiers de siècle, on ne pourra plus parler de croissance urbaine explosive, l'économie informelle se sera formalisée, il n'y aura plus d'exception africaine. A quoi bon remettre en cause les stratégies de développement qui ont fait leur preuve ailleurs dans le monde et qui finiront bien par réussir aussi en ASS ?

Oui, mais quid d'ici là ? La population totale va encore doubler d'ici 2050, et sans doute tripler dans les pays côtiers, et la population urbaine va encore plus que tripler, et peut être quintupler dans certaines régions littorales ! L'énormité et la rapidité du processus de peuplement en cours en ASS ne peuvent passer inaperçues. Le bon sens commande de mettre enfin ce facteur peuplement au cœur des réflexions sur le développement, de se demander comment les sociétés et les institutions locales tentent de s'en accommoder, et de s'inquiéter de ce que les pays déjà peuplés devraient faire ou ne pas faire pour faciliter la tâche des pays qui sont encore en voie de peuplement, et dont la plupart sont considérés comme non encore émergents.

Il n'en est malheureusement rien. Je renvoie à une longue série d'études et de notes - écrites pour certaines depuis 1980, où j'aborde cette question du peuplement en ASS[9], à diverses échelles géographiques, et thème par thème.

Au cours de ma carrière, je n'ai donc pas ménagé ma peine pour attirer l'attention des décideurs sur cette question du peuplement que je considère comme tout à fait centrale, et tout cela sans résultat. Dans le meilleur des cas, c'est-à-dire lorsque mes demandes de réaction ont donné lieu à un semblant de réponse écrite ou orale, toutes sortes d'arguments ont été avancés : *ces questions sont résolues depuis longtemps, inutile d'y revenir ; personne n'a demandé ces papiers ; ils sont mal rédigés et indigestes ; on ne sait pas à quel service de telle ou telle institution, à quel public ils sont destinés ; on n'y retrouve aucune mention des concepts à la mode ni des mots clefs auquel les lecteurs s'attendent ; les sources ne sont pas citées..*

Rien de tout cela n'est tout-à-fait faux, mais pourquoi est-il apparemment si difficile d'engager sur ces questions un véritable dialogue avec les responsables des institutions concernées par le *développement* ? Pourquoi est-il si difficile de faire admettre que, dans le cas de certains pays et régions, il

---

[9] Envoi sur simple demande

faut s'interroger sur le bien-fondé du paradigme de l'*économie du développement* telle qu'elle est aujourd'hui conçue et pratiquée ?

C'est pour tenter d'identifier les raisons profondes de ce blocage et du refus de dialogue que j'ai cherché à comprendre comment est structurée et gérée la recherche sur l'économie du développement dans le monde, et, pour commencer, au sein de la Banque Mondiale : cette institution exerce en effet dans ce domaine un leadership incontesté : *The World Bank is considered a major source of development research, ranking first among institutions in terms of the number of times its work is cited, ahead of Brown University, the London School of Economics and Harvard University.*

Cette note présente mes premières impressions et conclusions, qu'il faudrait évidemment reprendre avec soin.

Organisation de la recherche sur le développement à la Banque : le tandem du Chef économiste et de la Vice-Présidence DEC (Development Economics)

Le personnage central est le Chef économiste, qui a pour principale mission d'assurer le leadership intellectuel de la recherche à la Banque. Pour limiter les risques d'endogamie, garantir l'ouverture au monde et suivre au mieux l'actualité, le Chef économiste est toujours une personnalité n'appartenant pas au staff de la Banque, recrutée dans la plupart des cas dans le milieu académique, et dont le mandat est limité à environ trois ans. A la fin de ce mandat, la plupart de ces personnalités retournent dans leur milieu d'origine, mais un tiers d'entre eux rejoignent le FMI pour y exercer des missions comparables à celles qu'ils avaient à la Banque.

Voici la liste des onze derniers chefs économistes, dont je cherche dans la suite de cette note à cerner les centres d'intérêt propres et les apports respectifs à la recherche sur le développement.

Nom	Dates	Nationalité
Hollis B. Chenery	1972–1982	United States
Anne Osborn Krueger	1982–1986	United States
Stanley Fischer	1988–1990	United States
Lawrence Summers	1991–1993	United States
Michael Bruno	1993–1996	Israel
Joseph E. Stiglitz	1997–2000	United States
Nicholas Stern	2000–2003	United Kingdom
François Bourguignon	2003–2007	France

Justin Yifu Lin	2008–2012	China
Kaushik Basu	2012–2016	India
Paul Romer	2016–present	United States

A côté du chef économiste qui ne dispose que d'un tout petit staff personnel, l'autre structure clef de la Vice-Présidence Economie du Développement est le DEC. C'est un service permanent de la Banque, doté selon les sources de 200 à 600 économistes qui sont membres permanents du staff de la Banque, et qui s'appuie sur un vaste réseau de centres de recherche extérieurs et de consultants attitrés. Pendant la durée de son mandat, le chef économiste exerce les fonctions de Vice-Président du DEC.

Qui sont ces économistes membres du DEC ? Voici ce qu'a répondu un chercheur du DEC à un journaliste qui se demandait sur quels sujets travaillait le DEC : " *How the World Bank could produce research on countries that aren't covered closely by academics, who are more likely to advance in their careers if they focus on big economies such as the U.S ? !*

Comment attendre de l'institution DEC qu'elle s'intéresse au pays les moins avancés qui devraient pourtant être leur priorité, puisque c'est surtout de ces pays que devrait s'occuper la Banque Mondiale ?

Production et diffusion de la recherche

Les Documents de travail consacrés à la recherche sur les politiques diffusent les résultats des travaux en cours pour encourager l'échange d'idées sur les questions de développement.

Les Rapports sur les politiques de développement dressent un bilan des connaissances sur les questions stratégiques de développement.

Le Rapport sur le développement dans le monde fournit une analyse annuelle détaillée d'un aspect particulier du développement.

Perspectives économiques mondiales est un rapport phare de la Banque mondiale publié chaque année en automne/hiver. Il examine les perspectives économiques mondiales à court, moyen et long terme ainsi que leur incidence sur les pays en développement et la réduction de la pauvreté.

Le rapport Financement du développement dans le monde présente un diagnostic des tendances récentes et futures en matière d'apports financiers aux pays en développement, ainsi qu'une analyse des questions de fond. Il est publié chaque année au printemps.

Conférences - La Conférence annuelle de la Banque sur l'économie du développement (ABCDE) se tient chaque année à deux endroits – à Washington ou dans un pays en développement, et dans une capitale européenne.

Le DEC est par ailleurs chargé de compiler et de diffuser les bases de données sur le développement dans le monde, avec notamment les World Development Indicators (WDI) qui comportent aujourd'hui des séries annuelles de plus de 1500 indicateurs sur tous les pays du monde et, quand c'est possible, sur la période de 1960 à 2016[10]..

Quel bilan peut-on retenir de l'intervention des Chefs économistes au cours des trois dernières décennies ?

Les ébauches de portraits des onze derniers chefs économistes que je présente à la fin de cette note mettent évidemment l'accent sur le thème qui me préoccupe : je cherche à savoir si et dans quelle mesure chacun d'eux a manifesté un intérêt pour cette problématique du peuplement, et quels ont été leurs apports respectifs à la prise en compte de cette problématique. Hollis Chenery dont je ne parle pas ici et qui avait occupé la fonction de chef économiste pendant dix ans, de 1972 à 1982, a certes beaucoup développé la réflexion sur les étapes de la croissance dans le monde, mais sans aborder pour autant cette problématique du peuplement.

Cette ébauche de rétrospective fournit une image, certes incomplète et partiale, des cœurs de cible qui semblent avoir été retenus par ces hauts responsables de la recherche sur le développement à la Banque, sous le contrôle du DEC. Elle aide à se rendre compte à quel point tout ce qui concerne le peuplement et ses implications a été pratiquement depuis l'origine systématiquement exclu du champ des préoccupations de cette institution.

Si la question du processus de peuplement en tant que tel n'a pas été abordée directement, deux des onze chefs économistes étudiés s'y sont toutefois indirectement intéressés en critiquant la doctrine et les pratiques de la Banque à l'égard des pays les moins avancés : il s'agit de Joseph Stiglitz (1997-2000), qui était qualifié en interne d'adepte de la « Voodoo economics », et qui a failli ne pas terminer son mandat ; et de François Bourguignon, qui s'est intéressé à la distribution des revenus entre pays et au sein des pays, et aux conséquences de la mondialisation sur la pauvreté .

A ces deux exceptions près, rares sont les responsables de la Recherche qui semblent s'être véritablement intéressés aux pays les moins avancés. Avant leur entrée en fonction, la plupart d'entre eux ne connaissaient pas ou très mal l'ASS, en dehors de l'Afrique du Sud, et il est donc probable qu'ils en ignoraient les défis : ces pays les moins avancés apparaissaient en effet comme trop étrangers à leurs centres d'intérêt naturels et à leur gout pour la sophistication et pour la modélisation, et incapables de fournir les données nécessaires au fonctionnement de leurs modèles de plus en plus abstraits. La

---

[10] Signe de l'intérêt porté par le DEC aux questions de peuplement, les WDI ne publient plus d'évaluation de la proportion de la population agricole dans la population totale que pour trois pays d'ASS, mais n'omettent aucun détail sur la largeur et la profondeur de la pauvreté ni sur le contenu en CO^2 du PIB..

dimension sociale de l'ajustement des années 1990 puis la *lutte contre la pauvreté* semblent avoir surtout servi d'alibi, alibi d'autant plus commode que la recherche sur la pauvreté se prête à merveille à la sophistication et à la modélisation la plus pointue.

S'agissant de l'opinion personnelle des responsables de la recherche à l'égard des pays les moins avancés, le summum de l'inculture et du cynisme appartient sans conteste à Lawrence Summers, Chef économiste de 1991 à 1993, dont voici un extrait de sa pensée profonde (la lecture in extenso de ses propos, rappelés dans son portrait vaut d'être faite) : *Les pays sous-peuplés d'Afrique sont largement sous-pollués. La qualité de l'air y est d'un niveau inutilement élevé par rapport à Los Angeles ou Mexico. Il faut encourager une migration plus importante des industries polluantes vers les pays moins avancés.*

On pourrait être tenté de porter sur Paul Romer, dont j'ai dit qu'il risque fort d'être remercié prématurément, un jugement aussi critique, alors que c'est le premier responsable de la recherche sur le développement qui ose clamer - enfin ! - l'importance de l'urbanisation pour les pays les moins avancés. Mais il se trouve que Paul Romer est fasciné par le modèle des Hong Kong et autres Shenzhen. Le concept de *charter cities,* c'est-à-dire de villes mises à l'abri des contingences nationales et qui ressemblent à des villes d'apartheid qu'il recommande de créer en ASS et son mépris pour la production de biens *non échangeables* (sous-entendu sur le marché mondial) ne me disent rien qui vaille : voir le rapport *Ouvrir les villes africaines au monde*, que la Banque vient de publier.

Ce n'est d'ailleurs pas un hasard si au moins un tiers des chefs économistes sont issus du milieu bancaire ou des finances et se sont retrouvés à l'issue de leur mandat à la Banque dans des postes importants au FMI, ou dans les banques privées. N'y a-t-il pas une tendance assez systématique à confondre les missions de la Banque Mondiale, au service du développement, et celles du FMI ?

Qui se chargera d'évaluer la contribution de la Banque à la recherche sur le développement dans le monde et d'en tirer les leçons ?

Cette revue des onze derniers chefs économistes me conforte dans l'idée qu'il y a un vrai problème de pilotage de la recherche sur le développement à la Banque. Peut-être existe-t-il un rapport sérieux sur cette question mais je n'en ai pas connaissance.

Si comme je le pense les questions que je pose à ce sujet sont essentielles, il faudrait y répondre plus sérieusement que je ne peux le faire. Ces questions devraient être prises en charge par une instance jouissant de toute l'autorité, des compétences et de l'accès à toutes les informations nécessaires : c'est d'autant plus important dans le cas de la Banque Mondiale que c'est cette institution qui donne le ton à l'ensemble des institutions du monde intéressées par les questions de développement.

Qui pourrait donc se charger d'approfondir ce diagnostic sur la recherche à la Banque ? Le Conseil d'administration de la Banque pourrait-il s'en saisir, et ce à la demande de ceux de ses administrateurs qui sont issus de pays en voie de peuplement ?

Ebauches de portraits des onze derniers chefs économistes de la Banque
Anne Osborn Krueger Chef économiste 1982-1986

Spécialiste de l'économie internationale et de l'économie du développement. Understanding the role of foreign sector, trade, aid, exchange rates and foreign capital flows is crucial for interpreting Korea's recent economic history. It is also of considerable importance in terms of the lessons to be gleaned for other countries' development policies

Elle a proposé une réforme du FMI visant à en faire une sorte de tribunal des faillites un peu sur le modèle de ce que qui existe dans les pays pour les entreprises.

Directrice générale adjointe du FMI de 2001 à 2006

Stanley Fischer Chef économiste 1988-1990

Stanley Fischer, économiste israélo-américain, vice-président du conseil de la réserve fédérale des États-Unis depuis le 28 mai 2014 : Banquier central

Le travail de Fischer s'est concentré sur l'intersection de l'économie internationale, des crises financières et sur la macroéconomie.

Après son retour à l'enseignement au MIT, Fischer a rejoint le FMI en 1994 comme adjoint du directeur général, Michel Camdessus, travaillant à résoudre les crises financières au Mexique, en Russie et en Asie du Sud-Est. Il a quitté le FMI en 2001 et rejoint Citigroup en tant que vice-président.

Lawrence Summers Chef économiste 1991-1993

En décembre 1991, Summers, juste nommé, il ose écrire ce qu'il pense dans une note interne : *Les pays sous-peuplés d'Afrique sont largement sous-pollués. La qualité de l'air y est d'un niveau inutilement élevé par rapport à Los Angeles ou Mexico. Il faut encourager une migration plus importante des industries polluantes vers les pays moins avancés. Une certaine dose de pollution devrait exister dans les pays où les salaires sont les plus bas. Je pense que la logique économique qui veut que des masses de déchets toxiques soient déversées là où les salaires sont les plus faibles est imparable. [...] L'inquiétude [à propos des agents toxiques] sera de toute évidence beaucoup plus élevée dans un pays où les gens vivent assez longtemps pour attraper le cancer que dans un pays où la mortalité infantile est de 200 pour 1 000 à cinq ans.*

Il ajoute même : Il n'y a pas de [...] limites à la capacité d'absorption de la planète susceptibles de nous bloquer dans un avenir prévisible. Le risque

d'une apocalypse due au réchauffement du climat ou à toute autre cause est inexistant. L'idée que le monde court à sa perte est profondément fausse. L'idée que nous devrions imposer des limites à la croissance à cause de limites naturelles est une erreur profonde ; c'est en outre une idée dont le coût social serait stupéfiant si jamais elle était appliquée.

En 1998, avec Alan Greenspan et Robert Rubin, il convainc la *Commodity Futures Trading Commission* (CFTC) d'abandonner toutes les barrières qui *entravaient* le marché des dérivés de crédits vendus *Over The Counter* (OTC). Cette décision sera analysée comme portant une responsabilité majeure dans le développement du *Shadow Banking* dans les années 2002. Il pousse à l'adoption de la *Gramm-Leach-Bliley Act Financial Services Modernization Act* de 1999 qui met en place les services de banques universelles, rompant la séparation traditionnelle entre banque de dépôt et banque d'investissement en opposition avec les leçons tirées de la crise de 1929. Avec Summers aux commandes, le capitalisme productiviste avait un bel avenir.

Devenu secrétaire au Trésor sous Clinton en 1999, il fait pression sur le président de la Banque mondiale, James Wolfensohn, pour que celui-ci se débarrasse de Joseph Stiglitz qui lui a succédé au poste d'économiste en chef et qui est très critique sur les orientations néolibérales que Summers et Rubin mettent en œuvre aux quatre coins de la planète où s'allument des incendies financiers. Après l'arrivée de George W. Bush, il poursuit sa carrière en devenant président de l'université de Harvard en 2001. Interrogé sur les raisons pour lesquelles on retrouve peu de femmes à un poste élevé dans le domaine scientifique, il affirme que celles-ci sont intrinsèquement moins douées que les hommes pour les sciences.

Michael Bruno Chef Economiste 1993-1996

an Israeli economist. He was a governor of Israel's Central Bank

Inflation Stabilization ; Crisis, Stabilization, and Economic Reform: Therapy by Consensus ; Economics of Worldwide Stagflation

chief economist with the World Bank, where he became an important figure in refocusing the bank's mission. With his encouragement, the World Bank has accented its role as a clearinghouse for research while retreating from the routine of funnelling capital into economies that can attract private investors.

Joseph Eugene Stiglitz Chef économiste 1997-2000

Stiglitz always had a poor relationship with Treasury Secretary Lawrence Summers. In 2000, Summers successfully petitioned for Stiglitz's removal, supposedly in exchange for World Bank President James Wolfensohn's re-appointment. Stiglitz resigned from the World Bank in January 2000. Joseph E. Stiglitz said that he would resign as the World Bank's chief economist to raise pointed questions about the effectiveness of conventional approaches to helping poor countries

Stiglitz made early contributions to a theory of public finance stating that an optimal supply of local public goods can be funded entirely through capture of the land rents generated by those goods.

Stiglitz's most famous research was on screening, a technique used by one economic agent to extract otherwise private information from another, laying the foundations for the theory of markets with asymmetric information. It is only under exceptional circumstances that markets are efficient. For Stiglitz, there is no such thing as an invisible hand, in the sense that free markets lead to efficiency as if guided by unseen forces: *individus et entreprises, dans leur quête de leur propre intérêt ne sont pas nécessairement, ou généralement, guidés par une main invisible, vers l'efficacité économique.*

En 2002, Stiglitz publia La Grande Désillusion *(Globalization and its discontents)*, où il affirme que le FMI fait passer l'intérêt de son principal actionnaire, les États-Unis, avant ceux des nations les moins favorisées qu'il a pourtant pour objectif de servir. D'autre part, en prenant comme exemple la crise asiatique de 1997 et la transition russe, Stiglitz soutient que les politiques préconisées par le FMI ont souvent aggravé les problèmes dont il avait à s'occuper, entraînant des conséquences sociales dévastatrices et un accroissement de la pauvreté.

Ce livre a été critiqué par de nombreux économistes, comme contenant des contre-vérités, et qualifié de *voodoo economics*, soit la croyance en des remèdes simplistes à des problèmes infiniment complexes. Kenneth Rogoff, alors économiste en chef du Fonds monétaire international, décrit Stiglitz comme un intellectuel prisonnier de sa tour d'ivoire, incapable d'admettre ses fautes, entretenant une vision dogmatique de l'économie et malhonnête dans sa critique du FMI. Selon Rogoff, les politiques fiscales et monétaires expansionnistes préconisées par Stiglitz produiraient un niveau tel d'inflation qu'elles viendraient brider la croissance économique, affectant la population entière, mais surtout les plus démunis.

Tout en n'étant pas altermondialiste, Joseph Stiglitz collabore avec les forums sociaux et partage certaines analyses : il est ainsi partisan d'une taxe (Tobin ou équivalente) sur les transactions financières et pour une régulation de la mondialisation.

Nicholas Stern Chef économiste 2000-2003

Baron Stern of Brentford est un économiste britannique. De 2003 à 2007, conseiller de Gordon Brown au ministère des finances. Il est surtout connu pour le *Rapport Stern sur l'économie du changement climatique* publié le 30 octobre 2006.

Pour Nicholas Stern, la crise économique de 2008-2009 est liée à trois facteurs : le premier est la déréglementation du secteur financier, qui a permis de forger des instruments financiers extrêmement risqués sur des marchés incontrôlables, le deuxième est le gonflement de la bulle immobilière de nature cyclique et le troisième est l'accumulation d'une épargne très forte par les pays asiatiques qui a permis de financer les déficits américains et la bulle du crédit.

Voir le livre : *A Strategy for Development*, World Bank Publications, 2002. Le chapitre consacré à l'Afrique fait trois pages, en voici un large extrait : il n'y est fait aucune mention de la démographie, ni du peuplement, ni de l'urbanisation, ni de l'économie populaire, et il n'y est question que des échecs :

Sub-Saharan Africa has been experiencing economic and social catastrophe. On average, per capita GDP is lower now than in 1980, although during the 1990s performance became more divergent, with rapid growth in a few countries juxtaposed against rapid decline elsewhere Socially, life expectancy is now starting to decline, and the incidence of civil conflict is high and rising.

The economic catastrophe was associated with a capital-hostile environment and poor public service delivery. The region has suffered massive capital flight: by 1990 around 40 percent of Africa's private wealth was held outside the continent, a higher share than in any other region..

Africa, with the worst investor risk ratings of any region, has been perceived, both by Africans themselves and by foreign investors, as a capital-hostile environment...

Africa has the highest ratio of public to private capital of any region. High public investment, however, did not produce good public service delivery. On many indicators-education, health, infra-structure-Africa compares unfavorably with other regions.

The World Bank has primarily focused on weak institutions and poor policy as the problem. In the Country Policy and Institutional Assessment, through which World Bank staff annually rate policy in over 100 countries, Africa has consistently had the worst ratings...

The social catastrophe of falling life expectancy is largely attributable to the rapid spread of AIDS. Again, this is amenable to policy. The spread of AIDS reflects a failure of public services to focus effectively on the problem.

François Bourguignon, Chef économiste 2003-2007

Ses travaux, théoriques et empiriques, portent principalement sur la distribution des revenus et la pauvreté dans les pays développés, les pays en voie de développement et dans la population mondiale. À son arrivée à la Banque mondiale, il se montre critique des politiques du consensus de Washington qui avait discrédité l'institution et déclare : *il n'existe pas ce que l'on appelle une best practice qui fonctionnerait dans n'importe quel pays au monde ; chaque pays est un cas particulier et vous devez absolument en tenir compte.*

Voir le Livre de François Bourguignon *La Mondialisation de l'inégalité*. Les inégalités dans le monde diminuent depuis une vingtaine d'années. Elles avaient énormément augmenté avec la révolution industrielle, c'est-à-dire depuis le début du XIXe siècle, mais, depuis les années 1990, les courbes se sont inversées. Cela est dû en grande partie aux performances des pays émergents. Mais les disparités entre les extrémités de l'échelle des revenus nationaux, ne cessent d'augmenter, et l'écart se creuse toujours avec les pays les moins avancés, en Afrique en particulier. La mondialisation substitue donc un surcroît d'inégalité au sein des nations à l'inégalité internationale.

Justin Yifu Lin Chef économiste 2008-2012

En attribuant, le 4 février, au Chinois Justin Yifu Lin le poste d'économiste en chef où il succède à François Bourguignon, Robert Zoellick, le président de cette institution, confie la réflexion économique de l'organisation multilatérale à un expert ès transition économique.

Justin Yifu Lin, né à Taiwan, étudie l'économie marxiste à l'université de Pékin, puis fait partie de la première vague d'étudiants chinois envoyés aux Etats-Unis. Docteur en économie de l'université de Chicago en 1986, il est chercheur à Yale., et écrit divers ouvrages sur la réforme des entreprises publiques chinoises et sur les modèles de comparaison de développement. De retour en Chine, il fait ses armes comme conseiller du premier ministre Zhu Rongji au début des années 1990, avant de créer en 1994 le Centre de recherches économiques de l'université de Pékin, l'un des think tanks les plus performants du pays.

Voir la Revue d'économie du développement 2013/2 (Vol. 21) : *La politique industrielle revisitée : une nouvelle perspective d'économie structurelle.*

La nouvelle économie structurelle, ou NES (Lin, 2011, 2012), fondée sur l'analyse de la nature de la croissance économique moderne, propose un cadre de référence pour repenser les concepts de développement économique et de politique industrielle. Le cadre de la NES comporte trois volets : la compréhension des avantages comparatifs du pays, qui constituent le potentiel évolutif de sa structure de dotation ; l'utilisation du marché au titre de mécanisme le plus apte à garantir une affectation optimale des ressources à toutes les phases du développement et enfin la reconnaissance de l'État comme agent facilitateur du processus de modernisation du tissu industriel. La NES aide à comprendre les raisons de la performance économique des pays en développement les plus dynamiques.

Kaushik Basu Chef économiste 2012-2016

Il exerçait auparavant la fonction de conseiller économique en chef auprès du gouvernement indien. Il était également été professeur d'économie à la Delhi School of Economics, où il a fondé en 1992 le Centre d'économie du développement. Il par ailleurs été professeur invité à l'Institute for Advanced Study, à l'université Princeton, à la London School of Economics, à l'université Harvard et au MIT.

Donc, personnalité éminente, et brillante carrière avant son passage à la Banque. Mais difficile de savoir quelles ont été ses contributions en tant que chef économiste. En un mot : parler pour ne rien dire : pour ne pas faire de vagues ? En voici quelques aperçus.

Opening remarks by Kaushik Basu at the Annual Bank Conference on Development Economics (ABCDE) 2014 : Development Economics and Method: A Quarter Century of ABCDE: ce long discours dont voici la conclusion m'est apparu particulièrement inintéressant : *to get to usable policy, we need to combine good statistical methods with theory and reasoned intuition. None of these three ingredients is dispensable. I hope I will come out wiser on how you mix and match at the end of this two day conference.*

Voici aussi quelques extraits de son blog à la Banque :

Aout 2012 : Perspective from a new World Bank Chief Economist. U*sing my theoretical and policy experience, I will try my best to influence the institution's new direction toward being a 'solutions Bank', something that the Bank's new President Jim Yong Kim has stressed. This is a challenging time for international financial institutions and governments reeling under the sovereign debt crisis. I hope to be engaged in helping policymakers steer the global economy back onto a sustainable growth path.*

Je ne suis pas le seul à trouver ces propos particulièrement creux, comme le montre ce commentaire d'un lecteur chinois daté d'octobre 2012 : *Sir, It doesn't seem that Kaushik Basu, the new World Bank chief economist is that good at stirring up debate. Can we expect more interesting Bank contributions to this blog in the future?*

Novembre 2015 : La difficile détermination du seuil de pauvreté. *L'exercice consistant à mesurer la pauvreté constitue un défi de taille pour la Banque mondiale. Si cette pauvreté diminue, nos détracteurs nous accusent de vanter nos résultats. Lorsqu'elle augmente, les critiques nous reprochent d'œuvrer pour conserver nos postes. Et lorsque les chiffrent demeurent inchangés, on nous accuse de fuir l'une ou l'autre de ces responsabilités.*

Certaines critiques ont estimé que le seuil de pauvreté fixé à 1,25 $ en 2005 était trop faible. Ceux-ci doivent néanmoins savoir qu'en 2011, pas moins d'une personne sur sept vivait en dessous de ce seuil. Puisque nous nous sommes d'ores et déjà engagés sur la voie de l'objectif visant à éradiquer la pauvreté extrême et chronique d'ici 2030, nous allions de toute évidence devoir rehausser le seuil de pauvreté nominal, afin de maintenir la constance du seuil réel. Afin d'appréhender ces difficultés et d'élargir les recherches que mène la Banque mondiale en matière de pauvreté, nous avons créé une Commission sur la pauvreté mondiale. La mesure du seuil de pauvreté suscite la plus grande attention des dirigeants politiques comme des chercheurs universitaires – et notre calcul n'a pas failli à la règle. Nous nous sommes montrés attentifs aux politiques de lutte contre la pauvreté, sans jamais toutefois céder aux pressions politiques. Nous avons tenu compte des suggestions des chercheurs, mais avons toujours fait appel à notre propre jugement. L'un des chercheurs concernés a fait valoir avec certitude qu'il s'agissait de fixer le seuil de pauvreté à 1,9149 $.

Enfin, voici le discours d'adieu de septembre 2016 : *It has been four wonderful years. Hard work, engagement with the big wide world, and lots of love and warmth in the workplace. The only alarming fact is that the love and warmth seems to have increased after people learned that I was leaving... :* preuve que ce brilliant économiste n'était pas dupe !.. *When I got into a crowded elevator, I tried to guess who would get out on which floor. I used to get it all wrong. Of late, I find I am almost always right. By using data, such as the quantity of hair-gel, the kind of perfume one has used, the level of starch in the collar, I can guess the floor the person will exit. Starched collar, gelled hair, cuff links: 12th floor. Disheveled hair, crumpled clothes to match: Will get out on the 3rd floor.*

Paul Romer Chef économiste depuis octobre 2016
Extrait de son interview par le journal Le Monde lors de son passage à Paris le 30 janvier pour le lancement du rapport sur le développement dans le monde consacré cette année à la gouvernance et à la loi :

Connaissez-vous l'Afrique ? Réponse : *je connais surtout l'Afrique du Sud. Un peu l'Ethiopie, le Kenya aussi et la Zambie. Mais je ne suis jamais allé dans les pays francophones du Sahel.*

Vous avez développé l'idée de *charter city* (ville sous charte) pour introduire des réformes à une échelle locale avant de les généraliser et de vaincre ainsi les résistances au changement. Est-ce importable en Afrique ?

Bien sûr. Il y a certainement des endroits sur le continent où certaines choses seraient difficiles à introduire à l'échelle du pays, mais cela pourrait être expérimenté dans des zones spéciales. Il s'agit de créer des zones de démonstration qui aident à vaincre les résistances politiques au changement. Si chacun peut constater les retombées positives des réformes, il sera moins fondé à s'y opposer ..

Et voici des extraits de l'interview du 25 May 2017 par un journalise de Bloomberg, sept mois après son entrée en fonction :

Since I joined the World Bank last fall, we've had a few internal conversations that involved what the diplomats would call a full and frank exchange of views.

It is no surprise that the Bank has its own homegrown insurgents ready to wage their version of asymmetric warfare. One of those ways is via rumors. Apparently, the word is out that when I asked people to write more clearly, I wasn't nice. And that I slaughter kittens in my office.

On the writing, mea culpa. The good news is that people are taking writing more seriously. Today, we presented the Global Economic Prospects report that we'll release in June to the Bank's Board of Directors. Two of them commented that they liked the tighter focus this year. After the Board meeting, the team that wrote the report said that it has 35% fewer words than last year's report. When I pressed, one of the team members laughed and said that yes, the frequency of the word "and" is about 1.5 percentage points above the threshold I've set of 2.6%. This is a bit of a running gag, but still, a reminder that we will all be paying attention. I guess the insurgents missed the joke.

Derrière les mots, le fond du problème : le DEC n'entend pas se laisser gouverner par un outsider : *in recent years, his attacks on the credibility of macroeconomic models irritated many of his peers. His combativeness didn't endear him to some of the more than 600 economists who work in DEC, according to people familiar with the matter. Romer was frustrated with what some see as the dense, convoluted style of many of the department's reports. He pushed researchers to write more clearly, using the active voice to be more direct. A study by Stanford University's Literary Lab in 2015 found the bank's use of language has become more codified, self-referential, and detached from everyday language since the bank's board of governors held their inaugural meeting in 1946. The study coined the term Bankspeak, a vague technical code that symbolized the lender's organizational drift.*

Romer said he was surprised by the defensiveness of the group's economists. *They felt under-appreciated, he said. It reflected a kind of siege mentality that I can't quite understand.*

Annexe 4 : Prise en compte du long terme : une autre approche de l'actualisation dans le calcul économique

Rappel

Soit une somme de monnaie **I** investie à la date t=0 dans un projet ou une activité quelconque dont on attend un flux de revenus nets par unité de temps **f(t)** fonction du temps t. La Valeur Ajoutée Nette F(i) de ces flux futurs est donnée par l'équation : **F(i)= Σ[(f(t)/((1+i)^t)].** La variable temps est ici traitée comme une variable discrète, mesurée par exemple en années, et la variable i qui est l'inverse du temps est mesurée en % par an. On appelle **taux de rentabilité interne** de cet investissement **I** (actualisé à la date 0) la valeur i° du taux i pour laquelle F(i°) = **I**.

Dans cette équation, **i** est le taux d'actualisation, ou taux de préférence pour le présent : hors inflation éventuelle, une unité monétaire à la date t équivaut à une quantité (1+i) de monnaie à la date t+1. Ce taux d'actualisation est censé tenir compte du risque encouru par un revenu différé. Ce taux d'actualisation est aussi censé être le même pour tous les acteurs, condition apparemment sine qua non pour que l'on puisse admettre que les marchés sont parfaits et qu'il existe un équilibre général calculable. La sommation des revenus actualisés à la date t=0, représentée par le signe **Σ,** est étendue de la date 0 à une date T, à préciser, et qui peut être l'infini.

La technique d'actualisation et la Transformation de Laplace

A la chronique f(t) des flux de revenus nets futurs qui sont fonction du temps t, l'équation précédente **F(i)= Σ[(f(t)/((1+i)^t)]** fait correspondre des quantité totales de monnaie F(i) qui sont fonction de la variable i qui a pour dimension l'inverse du temps.

Cette transformation de la fonction f(t),qui est nulle pour t<0, en une fonction F(i) de la variable i >0 dont la dimension est l'inverse de celle de t, de sorte que le produit i*t est sans dimension, est en fait une application simple de l'outil mathématique appelé Transformation de Laplace qui relie toute fonction f(t) d'une variable continue quelconque t>0 en une fonction F(j) d'une variable continue et positive de dimension inverse de celle de la variable t, et qui est égale à l'intégrale définie de la fonction **f(t)*exp(-jt)** étendue à tout l'intervalle de variation de la variable t>0 : cette nouvelle fonction F(j) qui est strictement décroissante de la variable est appelée l'image de f(t) par cette Transformation. Ce *Laplacien* F(j) de la fonction f(t) n'a de sens que si l'intégrale de cette fonction f(t)*exp(-jt) est convergente sur tout cet intervalle de variation de la variable t.

Cette image F(j) de la fonction f(t) des flux nets futurs est ce que les économistes appellent la valeur actualisée au taux j de ces flux futurs f(t), étendue à un intervalle t>0 éventuellement borné : 0<t< T. Cette variable continue j, appelée taux d'actualisation, est reliée à la variable i précédente qui est le taux d'actualisation annuel par la relation exp(j) =1+i : si par exemple i = 10% par an, j = LN(1.10) = 9.5%. Dans toute la suite de cette Annexe qui est consacrée à la technique de l'actualisation et à ses applications, le temps est traité comme une variable continue, ce qui simplifie considérablement les écritures et permet de profiter de toutes les propriétés de la Transformation de Laplace.

Cette Transformation de Laplace, qui fait correspondre à toute fonction f(t) d'une variable t quelconque une image unique F(j), est couramment appliquée dans de nombreuses branches des mathématiques et dans la plupart des sciences physiques. Cette unicité de l'image F(j) de toute fonction f(t) a permis de construire des catalogues ou **dictionnaires d'images** F(j) des fonctions élémentaires f(t) que l'on rencontre couramment dans ces divers domaines d'activité.

Certaines de ces fonctions élémentaires sont aussi utilisables en économie, soit telles quelles, soit par intégration ou dérivation de ces fonctions élémentaires, soit par combinaison linéaire de fonctions élémentaires ou par le *produit de convolution*[11] de deux de ces fonctions élémentaires f(t) et g(t) en une fonction h(t) dont l'image H(j) est le produit des images F(j) et G(j). Ces combinaisons de fonctions élémentaires permettent de reproduire les chroniques de revenus f(t) propres à la plupart des activités ou des projets courants avec une approximation satisfaisante. A chacune de ces combinaisons de fonctions élémentaires f(t) correspond son image unique F(j), qui peut être simplement déduite des images des fonctions élémentaires utilisées, par application des propriétés de cette Transformation de Laplace. Voici quelques exemples de ces fonctions élémentaires f(t) et dse combinaisons possibles de ces fonctions élémentaires :

- la fonction élémentaire f(t) = at, dans laquelle a est une constante quelconque, a pour image
F(j) = a/(j^2), égale à la valeur actualisée sur tout le futur au taux j de la fonction at. Dans ce qui suit, j'omets ce facteur a.

---

[11] Le produit de convolution de deux fonctions f(t) et g(t) est la fonction h(t) qui est égale à l'intégrale du produit f(t)*g(t-s) de cette fonction de s étendue à tout le domaine 0<s<t

- la fonction f(t) = exp(kt), croissant au taux constant k sur tout le futur a pour image F(j) =1/(j-k) qui n'a de sens que si k<j.
- si l'image d'une fonction élémentaire g(t) est G(j), celle de la fonction g(t-t°) de cette nouvelle variable t-t° >0 est F(j) =exp(-jt°)* G(j).
- la fonction h(t) = t^n*exp(-kt) dépend des deux paramètres, n qui est ici un nombre entier, et k qui est un taux de croissance constant. L'image de cette fonction h(t) est H(j) =Fact(n) /[(j+k) ^(n+1)]. [12]

Une fonction de ce type, convenablement paramétrée, peut servir à représenter des fonctions de flux de revenus futurs passant par un maximum et tendant vers 0 à plus long terme, comme sur le graphique suivant. Cette fonction h(t), est une des combinaisons possibles de la fonction élémentaire f(t) = t^n et de la fonction g(t-t°) précédente.

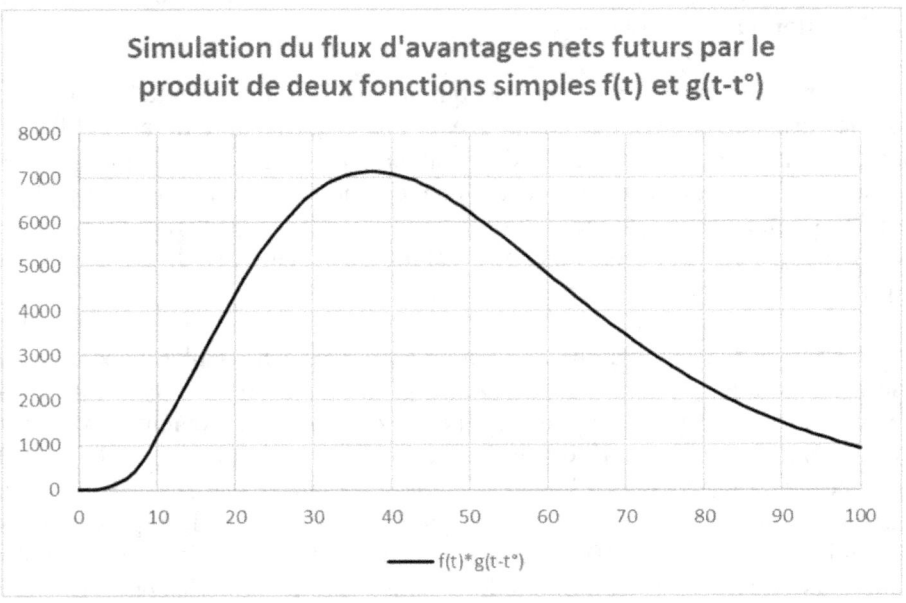

Connaissant donc l'image F(j) de la chronique f(t) des revenus futurs, on obtient très simplement ce qu'on appelle le taux de rentabilité interne de l'investissement **I** qui est responsable de ces revenus nets futurs f(t) en calculant la valeur j° du taux d'actualisation pour laquelle la fonction F(j) (valeur actualisée) compense exactement les couts passés d'investissement pour ce projet, actualisés à ce même taux j° à la date initiale t=0. Cette valeur j° existe et est unique parce que la fonction F(j) est fonction strictement décroissante de j.

---

[12] Fact() est la fonction factorielle : Fact(n) = 1*2*..*(n-1)* n. Si n n'est pas un nombre entier, la fonction Fact(n) est remplacée par la fonction Gamma (n+1), qui généralise la fonction factorielle.

Le second graphique combine les deux mêmes fonctions simples f et g du cas précédent mais paramétrées différemment et auxquelles est ajoutée une troisième fonction liée aux deux précédentes et à revenu net négatif pour simuler un projet d'investissement de valeur actualisée I à la date t=0 : ce projet pourrait avoir un taux de rentabilité interne j° positif de l'ordre de 5%, suffisant pour qu'il soit inclus dans le programme d'investissement, en dépit de la forte croissance à long et à très long terme de ses nuisances pour l'environnement (l'échelle de temps en abscisses va de 0 à plus de 120 ans).

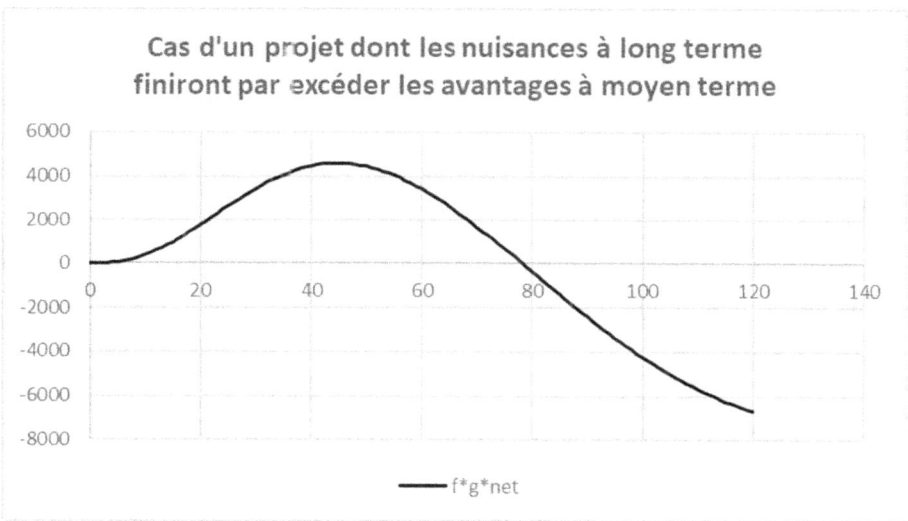

La Transformation de Laplace appliquée à l'économie présente donc l'immense avantage de permettre un calcul très simple du total actualisé au taux j de tous les flux nets, positifs ou négatifs f(t), simulés par une combinaison de fonctions élémentaires, sur tout le futur ou sur n'importe quelle période de temps sous forme d'une fonction simple de j, notée F(j)

Mais ce n'est pas tout ! En complément de l'agrégat valeur actuelle F(j) de toute chronique de revenus nets f(t) et du taux de rentabilité interne j° de l'investissement I responsable de ces flux de revenus nets, on peut très simplement calculer la **fraction** que je note s de la valeur actualisée totale F(j) des flux de revenus nets qui sont postérieurs à une date quelconque T, par exemple au-delà de l'horizon à moyen terme de T = 10 ans, ou de l'horizon à long terme par exemple 30, 50 ou 100 ans.

Voici quelques exemples de la valeur de s correspondant aux fonctions élémentaires f(t) évoquées précédemment.
- si $f(t) = at$, $s = (1-jT)\exp(-jT)$
- si $f(t) = \exp(kt)$, $s = \exp(-(j-k)T)$

- si f(t) =t*exp(-αt), s =(1+(j+α)T*exp(-(j+α))T
- si f(t) =t²*exp(-αt), s =[(1+(j+α)T + +(j+α)T²]*exp(-(j+α))T

Si le taux de rentabilité interne d'un investissement est par exemple de l'ordre de 8%, cas fréquent pour des projets que l'on envisage de retenir dans le cadre du programme d'investissements à venir, et si la chronique des revenus futurs peut être représentée par une fonction du type f(t) =t*exp(-αt), la fraction s des revenus nets actualisés totaux qui est apportée par les flux futurs à long terme n'est que de l'ordre de 3% à l'horizon T =40 ans et de 1% à l'horizon T =50 ans. Compte tenu de la marge d'incertitude concernant les flux futurs à plus de trois ou quatre décennies, on pourrait donc considérer ces flux de revenus ou de nuisances à long terme comme négligeables, et par conséquent renoncer à en tenir compte dans les procédures de choix des décisions à prendre. Alors qu'on se préoccupe enfin de l'impact de l'activité humaine sur l'environnement et du développement durable, une telle conclusion doit être considérée comme inacceptable. De même, en rétrospective, la procédure d'actualisation telle qu'elle est actuellement pratiquée a pour conséquence d'effacer l'histoire, ce qui est tout aussi inacceptable.

Voici une autre technique d'actualisation, plus respectueuse du temps long

J'ai dit que la technique utilisée aujourd'hui n'est rien d'autre qu'une application élémentaire et impensée de l'outil mathématique appelé Transformation de Laplace, dont elle ne retient qu'une toute petite partie des remarquables propriétés : après un bref rappel des questions qui se posent à propos de la pratique actuelle de l'actualisation, je vais évoquer quelques pistes de recherche basées sur l'utilisation des propriétés de cette Transformation de Laplace appliquée à l'économie.

Première remarque : d'où vient cette tradition de considérer que le taux d'actualisation j qui est choisi et appliqué à la date t=0 doit conserver cette même valeur pour tout le futur ? Est-ce parce qu'il en est ainsi dans la Transformation de Laplace dont s'inspire cette technique d'actualisation, alors que cette indifférence de la variable j à l'horizon de temps considéré n'est en fait ni intuitive ni acceptable ?

Deuxième remarque : d'où vient cette tradition de considérer que le taux d'actualisation j à prendre en compte doit être le même pour tous les secteurs et pour tous les domaines d'activité considérés, par exemple pour le secteur forestier, pour les infrastructures, ou pour l'industrie du luxe, ou pour la culture ? La réponse à cette question est que, si l'on renonçait à cette hypothèse commode mais contre intuitive, il faudrait renoncer à l'un des fondements de la théorie économique orthodoxe et de la finance qui est le présupposé de l'existence d'un équilibre général et calculable sur tous les marchés, ce qui reviendrait à reconnaitre que le paradigme de cette économie orthodoxe n'a d'autre justification que de simplifier les calculs !

Que peut-on faire pour contourner cette contradiction apparemment irréductible entre respect de la réalité et calculabilité ? Voici un profil de variation dans le temps du taux d'actualisation j qui permet à la fois de redonner au pouvoir et à la société la possibilité d'imposer leur volonté en matière de respect de l'équilibre intergénérationnel et de respect des enjeux à long terme au lieu de laisser les économistes et les financiers en décider, et de garder les avantages du calcul économique actuel, en mettant à profit les vertus de la Transformation de Laplace.

Soit donc la loi d'évolution suivante du taux d'actualisation j(t) en fonction du temps :
- si t<= τ, j(t) =j, valeur initiale de j.
- si t>= τ, j(t) =(j/(1+ α))*(1+ α* τ /t)) : j(t)t décroit selon un arc d'hyperbole de le valeur initiale j à la valeur pour t infini min(t)=t/(1+ α) : les valeurs des paramètres de cette fonction j(t) représentée dans le graphique suivant sont : j =10%, τ = 10 ans, et α = 1. A long terme, le taux j(t) tend ainsi vers un minimum égal à j /(1+ α), soit dans ce cas vers j/2 =5 %.

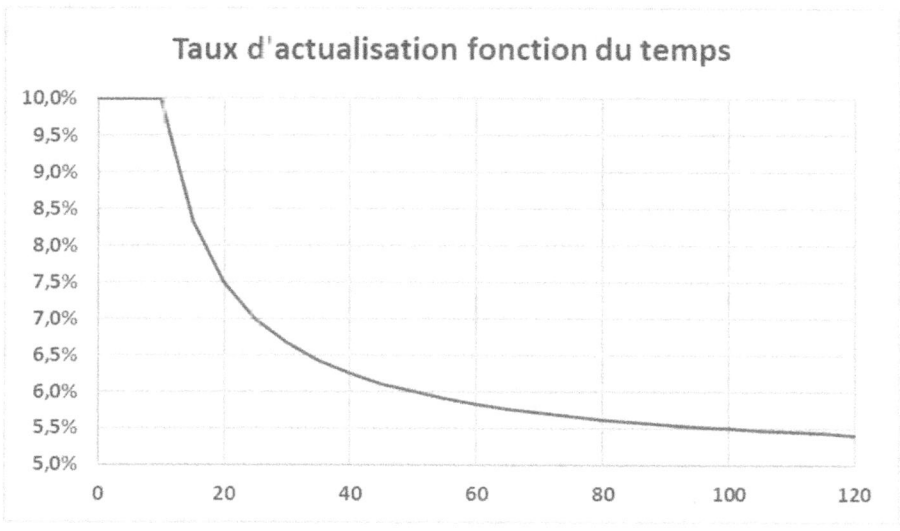

Comme précédemment, la transformée de Laplace de toute fonction f(t) est l'intégrale prise de 0 à l'infini de la fonction f(t) * exp(-j(t)*t), que j'appelle ici Φ(j,α), pour la distinguer de F(j), transformée de f(t) obtenue avec j constant

Pour cette loi d'évolution du taux d'actualisation j(t) en fonction du temps, l'image Φ(j) de la fonction f(t) est donnée par l'expression suivante : **Φ(j,α) =(1-exp(-jτ)* F(j) +exp(-jτ)*F(j/(1+ α))** : l'image de f(t) est ainsi fonction de deux variables qui sont le taux d'actualisation initial **j** et le paramètre **α** de la loi d'évolution de ce taux d'actualisation en fonction du temps.

Comme dans le cas précédemment analysé où le taux d'actualisation j est constant, F(j) est l'image de la fonction élémentaire f(t), et F(j/(1+ α) est cette même image mais au taux constant j/(1+ α).

Cette expression simple est évidemment valable quelle que soit la fonction élémentaire f(t) choisie. Et, ayant ainsi recalculé les transformées de Laplace habituelles, avec j constant, en leur homologue avec j(t) suivant la loi d'évolution précédente, toutes les applications précédemment décrites, telles que le calcul de la fraction **s** du total de la valeur actuelle totale qui est apportée par les revenus nets à long terme, sont aisément transposables :

Par exemple, si f(t) = exp(kt), F(j) = 1/(j-k), et F(j/(1+ α) = 1/((j/((1+ α)-k))

Exemple numérique : j = 10% ; k=3% : τ =10 ; et α = 1;

F(j) = 1/(j-k) = 14 ; F(j/(1+ α) = 50 : et Φ(j,α) =27 : avec ce même taux initial j, la valeur actualisée de cette même chronique de revenus nets est presque doublée : pour cette fonction f (t)=exp(kt), le taux moyen d'actualisation j° pour lequel F(j°) = Φ(j,α) serait de 6.6%, soit les deux tiers du taux j initial de 10%.

Comme le montre le graphique suivant, selon la technique habituelle d'actualisation à taux j constant, la contribution relative **s** du long terme à la valeur actuelle totale décroit de 5% à l'horizon long terme de 30 ans à moins de 1% à l'horizon de 50 ans, alors que, avec cette loi d'évolution du taux j en fonction du temps, ce même indicateur **s** décroit de 25% à l'horizon long terme de 30 ans à 9% à l'horizon de 50 ans.

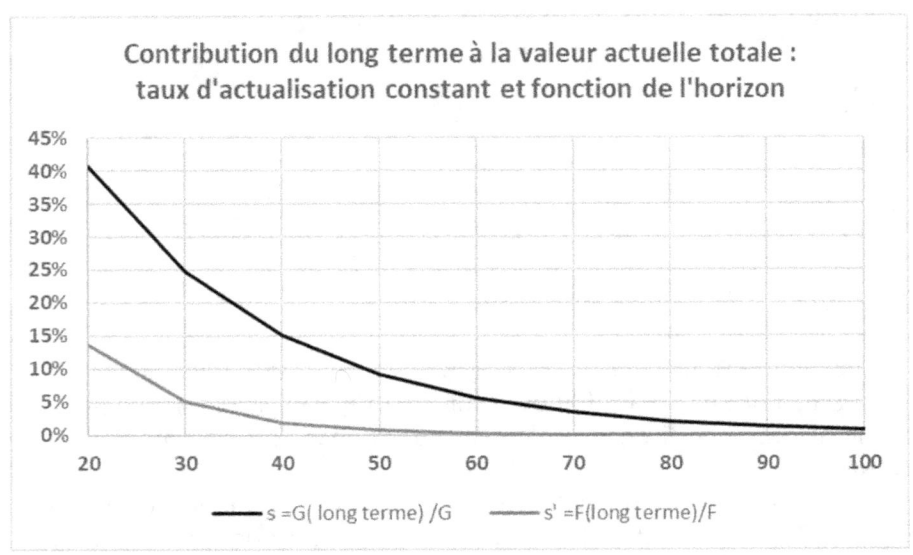

Autres propriétés de la Transformation de Laplace pouvant intéresser l'économie

Voici quelques exemples d'autres propriétés à explorer :

- Sous certaines conditions, l'image F de l'intégrale d'une fonction élémentaire f(t) revient à diviser par j l'image initiale, et l'image de la dérivée de cette fonction revient à la multiplier par j : ces propriétés pourraient permettre une nouvelle approche de la mesure de l'accumulation de capital, de l'obsolescence ou de l'amortissement, et de l'accumulation nette de gaz à effet de serre résiduels dans l'atmosphère au cours d'une période passée ou future d'activité humaine.

- La transformation de Laplace est applicable non seulement pour des fonctions de variables réelles, mais aussi sous certaines conditions pour des fonctions de variables et de nombres complexes a+bi, à deux dimensions. Il faudrait donc se demander si cette propriété de la transformation de Laplace pourrait aider à simplifier la prise en compte de l'incertitude, fonction du temps, dans le calcul économique : dans le plan complexe, la partie réelle de toute fonction telle que les fonctions élémentaires f(t) et de leurs transformées de Laplace (donc du bilan actualisé), faisant abstraction de l'incertitude seraient portées par l'axe réel, cependant que la partie imaginaire de ces fonctions f et F qui correspond à l'incertitude serait portée par l'axe imaginaire : incertitude sur la valeur du flux f(t), et incertitude correspondante sur la valeur de F(j).

- Autre piste pour tenir compte de l'incertitude : la transformée de Laplace de la fonction d'erreur f(t) qui mesure la probabilité qu'une variable aléatoire prenne une valeur donnée dans un certain intervalle d'incertitude est connue : peut-on en tirer parti pour tenir simplement compte de l'incertitude relative à f(t) sur l'incertitude relative au bilan F(j) ?

Annexe 5 : Aide-mémoire sur l'Économie du développement, extrait de l'article de Wikipédia

Définition et objectifs

L'économie du développement est une branche de l'économie qui applique des techniques modernes de l'analyse macroéconomique et microéconomique à l'étude des problèmes économiques, sociaux, environnementaux et institutionnels que rencontrent les pays dits en développement. Elle s'intéresse aux déterminants de la pauvreté et du sous-développement ainsi qu'aux politiques à mettre en œuvre pour permettre une meilleure évolution des pays en développement.

L'économie du développement est un ensemble de pratiques publiques et privées encourageant le développement économique d'un pays ou d'une région, en favorisant par exemple la propension à investir, innover, entreprendre, se former, travailler.

L'objectif est de réunir une masse critique de facteurs de production pour atteindre une croissance économique suffisante, permettant notamment une amélioration sensible du niveau de vie des habitants de la zone concernée et leur autonomisation.

L'économie du développement, en tant que branche à part entière de l'économie, émerge à la fin de la Seconde Guerre mondiale. Auparavant les études relatives aux pays pauvres faisaient partie de l'analyse de la croissance, sans qu'il y ait de théories spécifiques à ces pays. Ce n'est que dans les années 1950 que des économistes s'attachent à développer des outils propres aux pays en développement. Parmi les pionniers du développement on peut citer Paul N. Rosenstein-Rodan, Albert O. Hirschman, Arthur Lewis, Ragnar Nurkse, Gunnar Myrdal et Raúl Prebisch. Les premiers travaux des pionniers du développement ne distinguaient pas développement économique et croissance économique. Le développement signifiait obligatoirement l'obtention d'une croissance économique sur une longue période. Et inversement toute croissance créerait une amélioration du bien-être de la population et une diminution de la pauvreté. Les travaux s'intéressaient donc aux déterminants de la croissance. Les premières politiques préconisées portaient sur un investissement massif de façon à sortir du sous-développement et mettre en œuvre un cercle vertueux. Par la suite les économistes du développement ont introduit la séparation entre développement et croissance. Le développement ne peut se faire sans un minimum de croissance, mais ce facteur n'est plus primordial et une politique de développement doit s'attacher également à réduire les inégalités ou satisfaire les besoins fondamentaux.

L'évolution de la pensée économique du développement est généralement découpée en trois phases.

Les pionniers du développement

Le kémitisme montre que l'Afrique a contribué par l'Égypte au développement, aux définitions scientifiques et lettres grecques antiques, donc de l'occident. Jean-Baptiste Colbert, sous Louis XIV, a été un pionnier du développement du commerce par la protection des manufactures contre le négoce manufacturier de l'Empire Britannique, issu de la création de manufactures mondialisées par Élisabeth Ire, protectionnisme de Colbert repris ensuite par Alexander Hamilton pour le développement et l'exportation sans contrainte pour l'industrie par une banque nationale publique, au début du 19ième siècle, suivant la philosophie d'utilisation d'anciennes monnaies chinoises, puis par Simon Patten qui allait jusqu'à parler d'économie de l'abondance à la fin du 19ième siècle. Trois de ses élèves permirent le New Deal au 20ième siècle par le Glass-Steagall Act.

Le système mondial de Bretton Woods (1945-1960)

Dans le contexte d'après-guerre marqué par la décolonisation en Asie et en Afrique, du développement des institutions de Bretton Woods, avec la nationalisation de la Banque de France, puis durant la guerre froide (1947-1991) la lutte contre la pauvreté était vue comme un moyen de garder ces pays dans le camp occidental, l'économie du développement s'élabore. Les principaux travaux s'attachent à montrer les spécificités structurelles des pays en développement : les cercles vicieux de la pauvreté (Nurkse, John Kenneth Galbraith), le dualisme (Lewis 1955), la croissance équilibrée (Rosenstein-Rodan, Nurkse), la croissance déséquilibrée (Hirschman), les étapes de la croissance économique (Rostow), etc.

Le sentiment qui prédominait était un grand espoir, le sous-développement pourrait être résolu rapidement. À cette période, le développement était synonyme de croissance du revenu national. Le manque de capitaux étant le principal obstacle au développement, les politiques de développement s'orientaient vers une aide publique au développement inspirée du plan Marshall. Étant donné le manque de capitaux, la question de la meilleure allocation possible de l'investissement se posait avec acuité.

Le secteur clé des pionniers du développement était l'industrie. Les politiques de développement prônées dans cette période d'après-guerre s'évertuaient à lancer l'industrialisation des PED sur l'exemple de l'industrialisation des pays avancés.

Le modèle de Harrod-Domar mettait en lumière le besoin de capitaux des PED. Le taux de croissance dépendait du taux d'épargne ; le niveau bas de ce dernier dans les PED devait être compensé par l'aide étrangère. Rosenstein-Rodan allait dans le même sens. Du fait de l'indivisibilité de certains investissements, une grande poussée (big push) était nécessaire.

L'allocation des capitaux restait un sujet débattu, entre les partisans d'un investissement limité à certains secteurs (croissance équilibrée, Nurkse) et les partisans d'un investissement plus large (croissance déséquilibrée, Hirschman).

La phase de radicalisation (début des années 1960 - fin des années 1970)

L'économie du développement s'est radicalisée au cours des années 1960. Le sous-développement est alors vu comme la résultante principalement de causes externes, relayées par la structure sociale interne (bourgeoisie "comprador" par exemple). Plusieurs théories vont dans ce sens: théorie de la dépendance, théorie de l'échange inégal (A. Emmanuel 1969), analyse centre-périphérie. Le principal auteur est sans doute Samir Amin, qui conclut à l'impossibilité pour les pays pauvres de se développer autrement qu'en coupant les ponts avec les pays industrialisés, et en mettant en œuvre un développement autocentré.

La période de la gestion de la crise (fin des années 1970 - 1995)

Les rapports économiques entre le centre et la périphérie sont marqués par le paradigme de la dépendance. L'économie monde est un système entretenu par les conséquences de ces rapports. Le sous-développement est la perpétuation de l'état néocolonial, dans lequel les anciennes colonies sont devenues indépendantes, mais leur économie reste fortement dépendante des économies développées. La gestion de la crise est concédée aux institutions de Bretton Woods (FMI, Banque mondiale) à travers les plans d'ajustement structurel. L'objectif est de faire adhérer les pays du Sud à la dérégulation, au libéralisme économique et à l'ouverture des marchés, par le biais de mesures d'orthodoxie budgétaire, de dénationalisation, de thérapie de choc, big push et aide extérieure (Jeffrey Sachs). Cette conception du développement a été critiquée par William Easterly pour son paternalisme et son inefficacité.

Abandon des politiques d'ajustement structurel, réorientation vers la lutte contre la pauvreté

À partir de 1999, les institutions des accords de Bretton Wood (FMI, Banque mondiale) intègrent les critiques qui ont été adressées aux mesures d'ajustement structurel en raison des échecs constatés, critiques qui remettent en cause la légitimité de ces institutions. Elles réorientent leurs actions vers la lutte contre la pauvreté, et passent du financement de projets ciblés à des financements budgétaires globaux. L'objectif affiché est de laisser les pays bénéficiaires décider eux-mêmes de l'allocation des fonds, et des mesures à prendre.

Toutefois, ce renouvellement est malgré tout limité, et la fondation de ce courant opposé au *consensus de Washington,* qui intervient à un moment où la déréglementation a gagné du terrain, se heurte selon Elsa Assidon, à des intérêts financiers et industriels puissants, et à des technocraties d'État gagnées à la pensée libérale. Le consensus apparent est donc moins clair qu'il n'y parait, car il fait abstraction des antagonismes d'intérêt et des processus de domination.

Le micro-développement

Depuis la fin des années 1990, certains économistes du développement (notamment Michael Kremer, Esther Duflo, Ted Miguel, Abhijit Banerjee, Sendhil Mullainathan, etc.) ont développé des outils pour appréhender les impacts des politiques économiques au niveau microscopique et du développement d'expériences sur le terrain comme méthode d'analyse des causalités en économie. Ils ont propulsé la théorie de la randomisation, l'évaluation aléatoire et insistent sur les projets comme les micro-projets comme une stratégie de développement efficace quand on s'y prend rationnellement.

Avérée comme instrument empirique, la randomisation a revitalisé la discipline de l'économie du développement. Beaucoup parlent déjà d'une sous-discipline de la science économique, l'économie du micro-développement8. Toutefois, les critiques n'ont pas tardé, car les résultats de ces évaluations devraient être limités à la situation qu'ils analysent. Rien ne dit qu'une mesure qui a réussi en Inde réussira aussi au Mexique ou au Kenya. De plus, ces méthodes supposent que certaines mesures soient appliquées à une partie seulement de la population (et refusées à d'autres), ce qui pose un problème éthique. Enfin, le coût élevé des enquêtes nécessaire pose un problème de rapport entre les résultats et le coût de l'information.

Moyens du développement

Les pratiques favorisant le développement peuvent se situer au niveau des dispositions légales, de l'adaptation des infrastructures et de l'éducation, voire de certaines incitations financières. Robert Solow a examiné de près ces aspects, ainsi que les organismes publics (Banque mondiale) ou privés (Fondation Soros) chargés de promouvoir le développement.

La transition entre une économie sous-développée et une économie en développement suppose un cumul suffisant, dépassant un seuil critique d'initiative, d'adaptation culturelle, éducative, et législative, et de moyens matériels. En particulier, les exemples des pays émergents, y compris des plus importants en population tels que la Chine, l'Inde et le Brésil, ont montré que le démarrage économique a été favorisé par l'introduction de mesures d'encadrement économique relevant du keynésianisme comme la protection des industries naissantes (quoique cela relève aussi du libéralisme à travers le protectionnisme des industries dans l'enfance de Friedrich List, la bonification des crédits à l'exportation et à l'investissement, le maintien structurel d'un taux de change très inférieur à la parité du pouvoir d'achat de leurs monnaies, l'existence d'un secteur public relativement fort et sur le plan de l'investissement social et humain, des politiques volontaires de réforme agraire surtout en Asie de l'Est. Et aussi des politiques d'éducation, de santé, d'amélioration du statut de la femme et de possibilité d'accès à la contraception, politiques n'étant pas vraiment marquée du point de vue économique. Ces mesures interventionnistes ont été complétées principalement à partir des années 1970-80 par une libéralisation des initiatives privées relevant du libéralisme économique. Thomas Sterner est notamment un des théoriciens modernes des moyens politiques comme leviers de modification des comportements.

Amorce du développement : lieux et secteurs

Concernant la nature et la localisation des projets d'amorce, on distingue :
• le développement partant de la base, à partir de micro-projets très localisés, associant la population et faisant confiance à son initiative ;
• et le développement à partir de gros projets d'investissements, qui bien que nécessaires et, pour certains, indispensables, peuvent avoir des effets plus aléatoires et moins « entraînants » pour le reste de l'économie.

Les théories modernes de développement (Michael Porter) insistent par ailleurs sur la notion de pôle de compétence géographique, où se regroupent des savoir-faire apportant une excellence, source d'avantage compétitif. Le pivot peut être une université dotée d'un centre de recherche de renom et très motivée par la coopération avec les entités économiques et financières. Deux exemples :
• La Silicon Valley regroupe ces trois compétences : universitaire (Stanford, Berkeley, Santa Clara), entreprises technologiques (la première fut Hewlett-Packard) et fonds de capital-risque.
• Des pays émergents, comme l'Inde (Bangalore, Bombay pour la sous-traitance de logiciels informatiques et pour les principes actifs pour médicaments génériques), la Chine (industrie spatiale) et le Brésil (génétique agricole), jouent, outre des activités plus classiques à main-d'œuvre non qualifiée, ce rôle dans le domaine de l'avancée technologique.

Les Objectifs du millénaire pour le développement

Réunis en septembre 2000 à l'occasion du Sommet du Millénaire, les dirigeants politiques du monde entier, sous l'égide des Nations unies, ont fixé un ensemble d'objectifs mesurables appelés les Objectifs du millénaire pour le développement, à atteindre d'ici à 2015. Ces objectifs sont les suivants :
1. Réduire de moitié l'extrême pauvreté et la faim ;
2. Réduire de trois quarts la mortalité maternelle ;
3. Assurer l'éducation primaire pour tous ;
4. Combattre les maladies, en particulier le VIH/sida et le paludisme ;
5. Promouvoir l'égalité des sexes et l'autonomisation des femmes ;
6. Assurer un environnement durable ;
7. Réduire de deux tiers la mortalité des enfants de moins de cinq ans ;

8. Mettre en place un partenariat mondial pour le développement.

Ces objectifs nécessitent un engagement social fort. Le bilan est mitigé, car il n'est pas clair que les tendances aient été modifiées et les pays africains, comme il était prévisible, n'ont pas été en mesure d'atteindre les OMD.

Après 2015, les Nations unies ont fait adopter des objectifs pour le développement durable, qui portent sur un beaucoup plus grand nombre d'indicateurs

Types de pays par rapport au développement

Une distinction peut être faite entre
- pays développés,
- pays émergents (pays en voie de développement / pays en développement),
- et pays sous-développés.

Les aspects sociétaux diffèrent les uns des autres et leur étude fait l'objet de la sociologie du développement.

À noter qu'il peut y avoir déclin économique de pays jusque-là développés (par exemple, l'Argentine était une puissance économique au début du 20ième siècle). Il peut provenir indépendamment de circonstances imprévisibles internes ou externes,
- soit d'erreurs économiques et d'imprévisions,
- soit d'un relâchement de l'attitude face aux efforts et adaptations nécessaires pour maintenir le développement, lequel n'est jamais assuré.

Évolution des types de développement

Développement durable

Certains prônent le développement durable ou la croissance durable, en gérant de façon parcimonieuse tout ce qui est ressources naturelles dont certaines pourraient se tarir ou se dégrader.

Cette gestion est certes nécessaire. L'économie moderne, dite économie post-industrielle (dont le secteur tertiaire, les activités de services, est de plus en plus important en termes d'effectifs employés et de PIB), est devenue plus sophistiquée. Elle relève de l'économie du savoir, dont l'un des déterminants est l'éducation, l'information, le savoir-faire, l'innovation.

En fait, malgré l'avènement de l'économie du savoir, il s'avère que les pays développés continuent d'être dépendants des ressources naturelles. Les pays émergents vont de leur côté passer par une phase industrielle, et consommer davantage de ressources naturelles.

En tous cas, le développement durable est considéré comme un objectif pour l'humanité et il conditionne les conditions de vie des générations futures.

Décroissance

L'idée que l'humanité de "développe" en consommant des ressources limitées est ancienne en économie. Elle remonte au moins à David Ricardo et à Robert Thomas Malthus. La sonnette d'alarme avait été tirée dans les années 70 par le rapport du Club de Rome. Mais le contre-choc pétrolier de 1984 a montré que l'épuisement inéluctable des ressources n'était ni un problème simple ni une évolution linéaire. L'idée de décroissance s'est progressivement répandue. Mais peu d'économistes pensent qu'elle concerne aussi les pays en développement, dans lesquels la consommation est faible pour la plus grande partie de la population. La réduction du PIB dans les pays industrialisés est prônée pour réduire l'impact sur les ressources non renouvelables, mais il n'est pas évident que ces politiques soient à court terme bénéfique pour la population des pays les plus pauvres, même si à terme les conséquences du changement climatique risquent de les affecter fortement.

La question du modèle de développement

Lorsque le président Harry Truman a présenté son programme d'aide aux pays « sous-développés » lors de son discours d'investiture en 1949, il proposait d'apporter la connaissance technique des États-Unis et des autres pays développés aux régions du monde les moins avancées. Cela supposait implicitement que le mode de vie des États-Unis et des autres pays occidentaux pouvait inspirer le développement du reste du monde, et qu'il constituait un modèle à exporter, qui s'intégrerait naturellement et aurait les mêmes effets. Ces conceptions ont assuré le triomphe d'une vision économétrique du développement, dans laquelle le niveau d'avancement des États était mesuré par un indicateur unique, le PNB par habitant.

Cette vision budgétaire statistique de la pauvreté a été critiquée par Amartya Sen, qui a proposé un modèle d'appréciation plus complet du développement, en proposant l'indice de développement humain (IDH) repris par la PNUD. Il a d'autre part développé un modèle d'analyse, les « capabilités », « qui invite à considérer la pauvreté au-delà des seuls aspects monétaires et à la penser en termes de libertés d'action, de capacités à faire ». Selon ses travaux, qui lui ont valu un Prix Nobel d'économie en 1998, cette liberté nécessaire pour lutter contre la pauvreté implique l'absence de tyrannie, l'existence d'opportunités économiques et de services publics, et la lutte contre l'intolérance.

Depuis les années 2000, les ONG, notamment le WWF, avançaient l'idée que l'impact environnemental des activités des pays les plus « développés » (Amérique du Nord, Europe), mesuré par l'empreinte écologique, était très supérieur à la capacité biologique de la planète. Pour ces organisations, le type de développement occidental n'est pas généralisable tel quel à l'ensemble de la planète. Des experts comme Jean-Marc Jancovici pensent également qu'il est illusoire de proposer au monde ce modèle hérité de la révolution industrielle, utilisant des énergies fossiles et ayant un impact beaucoup trop fort sur le climat.

Des alternatives sont proposées depuis les années 1990. Avec l'émergence de la notion de développement durable, on cherche en effet à concilier les aspects économiques, environnementaux, et sociaux du développement. Néanmoins, affirmer que le développement durable fournit la seule possibilité de modèle viable est présomptueux. D'abord, parce qu'il constitue pour l'instant surtout un objectif et que les actions peinent à suivre les bonnes paroles. Ensuite, parce que l'aide au développement doit respecter les spécificités culturelles des pays aidés, comme l'Unesco l'a souligné lors du sommet de la Terre de Johannesburg en 2002.

Bibliographie

AFD : Plan d'orientation stratégique pour la période 2018-2022 (2017)
AFD et EUDN : Conférence de 2003 sur le thème Pauvreté, inégalités et croissance : quels enjeux pour l'aide au développement
AFD et EUDN : Conférence de 2004 sur le thème Aide au développement : pourquoi et comment
AFD et Jean-Claude Deveze : Défis Agricoles Africains (2008).
AFD et CIRAD : Prospectives Territoriales sur les dynamiques démographiques et le développement rural en Afrique (2016)
Banque Mondiale. World Development Indicators (WDI) Editions de 1994 à 2022
Banque Mondiale Vice-Présidence Development Economics : World Bank Policy Research Working Papers (10500 références de 1988 à 2022)
Banque Mondiale Vice-Présidence Development Economics : World Bank Policy Research Reports 24 rapports publiés de 1993 à 2020
Banque Mondiale : Poverty Reduction Strategy Papers (PRSP) rapports par pays ; dont le PRSP d'Ethiopie : Promoting Development and Poverty Reduction (2002).
Banque Mondiale : Rapports sur le Développement dans le Monde (WDR) Rapports annuels (1990-2022) ; dont le WDR 2009 :Reshaping Economic Geography
Banque Mondiale : Ouvrir les Villes Africaines au Monde (2017)
Berg Elliot: Accelerated Development in Sub-Saharan Africa: A Plan for Action (1981)
Borgia Rodrigo : Pape Alexandre VI Bulle Inter Caetera (1493)
Bussière René : Morphologie urbaine, répartition de la population (1968)
Buzzati Dino : Le Désert des Tartares (1940)
CEDEAO et UEMOA :Stratégie Régionale de Réduction de la Pauvreté en Afrique de l'Ouest (2004)
Cour JM pour l'Organisation du Plan Iran : Amayesh e Sarzamin Aménagement du territoire (1977)
Cour JM pour la Direction Générale du Développement de la Commission Européenne (DG VIII) : Une Image à Long Terme de l'Afrique au sud du Sahara, en abrégé ILTA (1983).
Cour JM pour le Club du Sahel et Programme de Développement Municipal : ECOLOC Programme de relance des économies locales en Afrique de l'Ouest (1997)
Cour JM et Serge Snrech pour la Banque Mondiale et l'OCDE : WALTPS West Africa Long Term Perspective Study (1998) .

Cour JM pour l'UEMOA : SDAL Composante démo-économique et spatiale du Schéma Directeur d'Aménagement du Littoral d'Afrique de l'Ouest (2009)
Cour JM pour la Direction Générale des Impôts du Ministère des Finances : Comment déterminer l'IRPP de façon logique et équitable (2011)
Cour JM pour la BAD : Proposition d'orientation de la stratégie de la BAD pour la région du Sahel (2013)
Cour JM pour le Club du Sahel : Peuplement, marché et sécurité alimentaire en Afrique de l'Ouest (2013).
Cour JM pour le Centre de Développement de l'OCDE : Réorientation de la Recherche en Economie de développement (2017)
Dumont René : l'Afrique Noire est mal partie (1962)
Dumont René : l'Afrique étranglée (1980)
Dumont René ; Pour l'Afrique j'accuse (1986),
Franklin Benjamin ; Observations concerning the Increase of Mankind and the peopling of Countries (1751)
Giraud Pierre-Noël : L'Homme Inutile (2018)
Gravier Jean-François : Paris et le désert français (1947)
Harari Yuval Noah SAPIENS : Une brève histoire de l'humanité (2012)
IRD et UE : Projet NO POOR Une nouvelle vision pour éradiquer la pauvreté (2012-2017)
Keen Steve: Debunking economics L'imposture économique (2011)
Krugman Paul Development, Geography, and Economic Theory (1997)
Maddison Angus : L'Economie mondiale Une perspective millénaire (2001)
Malthus Thomas : Essai sur le principe de population, (1798)
Molière Jean-Baptiste Poquelin : le Malade imaginaire (1673)
ONU : Agenda 2030 Les 17 objectifs de Développement Durable en vue en vue d'éradiquer la pauvreté, protéger la planète et garantir la prospérité pour tous (2015)
ONU Division de la Population World Urbanization prospects (2018) ;Global Population Growth and Sustainable Development (2021) et World Population Prospects (2022)
Piketty Thomas : Le capital au 21ième siècle (2013)
PNUD Accelerator Labs : Find radically new approaches that fit the complexity of current development challenges (2022)
Union Européenne : série des conventions de coopération UE-pays ACP de Yaoundé I (1963) à Cotonou (2020)
Wikipédia :l'Économie du développement (version actuelle)
Xénophon : Oïkonomikos Traité d'économie (-380)
Xénophon : Poroi hè peri prosodon Traité des moyens d'accroître la fortune publique (-355)

Table des matières

Résumé 7
Présentation de la thèse et des objectifs de cet essai 10
Aperçu du plan 15
**Première partie : Les pays en voie de peuplement
et les nouveaux résidents de chaque territoire** 23
Chapitre 1 : Dernières nouvelles de notre planète en voie de peuplement ... 25
   Introduction : la planète est en voie de peuplement 25
   Le passé récent : 1950-2020 26
   Un nouveau classement des pays selon leur transition démographique 27
   Le futur : 2020-2050 et au-delà 33
   Processus de développement et gestion du peuplement 38
   Processus de peuplement et migrations internationales 38
   Urbanisation et autres migrations internes 39
   Décompte des nouveaux résidents par naissance nette
   et par migration interne 45
   Conclusion : processus de peuplement, repérage
   des nouveaux résidents, et besoins d'investissement de peuplement 47
Chapitre 2 : Exemples contrastés de gestion du peuplement 49
   Une Région du monde en voie de peuplement :
   les Etats-Unis d'Amérique 50
   L'Ethiopie : freinage de l'urbanisation et aggravation
   de la pauvreté rurale et de l'insécurité alimentaire 52
   Le Vietnam, transmigrations et freinage de la croissance des métropoles ... 54
   Le Burundi, champion du monde des pays non urbanisés 56
Chapitre 3 : Processus de peuplement et besoins d'investissement public
initial de fonction locale 57
   Introduction 57
   Pourquoi cet OVNI appelé IIFL ? 57
   IIFL et intégration des nouveaux résidents à l'économie locale 58
   Quel contenu pour ces IIFL ? 59
   Tous les pays ne sont pas égaux en matière d'IIFL 60
   Comment remédier à ces disparités ? 62
   Conclusion : l'accueil des nouveaux résidents, première forme
   d'accumulation de capital public de l'humanité 64

Deuxième partie : Economie orthodoxe et économie populaire : deux paradigmes 65
Chapitre 4 : Que reste-t-il du concept initial d'*Oïkonomia*
dans le paradigme de l'économie moderne ? 67
    Un peu d'histoire : qu'est-ce que l'*Oïkonomia* de la Grèce classique et
    pourquoi s'y référer aujourd'hui ? 67
    Que sait-on de la façon dont l'économie, en tant que discipline
    ou pratique, était conçue par les Grecs ? 70
    Que sait-on de l'importance accordée par les Grecs à la dépense publique ? 72
    Deux cas de pratiques récentes qui s'inscrivent dans la continuité
    des concepts hérités de la civilisation grecque 74
    Que penser aujourd'hui de ces réflexions vieilles de vingt-deux siècles
    sur les problèmes de financement de la dépense publique ? 75
    Ce rappel du passé aide à prendre conscience de l'étroitesse et du caractère
    irréel (déconnecté du réel) du cadre conceptuel
    de l'économie moderne 76
    La théorie économique est-elle vraiment désincarnée, u-topique,
    uchronique, démostatique et anhistorique ? 78
    Conclusion 83
Chapitre 5 : La dualité de l'économie réelle et le paradigme démo-
économique et spatial 87
    Introduction 87
    L'économie réelle au service de toute la population
    est nécessairement duale 89
    Le processus de peuplement est l'une des principales sources
    de la dualité économique 90
    En quoi consiste l'économie populaire ? 91
    Quelques commentaires de ces spécificités de l'économie populaire 93
    Complexité de l'économie réelle : dualité apparente et unicité de fait 99
    En conclusion de ce chapitre : rappel de quelques points principaux 100
**Troisième partie : De nouveaux systèmes d'information
pour affronter les défis du peuplement** 103
Chapitre 6 : Les systèmes d'information économique actuels ne peuvent
pas rendre compte de l'économie réelle des Pays en Voie de Peuplement 105
    Introduction 105
    Un outil remarquable et incontournable : la base de données macro-
    économiques de la Banque Mondiale 108
    Que nous apprend la dernière édition des WDI sur la croissance
    à long terme du PIB de la région ASS ? 109
    Comparaisons entre les chroniques de PIB des éditions successives
    des WDI 112
    Pourquoi de tels écarts entre les comptes économiques et la réalité ? 118
    Comment ces *rebasings* successifs des comptes économiques
    sont-ils rétropolés jusqu'à 1960 ? 119

    Structure sectorielle des PIB et besoins essentiels de la population 121
    A quoi peut bien servir aujourd'hui cette analyse rétrospective
    de comptes économiques vieux de six décennies ? 128
    Alors, que conclure sur cette question des systèmes d'information
    macroéconomique existants ? 129
Chapitre 7 : Une première tentative de révision des indicateurs de
l'économie réelle par la prise en compte de la croissance endogène 131
    La théorie économique orthodoxe ignore les conséquences
    du peuplement sur le comportement de chaque homo economicus............. 131
    La croissance économique endogène induite
    par les dynamiques de peuplement. 132
    Conclusion 135
Chapitre 8 : Outils d'analyse et de présentation de l'économie réelle........ 137
    Introduction... 137
    Rappel : dualité apparente et unicité de fait de l'économie réelle............... 138
    Principes généraux à respecter pour construire les comptes
    de l'économie réelle.. 138
    Les principales étapes de la construction des comptes
    de l'économie réelle.. 140
    Des matrices de peuplement aux comptes et aux agrégats
    de l'économie réelle.. 142
    Les images démo-économiques spatialisées à moyen et à long terme 146
    Quelques exemples de modèles spatialisés.. 147
    Quelques constats déduits de la modélisation démo-économique 155
    Conclusion : la démarche par itération, élément clé
    de la construction des comptes de l'économie réelle................................... 156

**Quatrième partie : Quelques exercices passés de prospective
et d'aménagement des territoires** 159
    Introduction à la Quatrième Partie 161
Chapitre 9 : Prospective à l'échelle nationale : *Amayesh e Sarzamin*,
l'aménagement du territoire en Iran (1972-1977).. 163
    Introduction : gouvernance impériale et aménagement du territoire 163
    Les prévisions à long terme du schéma et la réalité 165
    Conclusion sur cette initiative Amayesh e Sarzamin 166
    Quid de l'avenir ? Quelques pistes à creuser 167
Chapitre 10 Le Vietnam : du passeport intérieur à la libéralisation
des migrations internes (2001-2003) 171
    Introduction : du contrôle strict des migrations internes
    à la réforme économique dans un pays socialiste.. 171
    L'héritage des décennies passées 174
    La nouvelle politique économique *Doi Moi* 175
    Quelles étaient alors les réponses apportées à ces défis ?............................ 177

La démarche prospective et la prise de conscience des interactions
entre les dynamiques de peuplement et les dynamiques économiques
et sociales 179
Chapitre 11 : Prospective à l'échelle macro-régionale de l'ASS :
L'ILTA, Une Image à Long Terme de l'Afrique Sub-Saharienne (1983).. 183
   Introduction : de l'indépendance des Etats-nations à la gestion
   du peuplement en ASS 183
   La démarche suivie dans l'ILTA 184
   L'*explosion démographique* et le développement en ASS 186
   L'image démo-économique de l'ASS présentée dans l'ILTA
   à l'horizon 2010 189
   A quoi a servi cette étude ILTA ? 191
   Comment s'explique ce rejet brutal de l'ILTA ? 193
Chapitre 12 : Prospective à l'échelle sous-régionale : WALTPS :
les perspectives à long terme de l'Afrique de l'Ouest (1993) 197
   Rappel du contexte 197
   1990-2020 : trois décennies de transformations structurelles
   en Afrique de l'Ouest selon l'étude WALTPS 200
Chapitre 13 : Prospective à l'échelle micro locale : feu le programme
ECOLOC de relance des économies locales en ASS (1997-2002) 207
   Les *RUCHES*, entités de base du développement local 207
   Principaux obstacles au développement local en ASS 209
   L'inexplicable abandon du programme ECOLOC 209
   Conclusion : l'abandon d'ECOLOC et l'insécurité au Sahel 211
Chapitre 14 : La composante démo-économique et spatiale du Schéma
Directeur d'Aménagement du Littoral d'Afrique de l'Ouest (2009) 213
   Tropisme côtier et aménagement du territoire en Afrique de l'Ouest 213
   L'étude prospective du SDAL : images 2025 et 2050
   des pays côtiers et de la zone littorale 213
   Conclusion : à quoi a servi cette étude prospective du SDAL ? 218
Chapitre 15 : Prospective à l'échelle d'espaces particuliers : Proposition
d'orientation de la stratégie de la BAD pour la région du Sahel (2013) 219
   Introduction 219
   Gérer le peuplement, thème central de la Stratégie Sahel 220
   Quelques défis du long terme 221
   Processus de peuplement, développement de l'économie de marché,
   infrastructures et investissements de fonction locale 225
Chapitre 16 : Leçons à retenir de cette revue des études prospectives
concernant la gestion du peuplement en ASS 229
   Les Agences d'Aide actuelles sont-elles un obstacle à la réflexion
   prospective ? 229
   Comprendre que l'ASS est une région en voie de *repeuplement*
   et l'aborder comme telle 229

Pourquoi un tel refus des agences d'Aide de prendre en considération
ces études prospectives concernant l'ASS ? 232
En conclusion de cette Quatrième Partie 233
**Cinquième partie : Douze propositions pour gérer le peuplement
de la planète avec le souci du long terme et pour refonder
l'Aide au développement** 235
Introduction 237
Economie orthodoxe et économie du peuplement, deux paradigmes
pour comprendre l'économie réelle, qui est au service
de toute la population. 237
Douze propositions pour gérer le peuplement de la planète avec le souci
du futur à long terme et pour refonder l'Aide au développement. 238
Chapitre 17 : Remédier à la désincarnation, à l'u-topie et à l'u-chronie
des systèmes d'information, des modèles et des comptes économiques 241
Introduction 241
Quelles priorités pour cette reconstruction
des systèmes d'information 241
Chapitre 18 : Renouer avec la prospective et avec l'approche stratégique
pour gérer le peuplement et aménager les territoires en conséquence 245
Introduction 245
Processus de peuplement et migrations 245
Abandonner les initiatives 247
Se doter d'un projet global, au sens de projet de société 248
Qu'est-ce qu'une image à long terme et comment faire
pour construire une telle image ? 248
Prospective à l'échelle régionale : Prévenir les conflits
en tenant compte des impératifs du peuplement. 249
Prospective à l'échelle micro-locale 250
Pourquoi et comment relancer aujourd'hui les réflexions prospectives
à ces diverses échelles. 250
Aménager les territoires à diverses échelles spatiales, du niveau
régional au niveau local des *RUCHES* du programme ECOLOC 251
Chapitre 19 : Reconnaître que, dans les PVP, l'économie populaire
et le marché intérieur sont la principale source d'apprentissage de
l'économie de marché et de la croissance économique durable. 253
Le principal ressort de l'économie populaire est la croissance
endogène engendrée par la dynamique de peuplement. 253
Eliminer les freins à la croissance endogène 254
Comment promouvoir la croissance endogène
et l'économie populaire ? 255
En guise de conclusion de ces trois premiers chapitres
de la cinquième Partie : 256

Chapitre 20 : Faire de l'urbanisation la première condition
de la sécurité alimentaire à long terme 257
   Urbanisation, croissance de la population rurale et évolution du ratio U/R :
   un bref rappel des faits et des perspectives à long terme en ASS 258
   Demande alimentaire urbaine et transformation de l'agriculture................. 261
   Conclusion de ce chapitre.. 265
      - mettre davantage l'accent sur l'organisation des marchés
      que sur la croissance de la production proprement dite 266
      - se féliciter que se développe, à côté de l'agriculture familiale
      en voie de modernisation, un véritable entreprenariat agricole 266
      - inscrire les projets agro-pastoraux et ruraux
      dans le *complexe primaire local* 267
      - donner une dimension spatiale aux stratégies
      de développement local 267
      - mettre les villes et les projets urbains au service
      du développement local. 267
      - enfin, protéger le marché alimentaire des PVP : 267
Chapitre 21 : Comprendre l'économie urbaine..269
   Processus d'agglomération, comportement des homo economicus
   et productivité urbaine 269
   L'accroissement de la demande locale résultant du processus
   de peuplement constitue l'un des principaux moteurs
   de l'économie populaire urbaine 272
   Le coût de la satisfaction des besoins essentiels ressenti par les individus
   est fonction de la taille de l'agglomération dans laquelle ils vivent............ 273
   Fonctions urbaines et complexes d'activités locales 275
   Le complexe transport et commercialisation 276
   Demande rurale et production urbaine 276
   L'économie urbaine est-elle plus circulatoire que productive ?................... 277
Chapitre 22 : Gérer le processus de croissance urbaine
et produire la ville 279
   Résumé... 279
   Question préalable : la croissance urbaine en ASS
   serait-elle trop rapide ? 279
   Et comment va plus particulièrement le secteur de l'habitat ?.................... 281
   L'accroissement et l'amélioration progressive de l'espace bâti
   constituent l'une des principales formes de l'accumulation publique
   et privée de capital 282
   Emergence d'une strate intermédiaire entre économie moderne
   et économie populaire en milieu urbain.. 283
   Commerce régional et urbanisation 284
   Conclusion : produire la ville pour l'économie moderne,
   mais aussi pour et avec l'économie populaire 284

En guise de conclusion de ces trois chapitres 20, 21 et 22
de la dernière partie de cet essa 286
Chapitre 23 : Gérer l'économie au niveau local des petites villes
et de leur hinterland rural.. 287
   Introduction et résumé.. 287
   L'économie nationale, congruence d'économies locales des *RUCHES*...... 287
   Rappel des Principaux obstacles au développement local en ASS 287
   Résumé du manuel ECOLOC.. 289
   Quelques questions à approfondir dans la perspective d'une relance
   du programme ECOLOC 291
Chapitre 24 : Programmer et financer les Investissements
de peuplement à la hauteur des besoins 299
   Les investissements publics initiaux de fonction locale (IIFL).................... 299
   Les investissements de peuplement : comment les définir........................ 300
   Que sait-on officiellement des IFL et de l'accumulation de capital
   qui résulte de ces investissements de peuplement ? 300
   Investissements publics de peuplement et règles du jeu
   de l'économie-monde... 301
   Evaluer les besoins en investissements de peuplement............................. 304
   Se donner les moyens de gérer l'équipement des territoires 306
   Comment faire face aux investissements et aux dépenses récurrentes
   de peuplement ? 307
Chapitre 25 : Repenser la lutte contre les inégalités
et contre la pauvreté.. 311
   Introduction et résumé 311
   Inégalités et pauvreté sont deux concepts relatifs et interdépendants 312
   1. Est-il possible de mieux gérer les inégalités sans remettre
   en cause les fondements de l'Economie de marché ? 312
   L'explosion des disparités, un phénomène récent...................................... 313
   Les pauvres sont pauvres parce que les riches sont riches 316
   Peut-on éviter le chaos qui menace ? 317
   Gérer les disparités internationales de niveaux de vie............................... 317
   Distribution et utilité des revenus.. 318
   Comment déterminer l'impôt sur le revenu de façon logique
   et équitable 319
   Revenu et satisfaction... 319
   Comment, sur ces bases, déterminer l'impôt sur le revenu ? 320
   2. Faut-il lutter contre la pauvreté ? Oui, mais contre la pauvreté
   des gouvernements locaux, et non contre celle des habitants !................. 321
   La lutte contre la pauvreté telle qu'elle est aujourd'hui pratiquée,
   c'est pauvre comme job ! 321
   Alors, que faudrait-il faire entre temps ?... 323
   Comment lutter contre la pauvreté rurale ? 325
   Que signifie lutter contre la pauvreté urbaine ? 325

  Les collectivités locales sont presque toujours plus pauvres que leurs habitants 327
  Quelques leçons à retenir en matière de *lutte contre la pauvreté* 328
Chapitre 26 : Reconnaître que le monde a besoin d'une gouvernance planétaire, qui dispose de moyens propres pour affronter les nouveaux défis 331
  Introduction 331
  Après la Société des *Nations et* l'Organisation des *Nations* Unies, de quelle nouvelle forme de gouvernance globale avons-nous aujourd'hui besoin ? 332
  Les nouveaux dangers d'importance planétaire auxquels le monde est confronté 332
  Pourquoi faire figurer l'ECMVG et le système financier parmi les dangers mortels qui menacent la planète ? 333
  Comment faire pour que la question des ADM et des autres armes léthales soit enfin abordée sérieusement ? 334
  Quelques propositions pour préparer l'avènement de la gouvernance planétaire 335
  A quoi pourrait concrètement ressembler cet OVNI appelée Institution pour la Gouvernance de la Planète? 335
  Quel serait son domaine de souveraineté ? 336
  De quelles ressources propres serait dotée cette IGP ? 337
  Conclusion 338
Chapitre 27 : Refonder l'économie du développement et redéfinir les missions des Partenariats d'Aide au développement 339
  Résumé 339
  Bref rappel de l'histoire de l'Aide officielle et de ses errements passés 339
  Mais que se passe-t-il en réalité au Sud ? 344
  Les Institutions en charge de l'*Aide* s'intéressent-elles au peuplement de la planète et à ses implications ? 345
  Qu'est-ce que le développement, et quels sont les pays auxquels s'adresse l'Aide ? 347
  L'Aide au Développement et la gestion du peuplement de la planète 347
  Implications pour les futures Agences de Partenariat 349
  Autres enjeux auxquels les Institutions et Agences de partenariat doivent apporter leur concours 350
Chapitre 28. Repenser la recherche économique pour mieux répondre aux enjeux du peuplement 353
  Introduction 353
  Où et comment s'élabore la recherche sur le développement ? 353
  Que conclure de cette revue du rôle de la Banque dans la Recherche sur le développement ? 358
  Quels thèmes de recherche faut-il développer en application du paradigme démo-économique ? 360

Spatialiser les systèmes d'information de l'économie réelle 361
Pour mieux prendre en compte le long terme, concevoir
une autre approche de l'actualisation dans le calcul économique 362
Humaniser la finance et la monnaie 365
Tenir compte de la nature et des caractéristiques de l'espace
dans lequel se déploie l'activité économique 366
Redéfinir le domaine de souveraineté des Etats-nations
pour permettre à la gouvernance planétaire de s'imposer 367
    Pourquoi se poser de telles questions à propos de la recherche
    en économie ? 367

Conclusion 369
    Dix commandements aux Institutions de développement 370

Annexe 1 : Pour l'Afrique, j'accuse René Dumont de lui avoir
fait perdre un demi-siècle de développement. 373

Annexe 2 : Comment déterminer l'impôt sur le revenu
de façon logique et équitable 376
    Une loi de distribution des revenus applicable du plus riche
    au plus pauvre 376
    Comment déterminer l'impôt sur le revenu ? 378
    En conclusion 380

Annexe 3 : Evaluation de la contribution de la Banque Mondiale
à la recherche sur l'économie du développement au cours
des trois dernières décennies 381
    Organisation de la recherche sur le développement à la Banque :
    le tandem du Chef économiste et de la Vice-Présidence DEC
    (Development Economics) 382
    Production et diffusion de la recherche 383
    Quel bilan peut-on retenir de l'intervention des Chefs économistes
    au cours des trois dernières décennies ? 384
    Qui se chargera d'évaluer la contribution de la Banque à la recherche
    sur le développement dans le monde et d'en tirer les leçons ? 385
    Ebauches de portraits des onze derniers chefs économistes
    de la Banque 386

Annexe 4 : Prise en compte du long terme : une autre approche
de l'actualisation dans le calcul économique 394
    Rappel 394
    La technique d'actualisation et la Transformation de Laplace 394
    Voici une autre technique d'actualisation,
    plus respectueuse du temps long 398

Annexe 5 : Aide-mémoire sur l'Économie du développement,
extrait de l'article de Wikipédia 402
    Définition et objectifs 402

L'évolution de la pensée économique du développement
est généralement découpée en trois phases. 403
Moyens du développement 405
Amorce du développement : lieux et secteurs 406
Les Objectifs du millénaire pour le développement 406
Types de pays par rapport au développement 407
Évolution des types de développement 407
Bibliographie 411

Structures éditoriales
du groupe L'Harmattan

L'Harmattan Italie
Via degli Artisti, 15
10124 Torino
harmattan.italia@gmail.com

L'Harmattan Hongrie
Kossuth l. u. 14-16.
1053 Budapest
harmattan@harmattan.hu

L'Harmattan Sénégal
10 VDN en face Mermoz
BP 45034 Dakar-Fann
senharmattan@gmail.com

L'Harmattan Congo
219, avenue Nelson Mandela
BP 2874 Brazzaville
harmattan.congo@yahoo.fr

L'Harmattan Cameroun
TSINGA/FECAFOOT
BP 11486 Yaoundé
inkoukam@gmail.com

L'Harmattan Mali
ACI 2000 - Immeuble Mgr Jean Marie Cisse
Bureau 10
BP 145 Bamako-Mali
mali@harmattan.fr

L'Harmattan Burkina Faso
Achille Somé – engnule@hotmail.fr

L'Harmattan Togo
Djidjole – Lomé
Maison Amela
face EPP BATOME
ddamela@aol.com

L'Harmattan Guinée
Almamya, rue KA 028 OKB Agency
BP 3470 Conakry
harmattanguinee@yahoo.fr

L'Harmattan Côte d'Ivoire
Résidence Karl – Cité des Arts
Abidjan-Cocody
03 BP 1588 Abidjan
espace_harmattan.ci@hotmail.fr

L'Harmattan RDC
185, avenue Nyangwe
Commune de Lingwala – Kinshasa
matangilamusadila@yahoo.fr

Nos librairies
en France

Librairie internationale
16, rue des Écoles
75005 Paris
librairie.internationale@harmattan.fr
01 40 46 79 11
www.librairieharmattan.com

Librairie des savoirs
21, rue des Écoles
75005 Paris
librairie.sh@harmattan.fr
01 46 34 13 71
www.librairieharmattansh.com

Librairie Le Lucernaire
53, rue Notre-Dame-des-Champs
75006 Paris
librairie@lucernaire.fr
01 42 22 67 13

www.ingramcontent.com/pod-product-compliance
Lightning Source LLC
Chambersburg PA
CBHW071155240526
45470CB00016BA/53